本書獲二〇二三年貴州省出版傳媒事業發展專項資金資助
本書獲貴州省孔學堂發展基金會資助

本書據國家圖書館藏明萬曆三十四年刻本影印

【陽明文庫】古籍整理系列

# 聖學宗傳

【（明）周汝登 著】

孔學堂書局

本書獲二〇二三年貴州省出版傳媒事業發展專項資金資助
本書獲貴州省孔學堂發展基金會資助
本書據國家圖書館藏明萬曆三十四年刻本影印

---

**圖書在版編目（CIP）數據**

聖學宗傳 / (明) 周汝登著. — 貴陽 : 孔學堂書局, 2024.4

（陽明文庫. 古籍整理系列）

ISBN 978-7-80770-495-9

Ⅰ. ①聖… Ⅱ. ①周… Ⅲ. ①歷史人物－列傳－中國－古代 Ⅳ. ①K820.2

中國國家版本館CIP數據核字(2024)第003793號

陽明文庫（古籍整理系列）

**聖學宗傳** 〔明〕周汝登 著

SHENGXUE ZONG ZHUAN

---

項目策劃：蘇　樺
項目執行：張發賢
責任編輯：張發賢　陳　真
書籍設計：曹瓊德
責任印製：張　瑩

出版發行：貴州日報當代融媒體集團
　　　　　孔學堂書局
地　　址：貴陽市烏當區大坡路26號
印　　刷：雅昌文化（集團）有限公司
開　　本：889mm × 1194mm 1/16
印　　張：24. 5
版　　次：2024年4月第1版
印　　次：2024年4月第1版
書　　號：ISBN 978-7-80770-495-9
定　　價：128.00元

---

# 陽明文庫

# 《聖學宗傳》序

王守仁病逝之後，雖因明廷政治鬥争的起伏，陽明學一度被詆爲『邪説』，但風氣既成，絶非個人意志所能逆轉。嘉靖九年（一五三〇），陸九淵得王守仁弟子薛侃表彰，從祀孔廟。以此肇始，自宋末以來晦而不顯的陸學，終得起而與朱子學共席。至萬曆十二年（一五八四）王守仁獲從祀孔廟，宣告陽明學崛起的現實已爲明廷所接受。陸、王學説崛起，掩朱子學而上風行於世，從而使宋明理學進入一個新的發展階段。順應學術自身發展的内在邏輯，衝破朱子學的一統格局，對陸、王學術的演變源流進行梳理，遂成爲客觀的歷史需要。正是在這樣一個大的學術背景之下，耿定向、劉元卿師弟相繼而起，著《陸楊二先生學案》《諸儒學案》以表彰陸、王學説。至萬曆中葉周汝登《聖學宗傳》出，遂使陽明學以明學大宗的地位而躋身儒學正統。

周汝登，字繼元，號海門，浙江嵊縣（今浙江嵊州）人。生於明嘉靖二十六年（一五四七），卒於明崇禎二年（一六二九），享年八十三歲。他於萬曆五年（一五七七）登進士第，以南京工部主事累官至南京尚寶卿。其學初從陽明高第弟子王畿入，後再師江西羅汝芳，一意闡發心、意、知、物皆無善無惡的四無説。主要著述有《詩學解》《嵊縣志》《聖學宗傳》《程門微旨》《王門宗旨》《東越證學録》《海門語録》等。成書於萬曆三十三年（一六〇五）的《聖學宗傳》，以陽明學爲一代儒學大宗，成爲繼朱熹《伊洛淵源録》之後，述學派歷史的一部承先啓後的著作。

《聖學宗傳》凡十八卷，全書通古爲史，上起三皇五帝，下迄明儒羅汝芳，共著録迄於晚明的歷史人物八十六人。同朱熹的《伊洛淵源録》相比，該書無論就所跨越的時代，還是所涉及的人物而言，都要較朱著爲廣。《伊洛淵源録》述學，以周敦頤開宗。《聖學宗傳》則因叙儒學源流，視角不同，故先以五卷篇幅，勾勒宋元以前學術大要。卷一、二，溯源伏羲、神農、黄帝，中經唐堯、虞舜、夏禹，下及文王、武王、周公、衛武公，凡著録十八人。述學術史而推祖古代帝王，乃至古史傳説中的聖哲。卷三至五，依次著録孔子及孔門諸弟子，下至漢唐大儒，凡十六人。程朱學派認爲，儒學道統中絶於孟子，孟子死，其學不傳，至周敦頤出，始祧漢唐而接孟子。周汝登於此並不以爲然，他在書中不惟著録荀子，而且載及漢儒董仲舒、揚雄，隋儒王通和唐儒韓愈。以此而言學術源流，自然較之程朱更接近歷史真實。卷六至十一，專記宋元諸儒。周汝登不取周敦頤開宗舊説，而是先載穆修、胡瑗、李之才、邵雍，始及周敦頤。在著録二程及程門諸弟子之後，他特地與朱熹唱爲別調，加了一個爲朱子所斥爲『雜學』的張九成。隨後才是朱熹、張栻、吕祖謙、陸九淵，再嗣以朱陸嫡傳蔡沈、楊簡，經真德秀而終元儒許衡、吴澄、黄澤，共三十二人。卷十二以下，皆爲明儒。先以一卷述薛瑄、吴與弼、陳獻章、陳真晟、胡居仁，十三卷起，則是王守仁及陽明學派諸巨子，從徐愛、錢德洪、王畿，直到羅洪先、王棟、羅汝芳，凡二十人。通過叙述古今學術遞嬗，以確立王守仁及其所創立的陽明學派的儒學正統地位，著者意圖一目了然。

惟其如此，所以該書卷一之前附以黄卷的《道統正系圖》，叙述自伏羲傳至伊川程子的學術統系。程子以下分爲二支，一支爲朱子，之下不系一人，另一支爲陸九淵，之下則系以王守仁。周汝登稱卷此圖信陽明篤，叙統系明，與《聖學宗傳》足相發明。陶望齡爲汝登書撰序有云：『天位尊於統，正學定於宗。統不一則大寶混於餘分，宗不明則聖真奸於曲學。』何謂宗？陶氏説：『天下同歸而殊塗，一致而百慮。夫塗徑錯糅，至心而一，智故百變，尅體則齊。』他的結論是：『萬塗宗於一心，萬慮宗於何慮。』周、陶二氏，皆爲陽明心學後勁，言之至明。陶氏斷言：『聖非學而不傳，宗非聖而何系。』他認爲，宋元以來，學有四蔽。『疑盡性非及物之功，求志爲自私之務』，此其一。其二，爲『令循常平蕩之途，蒙隱怪詭奇之目』。其三，爲『猥以爝炬笑貞明，桔槔誇洪潤』。其四，爲『言理者或妄索於杳冥，涉事者遂致疑於虚寂』。因此陶氏説：『五蔽未祛，一尊奚定？此海門周子《聖學宗傳》所由作也。』[一]周汝登的另一友人鄒元標，則在《聖學宗傳序》中稱：『予友紹興周子，早志真宗，學有本原，慮前聖以一脉相傳，恐後之人不睹斯義，乃溯自羲軒及我明諸儒先有關斯學者，名曰《聖學宗傳》。蓋其意曰帝之與王，聖之與賢，隱之與顯，微之與彰，雖異位而人同，人同而此心同，此心同，通之千百萬世無弗同。』[二]

也惟其如此，所以周汝登的《聖學宗傳》，一方面取徑《伊洛淵源録》，於所著録諸人，先述以生平學行，次輯論學語録，格局不變，加詳而已。另一方面，著者則以『蠡測』爲目，附於所輯論學語後，藉以評判學術是非，抒發一己之見。這樣，既顯示了著者的學術傾向，亦從編纂形式上拓寬了《伊洛淵源録》開啓的路徑。譬如卷一《伏羲傳》，周汝登即在『蠡測』中指出：『伏羲畫卦之意果何爲者？蓋專以形容吾心之萬事萬物而已。是故一身之中，頭目、鼻舌、手足、肩背，以至喜怒哀樂，生死夢寤，出處進退，禍福吉凶，卦之

[一] 陶望齡：《聖學宗傳序》，《聖學宗傳》卷首，國家圖書館藏明萬曆三十四年刻本。

[二] 鄒元標：《聖學宗傳序》，《聖學宗傳》卷首，國家圖書館藏明萬曆三十四年刻本。

畫以形容，此固吾心中事、心中物也。天地之間，日月山川，草木蟲魚，以至寒暑晝夜，古今終始，卦之畫以形容，此亦吾心中事、心中物也。卦畫有所從起，圖之虛中，乃從起之原。虛中無有名字，孔子强名之太極。虛中無有一物，周子特標以無極。無極而太極，即吾心是也。』[一]同卷《帝堯傳》《帝舜傳》，皆有同樣的論學旨趣，且進而闡發了天心合一的主張。關於這一主張，周汝登說：『後世論學，有本心、本天之判，然觀虞廷，則止言心矣。明道謂即心便是天，更不可外求。邵子亦謂自然之外别無天。自然者，即吾心不學不慮之良也。故天與心不可判，判天與心而二之者，非惟一之旨矣。』[二]

孟子云：『人皆可以爲堯舜。』周汝登於卷四《孟子傳》引述此語後，亦以『蠡測』發揮道：『此孟子真見聖人與我不二，故其告時君、告世子及曹交、貉稽之流，無一不以帝王賢聖期之。孟子不輕人，人不可自輕也。』[三]先秦時代，孟、荀並尊。宋儒論心性，祖述孟子性善說，詆荀子性惡論爲異說，揚孟抑荀，儼若定論。周汝登於此，雖未倡言排擊，但却於《聖學宗傳》中，以『蠡測』而鳴不平。他說：『荀子之言，世所詆者性惡。而程子云：「善固性也，惡亦不可不謂之性。」則其立言非盡無謂也。况《性惡篇》終深明人可爲禹，謂有其質，有其具。與人皆可爲堯舜之旨有二乎哉！』[四]

朱、陸學術之争，是宋明理學史上的一樁公案。元代中葉以後，合會朱陸之風起。元明之際，趙汸沿波而進，開援朱就陸風氣之先聲。成化、弘治間，程敏政《道一編》出，分朱陸異同爲三節，始焉若冰炭之相反，中焉則疑信之相半，終焉若輔車之相倚。於是朱陸兩家之學，遂成早異晚同之論。嘉靖間，王守仁與程敏政唱爲同調，遂有《朱子晚年定論》之刻。周汝登乃陽明後學，所以《聖學宗傳》卷九《朱熹傳》，即以《朱子晚年定論》爲準繩，去選輯朱子論學語録。關於這一點，著者直言不諱，他解釋說：『夫論以晚定，則前當有未定者存。或先生改而未逮，門人記而未詳，而後人一概泥之，遂以失先生之旨。故不肖一以《定論》爲準，而摘其語於後。』[五]同樣的

[一] 周汝登：《伏羲傳》，《聖學宗傳》卷一，國家圖書館藏明萬曆三十四年刻本。
[二] 周汝登：《帝舜傳》，《聖學宗傳》卷一，國家圖書館藏明萬曆三十四年刻本。
[三] 周汝登：《孟子傳》，《聖學宗傳》卷四，國家圖書館藏明萬曆三十四年刻本。
[四] 周汝登：《荀卿傳》，《聖學宗傳》卷四，國家圖書館藏明萬曆三十四年刻本。
[五] 周汝登：《朱熹傳》，《聖學宗傳》卷九，國家圖書館藏明萬曆三十四年刻本。

道理，卷十《陸九淵傳》，周汝登於比較朱陸論學異同之後，亦重申：『晦翁之有得，全在晚年也。』[一]

一部《聖學宗傳》，述陽明學最詳，王守仁及其門人後學，占至全書近三分之一篇幅，『致良知』説和『王門四句教』，亦成貫穿其間的紅綫。著者指出：『心即知，知即心，無有二也。單言心，恐無入處，故醒之以知。單言知，恐以情識當之，故揭之以良。良知者，無知而知，猶無極而太極也。後儒不悟斯旨，謂良知不足以盡。彼假見聞爲增益者，固支離之舊習。近有求無聲臭於良知之前者，是將謂無極之上更有物也。其不能真見良知，而失先生之旨均矣。』又説：『或以良知之學爲無實踐之功者，亦盲人咎日，弗察而已矣。』還説：『今人良知不明，則所謂理者，未必是理，以欲爲理，而先生之旨湮矣。』[二]似此一類的主張，皆見於卷十三的『蠡測』之中。周汝登自二十四歲起從學王畿，師承所自，終身篤守，故書中述『天泉證道』事甚詳，宣稱：『自此海内相傳天泉證悟之論，道脉始歸於一云。』[三]著者不僅推王氏爲『聖代儒宗』，而且假李贄評《龍溪先生集》語，贊許王畿此書『前無往古，今無將來，後有學者，可以無復著書矣』。[四]

《聖學宗傳》在編纂形式上對《伊洛淵源録》的發展，除以『蠡測』發抒著者主張外，便是於論學語録之後，增輯傳主的論學詩文。譬如卷六《邵雍傳》，即以『堯夫喜吟詩』而引述《伊川擊壤集》中詩十餘首。同卷《周敦頤傳》，亦録傳主《拙賦》一篇及詩作三首。其他如南傳二程學術的楊時，宋室偏安初葉的張九成等，書中亦皆載及傳主詩文。卷九《朱熹傳》，録朱子作《春日二首》，所云『等閑識得東風面，萬紫千紅總是春』，就更是膾炙人口的佳句。《聖學宗傳》録明儒詩，則始自《陳獻章傳》。傳中録白沙先生詩近三十首，著者於此寫道：『本朝理學，至白沙自鑿一户牖，其精神命脉，全吐露於詩句中。』[五]此外，如卷十三《王守仁傳》，卷十六《王艮傳》，傳中所録詩篇，亦是最能一覘傳主學術特色的直抒胸臆之作。古人以詩證史，周汝登則假詩觀學，這不能説不是他的一個發明。

[一] 周汝登：《陸九淵傳》，《聖學宗傳》卷十，國家圖書館藏明萬曆三十四年刻本。
[二] 周汝登：《王守仁傳》，《聖學宗傳》卷十三，國家圖書館藏明萬曆三十四年刻本。
[三] 周汝登：《王畿傳》，《聖學宗傳》卷十四，國家圖書館藏明萬曆三十四年刻本。
[四] 周汝登：《王畿傳》，《聖學宗傳》卷十四，國家圖書館藏明萬曆三十四年刻本。
[五] 周汝登：《陳獻章傳》，《聖學宗傳》卷十二，國家圖書館藏明萬曆三十四年刻本。

綜上所述，足見周汝登的《聖學宗傳》，雖存門户之見而未脱以史昌學窠臼，但無論就所涉時限、人選，還是所載内容，都較之《伊洛淵源録》有所前進。其編纂形式，亦使《淵源録》得到充實、發展。在中國學案體史籍的形成過程中，《聖學宗傳》的承先啓後之功是不可抹殺的。之後，孫奇逢的《理學宗傳》，取『蠡測』意而有眉批、總評。黄宗羲的《明儒學案》更進一步，不僅有按語、總評，而且於所輯案主論學資料，亦録及詩文。《聖學宗傳》固然因著者學術宗尚所囿而沾染禪家風習，可是大體不脱儒學矩矱，非在禪宗燈録一類。清初官修《明史》，攻其一點，不及其餘，稱汝登『輯《聖學宗傳》，盡採先儒語類禪者以入』[一]，顯然以偏概全，言之過當。黄宗羲著《明儒學案》，直斥汝登『主張禪學，擾金銀銅鐵爲一器』[二]，亦非公允持平之論。

陳祖武[三]

二〇二四年四月

[一] 張廷玉等：《周汝登傳》，《明史》卷二百八十三，中華書局一九七四年版，第七二七六頁。

[二] 黄宗羲：《明儒學案發凡》，《明儒學案》（修訂本），沈芝盈點校，中華書局二〇〇八年版，第一四頁。

[三] 陳祖武，中國社會科學院學部委員。

# 目録

所以而萬古斯文之統卒不越此寥寥數千餘載唐昌黎氏云堯舜禹湯文武以是遞相傳授宋周子所謂太極程子曰識仁我明新會曰自然新建曰良知皆是物也隨人所指而名之譬之天一也東南西北之人各隨俗而名而仰觀太

[二]

虛昭昭日月星辰則無不一然雖言矣予友紹興周子早志真宗學有本原慮前聖以一脉相傳恐後之人不曙斯義乃遡自羲軒及我明諸儒先有關斯學者名曰聖學宗傳盖其意曰帝之與王聖之與賢隱之與顯微之與彰雖異位而人同人同而此心同此心同通之千百萬世無弗同獨柰何不求者既委至寶于草莽而求之者又横以意見意見穿鑿是取至寶而付之烈焰又不如隱于草莽之爲完璞也其意良苦矣予讀是書固有感于昔儒曰虞夏之書渾渾爾商

[一] 該頁前缺筒子頁的右半頁，補頁見本書第三七一頁。

書顥顥爾周書噩噩爾予今茲書亦云讀虞夏商周之語如身遊渾渾顥顥噩噩之天未嘗不神遊心醉厥後源遠派分辯駁愈多心愈戚心愈戚視渾渾之風益遠雖然此亦諸儒先不得已也滔滔東注其何已時長天末日特有此真性



在真性不昧直息諸見揖唐虞周孔羨墻間茲傳也吾不知其盡也

旹

萬曆丙午仲夏月吉水鄒元標爾瞻父撰

# 聖學宗傳序

宗也者對教之稱也教濫而訛绪分而閏宗也者防其教之訛且閏而名焉故天位尊於統正學定於宗統不一則大寳混於餘分宗不明則聖眞奸於曲學然宗無外教之宗而宗所以教猶人非異跡之



人而人所以跡耳易曰天下同歸而殊塗一致而百慮夫塗徑錯糅至心而一智故百變苑體則齊萬塗宗於一心萬慮宗於何慮以微妙而揭道心之目以未發斯有大中之名爲生生之本則曰仁爲化化之基則曰義無爲故命曰至誠

粹精而稱爲性善道州狀之以太極河南標之以一體在子靜乃立其大在敬仲則號精神在姚江爲不學不慮之良在安豐爲常知常行之物斯皆宗之異名也至於利用出入則物物皆宗百姓與能則人人本聖然聖非學而不傳宗非



聖而何系如懸的之射失扶寸而已至尋常如泛海之舟昧鍼芒而遽迷南北悖凶修吉克聖罔狂忠清且屬未知仁智猶云滯見坦夷誠實尚繫天資篤學力行未爲聞道譬諸天潢正派非崔盧王謝之可倫濟瀆孤流雖洑地經川而難

混逵尋脉絡若滲枯漉血祖禰必通妙恊樞機如握節挾纊逵近斯葬此豈有異術哉以心傳心而已然難啟榛途易投錦穽大道荒於好徑庸德孤於鮮能則有蹈跡疑心迷宗滯教於是駭大觀以爲私已皆同德以爲異端心行藏密而



反興疏略之譏日用現前而更啓幽玄之議原其所惑公私同異容疎幽顯凡有四端不知道資發育性極範圍痿痺療而一氣畢通離棘除而八荒我闥會之爲已而何不至離之爲物亦何不睽而反疑盡性非及物之功求志爲自私之

務其蔽一也先民有言同乎凡民
日用者謂之同德異乎凡民日用
者謂之異端故自私用智卽干非
聖之刑順性拚眞方號守經之士
自非適道奚免叛常而飜令循常
平蕩之途蒙隱惟詭奇之目其蔽
二也作者必倦行者必休至爲本



乎無爲不習乃能時習進德若歷
天之兩曜不舍旦昏改過如無翳
之雙眸難容塵屑必窺正體方有
眞功而猥以爝炬笑貞明桔槔誇
洪潤其蔽三也心無體而靡事不
心事何依而無心不事[illegible]辟
輙造精微加帚扱箕直通神化縱

心皆活潑潑之地舉目卽斯昭昭
之天而言理者或妄索於杳冥涉
事者遂致疑於虛寂其蔽四也甚
者畏溺而併畏江河逃影而兼逃
日月不知王者有道守在四夷儒
術既明義羅百氏準諸五教則事
理不礙頓符圓極之詮例以重玄



則無有俱超遂握妙門之鍵若家
督之先介厥若大將之總偏裨而
甘滯言筌自封名畛跡類攘而實
讓權彌攬而愈移遂令高明之士
操戈名教之場夸毗之徒運椎詩
禮之域夫都郭氏之穴者豈資三
品於隣家飽郇公之廚者不羡八

珍於異域華風未競期走胡走越以横趨正教宏開乃逃墨逃楊而善反今以功利之俗學駕訓詁之膚詞而欲闡繹聖真彌綸大道不亦遠乎是以五薇未祛一尊奚定此海門周子聖學宗傳所由作也斷自羲軒臻于晚近將聖睎賢之



畢載垂旒帶索以同塗或記事傳心或附言明理予奪存而互見深淺得諸並觀罔不敲髓出於骨皮鑽脟欣其羽翼東海西海鄭爾同心先聖後聖居然一揆覽族志而不迷雲耳按水經而盡得源流嘉惠之功於斯爲大於戲古人有言

仲尼沒而微言絕七十子沒而大義乖夫義大則何古何今言微斯有明有晦大者類涇渭分而易辨微者若淄澠合而難分故醫師匠石猶有正傳畫堣履豨且資心悟況夫精義入神之絕學皇王睿聖之真宗而瑩見聞多岐之塗猶口



耳數寸之内圵轅適郢扃喻其愚然則事資鞭影茲策具存道昇斲輪其人有待矣是編成於萬曆乙巳冬十月殺青壽梓王子世韜弟弟實肩其費功亦偉云會稽陶望齡謹序

# 聖學宗傳目錄

## 卷之一

**伏羲** 一畫初塡是畫工因猫面目強施功時人莫漫從他看須識真原在已躬

**神農** 秉耒嵬嵬一老農更嘗藥草作醫翁欲知一部連山易交易紛紛滿日中

**黃帝** 麒麟遊沼鳳凰儀道本無為即有為因向死生曾有說至今黃老受人欺

**顓頊** 道統初聞自伏羲俱將文字世間垂獨來帝頊全無語橫畫看他總不知

**帝嚳** 生下言名事亦奇傳將人世起驚疑試看一種孩提愛總是同來不慮知

**唐堯** 帝道非專屬帝臣萬邦無箇不懷珍試看吁咈都俞外更有耕田鑿井人

**虞舜** 揭指惟微旨要深儒翁纘出自金針緣何後代忘來歷推向他家說本心



**大禹** 木石心腸纖不留直將無事了神州單餘一點車前淚沛作江河萬古流

**皐陶** 言心之後復言天直指人為未著前却望蒼蒼心外覓真宗迷誤百千年

**成湯** 一點深心徧九垓放君都不避嫌猜犧牲代禱頭除髮此事從誰學得來

**伊尹** 誰道皤然便改圖阿衡不異老農夫南巢再伐桐宮放只作春田帶雨鋤

**傅說** 匐求來建早相親恭默思中合有神覿面明明非是夢至今人盡不知真

**泰伯** 昔父潛逃行峻孫文身斷髮古來無乾坤不礙人來往至德何曾守一途

## 卷之二

**文王** 常時雖肅居宮廟暇日游觀上沼臺含此別無稱道岸為傳滌道莫疑猜

**武王** 執競為心建武功藏彌約處用彌宏施為盡發丹書旨不待他年授太公

**箕子** 麥秀興歌特愴神更餘千古事搪身九篇直與傳心印故國雖亡道不淪

**周公** 大儒原不恃多才事業掀天只點埃不識不知真旨訣親從膝下我師來

**衛武公** 老耄猶勤事琢磨寢興都不自蹉跎誰將睿聖相稱許抱子些丶知技不多

## 卷之三

**孔子** 至聖元非別有奇祇緣人自妄驚疑後儒只要添闡見不信空丶一仲尼

**顏子** 貧殖嗤他厚自封一瓢元不厭家窮直經木碣瓢還棄恰與吾師爲一空

**子貢** 空空一竅未知真只務求多不耐貧直至切磨窮盡日始知瑚璉不為珍

**子路** 死生事大切吾身門下惟伊問得親六字微言傳旨訣至今猶莫究根因

**子夏** 河西一派接洙流未釋離逢韻未收畫道門人惟末耳轉從洒掃出莊周



**漆雕開** 都無名字強稱斯信了何如未信時莫道終身無問答箇中自覺語難施

**曾點** 四賢留得事功多點爾雍容瑟正和味罷春風堪歇去無端更起問如何

**子張** 堂堂難並惕人識直到臨終得庶幾曾子一聞隨往昂不知身自著衰衣

**曾子** 曾將一唯契師承日省如常何所增直至臨終呼小子庶幾夫免戰兢兢

**子思** 祖庭一脈稟來親便把中庸發聖真言物替天無異訣人人心具此精神

## 卷之四

**孟子** 私淑相傳聖脈孤領來聲臭一毫無見知歷數追千古到底然而無有乎

**荀卿** 荀孟都將人性詮劈開善惡兩分言可為堯舜可為禹到底還來共一源

**漢董仲舒** 下帷誦讀力偏精氣象儒家動有程三策天人陳治理祇疑見處未分明

卷之十一

楊簡　滿目天然不用猜雙明閣上眼初開從渠認得尺山路撒手空中自往來

真德秀　迂儒直節震朝廷春夢時時欲自醒劃却讀書無限記晚來辛苦著心經

元許衡　慨然任道始爲師講習蘇門獨處時有主一心持到老臨終猶起拜家祠

吳澄　俗學奔馳力挽難本心樓上一開関誰知作聖非文字一轉凡夫立地閒

黃澤　欲把精神契聖人六經指授夢中親獨吟思古何人會惟有臨川吳苦莘

卷之十二

國朝薛瑄　生下非常聲可聽肌膚瑩似水晶瓶潛心聖學敦躬踐聖代聞先祀孔庭

吳與弼　二年獨處小樓高超邁胸襟一味挑莫怪朋來無講說宋儒纂注總徒勞



陳獻章　陳真晟　胡居仁

卷之十三

王守仁　行兵不廢講徒親滴血明宗一點真道學自來誰有用曾和相後見斯人

徐愛　師門教鐸聽初宣納贄承當爾獨先一夢瞿曇身早逝仲尼能不慟顏淵

卷之十四

錢德洪　錢王共學早聯翩訕誹叢生更毅然不是老翁能詰難儆宗何自發天泉

王畿　親領良知一竅微同門誰敢赴斯機周流八十年無已爲有師傳舊鉢衣

卷之十五

鄒守益　曾讀牛山識自心牛羊不是外來侵相從無数同門友獨得吾師注念深

歐陽德　良知妙訣本師提迷遡容帶水泥斷煉力澤同宿處數宵常自念龍谿

薛侃　炯然無物見良知身受廷刑慘毒時一對吾師呈示後歸來退步入中離

卷之十六

王艮　生來博地一凡夫寶藏親開萬用敷滿界何人能証得據輿直自往洪都

黃弘綱　節義虔臺文在茲便聯朋輩往相師交期不盡偲偲意試聽連城送友詞

何廷仁　恨不當時見白沙今逢夫子敢蹉跎門墻耐可稱疏附善接同儕共切磨

徐樾　輕快工夫作聖人吾師爲費幾精神他時自會橫施設伏節蠻夷不顧身

卷之十七

羅洪先　性學孜孜切在身清修更自服儒紳當時只少虔臺拜補報終同受業人



趙貞吉　講學從人笑共遊打躬作揖了真修百官頭上論邊事羨爾緇衣小比丘

卷之十八

王棟　朱恕　韓貞　夏廷美附

羅汝芳　逢人只就眼前提絕壁懸崖自莫躋到老不離孩子氣初生下地一聲啼

陳白沙　膘血包將大骨頭若爲我眼看江流就中奈破端倪出未必專從靜境求

胡居仁　第一應須覓得真詞章記誦枉勞神一生居業惟先敬自是康齋屋裡人

陳剩夫　主一功夫自討尋上書未了布衣心果持王鑰開珍藏何事家貧只五金

聖學宗傳目録終

# 道統正系圖

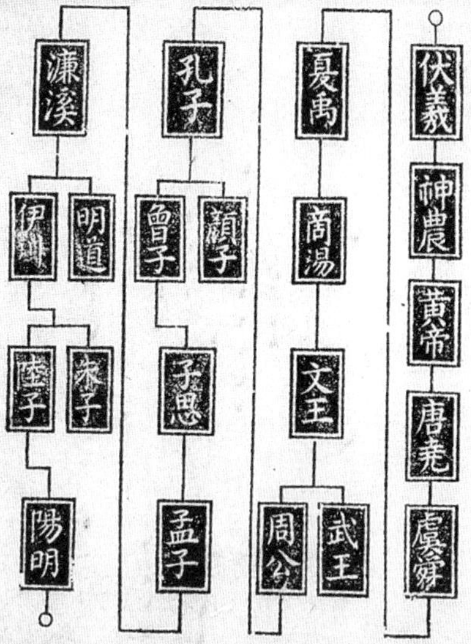




道統問

或問曰韓愈原道以道統始於堯子必始於伏羲神農黃帝者何也曰伏羲畫八卦太極開而道可演神農教耕稼民生遂而道可明黃帝制冕服禮樂興而道可闡道統之原實基於此矣吾固系三聖於唐堯之上者述朱子之意也曰韓愈以孔子傳之孟軻子必增以顏曾子思者何也曰顏子聞博約而見卓爾曾子聞一貫而悟忠恕子思纘家學而作中庸授守之真莫切於是矣吾固增三子於孟子之上者補韓愈之缺也曰朱子以二程接孟氏之傳不計其泯濂學伊川以明道續孟子之後不嫌於背師教子必增之以周子者何也曰道體之契上接洙泗之源圖書之旨下開河洛之派繼往開來之功於茲為大吾固增周子於二程之上者信諸己也曰程子之後有龜山楊氏豫章羅氏延平李氏諸人也子遂系之以朱陸者其意何居朱陸之



後有草廬吳氏魯齋許氏薛文清胡敬齋諸人也子遂系之以陽明者其義何在曰吾嘗觀祀典焉有大宗之祖百世不遷者也有小宗之祖四世而祧者也曰楊曰羅曰李者小宗之謂也朱陸其大宗乎曰吳曰許曰薛曰胡者是亦小宗之謂也陽明其大宗乎曰吳許薛胡一皆精思實踐當不在陽明之下子必以陽明為大宗者何也曰良知之教照耀萬古及門之徒幾至四千孔子云亦也為之

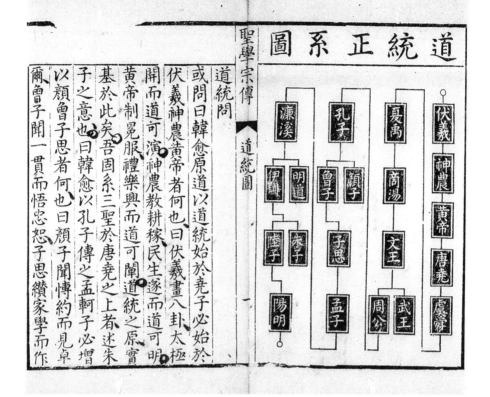

小孰能為之大問者唯唯而退卷也私識其
問答之言以俟有道統之責者於是乎釆

奉新黄卷謹誌

按黄公卷别號牧山嘉靖丙寅爲楚宜城學訓重刻陽明先生年譜幷著是圖與問襄陽令王子業浩寄以示余余覽之見其信陽明篤敘統系明非實有所諳者不能而何其名實之未甚顯赫也江右多賢如龍麟淵藪不可勝窮固如此矣余作聖學宗傳此圖問足桓發明問中止言大宗小宗而宗傳則大宗小宗之下羣孫諸從皆所兼收人惟於大宗之面目精神思成默契其餘自能通貫且識親疎故余重有取于兹圖以冠宗傳之端云

剡溪周汝登謹書

門人 方如騏 王業浩 校刻



# 聖學宗傳卷之一

東越 周汝登編測
陶望齡訂正
王繼糕
王繼晃
王繼炳 叅閲

## 伏羲

伏羲氏風姓生有聖德象日月之明稱曰太昊仰則觀象於天俯則觀法於地觀鳥獸之文與地之宜近取諸身遠取諸物於是始作八卦卦有三爻因而重之爲卦六十有四以通神明之德以類萬物之情金氏曰伏羲之畫卦也有圖而無書有占而無文時未有文字此六十四卦者即六十四大字也是六十四字者天地人事時義物理之常變悉管乎是矣邵氏曰圖雖無文吾終日言而未嘗離乎是先天學心法也故圖皆自中起萬事萬物生於心也先天圖中環中也自從會得環中意閒氣胞中一點無羅氏曰伏羲當年亦儘睜造化竭力窺覷所謂仰觀俯察遠求近取其勤也同吾儕之見謂天自爲天地自爲地人自爲人物自爲物爭奈他志力

精專忽然靈光爆破粉碎虛空天也無天地也無地人也無人物也無物渾作箇圓團團光爍爍的東西描不成寫不就不覺信手禿點一點元也無名也無字後來却只得呌他做乾畫呌他做太極也蠡測曰伏羲畫卦之意果何爲者盖專以形容吾心之萬事萬物而已是故一身之中頭目鼻舌手足肩背以至喜怒哀樂生死夢寤出處進退禍福吉凶卦之畫以形容此固吾心中事心中物也天地之間日月山川草木



蟲魚以至寒暑晝夜古今終始卦之畫以形容此亦吾心中事心中物也卦畫有所從起圖之虛中乃從起之原虛中無有名字孔子強名之太極虛中無有一物周子特標以無極無極而太極即吾心是也心非思慮知識之謂不離思慮知識而何思何慮不識不知故曰無極而太極也生天生地生萬事萬物者此也伏羲欲使人覽圖而知一切備於我後之儒者不知在我而推之於天地萬身外然者伏羲欲使人覽圖

而知萬只是一有根於無後之儒者不務窮其本根而徒於萬上尋求有處執著伏羲之旨湮矣善乎負苓者之言曰昔者伏羲氏之未畫卦也三才其不立乎四序其不行乎百物其不生乎萬象其不森乎何營營乎而費畫也自伏羲氏洩道之竅漏神之幾使天下之智者詭道逆出曰我善言象而識物情陰陽相磨遠近相取作爲剛柔之說以駭人志於是知者不知而太朴散矣嗟乎負苓者之言其有所感也夫



## 神農

神農氏姜姓剏蓺五穀耒耜之利以教天下民有疾病未知藥石帝嘗百草一日而遇七十毒神而化之以療民疾日中爲市致天下之民聚天下之貨交易而退各得其所不忿争而財足無制令而民從帝謂始萬物終萬物者莫盛乎艮遂以艮爲首作連山之易蠡測曰大學首言知止此連山之旨也

## 黃帝

黄帝姓公孫名曰軒轅帝生而神靈弱而能言成而聰明順天地之紀幽明之占死生之説存亡之難是時城郭不閉見利不争風雨時若人無夭札物無疵厲虎豹不妄噬鷙鳥不妄搏鳳凰巢於閣麒麟遊於囿蠡測曰古稱黄老老子有五千言而黄帝之書莫詳史載存亡之難死生之説而竟不言其所以難所以説素問等固不足以當之也惟列子有曰精神入其門骨骸反其根我尚何存所謂難與説者或類是與他見於諸子中者良多而人頗疑之故不具采焉



顓頊

顓頊高陽者黄帝之孫也養材以任地載時以象天依鬼神以制義治氣以教化動静之物大小之神日月所照莫不砥屬

帝嚳

帝嚳高辛者黄帝曾孫也生而神靈自言其名普施利物不私其身

帝堯

帝堯祁姓名放勲父嚳受封於陶又改國於唐摯以荒淫而廢諸侯尊堯爲天子時年十五都於平陽帝欽明文思安安允恭克讓光被四表格於上下克明峻德以親九族九族既睦平章百姓百姓昭明協和萬邦黎民於變時雍帝曰疇咨若時登庸子丹朱及庶子九人皆不肖遜位讓許由由不受逃隱群臣咸舉舜舜賢明堯亦聞之七十有三載禪舜舜受終於文祖命舜曰咨爾舜天之曆數在爾躬允執厥中一百載



帝乃殂落年一百十七歲初帝遊於康衢兒童謡曰立我蒸民莫匪爾極不識不知順帝之則有老人含哺鼓腹撃壤而歌曰日出而作日入而息鑿井而飲耕田而食帝力何有於我哉帝德廣運乃聖乃神乃武乃文存心於天下加志於窮民一民饑曰我饑之也一民寒曰我寒之也一民有罪曰我陷之也不賞而民勸不罰而民治孔子曰大哉堯之爲君也巍巍乎惟天爲大惟堯則之蕩蕩乎民無能名焉巍巍乎其有

成功也煥乎其有文章蠡測曰帝堯首揭中字斯道統之眞宗所自啓也子思子註之曰喜怒哀樂之未發謂之中可謂刻的明切之甚而後儒再下註腳辭支而旨晦矣夫中亦強名疇咨若時時即中之謂也亦道之謂也此箇隨在而異名隨用而異施曰欽曰明等種種名言皆此之別號也推之九族百姓萬邦種種施設皆此之妙用也非有二也是故慈湖楊氏曰疇咨若時登庸者言誰乎嗟哉有能順是者乎吾將登



用之時即道也天地間惟有此道而已三才萬化萬物萬事萬理皆不出此道故當時相與詔告惟曰時猶曰此也時即道之異名此道非言意之所能名後乃取道路無所不通人所共由之義初無形體之可執至於曰時則尤不滯于言意妙哉時之爲言也非大聖疇能爲是言易多曰此此即時漸雕開亦曰吾斯之未能信是也古罕言道虞夏之際始聞言之舜曰若不在時又曰惟時惟幾皆所以言道道之爲言終不

佛之放光動地只是此理

若時之爲義渾然不分事理帝知若時者誠未易得故問其次誰能順予釆者釆事也次問其則知時道也又曰帝堯之光如日月之光無思無爲寂然不動而自足以默化天下之民自足以默安天下之民易言聖人以神道設教而天下服者此光也謂之神者言乎其不可以智知不可以力爲也然此非於欽明文思外復有所謂光也如四時之錯行如日月之代明無思無爲而被四表格上下



## 帝舜

帝舜姚姓名重華始爲虞氏唐堯壬午生舜於姚墟父瞽瞍頑繼母嚚弟象傲皆欲殺舜舜往于田泣旻天號父母負罪引慝欲殺不可得欲求常在側侍親拊弟日以篤年二十孝友聞四海耕於歷山歷山之人讓畔漁於雷澤雷澤之人讓居陶於河濱河濱之器不苦窳所至鄉合父母不愛弟妹不親雖耕稼陶漁勞悴困苦無入而不自適也後瞽瞍亦允若堯在位七十載

求贊巽位舜濬哲文明溫恭允塞玄德升聞堯實知之於是疇咨於衆詢四岳明明揚側陋四岳咸薦舜謂克諧以孝烝烝乂不格姦堯曰我其試哉乃徵之得諸服澤之陽問曰我欲致天下爲之奈何對曰執一無失行微無怠忠信無倦而天下自來帝舘之於貳室錫之絺衣雅琴命之姚姓配以二女事之九子帝將胥天下而遷之乃歷試諸難使宅百揆靡不時叙屬之徽典無或不從賓於四門諸侯穆穆烈風雷雨納



於大麓而弗能迷也堯之七十三載舜遂攝位堯崩踐天子之位都於蒲阪格於文祖詢於四岳闢四門明四目達四聰咨十有二牧五載簡韶樂成鳳凰來儀六載巡狩觀風九載三考黜陟幽明庶績咸熙三十有五載咨禹徂征有苗三旬苗民逆命益贊曰惟德動天無遠弗届滿招損謙受益時乃天道至誠感神矧茲有苗帝命禹班師振旅誕敷文德舞干羽於兩階七旬有苗格舜以樂教天下重黎舉夔舜以爲樂正

命之曰夔命汝典樂教胄子直而溫寬而栗剛而無虐簡而無傲詩言志歌永言聲依永律和聲八音克諧無相奪倫神人以和夔曰於予擊石拊石百獸率舞重黎又欲求人而佐焉帝曰夫樂天地之精也夔能若此一而足矣舜初命夔其道多端而夔以擊石拊石了之可謂簡徑妙啓帝亦以爲一而足此君臣相與之微樂之精也其後夫子語太師之樂不言制度器數而直云翕如純如皦如繹如爲樂之成孟子告齊宣王以古樂只就民情之欣欣盡之陽明論元聲只在心上求心氣和平便是元聲之始千聖授受蓋無有不統於宗者也彈五絃之琴歌南風之詩曰南風之



薰兮可以解吾民之慍兮南風之時兮可以阜吾民之財兮命禹曰天之曆數在汝躬汝終陟元后人心惟危道心惟微惟精惟一允執厥中四十有八載崩於鳴條壽百一十二歲舜爲君四海承風暢於異類鳳翔麟至鳥獸馴德無他好生故也帝德罔愆臨下以簡御衆以寬罰弗及嗣賞延於世宥過無大刑故無小罪疑惟輕功疑惟重與其殺不辜寧失不經好生之德洽於民心子曰無爲而治者其舜也與夫何爲哉

恭已正南面而已矣孟子曰舜明於庶物察於人倫由仁義行非行仁義也舜之飯糗茹草也若將終身焉及其爲天子也被袗衣鼓琴二女果若固有之程子曰聖人所知宜無不至也聖人所行宜無不盡也然而書稱堯舜不曰刑必當罪賞必當功而曰罪疑惟輕功疑惟重與其殺不辜寧失不經又曰堯舜知他幾千年其心至今在堯舜之事亦只如太虛中一點浮雲過目陸子曰心一也人安有二心自人而言則曰



惟危自道而言則曰惟微罔念作狂克念作聖非危乎無聲無臭無形無體非微乎羅氏曰人字道字雖少別而心止是一箇心日用不知則道心而人矣日用而知則人心而道矣慈湖曰史稱玄德玄之義微矣慈湖謂簫韶九成何以能使鳳凰來儀擊石拊石何以能使百獸率舞淮南亦謂夫能理三苗朝羽民從裸國納肅慎未發號令而移風易俗者其惟心行者乎夫知玄之義而後知舜雖然人能返照何德不玄所

謂舜人我人爾 後世論學有本心本天之判然觀虞廷則止言心矣明道謂即心便是天更不可外求邵子亦謂自然之外別無天自然者即吾心不學不慮之良也故天與心不可判判天與心而二之者非惟一之旨矣先後諸儒皆明大舜惟心之旨夫惟心乃所以爲惟一也與

## 大禹

禹姒姓名文命字高密帝顓頊之後父鯀治水無功被殛禹降在匹庶四岳咸舉之舜進之堯



禹祗承於帝曰后克艱厥后臣克艱厥臣政乃乂黎民敏德惠廸吉從逆凶惟影響益曰吁戒哉罔遊于逸罔淫于樂罔違道以干百姓之譽罔咈百姓以從已之欲無怠無荒四夷來王禹曰於帝念哉堯命繼鯀治水禹思拯天下之溺且傷父績不成循江泝河盡濟暨淮勞身焦思七年聞樂不聽過門不入過十室之邑則下以求秉德之士三十未娶行至塗山娶塗山之女僅歷辛壬癸甲復行治水十月生子啓呱呱而

泣禹弗顧也禹濟江黃龍負舟舟中人惴駭禹
乃啞然而笑曰我受命於天竭力以勞萬民生
寄也死歸也爾何爲者視龍如蝘蜓顏色不變
謂舟人曰此天所以爲我用也須臾龍俛首曳
尾而去禹隨山刊木平治水土九州攸同則壤
成賦聲教四訖舜曰來禹洚水儆予成允成功
惟汝賢克勤於邦克儉於家不自滿假惟汝賢
汝惟不矜天下莫與汝爭能汝惟不伐天下莫
與汝爭功癸酉五十載舜崩禪位禹禹讓位商

均萬民不附追就禹所禹踐位南到蒼梧見罪
人下車問而泣之左右曰罪人不順道君王何
爲痛之禹曰堯舜之人皆以堯舜之心爲心寡
人爲君百姓各自以其心爲心是以痛之懸鍾
鼓磬鐸鞀以待四方之士曰教寡人以道者擊
鼓諭以義者擊鍾告以事者振鐸語以憂者擊
磬有獄訟者搖鞀癸未八歲禹年百有六崩於
會稽孔子曰禹吾無間然矣菲飲食而致孝乎
鬼神惡衣服而致美乎黻冕卑宮室而盡力乎

溝洫禹吾無間然矣巍巍乎舜禹之有天下也
而不與焉孟子曰禹之行水行其所無事也呂
氏曰不矜不伐無我也無我則無對無對則無
爭劉氏曰私於家者隔墻壁而分比隣私於巳
者隔形骸而分爾汝陋矣哉聖人宅心廣大一
視同仁有生之類莫不欲愛利之草木昆蟲欲
咸遂其生日月山川陰陽雨露欲咸得其敘誠
以覆載之間一氣所運皆同體也何必痒痾疾
痛一膜之通而後爲同耶剪爪斷髮體無覺知

是與草木土石何異然不肯輕毀傷者體之所
生也吹爲風呵爲霧唾爲濕呼爲響怒爲慘喜
爲舒皆吾身之氣也人心無不仁一念之差惟
欲適巳故自起發一疑心坑虎士如蟣蝨王愷
發一快心截蛾蝐如芻偏李斯發一饕心橫屍
四海楊國忠發一疾心激禍百年其端甚微其
流甚廣可不痛哉可不戒哉孟子曰惻隱之心
人皆有之彼有而不知有也私心勝之也噫愛
利物如禹者至矣禹之心廣矣大矣孰測之

哉禹之心如虛空木石無所染涅無所動搖而所以異於虛空木石者惟愛人利物之心獨在耳大學之道貴乎能定能靜然慮心常存也大易之旨貴乎無思無慮然感心不滅也慮感之心愛人利物之端也禹之所造殆謂是與楊氏曰帝王之道初無甚高難行之事不過克艱一語而已而遂可致庶政之咸乂遂可致黎民之速化其道甚易其功甚大又甚敏然則後世何憚而不爲學士大夫往往多歸過於人主而不



知過在於士大夫之不學也道在邇而求諸遠事在易而求諸難人心自善人心自明人心自神學士大夫既不自知己之心故亦不知人主之心舜禹之心即是心己是心四海之所同萬古之所同克艱云者不放逸之謂也不放逸則不昏不昏則本善本明本神之心無所不通無所不治無所不化此道至易至簡蠡測曰孔子贊堯曰無能名贊舜曰無爲贊禹曰吾無間然無間然者與我無間異也孟子稱堯舜曰與人同稱禹曰無事欲得堯舜禹之宗者於孔孟贊頌之言而求之庶乎其可以悟入也已

皋陶

皋陶一名庭堅字隤高陽氏有才子八人謂之八愷而庭堅則其一焉皋陶佐舜爲士師明五刑以弼五教刑期於無刑民協於中皋陶邁種德德乃降黎民懷之念茲在茲釋茲在茲名言茲在茲允出茲在茲允迪厥德謨明弼諧愼厥身脩思永惇叙九族庶明勵翼邇可遠在茲無



教逸欲有邦兢兢業業一日二日萬幾楊氏曰萬幾此心念慮之微也無曠庶官天工人其代之天叙有典勑我五典五惇哉天秩有禮自我五禮有庸哉同寅協恭和衷哉天命有德五服五章哉天討有罪五刑五用哉政事懋哉懋哉天聰明自我民聰明天明畏自我民明威達於上下敬哉有土禹曰乃言底可績皋陶曰予未有知思曰贊贊襄哉楊氏曰孩提之童無不知愛其親者及其長也無不知敬其長也其五典皆人心之所固

有固有者天也聖人所爲無毫髮入爲五典曰天倫五禮曰天秩命有德曰天命討有罪曰天討功曰亮天功民曰視天民招損受益以爲天道任官惟賢以代天工其動静罔不純於天故無爲而治者天心之無思無爲也又曰臯陶言謹厥身脩又曰無教逸欲又曰兢兢業業又曰同寅協恭何數聖人者無他奇謀偉論而諄諄惟以戒慎恐懼爲首語也於乎堯之所以爲堯舜之所以爲舜禹之所以爲禹臯陶益之所以



爲臯陶益豈非以此心而已乎戒謹恐懼此心之存可知矣惟得此心者方知此心之出入惟識此心者方知此心之存不存不識此心者安知之也不知者胡不於戒謹恐懼時而黙察其所以然乎蠡測曰陸氏言唐虞之際道在臯陶商周之際道在箕子孟子亦曰若禹臯陶則見而知之凡所云玆即堯所云時故謂之道在未有知乃所以爲真知故謂之見知臯陶真得其宗矣

## 成湯

湯子姓名履一名天乙契之後也湯居亳爲夏方伯得專征伐夏桀三十有六歲葛伯不祀使人問之曰無以供粢盛也湯使衆往爲之耕有童子以黍肉餉殺而奪之爲其殺是童子而征之四海之内皆曰非富天下也爲匹夫匹婦復讎也是時伊尹耕於有莘以幣聘之桀殺直臣關龍逄群臣莫敢言湯使人哭之桀怒囚湯於夏臺已而得釋湯出見野張網四面而祝之曰



自天下四方皆入吾網湯曰嘻盡之矣乃去其三面祝曰欲左左欲右右不用命者乃入吾網諸侯聞之曰湯澤及禽獸況於人乎歸之者四十餘國夏桀無道殘虐日甚遂伐桀放於南巢湯惟有慚德曰予恐來世以台爲口實（陸氏曰湯到這裏都生一疑此湯之過也）仲虺乃作誥曰惟天生民有欲無主乃亂惟天生聰明時乂天乃錫王勇智表正萬邦惟王不邇聲色不殖貨利德懋懋官功懋懋賞用人惟己改過不吝克寛克仁彰信兆民

德日新萬邦惟懷志自滿九族乃離王懋昭大
德建中於民以義制事以禮制心垂裕後昆予
聞曰能自得師者王謂人莫已若者亡好問則
裕自用則小嗚呼慎厥終惟其始殖有禮覆昏
暴欽崇天道永保天命是時三千諸侯大會湯
取天子之璽置之於座再拜從諸侯之位曰天
下非一家之有也唯有道者理之惟有道者宜
處之湯三讓諸侯皆推湯湯又求卞隨務光者
而讓之二人皆逸然後即位作誥誕告四方曰



惟皇上帝降衷於下民若有恒性克綏厥猷惟
后天道福善禍淫降災於夏以彰厥罪肆台小
子將天命明威不敢赦請命上天孚佑下民罪
人黜服天命弗僭賁若草木兆民允殖俾予一
人輯寧爾邦家茲朕未知獲戾於上下慄慄危
懼若將隕於深淵凡我造邦各守爾典以承天
休爾有善朕弗敢蔽罪當朕躬弗敢自赦惟簡
在上帝之心其爾萬方有罪在予一人予一人
有罪無以爾萬方嗚呼尚克時忱乃亦有終十

有九祀大旱歷二十有四祀大旱殷史卜曰當
以人禱湯曰吾所爲禱雨者民也若必以人禱
吾請自當遂剪髮斷爪身嬰白茅以爲犧牲禱
於桑林之社祝曰政不節與使民疾與宮室營
與女謁盛與苞苴行與讒夫興與何以不雨至
斯極也於是大雨方數千里歲則大熟天下謳
洽遂作桑林之樂名曰大濩以立天之道先陰
後陽立地之道先柔後剛作歸藏之易以坤爲
首湯之盤銘曰苟日新日日新又日新三十祀



湯崩年百歲詩人歌之曰帝命不違至於湯齊
湯降不遲聖敬日躋昭格遲遲上帝是祗帝命
式於九圍劉氏曰學有三上焉汲汲然其次悠
悠然其次懵懵然夫懵懵者非不向學也心未
達也誘而達之矢去川決安知懵懵不爲汲汲
也耶故悠悠者最爲害道既已知之玩習爲常
始焉色受聽竦繼焉意銷氣壞因循苟且一暴
十寒雖皓首沒世猶夫人也吾觀古聖賢之心
異運同轍然而進脩之速未有如湯者日新又

新夫豈有瞬息悠悠意度哉湯因其所履著於
銘言起居食息又以自警故曰以銘制心夫人
心一也今曰有制之者是復有一心也盖心之
念有邪有正有妄有誠合而觀之皆一心也猶
手有翻覆寔一形也猶聲有笑哭寔一音也心
過則邪制邪爲正心過則妄制妄爲誠過心不
二制心亦無無意無我寂然常樂此湯所以成
其日新之德者也夫豈有瞬息悠悠意度哉噫
湯生於衰世獨能上追堯禹下啓文武傳道於



萬世者其用心如此蠡測曰天之一字自皋陶
發之實莫爲而爲之意至湯乃有上帝降衷之
言人遂執以爲性眞天降若有所與受然者夫
性果可以與受之物哉程子之言曰詩書中凡
有箇主宰底意思者皆言帝有一箇包涵徧覆
底意思則言天有一箇公共無私底意思則言
王上下千百歲中若合符契夫所謂意思者誰
之意思耶亦可悟矣故欲知性天之說以遡湯
之旨者必了了於程子之言

伊尹

伊尹名摯力牧之後生於空桑後居伊水故氏
曰伊尹者正也爲湯阿衡使之正天下也伊尹
耕於有莘之野而樂堯舜之道焉非其義也非
其道也祿之以天下弗顧也繫馬千駟弗視也
非其義也非其道也一介不以與人一介不以
取諸人曰天之生斯民也使先知覺後知先覺
覺後覺也予天民之先覺者也予將以斯道覺
斯民也非予覺之而誰也湯三使聘尹尹幡然



而起五就桀而桀不悟五就湯而湯不疑知桀
之終不悛也然後相湯而放伐之天下不驚湯
問尹曰壽可爲耶尹曰王欲之則可爲弗欲則
不可爲也湯崩相太甲作伊訓曰惟我商王布
昭聖武代虐以寛兆民允懷今王嗣厥德罔不
在初立愛惟親立敬惟長始於家邦終於四海
嗚呼先王肇脩人紀從諫弗咈先民時若居上
克明爲下克忠與人不求備檢身若不及以至
於有萬邦嗚呼嗣王祗厥身念哉聖謨洋洋嘉

言孔彰惟上帝不常作善降之百祥作不善降之百殃爾惟德罔小萬邦惟慶爾惟不德罔大墜厥宗太甲顛覆湯之典刑伊尹作書曰先王顧諟天之明命以承上下神祇社稷宗廟罔不祗肅天監厥德用集大命撫綏萬方先王昧爽丕顯坐以待旦旁求俊彥啓迪後人無越厥命以自覆愼乃儉德惟懷永圖若虞機張往省括於度則釋欽厥止率乃祖攸行惟朕以懌萬世有辭王未克變伊尹曰茲乃不義習與性成予



弗狎于弗順營于桐宮密邇先王其訓無俾世迷放之於桐宮乃自當國以朝諸侯太甲居桐三年自怨自艾處仁遷義伊尹乃以冕服奉太甲復歸於亳陳戒於太甲曰夏王弗克庸德慢神虐民皇天弗保監於萬方啓迪有命眷求一德俾作神主惟尹躬暨湯咸有一德克享天心受天明命非天私我有商惟天佑於一德非商求於下民惟民歸於一德德惟一動罔不吉德二三動罔不凶惟吉凶不僭在人惟天降災祥

在德今嗣王新服厥命惟新厥德終始惟一時乃日新任官惟賢才左右惟其人臣爲上爲德爲下爲民其難其愼惟和惟一德無常師主善爲師善無常主協於克一俾萬姓咸曰大哉王言又曰一哉王心克綏先王之祿永底烝民之生太甲崩子沃丁立八祀伊尹乃卒年百有餘歲大霧三日公孫丑問曰賢者之爲人臣也其君不賢則固可放與孟子曰有伊尹之志則可無伊尹之志則篡也陸氏曰尚書一部只是說德



而知德者實難惟尹躬暨湯咸有一德以此見當時只有尹湯二人可當一德蔡氏曰所謂一者道體之純全聖功之極致也精粹無雜者一也終始無間者一也該括萬善者一也一者通古今達上下萬化之原萬事之幹語其理則無二語其運則無息語其體則并包而無所遺也咸有一德之書前乎伏羲堯舜禹湯後乎文武周公孔子同一揆也楊氏曰伊尹耕於有莘之野以樂堯舜之道夫堯舜之道豈有物可玩而

樂之乎即耕於有莘之野是已此農夫田父之所日用者而伊尹之樂有在乎是若伊尹所謂知之者也陳氏曰伊尹樂堯舜之道淵源甚遠學識甚精今復取舜禹授受之微旨以告太甲其使是君爲堯舜之君之心也蠡測曰孟子言伊尹聖之任者也而至於叙道統之傳則直以見知歸之然則任指所遇而言非真有歉於時之謂也故程子謂聖人無優劣孟子亦曰其趨一也曰仁也亦可見矣覺之一字尹發之而一



德之訓正其覺處一德者覺即是一一即是德也夫伊尹當湯桀之間五去而五就之於嗣君相之而放之而又歸之古今語行事之非常而至不一者莫如伊尹然而伊尹履之如等閒而天下信之若心目此寧有異術哉惟其一而已矣一者何覺而已矣孟子所謂伊尹之志者亦此覺而已矣是以古之人隱居求之而行義達之今不求覺而欲談伊周之事業者吾不知之矣

## 傅說

傅說者殷之傅巖人也武丁恭默思道夢帝賚以良弼以夢所見示群臣百吏皆非也於是乃審厥象俾以形旁求於天下說築傅巖之野惟肖見於武丁武丁曰是也與之語果聖人爰立作相置諸其左右命之朝夕納誨曰啓乃心沃朕心說對揚休命作說命曰慮善以動動惟厥時有其善喪厥善矜其能喪厥功王人求多聞時惟建事學於古訓乃有獲事不師古以克永



世匪說攸聞惟學遜志務時敏厥脩乃來允懷于茲道積于厥躬惟斆學半念終始典于學德脩罔覺監於先王成憲其永無愆蠡測曰學之一字說發之從伊尹覺字而來故漢白虎通云學者覺也有善喪善矜能喪能者明無善之善無能之能也允懷于茲造次顛沛必於是也道積厥躬道從身得非外身而有也惟斆學半於爲學之道半之半須自得罔覺之學不從人得也古訓精一執中之言成憲堯舜之心法也

罔覺即臯陶之未有知允懷于茲即念茲在茲
以是見聖聖相傳一脉而已惟是恭默之主當
與難名無爲並稱而謨訓不著獨此恭默思道
與啓心沃心之言亦足想見其微矣詩人歌之
曰赫赫厥聲濯濯厥靈夫詩言赫赫濯濯非顯
正其所以爲恭默也書言恭默非寂正其所以
爲聲靈也詩書之旨密矣

泰伯

泰伯周古公之子古公三子長泰伯次仲雍一

名虞仲少季歷泰伯與弟仲雍亡如荊蠻文身
斷髮荊蠻人君事之因號爲句吳稱吳泰伯孔
子曰泰伯其可謂至德也已矣三以天下讓民
無得而稱焉陸氏曰記言后稷其辭恭其欲儉
只是說末論語言伯夷叔齊求仁得仁泰伯三
以天下讓殷有三仁都從血脉上說來夫知血
脉之說者而後知皮膚之非所以論人也已蠡
測曰泰伯之逃似去人倫仲雍斷髮幾絕人類
淺其蹤跡皆非名教中人而孔子至德之稱逸
民之號共無貶辭以故天下後世不敢有異議
不然而無此斷案人欲知之而不罪之亦難矣
故陸子謂皮膚非所以論人而歸本血脉乃深
有味乎其言之嗟乎血脉果可以易知者哉
舊說太王有翦商之志欲傳季歷以及昌而泰
伯仲雍逃去以成父志夫啚人國於二世之前
此操懿之心術而可以語太王哉太王有此必
無以爲八百年肇基之祖此理之可必者也詩
曰實始翦商言其勢非言其志也彼泰伯之逃

意不可測不宜強爲猜度三以天下讓者泰伯
之德即可以朝諸侯而有天下而去之不居是
其讓也故于舊說俱無采焉

聖學宗傳卷之二

東越　周汝登編測　王繼晃

陶望齡校正　王繼𪱆　恭閱

## 文王

文王名昌季歷之子嗣爲西伯周公追王曰文王焉西伯之爲世子朝於季歷日三雞初鳴而衣服至於寢門外問内竪之御者曰今日安否何如内竪曰安西伯乃喜及日中又至亦如之及暮又至亦如之其有不安節則内竪以告西




伯色憂行不能正履王季復膳然後亦復初食上必在視寒煖之節食下問所膳命宰曰末有原應曰諾然後退西伯之治岐也發政施仁必先窮民之無告者伯夷呂望聞西伯善養老來歸以就其養呂望巳年八十餘釣於渭水西伯出獵載之以歸尊之爲太公行於野見枯骨命瘞之吏曰此無主矣西伯曰吾即其主以棺衾而葬之天下聞之曰西伯澤及枯骨況於人乎紂醢九侯脯鄂侯西伯聞之竊歎崇侯虎知之以告紂紂乃囚西伯於羑里（韓昌黎爲羑里操曰嗚呼臣罪當誅兮天王聖明　程子曰韓子琴操道文王意中事）閎夭之徒患之乃求有莘氏美女他奇怪物因殷嬖臣費仲而獻之紂紂大悅乃釋西伯西伯歸而獻洛西之地方千里請除炮烙之刑紂許之更賜得專征伐虞芮之人有獄不能決乃如周入界見耕者皆讓畔民俗皆讓長慙相謂曰吾所争周人所耻何往爲遂還俱讓其田而不取漢南諸侯歸者四十國三分天下奄有其二以服事殷終身不貳




二十祀西伯薨年九十七詩人歌之曰維天之命於穆不巳於乎不顯文王之德之純維此文王小心翼翼昭事上帝聿懷多福穆穆文王於緝熙敬止無然畔援無然歆羡誕先登於岸帝謂文王予懷明德不大聲以色不長夏以革不識不知順帝之則不顯亦臨無射亦保不聞亦式不諫亦入文王在上於昭於天文王陟降在帝左右上天之載無聲無臭儀刑文王萬邦作孚初文王在羑里因伏羲所畫之卦演彖詞焉

是爲周易孔子曰易有太極是生兩儀兩儀生四象四象生八卦八卦定吉凶吉凶生大業又曰易無思也無爲也寂然不動感而遂通天下之故非天下之至神其孰能與於此夫易何爲者也夫易開物成務冒天下之道如斯而已者也又曰易之爲書也不可遠爲道也屢遷變動不居周流六虛上下無常剛柔相易不可爲典要唯變所適陸子曰其爲道也屢遷不遷處變動不居居處周流六虛實處上下無常常處剛



柔相易不易處不可爲典要要處惟變所適不變處程子曰至微者理也至著者象也體用一原顯微無間楊氏曰易者已也非有他也以易爲易不以易爲已不可也以易爲天地之變化不以易爲已之變化不可也天地我之天地變化我之變化非他物也包羲氏欲形容易是已不可得畫而爲一於戱是可以形容吾體之似矣又謂是雖足以形容吾已而吾體之中又有變化之殊焉又無以形容之畫而爲⚋⚋者吾

之⚋也⚋者吾之⚋也可畫而不可言也可以黙識而不可知知也⚊者吾之全也⚋者吾之分也全卽分也分卽全也夫所以爲我者毋曰血氣形貌而已也吾性澄然清明而非物吾性洞然無際而非量天者吾性中之象地者吾性中之形故曰在天成象在地成形皆我之所爲也混融無內外貫通無異殊觀⚊畫其旨昭昭矣厥後又繫之辭曰乾乾健也言乎千變萬化不可紀極往古來今無所終窮而吾體之剛健



[illegible]改也言乎可指之象則所謂天者是也天卽易也地者天中之有形者也故夫乾彖之言擧萬物之流行變化皆在其中而六十四卦之義盡備於乾之一卦矣自清濁分人物生男女形萬物之在天下未嘗不兩曰天與地曰晝與夜曰夫與婦曰君與臣曰尊與卑曰大與小曰貴與賤曰剛與柔曰動與靜曰善與惡曰進與退曰實與虛博觀縱觀何者非兩⚋者所以象此者也又繫之辭曰坤坤順也明乎地與妻

與臣與柔之類也然非有二道也乾者一畫之
坤坤者兩畫之乾也乾坤之彖雖有大哉至哉
之辨以明君臣上下之分而無二元也坤爻又
曰直方大又曰以大終也又以明大與至之無
二旨乾與坤之無二道也乾何以三一也天此
物也人此物也地此物也無二一也無二巳也
皆我之爲也坤何以三一也天有陰陽日月明
晦也地有剛柔高下流止也人有君臣夫婦貴
賤善惡也三天下固有如此者也聖人繫之辭



曰震明乎如此者陽爲主自下而動且起也此
我之變態也三天下固有如此者也聖人繫之
辭曰巽明乎如此者陰爲主陰入於下柔隨之
類也此又我之變態也三天下又有如此者也
聖人繫之辭曰坎陽陷乎兩陰之中內陽而外
陰水之類也此我之坎也三天下又有如此者
也聖人繫之辭曰離言陰柔不能以自立麗乎
兩剛又外陽而中虛爲火之類也此我之離也
天下又有三者陽剛止截乎其上故繫之辭曰

艮艮止也明乎我之止也天下又有三者陰柔
發散乎其外故繫之辭曰兌兌說也明乎我之
說也舉天地萬物萬化萬理皆一而已矣舉天
地萬物萬化萬理皆乾而已矣坤者乾之兩非
乾之外復有坤也震巽坎離艮兌又乾之交錯
散殊非乾之外復有此六物也皆吾之變化也
元亨利貞吾之四德也指吾之始名之曰元言
吾之通名之曰亨言吾之利名之曰利言吾之
正名之曰貞指吾之剛爲九指吾之柔爲六指



吾之清濁爲天地指吾之震巽爲雷風指吾之
坎離爲水火指吾之巽兌爲山澤又指吾之變
而化之錯而通之者爲六十四卦三百八十四
爻以吾之照臨爲日月以吾之變通爲四時以
吾之散殊於清濁之兩間者爲萬物以吾之視
爲目以吾之聽爲耳以吾之噬爲口以吾之握
爲手行爲足以吾之思慮爲心言吾之變化云
爲深不可測謂之曰神言吾心之本曰性言性
之妙不可致詰不可以人爲加焉曰命得此謂

之德出此謂之道其覺謂之仁其宜謂之義其
履謂之禮其明謂之智其昏謂之愚其不實謂
之僞其得謂之吉其失謂之凶其補過謂之無
咎其欣然謂之喜其慘然謂之憂悔其非謂之
悔嗇而小謂之吝其不偏不過謂之中其非邪
謂之正其盡焉謂之聖其未盡焉謂之賢言乎
其變謂之易言乎其無所不通謂之道言乎無
二謂之一謂之已謂之已者亦非離乎六尺而
復有妙已也一也善學易者求諸已不求諸書



古聖作易凡以開吾心之明而已此心似動而
不移也似變而未嘗改也不改不移謂之寂然
不動可也謂之無思無慮可也謂之不疾而速
不行而至可也此天下之至動也此天下之至
賾也象也者像此者也爻也者傚此者也非賾
自賾動自動也一物而殊名也一人而姓名字
行之不同也此非沉虛滞寂者之所能識也亦
非憧憧往來者之所能知也然而至易也至簡
也或者自以爲難近取諸身殊不遠也身猶遠

耳近取諸心即此心而已矣不遠復此心復也
頻復頻放而頻返也亦危矣然已復則如常矣
無咎也得此則吉失此則凶循吾本心以往則
能飛能潛能疑能惕能用天下之九亦能用天
下之六能盡通天下之故君子終日乾乾而非
意也頻復獨復而非反也利於不息之貞而非
升也震來虩虩非懼也其亡其亡非慮也何天
之衢亨非通也括囊無咎無譽非閉也三日不
食非窮也揚於王庭非得志也介於石非止也



出門同人非往也吾終日用之而鬼神莫我識
也聖智莫我測也雖我亦有所不自知而況於
他人乎又曰天地間何物非易何事非易何義
非易諸儒唯知有說有義之謂易不知無說無
義之謂易說猶無可言義猶無可說而況於無
說而彊鑿其說無義而彊起其義乎深悟無說
無義之爲易則庶幾乎入何思何慮之妙明大
易一貫之旨矣劉氏曰易有平旦坦易之全躬
行允蹈便造聖人聖處而學者忽之且言易如

虞翻陸希聲深矣皆托異夢寄古人以開其說
豈易果難言必有神授而後至耶不必爾也惟
遵平白坦易之塗足矣易固多術或尚其辭或
尚其變或尚其象或尚其占皆用也盡其本則
用自應何謂本復是已文中子言九師興而易
道微九師之前未有爲易之說者豈易道本於
踐履非區區言說所能至耶是知復之一義爲
平白坦易之塗聖人善誘之上機學者用心之
急務也雖然學易當自復始而復非易也愚夫



昧易才士口易贋人玩易聖人忘易玩而不忘
易之病也忘似昧聖似愚通易者知之矣　乾
之彖曰元亨利貞楊氏曰六十四卦皆元也皆
亨也皆利也皆貞也今夫人一話言何從而始
乎一念慮何從而始乎非元乎日用應酬變動
不窮非大亨乎咸有利焉非利乎巳則利乎物
又有正焉正則行邪則否正則利邪則害自一
人之身一日之中元亨利貞咸具焉而況于他
乎蠡測曰乾有六龍皆其自然之變化而或者

擬議於潛見惕躍飛亢之間是爲脊其末君子
問其是龍非龍而已龍德無虧則時潛而潛時
見而見以至於時惕時躍時飛時亢而惕躍飛
亢所謂時承以御天豈容一毫意必措置于其
間哉彼潛見惕躍飛亢之不當其時者以其非
龍故耳故根本只在龍德龍德如何自強不息
而已自強不息非有所加吾本是龍適如其體
知至至之知終終之有多術乎哉又曰易之道
明說屢遷不可爲典要故此六爻之用謂一人



仰以直
心是道
[illegible]

占一爻可謂終身具六爻可謂一日之間一事
之頃一念之微而具六爻亦可潛中有見亢中
有惕躍中有飛飛中有潛以至展轉變化莫測
其端盖不可以言解不可以慮通者也嗟乎安
得忘言絶慮之士而與之論六龍之用哉　坤
之六二周公曰直方大不習無不利楊氏曰直
心而往即易之道意起則支而入於邪矣直心
而行雖遇萬變未嘗轉易是之謂方凡物圓則
轉方則不轉方者特明不轉之義非於直之外

又有方也夫道一而已矣言之不同初無二致是道甚大故曰大是道非學習之所能故曰不習無不利習者勉強本有者奚俟乎習蠡測曰文言謂直方大不習無不利則不疑其所行是知有所疑者便不直不方不大假習而反不利故學祇無疑而已矣前所云知至知終是所以爲無疑也　蒙之彖孔子曰蒙以養正聖功也楊氏曰不習不知之謂蒙以不習不知養之是謂作聖之功正者夫人之所知初不高遠初不



幽深事親而已事長而已忠信與物而已視聽言動而已王氏曰蒙者穉也山下出泉蒙解之者曰靜而清也大人者不失赤子之心赤子無智巧無伎能無算計純一無僞清靜本然所謂蒙童也得其所養復其清靜之體不以人爲害之是爲聖功大人通達萬變是鑿竅於混沌反以害之也吾人學不足以入聖只是不能蒙知識反爲良知之害才能反爲良能之害計較反爲經綸之害若能去其所以害之者復還本來

清靜之體所謂溥博淵泉以時而出聖功自成大人之學在是矣　履之九二周公曰履道坦坦幽人貞吉孔子曰幽人貞吉中不自亂也楊氏曰人行乎世道甚坦坦無疑無阻而人自亂者因物有遷作好作惡自昏自亂胸中擾擾矣豈能幽哉幽人貞吉幽人之心無以異於擾擾者之心心自無體自清明自寂然不動視聽言動心思皆其變化彼昏者自不明自擾擾自爲繆亂爾幽人不昏故中不自亂不自亂由己非外取其道也其曰貞者正也正者道之異名又



足以明非小人無忌憚之中庸也　豫之六五周公曰貞疾恒不死象曰六五貞疾乘剛也恒不死中未亡也楊氏曰未能無我其中未能盡亡故爲正道之疾恒不死言其意終不死象曰乘剛者九四爲剛六五乘之剛者堅物人執義之堅如之然此乃妄意強立己私此心中虛實無有我其妄立我乃外意爾非虛中之所有故象特發乘剛之象以明其在外恒不死之象學

道孜孜學不動心而其中隱然未能脫然而虛者往往而是故聖人於此致其誨 復孔子曰復其見天地之心乎象曰雷在地中復先王以至日閉關商旅不行后不省方楊氏曰三才之間何物非天地之心何事非天地之心何理非天地之心明者無俟乎言不明而欲啓之必從其易明之所而啓之萬物芸芸萬物循循難於辯明陽窮上剥盡矣而忽反下而復生其來無階其本無根然則天地之心豈不昭然可見乎



天地之心即道即易之道即人即人之心即天地即萬物即萬事即萬理言之不盡究之不窮視聽言動仁義禮智變化云爲何始何終一思既往再思復生思自何而來思歸於何處莫究其所莫知其自非天地之心乎非道心乎萬物萬事萬理一乎三乎此尚不可以一名而可以二名乎通乎此則變化萬殊皆此妙也喜怒哀樂天地之雷霆風雨霜雪也應酬交錯四時之錯行日月之代明也何往而非天地之心也羅氏曰雷潛地中即陽復身內幾希隱約固難以情意取必又豈容以知識伺窺故商旅行者欲有所得者也后省方者欲有所見者也不行不省則情忘識泯情忘識泯則人靜天完而復自純矣若謂有端可求有象可覩是商旅紛行而后省旁午也復何自而能休且敦哉 无妄之六三周公曰无妄之災或繫之牛行人之得邑人之災楊氏曰六三无妄之爻非爲邪者以未能不作意不能不立於我故謂之災人性本善



本神本明志在於善反罹其災志在於得反有所失心在於靜得靜則失動矣心在於一得一則失二失三四失十百千萬矣心在於萬得萬又失一心在於同則得同得同則失異矣心在於異則得異得異則失同矣心在於實則得實得實則失虛心在於虛則得虛得虛則失實心在於中則得中得中則失四方心在於四方則得四方得四方則失中心在於知則得其知得其知則失其不知心在於不知則得其不知得

其不知則失其知大抵有得則有失無得則無失無得則得無得得無得則又失有得矣有得非粗無得非精愈深愈窮無深無窮惟自覺者四闢六通變化無窮是爲大中莫究厥始無窮厥終無得尚不足以言之而况於有得乎故取或繫之牛爲象行人之得邑人之災　无妄之九五周公曰无妄之疾勿藥有喜象曰无妄之藥不可試也楊氏曰五爲中中爲道九五得道者也然有疾焉意或微動而過差此疾既小不



藥自愈如加藥焉其病滋甚故象曰不可試也此爻唯已得道者知之未得道者不知此何等義理也有病而勿藥有過而不改殆不可解也此蒙以養正作聖之功也加藥則不蒙矣則有知矣有知則不一貫矣則妄矣大抵无妄起意於善是謂无妄之疾若又治此疾則於意上生意疾中加疾此疾此妙非大非小惟道心大明者始知此未至於大明者終疑　咸彖曰柔上而剛下二氣感應以相與止而說觀其所感而

天地萬物之情可見矣楊氏曰旣以感應相與而說矣而曰止者何非止與說離而爲二止與說合而爲一也如水鑑之萬象水常止而萬象自動也如天地之相感而未嘗不寂然也大哉止說之道乎　咸之九四周公曰貞吉悔亡憧憧往來朋從爾思孔子曰天下何思何慮天下同歸而殊塗一致而百慮天下何思何慮程子曰貞吉悔亡言感之不可以心也聖人感天下之心如寒暑雨暘無不通無不應者亦貞而已矣貞者虛中無我之謂也楊氏曰初拇二腓三



股五脢上輔頰舌九四居中正當心象爻辭亦言心之所爲而不明曰心者何也心非氣血非形體惟有虛明而亦執以爲己私若一物然故聖人去心之名庶乎己私之釋而虛之神著矣王氏曰山澤通氣以山之虛配以澤之潤唯虛故通實則不通矣故曰竅于山川君子觀山澤通氣之象虛其中以受人虛者道之源也目惟虛故能受天下之色耳唯虛故能受天下之聲

心唯虚故能受天下之善目存青黄則明眩而不能辨色耳存清濁則聰聵而不能別聲心存典要則心窒而不能通變君子之學致虚所以立本也咸者無心之感虚中無我之謂貞貞則吉而悔亡无心之感所謂何思何慮也何思何慮非無思無慮也直心以動出于自然終日思慮而未嘗有所思慮故曰天下同歸而殊塗一致而百慮世之學者執于塗而不知其歸溺于慮而不知其致則為憧憧之感而非自然之道



矣又曰儒者諱言虚寂夫子於咸發感應之理詳言之何也蓋天下之感皆生於寂而其應也皆本於虚虚以適變寂以神感何思何慮所以一天下之動堯之中舜之微文之穆孔之默顔之愚周之静皆是物也世儒泥於典要思為昧夫所為虚寂之體聖學所以不明造化或幾乎息矣

恒彖曰觀其所恒而天地萬物之情可見矣楊氏曰觀其所恒所恒即所感知所恒即所感則天地萬物之情昭然矣苟以為所感自有所感之情所恒自有所恒之情則不惟不知恒亦不知感今飄風不終朝驟雨不終日此其不恒者皆形也其風之自其雨之自不可知也不可知者未始不恒也其音聲則不恒其動作則不恒其聲音之自動作之自不可知也不可知者未始不恒也知其自未始不恒則知其發其變化亦未始不恒無所不通無所不恒曰恒曰咸皆其虚名曰易曰道亦其虚名天地萬物之情如此六十四卦三百八十四爻之情如此



又曰象言雷風恒君子以立不易方雷風天下之至動疑不可以言恒而恒卦有此象此人情之所甚疑而君子以為未始或動也此非訓詁之所解非心思之所及也孔子曰哀樂相生即風雷之至也而繼之曰正明目而視之不可得而見也傾耳而聽之不可得而聞也夫哀樂不可見不可聞其謂之未始或動其孰曰不可未始或動是不易方也此之謂立此之謂君子此之謂雷風此之謂不可以動静論王子曰君子

體夫雷風爲恒之象則雖酬酢萬變妙用无方
而其所立必有卓然而不可易之體也　晉象
曰明出地上晉君子以自昭明德王氏曰日初
出地進而上行爲晉之象日出地則明入地則
晦日之明本無加損也蔽與不蔽之間耳君子
視明出地上之象悟性體之本明故自昭其明
德君子之學欺曰自欺慊曰自慊復曰自復得
曰自得明曰自明昭曰自昭知曰自知皆非有
待於外　損象曰山下有澤損君子以懲忿窒



欲楊氏曰山下有澤其山日損人有忿欲其德
日損學者好讀書而不懲忿窒欲猶不讀也喜
窮究義理而不懲忿窒欲不成義理也雖已得
道而不懲忿窒欲是謂知及之仁不能守之雖
得之必失之也陸氏曰但懲忿窒欲未是學問
事便懲窒得全無後也未是學學者須是明理
須是知學然後說得懲窒知學後懲窒與常人
懲窒不同常人懲窒只是就事就末　益象曰
風雷益君子以見善則遷有過則改楊氏曰見

善即遷當如風雷之疾有過則改當如風雷之
疾如此則獲益人誰無好善之心往往多自謂
已不能爲而止人誰無改過之心往往多自以
難改而止凡此二患皆始於意意本於我道心
無體何者爲我清明在躬中虛無物何者爲我
雖有神用變化云爲其實無體知我之本無體
則聲色芬芳之美毀譽榮辱之變死生之大變
如太虛中之雲氣亦如水鑑中之萬象如四時
之變化其本體無所加損何善之難遷何過之



難改舜聞一善言見一善行若決江河沛然莫
之能禦者以舜之胸中洞然一無所有故無所
阻滯也　升象曰地中生木升君子以順德積
小以高大楊氏曰子曰據於德德得也實得於
道也非言語之所及非思慮之所通故中庸曰
苟不至德至道不凝焉夫道一而已矣豈有道
德之異哉人心有昏之間故聖賢立言辨析其
所以異自古昔以來崇道者紛紛而得道者千
無一萬無一學者以思慮之所到爲道以言語

之所及爲道則安能無所不通變化無窮哉攄
之爲言非若有若無恍惚之謂也實有而實可
攄也惟其未嘗思而思也未嘗爲而爲也蒙以
養正養此也順是而養之自漸至於高大不可
揠苗也揠苗者是無妄之疾而施藥也愈益其
疾矣惟蒙可以養之蒙者文王之不識不知也
孔子之無知也善養德者莫善於此道雖洞明
賢有故習故習難於頓釋也順而養之意態不
作則本德自明自神自無不善自高大矣本無



高因人之卑陋而名其不卑陋者之爲高本無
大因人之小狹而名其不小狹者之爲大曰順
曰積皆設爲之辭自得自信者自知之彼未有
德者往往徇名失義徇名失實是謂章句儒
艮曰艮其背不獲其身行其庭不見其人无咎
彖曰艮止也時止則止時行則行動静不失其
時其道光明艮其止止其所也上下敵應不相
與也是以不獲其身行其庭不見其人无咎也
象曰兼山艮君子以思不出其位程子曰艮其

背乃止也背無欲無思也故可止艮其止止其
所也各止其所父子止於恩君臣止於義之謂
艮其背止其所不見也陸子曰艮其背不獲其
身無我行其庭不見其人無物楊氏曰善止者
行善行者止知止而不行者實不知止知行而
不知止者實不知行知行止之非二而未能一
一皆當其時猶未爲光明如四時之錯行如日
月之代明而後爲光明而後爲得易之道人精
神盡在乎面不在乎背盡在乎前不在乎後凡



此皆動乎意逐乎物失吾本有寂然不動之性
故聖人教之曰艮其背使其面之所向耳目鼻
口手足之所爲一如其背則得其道矣雖則應
用交錯擾擾萬緒未始不寂然矣視聽言動心
思曲折如天地之變化矣惟此爲艮惟此爲止
其所苟艮其面雖止猶動知其動而強止之終
不止也惟艮其背則面如背前如後動如静寂
然無我不獲其身雖行其庭與人交際實不見
其人矣止得其所者无所也无止也非有所而

欲无之也非本不止而強止之也本無止本無所今曰止其所者止于无所也无所則无止无止之止真止矣夫是之謂止其所耳使有我則有所矣王氏曰兩雷兩風兩火兩水兩澤皆有往來之義唯兩山並峙不相往來故止也心之官則思不出位之思謂之正思如水鑒之應物而常止也如日月之貞明變化云爲萬物畢照而未嘗動也思心之用著于無思卽爲泥空著于有思卽爲逐物无思而无不通千聖之絶學



也先儒謂不出位如素富貴行乎富貴素貧賤行乎貧賤之類專以應迹言未明思之本旨也然不出位之思卽不願乎外之意心與迹亦非判爲兩事艮止也艮其背止其所也是以無用爲用也李氏曰震艮二卦聖人道問學之大事也凡爲學者學問日博則聞見日廣聞見日廣[illegible]道理日積道理日積則實惜日深日積日深[illegible]日錮雖有豪傑不能自解脫矣此正所[illegible][illegible]殺人陷阱雖聖人與居亦末如之何

者曾不知學貴知止止必有所故艮以背爲所而止以不獲身不見人爲背無所止而自止者此至善之止也此於止知其所止之止也有絲髮未淨非背止之止矣故自趾以上分爲五爻皆止也而非其背非真止矣艮趾者步亦步之學也艮腓者欲其止而恨其不能止之學也此其可望者也艮限者艮於動地而強欲其不動告子強制其心之學也終不可與有言者也艮其身飭躬者也艮其輔謹言者也皆艮也而非



其所難以言艮矣不艮不足以言學故以敦艮終焉然則言天下之真學問者非此與止則定定則靜靜則安可以照鑒可以扣擊可以平均可以經世而出世雖然苟非鼓之以雷霆至於喪身失命億喪貝億无喪有事未易以蕩滌而遷止也

蠡測曰文王彖辭乃微言密旨宜備述於篇而人已熟習之矣周公爻辭亦因彖而發故并附見間摘其有所發明者使得以觸類其全焉雖然謂之發明猶屬意言易非意想語

言之所能及在善悟者以神會之不然劍去久矣

## 武王

武王名發文王仲子文王有疾武王不脫衣冠而養文王一飯亦一飯文王再飯亦再飯武王即位太公望爲師周公旦爲輔召公畢公之徒左右王師修文王緒業九年東觀兵孟津諸侯不期而會者八百諸侯皆曰紂可伐武王不聽乃還師居二年武王使人候殷反報岐周曰殷



其亂矣武王曰其亂焉至對曰讒慝勝良矣又復往反報曰其亂加矣武王曰焉至對曰賢者出走矣又往反報曰其亂甚矣武王曰焉至對曰百姓不敢誹謗矣武王曰嘻乃告太公太公對曰讒慝勝良命曰戮賢者出走命曰崩百姓不敢誹怨命曰刑勝其亂至矣不可以加矣十有三年復大會於孟津王曰惟天地萬物父母惟人萬物之靈亶聰明作元后元后作民父母商罪貫盈天命誅之予弗順天厥罪惟鈞天視自我民視天聽自我民聽百姓有過在予一人二月王陳師於商郊與紂戰於牧野紂師敗武王皇皇若天下之未定問曰入殷若何周公曰臣聞之各安其宅各田其田無故無私惟仁之親武王曰善哉曠乎若天下之已定遂入殷商容與殷民觀周師之入見武王至民曰是吾新君也容曰然聖人爲海內討惡見惡不怒見善不喜顏色相副是以知之武王問膠鬲殷之所以亡膠鬲對曰王欲知之則請以日中爲期武



王與周公旦明日早要期則弗得也武王怪之周公曰吾已知之矣此君子也以其主之惡告王不忍爲也若夫期而不當言而不信此殷之所以亡也已以此告王矣武王克殷乃反商政政由舊封比干墓釋箕子囚式商容閭發鉅橋之粟散鹿臺之財歸傾宮之女大賚於四海列爵惟五分土惟三建官惟賢位事惟能重民五教惟食喪祭惇信明義崇德報功垂拱而天下治武王踐祚三日召士大夫而問焉曰惡有

之約行之傳萬世可以爲子孫恒者乎諸大夫對曰未得聞也然後召師尚父而問焉曰黄帝顓頊之道存乎意亦忽不可得見與師尚父曰在丹書其言曰敬勝怠者吉怠勝敬者滅義勝欲者從欲勝義者凶凡事不强則枉弗敬則不正枉者滅廢敬者萬世藏之約行之傳可以爲子孫之恒者此言之謂也王聞書之言惕若恐懼爲戒書於席之四端及几鑑之類各爲銘焉席前左端之銘曰安樂必敬前右端之銘曰無



行可悔後左端之銘曰一反一側亦不可以忘後右端之銘曰所監不遠視邇所代几之銘曰皇皇惟敬口生㖃口戕口鑑之銘曰見爾前慮爾後盥盤之銘曰與其溺於人也寧溺於淵溺於淵猶可游也溺於人不可救也楹之銘曰毋曰胡殘其禍將然毋曰胡害其禍將大毋曰胡傷其禍將長杖之銘曰惡乎危於忿懥惡乎失道於嗜慾惡乎相忘於富貴帶之銘曰火滅脩容慎戒必恭恭則壽履屨之銘曰慎之勞勞則

富觴豆之銘曰食自杖食自杖戒之憍憍則逃户之銘曰夫名難得而易失無懃弗志而曰我知之乎無懃弗及而曰我杖之乎擾阻以泥之若風將至必先搖搖雖有聖人不能爲謀也牖之銘曰隨天之時以地之財敬祀皇天敬以先時劍之銘曰帶之以爲服動必行德行德則興背德必崩弓之銘曰屈伸之儀廢興之行無忘自過矛之銘曰造矛造矛少間弗忍終身之羞予一人所聞以戒後世子孫十有九年王崩年



九十三蠡測曰藏約二字自精一而來後孔門約禮孟子守約又憲章乎此者也故知約則知宗矣武王應天順人以斯成治而尤申問于踐祚之初者固其無已之衷亦闡發以示萬世之指歸守之無弊故曰爲子孫恒敬義者義即是欲非有二也主一之謂敬怠與欲乃其二三者耳諸銘詞皆明此旨亦不可以忘一語是又其銘詞中之喫緊者哉

箕子

箕子名胥餘紂之諸父一云庶兄食采於箕故
曰箕子紂始爲象箸箕子嘆曰彼爲象箸必爲
玉桮爲桮則必思遠方珍恠之物而御之矣輿
馬宮室之漸自此始不可振也紂爲淫泆作炮
烙之刑箕子諫不聽乃解衣披髮佯狂而爲奴
遂隱而鼓琴以自悲故傳之曰箕子操武王旣
克商訪于箕子曰惟天陰隲下民相協厥居我
不知其彝倫攸叙箕子乃言曰天錫禹洪範九
疇彝倫攸叙一五行一曰水二曰火三曰木四



曰金五曰土二五事一曰貌二曰言三曰視四
曰聽五曰思貌曰恭言曰從視曰明聽曰聰思
曰睿恭作肅從作乂明作哲聰作謀睿作聖三
八政一曰食二曰貨三曰祀四曰司空五曰司
徒六曰司寇七曰賓八曰師四五紀一曰歲二
曰月三曰日四曰星辰五曰曆數五皇極皇建
其有極歛時五福用敷錫厥庶民惟時厥庶民
於汝極錫汝保極凡厥庶民無有淫朋人無有
比德惟皇作極無偏無陂遵王之義無有作好

遵王之道無有作惡遵王之路無偏無黨王道
蕩蕩無黨無偏王道平平無反無側王道正直
會其有極歸其有極六三德一曰正直二曰剛
克三曰柔克七稽疑乃命卜筮八庶徵曰雨曰
暘曰燠曰寒曰風曰時五者來備各以其叙庶
草蕃廡一極備凶一極無凶曰休徵曰肅時雨
若乂時暘若曰哲時燠若曰謀時寒若曰聖
時風若曰咎徵曰狂恒雨若曰僭恒暘若曰豫
恒燠若曰急恒寒若曰蒙恒風若九五福六極



於是武王乃封箕子於朝鮮而不臣也其後箕
子朝周過故殷墟感宮室盡爲禾黍箕子傷之
欲哭不可欲泣不可乃作麥秀之詩以歌之其
詩曰麥秀漸漸兮禾黍油油兮彼狡童兮不與
我好兮所謂狡童者蓋指紂也殷民聞之皆爲
流涕云朱子曰皇極一章乃九疇之本陸子曰
皇大也極中也是極之大充塞宇宙天地以此
而位萬物以此而育古先聖王皇建其極故能
參天地贊化育當此之時凡厥庶民皆能保極

比居可封叶氣嘉生薰爲太平嚮用五福此之謂也皇建其有極即是歛此五福以錫庶民捨極而言福是虛言也是妄言也惟皇上帝降衷於下民衷即極也凡民知愛其親知敬其兄者則惟皇上帝所降之衷天子所錫之福也若能保有是心即爲保極宜得其壽宜得其福宜得康寧是謂攸好德是謂考終命身或不壽此心實壽家或不富此心實富縱有患難心實康寧殺身成仁亦爲考終命實論五福但當論人一



心此心若正無不是福此心若邪無不是禍也孫氏曰老子曰大道甚夷而民好徑王之道王之路所謂甚夷者也蔡氏曰皇極章蓋詩之體所以使人吟咏而得其情性者也夫歌咏以協其音反覆以致其意恍然而悟悠然而得會極歸極有不知其所以然而然者蠡測曰皇極即太極之謂錫極者愚夫愚婦可以與能也洪範與易皆備言天下之事物以明宇宙間無一事一物不在吾心之中亦無一事一物足爲吾心

之疑二書之旨一而已矣稽疑必龜從筮從者重無心也使汝與卿士庶民皆從以無心是即龜即筮固不必以龜爲龜以筮爲筮也惟辟雖言君道要亦指吾天君所謂先立乎其大者則作福非作好作威非作惡玉食非口腹不然而從其小體即臣之有作福作威玉食凶害不免矣庶徵之應即致中和天地位萬物育之旨亦猶別教中所謂一念心疑被地來礙一念心愛被水來溺一念心嗔被火來燒一念心喜被風



來飄皆同此意耳福極之來雖聖人不能違猶易之吉凶聖與人同不是聖人有福而無極有吉而無凶也特其所以處之不同夫惟其處之不同則福固是福極亦是福吉固是吉凶亦是吉陸氏所謂論人一心者是也洪範之旨無疑而易之旨亦不能外矣

周公

公名旦武王弟也自文王在時旦爲子孝仁於群子能傳其父之道曰文王我師也及武

王卽位輔翼武王用事居多佐武王伐紂克殷
二年天下未集武王有疾不豫群臣懼周公乃
設三壇坫同立戴璧秉圭告於太王王季文王
史策祝曰惟爾元孫王發勤勞阻疾以旦待王
發之身旦巧能多材多藝能事鬼神乃王發不
如旦多材多藝不能事鬼神無墜天之降寶命
我先王亦永有所依歸今我其卽命於元龜於
是乃卜三龜卜人皆曰吉發書視之信吉公喜
入賀曰王其無害乃納册於金縢匱中王翼日



乃瘳後武王崩成王幼公相王踐阼而治一沐
三握髮一飯三吐哺起以待士猶恐失天下之
賢人公使管叔蔡叔監殷二叔疑公
曰公將不利於孺子公避居東都東人歌
公遜碩膚赤舄几几公遜碩膚德音不瑕後成
王感風雷之變發金縢之匱乃迎公反國管蔡
武庚率淮夷而反公乃奉王命興師誅管叔殺
武庚放蔡叔收殷餘民公作無逸曰嗚呼自殷
王中宗及高宗及祖甲及我周文王茲四人迪

哲厥或告之曰小人怨汝詈汝則皇自敬德厥
愆曰朕之愆允若時不啻不敢含怒作多方曰
惟聖罔念作狂惟狂克念作聖作易之爻辭凡
三百八十四爻爻繫之詞焉荀子曰周公屏成
王而及武王以屬天下以枝代主而非越也以
弟誅兄而非暴也君臣易位而非不順也
之謂大儒之效范氏曰神龍或潛或飛
小其變化不測然得而畜之若犬羊然有欲故
也唯其可以畜之是以亦得醢而食之凡有欲



之類莫不可制焉惟聖人無欲故天地萬物不
能易也富貴貧賤死生相代乎前吾豈有二其
心乎哉周公遠則四國流言近則王不
舄几几德音不瑕其以此夫或問程子曰
勳業人不可爲也已曰不然聖人之所爲人所
當爲也盡其所當爲則吾之勳業亦周公之勳
業也凡人之弗能爲者聖人弗爲蠡測曰世稱
周公制作勳猷周官法度皆其跡也公之秘密
在易爻詞與夫歌詠文王諸詩夫公爻詞言言

如鏡花水月不可執捉而後人欲以訓詁明之
若積豕之牙載鬼一車等皆欲強爲之解其可
通乎孔子曰所樂而玩者爻之詞也謂之樂而
玩其不可以言辭意度明矣以無味味之以不
解解之涵濡既久一旦豁然是樂而玩之之旨
也詩歌不識不知於乎不顯等皆宣明道
露無餘孔子刪詩學易異世傳心神契
在乎此若謂欲行其道於事業之閒豈不遠哉
爻辭宜備録而世方專習故閒有所采附文王



編中然終不可不備取而玩之也

衛武公

衛武公名和作抑之詩以自儆曰抑抑[illegible]
德之隅人亦有言靡哲不愚庶人之愚亦
疾哲人之愚亦維斯戾無競維人四方其訓之
有覺德行四國順之夙興夜寐洒掃庭內維民
之章視爾友君子輯柔爾顏不遐有愆相在爾
室尚不愧於屋漏無曰不顯莫予云覯神之格
思不可度思矧可射思於乎小子未知臧否匪

手攜之言示之事匪面命之言提其耳借曰未
知亦既抱子民之靡盈誰夙知而莫成公年九
十五猶箴儆於國曰自卿以下至於師長士苟
在朝者無謂我老耄而舍我必恭恪於朝夕以
交戒我在輿有旅賁之規位宁有官師之典倚
几有誦訓之諫居寢有褻御之箴臨事有
之道宴居有師工之誦史不失書矇
訓御之衛人美之曰有匪君子如切如磋如琢
如磨瑟兮僩兮赫兮咺兮有匪君子終不可諼



兮如金如錫如圭如璧寬兮綽兮倚重較兮善
戲謔兮不爲虐兮其沒也謂之睿聖武公嚴氏
曰抑詩自儆之言修身治國平天下[illegible]
學中庸相表裏蠡測曰庶人之[illegible]
哲人之愚賢知之過仁知之見也德行本於
知德者也興寐洒掃以爲民章不外尋常而證
至道也不愧屋漏是處皆心也神之格思五尺
即神也亦知臧否未能擇善也手攜示事面命
耳提明明指示不外耳目手足語默動靜之閒

也借曰未知亦既抱子抱子之知即知也誰夙
知而暮成即知即了無等待也靡盈不增也切
磋琢磨無可添惟有可減也寬綽戲謔張弛不
礙也伊傳而後惟武公得其宗矣

# 理學宗傳卷之三

東越 周汝登編測 王繼晃
陶望齡訂正 王繼炳 叅閱

## 孔子

孔子之先宋人也周靈王庚戌十一月庚
孔子於魯昌平鄉陬邑父叔梁紇母
尼丘山而生因名丘字仲尼少貧且
歲始教於闕里顏路之徒受學焉郯子朝於魯
帝以來名官 子往見之 之適衛學鼓
於師襄子適周 禮於老聃 謂弟子曰鳥
吾知其能飛魚吾知其能遊獸吾知其能走走
者可以為罔遊者可以為綸飛者可
於龍吾不能知其乘風雲而上天吾
子其猶龍耶反於魯道彌尊弟子益進昭
十五年魯亂適齊景公欲封以尼谿
不可遂反魯定公元年孔子年四十三而季氏
強僭陽虎作亂專政故孔子不仕而退脩詩書
禮樂弟子彌衆九年公山不狃以費畔召孔子

欲往卒不行定公以孔子爲中都宰制爲養生
送死之節男女別塗路無拾遺器不彫僞行之
一年而四方之諸侯則焉定公謂孔子曰學子
此法以治魯國何如孔子對曰雖天下
但魯國而已哉於是二年定公以爲司空
五土之性而物各得其所生之宜咸得
司空爲大司寇設法而不用無姦民
侯會於夾谷孔子攝相事曰臣聞有文事者必
有武備有武事者必有文備古者諸侯並出疆



必具官以從請具左右司馬定公從之至會所
爲壇位土階三等以遇禮相見揖讓而登獻酬
既畢齊使萊人以兵鼓譟劫定公孔子
進以公退曰士以兵之吾兩君爲好裔
敢以兵亂之非齊君所以命諸侯也裔不
夷不亂華俘不干盟兵不偪好於神爲
德爲愆義於人爲失禮君必不然齊侯心怍麾
而避之有頃齊奏宮中之樂俳優侏儒戲於前
孔子趨進歷階而上不盡一等曰匹夫熒惑諸

侯者罪當誅請右司馬速加刑焉於是斬侏儒
齊侯懼有慚色將盟齊人加載書曰齊師出境
而不以兵車三百乘從我者有如此盟孔子使
茲無還對曰而不返我汶陽之田吾所供命者
亦如之齊侯將設享禮孔子以梁丘據曰齊魯
之故吾子何不聞焉事既成矣而又享之是勤
執事且犧象不出門嘉樂不野合享而既具是
棄禮若其不具是用秕稗用秕稗君辱棄禮名
惡子盍圖之夫享所以昭德也不昭不如其已



乃不果享齊侯歸責其羣臣曰魯以君子之道
輔其君而子獨以夷狄之道教寡人使得罪於
是乃歸所侵魯之四邑及汶陽之田孔子言於
定公曰家不藏甲邑無百雉之城古之制也今
三家過制請皆損之乃使季氏宰仲由隳三都
叔孫不得意於季氏因費宰公山弗擾率費人
以襲魯孔子以公與季孫叔孫孟孫入於費氏
之宮登武子之臺費人攻之及臺側孔子命申
句須樂頎勒士衆下伐之費人北遂隳三都之

城疆公室弱私家尊君卑臣政化大行孔子爲魯司寇攝行相事七日而誅亂政大夫少正卯戮之於兩觀之下尸於朝三日子貢進曰夫少正卯魯之聞人也今夫子爲政而始誅之或者爲失乎孔子曰居吾語汝天下有大惡者五而竊盜不與焉一曰心逆而險二曰行辟而堅三曰言僞而辯四曰記醜而博五曰順非而澤此五者有一於人則不免君子之誅而少正卯皆兼有之詩云憂心悄悄慍於羣小小人成羣斯



足憂矣有父子訟者孔子同狴執之三月不別其父請正孔子赦之焉季孫聞之不悅曰司寇欺余曩告余曰國家必先以孝余今戮一不孝以敎民孝不亦可乎而又赦何哉冉有以告孔子子喟然嘆曰嗚呼上失其道而殺其下非理也不敎以孝而聽其獄是殺不辜三軍大敗不可斬也獄犴不治不可刑也何也上敎之不行罪不在民故也夫慢令謹誅賊也徵斂無時暴也不試責成虐也政無此三者然後刑可卽也

書云義刑義殺勿庸以卽汝心惟曰未有愼事言必敎而後刑也既陳道德以先服之而猶不可尚賢以勸之又不可卽廢之又不可然後以威憚之若是三年而百姓正矣其有邪民不從化者然後待之以刑則民咸知罪矣詩云天子是毗俾民不迷是以威厲而不試刑錯而不用今世則不然亂其敎繁其刑使民迷惑又從而制之故刑彌繁而盜不勝也孔子相魯齊人患之欲敗其政乃選好女子八十人衣以



文飾而舞容璣及文馬四十以遺魯君陳女樂列文馬於魯城南高門外季桓子微服往觀之將受焉子路言於孔子曰夫子可以行矣孔子曰魯今日郊若致膰於大夫是則未廢其常吾猶可以止也桓子既受女樂君臣淫荒三日不聽國政郊又不致膰俎孔子遂行作猗蘭之操遂適衛居一月適陳過匡匡人簡子以甲士圍之子路怒奮戟將與之戰孔子止之曰惡有脩仁義而不免世俗之惡者乎夫詩書之不講禮

樂之不習是丘之過也若以述先王好古法而爲咎者則非丘之罪也命之歌予和汝子路彈琴而歌夫子和之曲三終匡人觧甲而罷孔子曰不觀高崕何以知顛墜之患不臨深泉何以知没溺之患不觀巨海何以知風波之患失之者其不在此乎士能慎此三者則無累於身矣返乎衛主蘧伯玉家見南子子路不悅孔子矢之去衛過曹適宋與弟子習禮大樹下司馬桓魋欲殺孔子拔其樹孔子曰天生[illegible]其如予何微服過宋去適鄭與弟[illegible]郭東門鄭人或謂子貢曰東門有人纍纍若喪家之狗子貢以告孔子欣然歎曰然哉然哉遂至陳主司城貞子家居陳三歲孔子曰歸與歸與吾黨之小子狂簡斐然成章不知所以裁之去陳適衛靈公老怠於政不能用孔子行將西入趙簡子至河聞簡子殺竇犨鳴犢及舜華乃臨河而嘆曰丘之不濟此命也還息乎鄹鄉作鄹操遂反乎衛又主於蘧伯玉家靈公問陳不

對而行復如陳季桓子卒遺言謂康子必召孔子其臣止之遂如蔡及葉遷於蔡三歲楚昭王使人聘孔子將往拜禮陳蔡大夫謀曰孔子用於楚則陳蔡大夫危矣乃相與發徒兵圍孔子於野不得行絶糧七日外無所通藜羹不充從者病莫能興孔子講頌絃歌不衰乃召子路而問曰詩云匪兕匪虎率彼曠野吾道非耶奚爲至於此子路曰意者吾未仁耶人之不我信也意者吾未知耶人之不我行也孔子曰有是乎由譬使仁者而必信則伯夷叔齊不餓死首陽使知者而必行則王子比干不見剖心且芝蘭生於幽林不以無人而不芳君子脩道立德不爲窮困而改節爲之者人也生死者命也子路出子貢入見孔子曰賜詩云匪兕匪虎率彼曠野吾道非耶何爲至於此子貢曰夫子之道至大也故天下莫能容夫子盍少貶焉孔子曰賜良農能稼而不能爲穡良工能巧而不能爲順君子能脩其道綱而紀之不必其能容今爾不

脩爾道而求爲容賜爾志不廣矣思不遠矣子貢出顔回入見孔子曰回詩云匪兕匪虎率彼曠野吾道非耶何爲至於此顔回曰夫子之道至大故天下莫能容雖然夫子何病焉不容然後見君子孔子欣然而笑曰有是哉顔氏之子使爾多財吾爲爾宰楚昭王興師迎孔子然後得免昭王將以書社地封孔子令尹子西不可乃止於是孔子自楚又反衛時靈公已卒衛君輒欲得孔子爲政而康子召孔子孔子歸魯孔



子去魯凡十四歲而返年六十八矣然魯終不能用孔子亦不求仕乃敘書傳禮記刪詩正樂弟子蓋三千焉身通六藝者七十二人孔子曰吾自衛反魯然後樂正雅頌各得其所晚而喜易曰假我數年若是我於易則彬彬矣讀之韋編三絶爲之彖象文言繫詞焉復因魯史記作春秋筆則筆削則削游夏之徒不能贊一辭至西狩獲麟遂絶筆孔子曰吾志在春秋行在孝經七十三歲蚤作曳杖而歌於門曰泰山其頹

乎梁木其壞乎哲人其萎乎子貢聞之曰泰山其頽則吾將安仰梁木其壞哲人其萎則吾將安放夫子殆將病也趨而入孔子曰夏后氏殯於東階之上則猶在阼也殷人殯於兩楹之間則賓主夾之也周人殯於西階之上則猶賓之也丘殷人也予夢坐奠於兩楹之間夫明王不興天下其孰能宗予予殆將死也寢疾七日而没乃周敬王四十一年壬戌卽魯哀公十六年夏四月己丑日也弟子皆心喪三年喪畢乃去



獨子貢築室於墓復三年而歸　孔子微宗其於論語以尋常忽之以成說錮之而傳心之旨遂湮陸子曰論語中多有無頭柄的說話如學而時習之不知時習者何事如知及之仁不能守之之類不知所及所守者何事非學有本領未易讀也苟學有本領則知之所及者及此也仁之所守者守此也時習之習此也說者說此樂者樂此如高屋之上建瓴水矣學苟知本六經皆我註脚陸子之言令人深究所謂本領者

可以意見揣摩可以訓詁解說而已乎 王子曰蓋有不知而作我無是者正以明德性之良知非由於見聞耳若專求之見聞之末則已落在第二義矣故曰知之次也 程子曰聖人未嘗言難亦未嘗言易觀夫子自言好古敏求發憤忘食由志學以至從心漸次而進蓋雖天縱至聖而務學終身不已是可謂易乎然又言欲仁仁至朝聞夕可一日用力而力足一日克復而歸仁未思而何遠易簡而理得蓋若毫無等



待而可以一念取証是可謂難乎此事非易非難必真知斯能契其旨今學者執積累而病直截之無功執直截而病積累之有待彼此相非盲人妄度而去聖人之微旨不亦遠乎 魯公與孔子言而善子曰公之言善就國之節也公曰是非吾之言也吾一聞於師也子吁焉其色曰嘻君行道矣公曰道耶子曰道也蓋道非心外直心即道容他求耶哀公問於孔子曰寡人欲論魯國之士與之爲治敢問如何取之孔子

曰人有五儀有庸人有士人有君子有賢人有聖人審此五者則治道畢矣公曰寡人生於深宮之中長於婦人之手未嘗知哀知憂知勞知懼知危恐不足以行五儀之教孔子對曰如君之言已知之矣若能知此知即此是知此知之外更何求知魯公一條見大戴記哀公一條見家語楊慈湖氏讀之亟嘆以爲惜乎不載之論語使萬世人人知之庶乎其有覺然不知論語固自有之告或人曰是禮也與道也同一旨告



子路曰是知也與知之矣同一旨皆是明白吐露使人直下承當如霹靂火不容眨眼而人且以擬議思量求之錯去久矣嗟乎非慈湖氏之透悟烏能默契而亟嘆之哉 宋儒有以夫子論仁諸語類而參究之者蓋學者先須識仁仁頗不易識以令尹子文之忠崔子之清不許其仁以原憲之克伐怨欲不行不許其仁以由之治賦求之爲宰赤之立朝種種才猷不許其仁然則仁果何在哉仁者未嘗不忠未嘗不清未

嘗縱情未嘗無才而以忠爲仁以淸爲仁以制
情爲仁以有才爲仁則何啻千里今之學者大
率知爲忠而已爲淸而已爲制情而已矣爲才
用而已矣烏知所謂仁卽有謂求當理無私以
爲仁者而不知所求之皆私也謂欲拔去病根
以爲仁者而不知拔去之皆病也謂才誠兩合
以爲仁者而不知兩合之非誠也愈馳愈遠莫
覺其非故凡學者不先擇中不先明善而謂得
孔氏之宗者吾不信矣　論語中具有六經葢



其神也得其神不必更讀六經讀六經亦語語
融通矣一以貫之易之神一卽乾卦之一畫也
是亦爲政奚其爲爲政書之神思無邪詩之神
子聞之曰是禮也禮之神子語魯太師樂之神
悟此則一坐語之間而六經具備　樊遲從遊
舞雩宜得玩賞之趣而乃問崇德脩辨之功夫
子善之曾點侍側言志宜答知爾之問而乃談
沂水舞雩之樂夫子與之今人俱說見在二人
大不見在而夫子俱取見在之旨亦須善會

夫子只道一箇己字言爲己由己脩己求諸己
己立己達此學脈也平時自述每每不離吾字
我字道曰吾道憂曰吾憂欲曰我欲師曰我師
能曰我無能知曰吾無知止曰吾止往曰吾往
好曰從吾好富貴曰於我如浮雲當時惟顏子
博我約我曾子吾省吾身漆雕開吾斯未信直
透斯旨他鮮有及者後來孟子屢言自己求之
明道專言莫不在己葢其宗也今有悟是者乎
非不言身言己而欲眞信己之外更無一物脩



己之外更無一事徹地無疑良亦不易夫學雖
造到至聖地位不過悟得自己或曰何以言克
己言毋我曰克己之己斯爲眞己無我之我斯
爲眞我聖賢惓惓之訓爲是而已　或謂論語
示門弟子多言躬行下學而不及性命淵微今
人誦法孔子其何以深言爲也不知當時信服
夫子皆爲心性之學頭腦所在已知向慕夫子
示之率循使自得之而已如示之飲食而彼未
嘗不求知味如示之規矩而彼未嘗不知有巧

若謂聖教盡於飲食不必知味囿於規矩不必
言巧則是使之由而不使之知以凡民待門弟
子豈其然乎若顏子之復禮曾子之一貫固自
直吐真宗即子貢之非識子路之是知子張之
參前倚衡何嘗不示以精微是豈徒使之行習
而已哉後之學者固不可以凡民自待乃有舍
由而妄談知者則見棄於孔子者矣　漢時去
古未遠諸儒訓釋定有傳授開卷學字白虎通
云學者覺也提覺字宗旨斯明六言六蔽章學



字訓覺覺正與蔽反耳他學文學詩等雖用不
同然一字兩用此類甚多志於道道字註疏曰
道不可體道無之稱也無所不通無所不由況
之曰道寂然無體不可爲象晦翁極有契宗旨
者反不入於集註解禮之用和爲貴曰禮如此
其嚴分毫不可犯何處有箇和吾心安處便是
和解吾道一以貫之曰鳶飛戾天魚躍於淵造
端乎夫婦察乎天地皆子思發明一貫之道繫
詞以言乎遠則不禦以言乎邇則靜而正以言

乎天地之間則備矣亦發明斯道也解人之生
也直曰生理本直如耳之聽目之視鼻之齅口
之言心之思是自然用如此若纔去這裏着些
屈曲支離便是不直解博施濟衆曰辟如東大
洋海水同是水但不必以東大洋海水之水方
爲水只瓶中傾出來的便是水博濟固是仁但
那見孺子入井怵惕之心便是仁解用行舍藏
節曰他人用之則無可行舍之則無可藏惟孔
子與顏淵先有此在己他人豈有是哉有是二



字當如此看又云禮樂制度固可行之具但本
領更全在無所係累處解君子所貴乎道者三
曰道之所以可貴者惟是動容貌自然便會遠
暴慢正顏色自然便會近於信出辭氣自然便
會遠鄙倍此所以貴乎道也凡此皆晦翁深契
於聖宗者也　家氏曰讀春秋至歸侵田墮三
都始信聖人之道不爲空言儒者之學果非無
實也蘇氏曰孔子以羈旅之臣得政朞月而能
以治世之禮律衰世之臣墮名都出藏甲孔子

之聖見於行事至此爲無疑也或問朱子曰孔子當衰周時可以有爲否曰聖人無不可爲之事曰有不可爲之時否曰便是聖人無不可爲之時程子曰如欲平治天下舍我其誰此是有所受命之語若孔子謂匡人其如予何喪乃我喪未喪乃我未喪我自做著天裏謝氏曰孔子於天之將喪斯文下便言後死者不得與於斯文則是文之興喪在孔子與天爲一矣孟子舍我其誰聽天所命

語言朝聞夕死知生知死



易言原始反終精氣游魂記言發揚於上爲昭明焄蒿悽愴百物之精也神之著也此皆聖人理會生死處生死不明而謂能明眼前之事生死不了而謂能了眼前之境殺於大而通於小決無是理故於生死不可終醉夢而已也劉氏曰夫子讀易三絕韋編其於乾坤之蘊幽明之故死生之說鬼神之情狀如目辨蒼素手數奇耦也學者謂吾儒所急修己治人而已三綱五常而已身後之事何足預窮哉是知聽夫子之

言而不知求夫子之心也死生亦大矣聖人豈忽之哉畏生死者未達也達者不畏焉不畏者猶未能踐形也常流乎四勝之間何謂四勝或曰存亦樂亾亦樂是齊生死也或曰聚則有散則無是泯生死也或曰名立不朽沒而愈光是輕生死也或曰安時俟命力不可爲是任生死也齊泯輕任是四勝也簾窺壁聽髣髴未眞姑立意以勝之終爲生死所囿故曰朝聞夕可是誨人以生死之大方也聞學之始非口傳耳受



目睹心承必有豁然開怡然順者故子貢曰夫子之言性與天道不可得而聞也予欲無言其言雷震未之或知其知川決噫莫大於生死莫小於違順莫重於生死莫輕於夢寐違順之來夢寐之間莫知所主况生死之變耶學者但當晝驗之違順夜察之夢寐若湛然如一無少動搖則生死去來直猶旦夜茍爲未然可不汲汲如拯溺捕亾以冀有聞耶王氏曰道無生死借聞道則無生死可說猶云未嘗生未嘗死也然

淵曰吾觀子思贊仲尼如天地之無不持載無不覆幬如四時之錯行如日月之代明以如言之猶謂未至也故復推物之並育不害道之並行不悖皆仲尼之德爲之敦化而川流是故天地之覆載乃仲尼之覆載四時之錯行乃仲尼之錯行日月之代明乃仲尼之代明不可以如言之而已也無仲尼則無天地無仲尼之大則無天地之大故曰此天地之所以爲大蓋言仲尼也以天地與仲尼對待言之不知仲尼者矣



雖然箇箇人心即仲尼以仲尼與我分別言之又不知我者矣仲尼即天地也我即仲尼也一也學者須於此自信

顏子

顏回字子淵魯人少孔子三十八歲甫成童即從游於孔子之門時孔子不仕退而修詩書禮樂於魯及門受業者甚衆自有顏子而門人日益親從孔子去魯適衛適陳過匡子畏於匡顏淵後子曰吾以女爲死矣顏淵曰子在回何敢死既解反衛過曹適宋及鄭至陳如蔡復與厄得免楚子將以書社地封孔子令尹子西不可且以顏子輔相才止之反魯潛心仲尼安貧自樂孔子嘗曰回來家貧居卑胡不仕乎對曰回有郭外之田五十畝足以供饘粥郭內之圃十畝足以爲絲麻鼓宮商之音足以自娛習所聞於夫子足以自樂回何仕焉孔子愀然變容曰善哉回之意也子路入子曰由知者若何仁者若何子路對曰知者使人知己仁者使人愛己



子曰可謂士矣子貢入子曰賜知者若何仁者若何子貢對曰知者知人仁者愛人子曰可謂士君子矣顏淵入子曰回知者若何仁者若何顏淵對曰知者自知仁者自愛子曰可謂明君子矣年二十九而髮白三十二早死子哭之慟曰天喪予天喪予蠡測曰讀論語見顏淵所問於夫子者二一仁一爲邦爲邦之道已盡於天下歸仁一語而後來告之不過酌用前代稍去其害治者不以無爲之意而已故回在聖門止

有仁之一問請事之餘再無言說其後自述歸
功亦止喟然一歎卓爾之後絕不驚歲蓋深契
真宗勇猛直截自然如此乃夫子之稱回則何
其不一而足曰如愚曰不惰曰屢空曰不違仁
曰不改其樂曰未見其止曰不遷怒不貳過曰
有不善未嘗不知知之未嘗復行曰擇乎中庸
得一善則拳拳服膺而弗失夫如愚即默識也
不惰即不厭也屢空即空空也不違仁即不踰
矩也不改其樂即樂在其中也未見其止即弗



能已矣也不遷不貳即忘食忘憂也不善未嘗
不知知之未嘗復行即無不知而作也擇善而
弗失即志學而立而不惑也故謂之言無不說
同一竅也謂之惟我與爾有是共一機也以心
印心如空合空真千古之神遇宜乎其稱嘆之
屢屢也哉程子曰顏子屢空空中受道楊氏曰
三月不違仁則有時而違也然而其復不遠則
其空也屢矣空也者不以一物置其胸中也子
貢貨殖未能無物也呂氏曰屢空無我者也

殖非出於已之所自得也陸氏曰顏子當初仰
高鑽堅瞻前忽後博文約禮遍求力索既竭其
才方如有所立卓爾至問仁之時夫子語之猶
下克已二字曰克已復禮爲仁又發露其旨曰
一日克已復禮天下歸仁焉既又復告之曰爲
仁由已而由人乎哉吾嘗謂此三節乃三鞭也
又曰學有本末顏子問夫子三轉語其綱既明
然後請問其目夫子對以非禮勿視勿聽勿言
勿動顏子於此洞然無疑故曰回雖不敏請事



斯語矣本末之序蓋如此今世論學者本末先
後一時顛倒錯亂曾不知詳細處未可遽責於
人如非禮勿視聽言動顏子已知道夫子乃語
之以此今先以此責人正是躐等視聽言動勿
非禮不可於這上面看顏子須看請事斯語直
是承當得過又曰顏子問仁之後夫子許多事
業皆分付顏子了故曰用之則行舍之則藏惟
我與爾有是顏子沒夫子哭之曰天喪予蓋夫
子事業自是無傳矣曾子雖能傳其脉然參也

曾豈能望顏子之素蓄乎曾子傳之子思子思傳之孟子夫子之道至孟子而一光然夫子所分付顏子事業亦竟不復傳也王子曰如有所立卓爾夫謂之如則非有也謂之有則非無也是故雖欲從之末由也已故夫顏氏之子爲庶幾也王氏曰顏子沒而聖人之學亡此是險語畢竟曾子孟子所傳是何學此須心悟非言詮所能究也吾姑舉其似曾子孟子尚有門可入有途可循有繩約可守顏子則是由乎不啓之扃



達乎無轍之徑固乎無藤之緘曾子孟子猶爲有一之可守顏子則已忘矣喟然一歎蓋悟後語無高堅可着無前後可據欲罷而不能欲從而末由非天下之至神何足以語此又曰昔顏子之好學惟在於不遷怒不貳過惟此心常定故能不遷此心常一故能不二是從混沌中直下承當范氏曰不遷怒者性不移於怒也朱子曰不遷怒如鏡懸水止不貳過如氷消凍釋又曰重處不在怒與過上只在不遷不貳上今不必問過之大小怒之淺深只不遷不貳是甚力量便見工夫佛家所謂放下屠刀立地成佛聞顏子勇乎程子曰孰勇於顏子觀其言曰舜何人也予何人也有爲者亦若是孰勇於顏子如有若無實若虛犯而不校之類抑可謂大勇矣

## 子貢

端木賜字子貢衛人孔子弟子少孔子三十一歲齊景公問子貢曰子何師對曰魯仲尼曰仲尼賢乎曰聖人也豈直賢哉景公曰其聖何如



子貢曰不知也景公作色曰始言聖人今言不知何也子貢曰賜終身戴天不知天之高也終身踐地不知地之厚也子貢嘗宰信陽相魯衛而終於齊陸子曰子貢在夫子之門其才最高夫子所以屬望磨礲之者甚至如予一以貫之獨以語子貢與曾子二人夫子既沒三年門人歸子貢反築室於場獨居三年然後歸蓋夫子所以磨礲子貢者極其力故子貢獨留三年報夫子深恩也當時若磨礲得子貢就則其材豈

曾子之比顏子既亡而曾得之蓋子貢反爲聰
明所累卒不能知德也又曰夫子問子貢曰汝
與回也孰愈子貢曰賜也何敢望回回也聞一
以知十賜也聞一以知二此又是白著了夫子
氣力故夫子復語之曰弗如也時有姓吳者在
坐遽曰爲是尚嫌少在因語坐間曰此說與天
下士人語未必能通曉而吳君通敏如此雖諸
君有志然於此不能及也又曰子貢言性與天
道不可得而聞此是子貢後來有所見處然謂



之不可得而聞非實見也如曰予欲無言、卽是
言了蠡測曰後儒稱子貢頴悟亞顏子然而費
夫子之心力甚矣觀其以賜也何如質夫子而
示之以器明欲進之於道使知所謂不器者而
又問何器策曰難舍稱之瑚璉蓋將以深愧之
也以無諂無驕質夫子而進之樂與好禮貴在
當下身體切磋琢磨猶屬語言許之知來亦不
過僅與之耳以汝與回也孰愈啓之而乃以數
較知以知因聞曾不思弗如之知從何聞而得

此知渾全可言多寡耶啓之莫知而曰何爲莫
知啓之無言而曰不言何述以性道與文章爲
二以夫子爲如天之不可階而升爲多識爲方
人蓋其去顏子之學尚遠故夫子惓惓接引於
其博施濟衆而約之近取於其一言終身而示
以如心直至最後而示之一貫蓋當在晚年而
後有得也語云子貢晚年進德其謂是與

子路

仲由字子路一字季路魯之卞人也少孔子九



歲子路好勇力志伉直初見孔子冠雄雞佩豭
豚援劍而舞之曰古之君子固以劍自衛乎孔
子曰古之君子忠以爲質仁以爲衛不出環堵
之室而知千里之外有不善則以忠化之侵暴
則以仁固之何待劍乎子路曰由乃今聞此言
請攝齊以受教遂儒服委質因門人請爲弟子
孔子曰以子之所能而加之以學問豈可及乎
子路曰南山有竹不揉自直斬而用之達於犀
革以此言之何學之有子曰括而羽之鏃而礪

之其入之不亦深乎子路鼓琴習亡國之聲孔子聞而責之子路懼而自悔靜思不食以至骨立孔子曰過而能改其進矣乎小邾射以句繹奔魯曰使季路要我吾無盟矣千乘之國不信其盟而信子路之一言魯有溺者子路拯之其人拜之以牛子路不受孔子曰魯人必不拯溺矣子路曰由也聞諸夫子曰人者天地之心也天地以生物爲心也非圖報也孔子曰由是也前言戲之也子路從孔子阨於陳蔡後又隨之



匡匡人以甲士圍之子路怒奮戟將與之戰孔子止之命之歌子路彈琴而歌孔子和之曲三終匡人曰始以爲陽虎也遂解而去子路曰傷哉貧也生無以爲養死無以爲禮也孔子曰啜菽飲水盡其懽斯之謂孝斂首足形還葬而無槨稱其財斯之謂禮子路見孔子曰負重涉遠不擇地而休家貧親老不擇祿而仕昔者由也事二親之時嘗食藜藿之食爲親負米百里之外親沒之後南遊於楚從車百乘積粟萬鍾累

茵而坐列鼎而食願欲食藜藿爲親負米不可復得也孔子曰由也事親可謂生事盡力死事盡思者也哀公十五年子路仕衛遇孔悝之亂以戈擊子路斷纓子路曰君子死冠不免結纓而死蠡測曰朱子謂直心是道儒禪無二子路在孔門何其直也觀其欲從三軍欲從浮海執轡問津患難與共可謂心服推尊之至矣然而於南子之見則不悅佛肸之往則不悅謂迂謂何必皆信心直告必不苟隨人轉是以夫子惓



惓注念或稱之或責之或哂之無非曲寓裁成至於呼名而教至再至三人知一貫之傳爲微密而不知誨女知之之爲傳心密旨與一貫無二也夫子嘗言未見好仁未見剛者人而無信不知其可而於子路則好仁好剛好信等俱掃除之而言學學者覺也夫子嘗言據德修德而於子路則言知德匪知匪覺雖仁知道德皆非而況其他以此語子路皆非淺淺者且問政問君子子路問與人同而至於問神問死則諸子

之所未及先儒亦謂爲切問是故孔門自顏曾而下吾將以子路爲稱首焉陸子曰子路有聞一聞之後何用更聞朱子曰孟子極尊敬子路又曰夫子秉桴之歎獨許子路之能從而子路聞之果以爲喜且看此等處聖賢氣象是如何世間許多紛紛擾擾如百千蚊蚋鼓發狂鬧何嘗入得他胸次耶若此等處放不下更說甚克已復禮直是無交涉也楊氏曰觀其死猶不忘結纓非其所養素定何能爾耶苟非其人則遑



遽急迫之際方寸亂矣

子夏

卜商字子夏衛人少孔子四十四歲受業於孔子及見曾子曾子曰何肥也子夏曰吾入見先王之義則榮之出見富貴又榮之兩者未知勝負故癯今先王之義勝故肥是以志之難也子夏問曰詩云豈弟君子民之父母何如斯可謂民之父母孔子曰必達於禮樂之原以致五至而行三無子夏曰三王之德參於天地敢問何如斯可謂參天地矣孔子曰奉三無私以勞天下天無私覆地無私載日月無私照奉斯三者以勞天下此之謂三無私子夏讀詩已畢孔子問曰爾亦何大於詩也子夏對曰詩之於事也昭乎若日月燎乎如星辰之錯行上有堯舜之道下有三王之義雖居蓬戶之中彈琴以咏先王之風有人亦樂之無人亦樂之亦可發憤忘食矣夫子曰商始可以言詩已矣吾恐見其表未見其裏也哀公問曰必學然後可以安國保



民乎子夏曰不學而能安國保民者未之有也哀公曰然則五帝有師乎子夏曰臣聞黃帝學乎大墳顓頊學乎祿圖帝嚳學乎赤松子堯學乎務成子昭舜學乎尹壽禹學乎西王國湯學乎成子伯文王學乎錫疇子斯武王學乎太公周公學乎虢叔仲尼學乎老聃此十一聖人未遭此師則功業不能著乎天下名號不能傳乎後世者也孔子沒子夏教授於西河子夏之學再傳而爲莊周子夏習於詩今毛詩敘其遺說

也受易春秋於孔子公羊高穀梁赤皆從之學春秋又傳禮者在禮志蠡測曰子夏之學見於記中若五至三無之教得聞於夫子可謂至矣五至三無之說詳具夫子編中慈湖屢舉以証學要非淺士所得聞者子夏提學字甚多曰學以致道曰必謂之學曰博學篤志切問近思仁在其中曰日知所亡月無忘其所能可謂好學蓋其孜孜於學者如此門人小子一章本末之旨與子游兩相發明蓋知末而不知本則無頭

故朱子曰言偃謂本之則無雖若見詘於子夏然要為知有本也則其所謂文學固宜有以異乎今世之文學矣是子游之言亦不可廢但分本末為二則成兩截故子夏深歎其過孰先孰後者無先後之可言也本末二字取諸草木草木本末可言先後乎辟之則顯然明白矣故謂有末而無本者誣也言可誣而道不可誣也然此本末雖一悟之在人不悟則疑有疑無謂之庸人悟之則即始即卒便是聖人聖非別有道



元無二故也程子曰凡物有本末不可分本末為兩段事洒掃應對與精義入神貫通只一理只看所以然如何其釋無先後之意明矣又曰自洒掃應對上便可到聖人事其釋有始有卒二句又明矣大抵本末之妙最不易言人於草木以根為本以杪為末者非也生意其本根與杪皆末也生意寄於根而根不足以盡生意猶人心寄於方寸而方寸不足以盡心也故凡目可見耳可聞口可言心可思者皆末也不離見

聞言思而不可見不可聞不可言不可思者本也洒掃應對進退末也精義入神亦末也能知洒掃應對精義入神者本也嗟乎茲難言哉默契而已賢賢易色章亦須善會若以盡倫即學則盡瘁之武侯非不致身泣竹之孟宗非不竭力分金之鮑子非不有信何以不與於聖傳若以盡倫外有學則何以堯舜之道孝弟而已矣要惟明於本末之旨則於此自能了然不然其可以強通哉類觀子夏之言多足取以明宗者

故次諸由賜之後

漆雕開 一作漆雕憑字子開

漆雕開字子若蔡人孔子弟子少孔子十一歲子使漆雕開仕對曰吾斯之未能信子說程子曰古人見道分明故其言如此朱子曰斯之一字甚大有所指而云如事君忠事父孝皆是這箇全無些子疑處方是信陸子曰古人視道只如家常茶飯故漆雕開曰吾斯之未能信斯此也蠡測曰開在聖門別無問端他無表著而獨



此一語窺千聖之心宗開生人之道眼亦異矣哉蓋自堯舜以來凡曰中曰極曰性曰德等百千名號未嘗有外於斯曰執曰精曰欽曰止等無限工夫不能有加於信然斯即必信信即是斯夫子言造次顛沛必於是信在其中矣言篤信好學人而無信不知其可自古皆有死民無信不立不言所信何物而信外無斯矣是故信爲學之要領入門究竟盡之矣然信從何發有大疑然後有真信其必從疑始乎故不曰如之

何如之何者此夫子之所惜也已

曾點 點史記作蒧

曾點字子晳魯南武城人孔子弟子與子路冉有公西華同侍孔子孔子曰如或知爾則何以哉子路率爾而對曰千乘之國由也爲之可使有勇且知方也夫子哂之求爾何如對曰方六七十如五六十求也爲之可使足民赤爾何如對曰宗廟之事如會同願爲小相焉點爾何如鼓瑟希鏗爾舍瑟而作對曰異乎三子者之撰



子曰何傷乎亦各言其志也曰莫春者春服既成冠者五六人童子六七人浴乎沂風乎舞雩詠而歸夫子喟然歎曰吾與點也武子之喪也曾點倚其門而歌禮教不行點欲修之孔子善之孟子曰若曾晳者孔子之所謂狂矣朱子曰曾點以樂於今日者對諸子以期於異日者對三子只就事上見得此道理曾點是去自己心性上見得那本原頭道理辟之於水曾點之所用力者水之源也三子之所用力者水之流也

用力於派分之處則其功止於一派用力於源
則放之四海亦猶是也或問朱子曰只怕曾點
有莊老意思曰今人却怕做莊老不怕做管商
可笑蠡測曰儒者言曾點便是堯舜氣象不知
曾點只是曾點氣象三子是學堯舜氣象故三
子見有心性有事功分別源流曾點只是就事
行事三子有所用力曾點無用力處或曰如此
則何以止於狂曰語有云一處鮮脫不能處處
鮮脫如漆雕開所言信字終未曾徹底故止於



狂曰未曾徹底何從見之曰於下文三問觀之
其中不穩甚矣真信的人决無是問顏子不違
曾子一唯再無言說若再有言便觸突矣從前
皆非

子張

顓孫師字子張陳人孔子弟子少孔子四十八
歲曰執德不弘信道不篤焉能為有焉能為無
進而問禮子曰治國而無禮譬猶瞽之無相倀
倀乎何所之譬猶終夜有求於幽室之中非燭

何以見故無禮則手足無所措耳目無所加進
退揖讓無所制故古之君子不必親相與言也
以禮樂相示而已矣問行子曰言忠信行篤敬
雖蠻貊之邦行矣立則見其參於前也在輿則
見其倚於衡也夫然後行問政子曰居之無倦
行之以忠子張病召申祥而語之曰君子曰終
小人曰死吾今日其庶幾乎子張死曾子有母
之喪齊衰而往哭之或曰齊衰不以弔曾子曰
我弔也與哉蠡測曰後儒言子張務外而少誠



皆以意非之者也觀其稱執德必弘信道必篤
然乎哉程子謂立則見其參於前所見者何事
故參前倚衡之教夫子啓子張不淺矣其卒也
自云庶幾而曾子往哭不徒以弔曾子其有所
契而子張其有所得矣夫所謂然而未仁或者
其早年之病朋友規輔之忠固未可以槩之也

曾子

曾參字子輿南武城人少孔子四十六歲孔子
自蔡如葉至楚參時年十六父點即命往楚從

游焉自楚至衛反魯事孔子凡十餘年參志存孝道孔子因之以作孝經嘗出薪於野客至其家母以手搤臂參郎馳至問母曰臂何恙乎母曰今者客至搤臂以呼汝耳家貧食力敝衣躬耕日不舉火而歌聲若出金石嘗芸瓜誤斬其根曾皙怒援杖擊之曾子仆地有頃而蘇蹶然而起進曰大人用力教參得無疾乎退鼓瑟而歌欲父聽其歌而知其平也孔子聞之告門人曰小杖則受大杖則走今參委身待暴怒以陷



父不義夫安得爲孝乎曾子曰參罪大矣遂造孔子謝過曾子養曾皙必有酒肉將徹必請所與問有餘必曰有曾子每讀喪禮泣下沾襟曰往而不可還者親也孝欲養而親不待是故椎牛而祭不如雞豚之待親存也曾子曰吾日三省吾身子曰參乎吾道一以貫之曾子曰唯子出門人問曰何謂也曾子曰夫子之道忠恕而已矣作大學曰所謂誠其意者毋自欺也如惡惡臭如好好色此之謂自慊故君子必慎其獨

也又曰如保赤子心誠求之雖不中不遠矣未有學養子而後嫁者也孔子沒時年二十有七門人以有若似聖人欲以孔子事之曾子獨以爲不可乃止及親旣沒乃適齊齊大夫禮聘之游楚楚極其尊顯然道終不行而歸於魯晚年子思公明儀樂正子春之徒皆從受業曾子有疾孟敬子問之告以君子所貴乎道者三籩豆之事則有司存召門弟子曰啓予足啓予手詩云戰戰兢兢如臨深淵如履薄冰而今而後吾



知免夫小子樂正子春坐於床下曾元曾申坐於足童子隅坐而執燭童子曰華而睆大夫之簀與子春曰止曾子聞之瞿然曰呼曰華而睆大夫之簀與曾子曰然斯季孫之賜也我未之能易也元起易簀曾元曰夫子之病革矣不可以變幸而至於旦請敬易之曾子曰爾之愛我也不如彼君子之愛人也以德細人之愛人也以姑息吾何求哉吾得正而斃焉斯已矣舉扶而易之反席未安而沒曾子之妻以藜蒸不熟

而出既而終身不娶曾子著書十八篇十篇見大戴禮八篇亡蠡測曰曾子得夫子之宗在一唯之間有多言乎既得而以之示門人及天下後世味其三語足矣曰忠恕而已矣曰如惡惡臭如好好色曰未有學養子而後嫁者也楊氏曰曾子見夫子之道只尋常忠恕之心便是故曰忠恕而已言不必外求只此已是夫子之道窮之則無窮究之則難盡曾子何所見而謂盡在於此此非曾子胸中洞徹豈敢爲斷然之論



人皆有此心皆聞曾子之言直信而不疑者千百無一二指金而告人曰此金也識者固信不識者固疑夜半爨火息滅饑者索食對燭而坐不知燭之爲火也則亦終饑而已矣忠恕之論燭喻也陸子曰誠意一段是緫修齊治平之要故反覆言之如惡惡臭如好好色乃是性所好惡非出於勉強也王子曰人於尋常好惡或亦有不真切處惟是好好色惡惡臭則是皆發於真心大學就易見處指示人大學歸於誠意而

意之所以誠見在如此而已薛氏曰學養子章道破古今信心不及信道不篤疑網合數子之言而觀之可見三語最爲緊要於中未有學養子而後嫁一句指示不慮之良尤爲的切養子之道不可學亦不必學推之萬事萬化莫不皆然此心自能誠自能求以至自能忠自能恕自能好自能惡全不容一毫安排增益於其間故謂之而已矣者只是不安排不增益謂之必慎其獨者亦只是防安排防增益而已既無餘旨



亦無別法悟此則種種論說都無一言種種修爲都無一事孔子不惑不惑此顏子不違不違此曾子一唯默契此此所以爲相傳之宗也已劉氏曰學者之害疑情爲大彼窮搜博覽惟恐不聞者疑情未除也朝諮夕叩請益不休者疑情未除也揣量揣摸求合乎似者疑情未除也曾子遊聖門最爲年少夫子一與之言道唯諾而已夫豈有毫髮疑情哉

子思

孔伋字子思伯魚之子也逮事夫子夫子閒居喟然而歎子思再拜請曰意子孫不修將忝祖乎羨堯舜之道恨不及乎夫子曰孺子安知吾志子思對曰伋聞夫子之教其父析薪其子弗克負荷伋每思之大恐而不懈也夫子欣然笑曰然乎吾無憂矣世不廢業其克昌乎子思問於夫子曰物有形類事有真僞審之奚由子曰由乎心心之精神是謂聖初孔子之道傳於曾子至是子思師事之年十六適宋困於宋作中



庸宋大夫樂朔與之言學焉朔曰尚書虞夏數四篇善也下此以訖於秦費效堯舜之言耳殊不如也子思答曰事變有極正自當耳假令周公堯舜更時易處其書同矣朔曰凡書之作欲以喻民也簡易爲上而乃故作難知之辭不亦繁乎子思曰道爲知者傳苟非其人道不貴矣去之齊已而自齊適衛在衛貧甚而自若緼袍無裏二旬九食田子方遺以狐白裘不受已而復反於魯教授其徒數百人[illegible]坊豹謂子思曰

子好大世莫能容子也盍亦隨時乎子思曰大非所病所病不大也子思謂子上曰白乎吾嘗深有思而莫之得也於學則寤焉吾嘗企有望而莫之見也登高則覩焉是故雖有本性而加之以學則無惑又曰有可以爲公侯之尊而富貴人衆不與焉者非唯志乎成其志者非唯無欲乎子思之母死於衛赴於子思子思哭於廟門人至曰庶氏之母死何爲哭於孔子之廟乎子思曰吾過矣吾過矣遂哭於他室柳若謂子



思曰子聖人之後也四方於子乎觀禮子蓋慎諸子思曰吾何慎哉吾聞之有其禮無其財君子弗行也有其禮有其財無其時君子弗行也吾何慎哉子上雜所習請於子思子思曰先人有訓焉學必由聖所以致其材也又何請年六十二卒楊氏曰子思之學中庸是也程子曰中庸始言一理中散爲萬事末復合爲一理放之則彌六合卷之則退藏於密朱子曰始言一理指天命謂性末復合爲一理指上天之載中散

為萬事如三重九經及祭祀鬼神許多事程子曰不易之謂庸朱子曰惟其平常故不可易因舉釋子偈曰世間萬事不如常又不驚人又久長　問未發已發朱子曰人自有生即有知識事物交來應接不暇其間初無頃刻停息舉世皆然也然所謂未發之中寂然不動者豈以日用流行者為已發而指夫暫與休息不與事接為未發時耶試嘗求之泯然無覺之中似非虛明應物之體而幾微之際一有覺焉則又便為



已發而非寂然不動之謂於是退而驗之日用之間凡感之而通觸之而覺蓋有渾然全體應物而不窮者是謂天命流行生生不已之機雖一日之間常起常滅而其寂然之本體則未嘗不寂然也所謂未發如是而已夫豈別有一物限於一時拘於一處而可以謂之中哉王氏曰未發在已發之中而已發之中未嘗別有未發者在已發在未發之中而未發之中未嘗別有已發者存或問伊川謂不當於喜怒哀樂未發

之前求中延平却教学者看未發之前氣象孰是王子曰皆是也伊川恐人於未發前討箇中把中做一物看如所 明認氣定時做中故令只於涵養省察上用功延平恐人未便有下手處故令人時時刻刻求未發前氣象使之正目而視惟此傾耳而聽惟此即是戒慎不覩恐懼不聞的工夫皆古人不得已誘人之言也　或問中庸既曰中又曰誠何如朱子曰此詩所謂橫看成嶺側成峰也　楊氏曰道也者不可須臾



離也亦覺其未安當曰道也者未始須臾離也不當言不可　或問愚者不及知此中不肖者不及行此中費隱章又曰夫婦之愚不肖可以與知能行何也又賢合屬行知合屬明夫子却交互說者何故朱子曰知此則人皆曉得夫子何以曰我知之矣緣天下人皆不知此夫子所以有此歎　程子曰鳶飛魚躍言其上下察也此一段子思喫緊為人處與必有事焉而勿正心之意同活潑潑地會得時活潑潑地會不得

只是弄精神　問程子云説鳶上面更有天在説魚下面更有地在是如何朱子默然微誦曰天有四時春秋冬夏風雨霜露無非教也地藏神氣神氣風霆風霆流行庶物露生無非教也　問言其上下察也朱子曰恰似禪家青青綠竹莫匪真如粲粲黃花無非般若之意又曰㬰緊爲人處是要人就此瞥地　楊氏曰人心卽道學者自以爲遠是終日懷玉而告人以貧終日飲食而自謂其饑渴也孔子深惜夫平易之



道人皆有之因其爲之是以遠之復戒之曰人不可以爲道深知大患在乎爲道而已執柯伐柯近矣睨而視之猶以爲遠者終於二物也爲道如伐柯終不近道　或問君子以人治人改而止其人有過既改之後或爲善不已或止而不進皆在其人非君子之所能預否朱子曰非然也能改卽是善矣更何待別求善也　問至誠無息一段諸家多將做次第説朱子曰只一箇至誠已該了豈復更有許久節次　問尊德

性而道問學一段朱子曰只一事只是個尊德性　問孔子空空顏子屢空與中庸所謂無聲無臭之理又問無聲無臭與老子所謂玄之又玄莊子所謂冥冥默默之意如何分別朱子不答　問繫辭自天道言中庸自人事言似不同程子曰同繫詞雖始從天地陰陽鬼神言之然卒曰默而成之不言而信存乎德行中庸亦曰鬼神之爲德至誠之不可揜如此夫豈不同

劉子曰子思之學見於中庸一篇發明後進其



心甚切章微析妙惟恐人不解了學者不能聞一而知舉隅而反泥於言語之偏中學幾於暗矣且未有天地便有此中人孰不稟是以生哉方其一性不虧真誠自守混然而已知者夸愚者賊然後中之名立焉外徇物內忘己然後中之本著焉情封欲閉纂其靈明久而習安認贅爲嫡是中也豈遂銷滅破壞而不復存哉弗知有耳故以中爲難知耶則昭昭乎日用之間以中爲易知耶或沒齒終身而不自覩焉何哉以

其近也近而弗察遠慕高竒或探妙於形聲之外或談微於意類之表是猶駕艅艎而索舟策飛黃而問駿豈不惑哉自昔聖賢講論發明無非此事口傳心受祕甚秘密發端指縱使人反求諸巳焉世衰學弊子思懼斯文之遂絶也顯然論著筆之於書其言曰喜怒哀樂未發謂之中發而中節謂之和夫喜怒哀樂人皆有之窮以未發之前則茫然自失孰主張是耶孰施爲是耶子思抽關啓鑰發其秘奥使學者洞然開



曉如得其遺物自懐袖間豈不樂哉然喜怒哀樂與生俱生子思姑約此以明中非捨此而中可得也唐李翱自謂得子思中庸之學著復性三篇會理者稱其卓絶然差之毫釐異乎吾所聞矣其說曰人之所以惑其性者情也喜怒哀懼愛惡欲皆情之所爲也情者妄也邪也妄情息滅本性清明又曰循理而動所以教人忘嗜欲歸性命之道也迹其推衍大約皆以滅情爲言其言非不高妙然非子思中庸之學也中庸

之學未嘗滅情也夫情與生俱生果可滅耶惟可滅性可滅矣今持一葉以示嬰兒與之則笑奪之則啼此喜怒哀樂之端也情之所發也與生俱生而欲滅之猶惡水之波而涸之其源益流惡木之花而截之其根浸傷善養性者不汩於情亦不滅情不流於喜怒哀樂亦不去喜怒哀樂子思所謂中也卽喜怒哀樂以爲中不可離喜怒哀樂以爲中亦不可如金石之有聲如飲食之有味非合非離中卽寓焉故喜怒哀樂



未發謂之中子思姑約此以明中非捨此而中可得也發而中節順理而和造次顛沛於庸言庸行之間動容周旋君臣父子兄弟夫婦朋友之際事事物物無非中者情何滅云蠡測曰心之精神是謂聖此子思聞之夫子者慈湖數舉以明宗而或以爲此非夫子之言曰以精神而不以中正故決其非夫舜曰惟精孟曰不可知之謂神精神猶云少中正耶仁人心也亦不言中正或者之非陋矣子思之學在中庸而中庸

之旨當識其微程子所謂密是也首言天命而曰不覩不聞曰未發未言天載而曰不見不言不動不賞不怒不顯曰無聲無臭斯不亦微矣乎凡此皆本諸夫子論語中所云無知無能無言無隱無意無我易所謂無方無體無思無爲皆斯旨耳無聲無臭至矣之至郎中庸其至之至篇中及其至也與夫至道至德至誠至聖皆以形容微密之旨大學有曰至善曰知至皆一轍也致中和致知致字皆從至而來至與致一



而一二而一者也欲人知本體故言至欲人知工夫郎本體故言致聖人之立言如此雖然工夫本體寧復有外於心之精神者哉微密之旨不須外求自知自信而已

孔子篇 蕢音孚 莨音郎 萑音丸 騂音恕 爲乾卦之乾音干 蓏音裸

子張篇 申祥子張之子也申姓顓字之訛音

曾子篇 睆音緩明貌

聖學宗傳卷之三終

# 聖學宗傳卷之四

東越 周汝登編測 王繼晃
陶望齡訂正 王繼㯶參閱

## 孟子

孟軻字子車一字子輿戰國時鄒人受業子思之門初請見子思子思見之甚悅其志命子上侍坐禮敬甚崇旣退子上請曰白聞士無介不見女無媒不嫁孟孺子無介而見大人悅而敬之白也未諭敢問子思曰然吾昔從夫子於郯



遇程本於塗傾蓋而語終日而別命子路將束帛贈焉以其道同於君子也今孟軻言稱堯舜性樂仁義世所希有也事之猶可況加敬乎非爾所及也孟軻問子思曰堯舜文武之道可力而致乎子思曰彼人也我人也稱其言履其行夜思之晝行之滋滋焉汲汲焉如農之赴時商之趣利惡有不至者乎道既通游事齊宣王宣王不能用適梁梁惠王不果所言則見以爲迂遠而濶於事情當是之時天下方務於合從連

橫以攻伐爲賢而孟子乃述唐虞三代之德是
以所如者不合退而與萬章之徒序詩書述仲
尼之意作孟子七篇孟子曰行之而不著焉習
矣而不察焉終身由之而不知其道者衆也由
堯舜至於湯若禹皐陶則見而知之若湯則聞
而知之由湯至於文王若伊尹萊朱則見而知
之若文王則聞而知之由文王至於孔子若太
公望散宜生則見而知之若孔子則聞而知之
盡其心者知其性也知其性則知天矣蠡測曰



此所謂知與孔子同肯孔孟授受之微宗其在
是乎　大人者不失其赤子之心者也我四十
不動心心之官則思先立乎其大者則其小者
不能奪也仁人心也學問之道無他求其放心
而已矣君子所以異於人者以其存心也人皆
有不忍人之心非獨賢者有是心也人皆有之
賢者能弗喪耳至於心獨無所同然乎是心足
以王矣惟大人爲能格君心之非我亦欲正人
心生於其心害於其政楊氏曰孟子一書只是

要正人心千變萬化只說從心上來朱子曰非
是心放出去又一箇心去求如人睡着覺來睡
是他自睡覺是他自覺　人人有貴於己者弗
思耳禍福無不自己求之者行有不得者皆反
求諸己有大人者正己而物正者也枉己者未
有能直人者也不怨勝己者反求諸己而已矣
所以考其善不善者豈有他哉於己取之而已
矣守孰爲大守身爲大至於身而不知所以養
之修其身而天下平自取之也自暴者不可與



有言也自棄者不可與有爲也有是四端而自
謂不能者自賊者也君子深造之以道欲其自
得之也有人於此其待我以橫逆君子必自反
也親喪固所自盡也我知言我善養吾浩然之
氣萬物皆備於我矣求在我者也凡有四端於
我者知皆擴而充之矣陸子曰聖賢道一箇自
字煞好蓋孟子常言自字己字身字我字是其
宗領陸子問學者云夫子自言我學不厭及子
貢言多學而識之又却以爲非何也因自代對

云夫子只言我學不厭若子貢言多學而識之便是蔽說是故博學於文約之以禮僅可以弗畔而博我以文約我以禮乃見卓爾此旨至孟子提揭得緊故曰孔子以是傳之孟軻

孩提之童無不知愛其親者及其長也無不知敬其長者徐行後長者謂之弟疾行先長者謂之不弟夫徐行者豈人所不能哉所不為也今人乍見孺子將入於井皆有怵惕惻隱之心一簞食一豆羹得之則生弗得則死嘑爾而與之行道



之人弗受蹴爾而與之乞人不屑也王坐於堂上有牽牛而過堂下者王見之曰牛何之對曰將以釁鐘王曰舍之吾不忍其觳觫若無罪而就死地蓋上世嘗有不葬其親者其親死則舉而委之於壑他日過之其顙有泚睨而不視蠡測曰孟子提醒人每每不離此竅最喫緊最親切夫此一念果從何來只此一念無不具足是故親長達天下徐行為堯舜惻隱保四海弗受不屑備禮義不忍觳觫成王業至於顙泚一滴孝子仁人百千禮制皆從此生並不欠少分毫故曰若火之始然泉之始達一星便足燎原燎原無加一星一線可以達海達海無加一線孟子惓惓啓人察識於此自信得過則學亦無餘蘊矣昔晦翁曰謝上蔡見明道先生舉史文成誦明道謂其玩物喪志上蔡汗流浹背面發赤色明道云此便見得惻隱之心且道上蔡聞得過失恁地慚皇自是羞惡之心如何却說道見得惻隱之心久之曰指其動處而言之必須動



方有羞惡之心仁包四者無仁則麻痺死了安有羞惡恭敬是非之心仁則有知覺痒則覺得痒痛則覺得痛痒痛雖不同其覺則一也又曰孟子所言皆精粗兼備其言甚近而妙義存焉如龐居士云神通并妙用運水與搬柴此自得者之言最為適理孟子之言則無適不然如許大堯舜之道只於行止疾徐之間教人做了愚謂晦翁前後二條發透孟子精髓可謂深契其宗

無為其所不為無欲其所不欲如此而已

矣夫道一而已矣堯舜之道孝弟而已矣子服堯之服誦堯之言行堯之行是堯而已矣蠡測曰孟子直截示人言不在多只此數而已矣承領得過便無餘事不為不欲郎思之不睹不聞易之何思何慮也　聖人與我同類者聖人先得我心之所同然耳何以異於人哉堯舜與人同耳舜人也我亦人也人皆可以為堯舜不以舜之所以事君事君賊其君者也不以堯之所以治民治民賊其民者也蠡測曰此孟子真見



聖人與我不二故其告時君告世子及曹交豁稽之流無一不以帝王賢聖期之孟子不輕人人不可自輕也　人之所不學而能者其良能也所不慮而知者其良知也人有不為也而後可以有為大人者言不必信行不必果惟義所在非禮之禮非義之義大人弗為盡信書則不如無書然而無有乎爾則亦無有乎爾蠡測曰已上皆孟子掃踪滅跡徹骨入髓之談末二句乃七篇宗旨蓋孟子受業子思子思作中庸以

無聲無臭終篇故孟子亦以此無有乎爾終篇自古聖人未嘗有一法與人亦無有一法受於人前無轍跡可循後無典要可據見者自見聞者自聞知者自知見者見無所見聞者聞無所聞知者知無所知故曰無有乎爾則亦無有乎爾此孟子之真見真知所以接夫子之統也歟　孟子見梁惠王王立於沼上顧鴻鴈麋鹿曰賢者亦樂此乎曰賢者而後樂此文王以民力為臺為沼而民歡樂之古之人與民偕



樂故能樂也孟子見於王曰王嘗語莊子以好樂有諸王變乎色曰寡人非能好先王之樂也直好世俗之樂耳曰今之樂猶古之樂也今王與百姓同樂則王矣齊宣王曰寡人有疾寡人好勇對曰王請無好小勇王請大之詩云王赫斯怒以對於天下此文王之勇也文王一怒而安天下之民書曰一人衡行於天下武王恥之此武王之勇也而武王亦一怒而安天下之民今王亦一怒而安天下之民民惟恐王之不好

勇也齊宣王問曰人皆謂我毁明堂毁諸已乎
對曰夫明堂者王者之堂也王欲行王政則弗
毁之矣王曰寡人有疾寡人好貨對曰昔者公
劉好貨王如好貨與百姓同之於王何有王曰
寡人有疾寡人好色對曰昔者太王好色王如
好色與百姓同之於王何有蠡測曰孟子導引
陶鑄人處直是點鐵成金大爐大冶非其胸中
洞然了徹豈能縱横無礙如此楊氏曰世之君
子其賢者乎則必語王以憂民而勿爲臺池苑



囿之觀是拂其欲也其佞者乎則必語王以自
樂而廣其侈心是縱其欲也二者皆非能引君
以當道唯孟子之言常於毫髮之間剖析利害
之所在使人君化焉而不自知朱子曰天理人
欲同行異情二者之間不能以髮其歸遠矣孟
子剖析幾微其法似疏而實密其功似易而實
難　陳臻問曰前日於齊王餽兼金一百而不
受於宋餽七十鎰而受於薛餽五十鎰而受前
日之不受是則今日之受非也今日之受是則

前日之不受非也夫子必居一於此矣曰皆是
也昔者疾今日愈如之何不弔予豈若是小丈
夫然哉諫於其君而不受則怒悻悻然見於其
面去則窮日之力而後宿哉彭更問曰後車數
十乘從者數百人以傳食於諸侯不以泰乎曰
非其道則一簞食不可受於人如其道則舜受
堯之天下不以爲泰子以爲泰乎鄒氏曰良知
之藴發於孟子夷考孟子之行何其善於致良
知也傳食諸侯衆之所非也而行之齊饑發棠



衆之所悦也而不行一見諸侯衆以爲可爲也
而不行三宿出晝衆以爲濡滯也而行之楊墨
衆之所歸也而斥之仲子衆之所謂廉也儀衍
衆之所謂大丈夫也而又斥之匡章衆之所謂
不孝也而不斥又從而禮貌之餽金可受也亦
可郤也幣交可報也亦可不報也蓋惟自致其
良知不狥毁譽不拘格式不求聲名爲其所爲
欲其所欲無爲其所不爲無欲其所不欲如斯
而已矣蠡測曰孟子諸所行履如珠走盤尤難

爲曲謹者道也故曰孟子善用易。七十者衣
帛食肉黎民不饑不寒然而不王者未之有也
王無罪歲斯天下之民至焉爲民父母行政如
之何其使斯民饑而死也王如施仁政於民可
使制挺以撻秦楚之堅甲利兵矣彼陷溺其民
王往而征之夫誰與王敵不嗜殺人者能一之
是故明君制民之產必使仰足以事父母俯足
以畜妻子樂歲終身飽凶年免於死亡此四者
天下之窮民而無告者文王發政施仁必先斯



四者夫民今而後得反之也君行仁政斯民親
其上死其長矣當今之時萬乘之國行仁政民
之悅之猶解倒懸也苟行仁政四海之內皆舉
首而望之得天下有道得其民斯得天下矣得
其民有道得其心斯得民矣得其心有道所欲
與之聚之所惡勿施爾也爭地以戰殺人盈野
爭城以戰殺人盈城此所謂率土地而食人肉
罪不容於死殃民者不容於堯舜之世文王之
民無凍餒之老者此之謂也聖人治天下使有

菽粟如水火菽粟如水火而民焉有不仁者乎
賊仁者謂之賊賊義者謂之殘殘賊之人謂之
一夫聞誅一夫紂矣未聞弒君也民爲重社稷
次之君爲輕蠡測曰孟子惓惓行道無一念無
一息不在乎生民觀其肫肫懇懇直是一字一
淚。

養生者不足以當大事惟送死可以當大
事由是則生而有所不用也由是則可以辟患
而有所不爲也蠡測曰養生送死以言事親則
當言生養而何以言養生且椎牛之祭不如雞



豚之待親存也生養亦大矣此章之意蓋指自
養自生自送自死孟子嘗言養生喪死無憾而
禮記中亦有送死之語皆不爲事親者言莊子
曰吾以萬物爲齎送此送之說也是故夕可沒
寤吾知免夫吾今庶幾皆送死之道到此方大
事了畢故曰可以當大事語云蓋棺事乃定亦
近此意由是二字自有深旨辟患即是畏死生
我所欲一章全是理會死處末句是亦[illegible]以
已乎是休歇之旨悟此可以畢生死矣劉屏山

作孔子論專言生死屏山之論豈無所授之者
哉 形色天性也惟聖人然後可以踐形君子
所性仁義禮智根於心其生色也睟然見於面
盎於背施於四體四體不言而喻告子曰生之
謂性曰生之謂性猶白之謂白與曰然曰然則
犬之性猶牛之性牛之性猶人之性與乃若其
情則可以爲善矣乃所謂善也程子曰生之謂
性告子此言是而謂犬之性猶牛之性牛之性
猶人之性則非矣或問朱子曰犬牛之性與人



之性不同天下如何解有許多性濂溪作太極
圖自太極以至萬物也只是一個圈子何嘗有
異中庸能盡其性則能盡人之性能盡人之性
則能盡物之性何故却將人物衮作一片說未
子曰孟子闢告子生之謂性處非特告子當時
未必服後世亦未能便理會得孟子意也蠡測
曰君子所性一章便是形色天性的註疏公都
子所問者性而孟子所對者曰才曰情更無一
語及性性不可言故也孟子道性善一句亦是

門人所記人性之善猶水之就下之字對就字
亦指其發處言之何嘗道性善必欲言善則所
謂無對之善而已矣楊龜山問東林常揔禪師
曰孟子道性善說得是否揔曰是龜山曰性豈
可以善惡言揔曰本然之善不與惡對胡安定
得其說於龜山安定之子五峯曰性者天地鬼
神之奧也善不足以名之況惡乎孟子說性善
云者嘆美之詞不與惡對夫知此則雖謂孟子
道性善可也或問善不與惡對則是無善無惡



告子亦言無善無惡何以異曰告子着在無善
無惡上便一切都不管如弗求於心弗求於氣
是也孟子無善無惡不着在無上本無善無惡
而實不礙爲善去惡實爲善去惡而初不見有
善有惡毫釐之差辨諸此 韓氏曰孔子之道
大而能博門弟子學焉而皆得其性之所近其
後離散分處諸侯之國又各以其所能授弟子
源遠而末益分惟孟軻師子思而子思之學出
於曾子自孔子沒獨孟軻氏之傳得其宗劉氏

曰學者必有用心聖人標指固非一途孟子乃斷然言曰君子深造之以道欲其自得之自得者得之於心也心無所得而蹈規守矩終出勉強不能從容優入聖域是學也父兄至愛不能發其端師友至密不能進其進必也靈襟中啓獨見内融洞洞然屬屬然如平昔之傳聞想像一旦親睹焉庶乎其可也夫學者之心發於憤憤其見必卓聞於寘寘其詣必至故拙魯愚鈍爲道之資智巧聰明爲性之障千了萬遍愈失



古宗惟循惟默乃能自得回之愚參之魯在孔門所得最深皆用心於無所用若退而進者也去聖已遠自得之學湮沒無聞非惟學者之失也亦教者之過焉六經之言毫髮分辨聖人之意極口宣揚諄諄屑屑無舉隅善誘之方將以利之反以害焉學者亦曰如是足矣理盡於此矣拾前人之咳唾遵舊轍以驅馳故思學廢於箋解省學廢於議議悟學廢於揣度通學廢於偏黨默學廢於領畧敏學廢於疑貳六學廢而

道衰矣孰以孟子自得之言啓之哉孟子有自得之言無自得之迹但言居之安資之深左右逢其原而已不可以意義形容也蘗唐大礪金砮可以射矣而飮羽之鏃非勇引蹶張所能習必自得於弓矢之外焉精毫染嚴程度可以書矣而草聖之筆非黝襟胝指所能造必自得於筆墨之外焉孟學孔於百年之後超然領會獨發奥藴傳一心之玅用發陳編之光粲神而明之使吾教益尊不膠於言語畦徑之末真聖門



之輔佐諸子之英雄也姑舍是之言非夸大也亦胸中自負不碌碌爾噫聖賢相傳一道也前乎堯舜傳有自來後乎孔孟傳固不泯韓子謂軻死不得其傳言何峻哉曾顏傳道者也軻死千餘年果無曾顏乎時無孔子顏子沒於陋巷而少正卯爲聞人時無孟子匡章陷於不孝而仲子爲廉士人豈易識真哉蓽門圭竇密契聖心如相授受政恐無世無之孤聖人之道絕學者之志韓子之言何峻哉

## 荀卿

荀卿名况戰國時趙人卿言性惡與孟子背何以得與於宗傳葢性惡之論乃其見之偏語之滯如明道曰善固性也惡亦不可不謂之性則圓而無弊矣顧其他語更有深入者如謂塗之人可以爲禹即人皆可爲堯舜也仁者愛人義者循理即仁不遺親義不后君也未始不相合也舍其偏而取其合其可以槩棄之乎葢嘗觀東漢以後儒者侈談心性未有不從佛氏中來試



考五經四書及東漢以前諸子百家中所未有之字句所未有之議論而後儒拈舉此從何來一一可証若荀子者皆是自開戶牖絕不假借抑又難矣卿爲蘭陵令遂家蘭陵著書數萬言

曰無冥冥之志者無昭昭之明無惛惛之事者無赫赫之功　使目非是無欲見也使耳非是無欲聞也使口非是無欲言也使心非是無欲慮也生乎由是死乎由是　千人萬人之情一人之情是也天地始者今日是也百王之道後王是也後王當今之王　欲觀千歲則審今日欲知億萬則審一二欲知上世則審周道欲知周道則審其人所貴君子故曰以近知遠以一知萬以微知明此之謂也　信信信也疑疑亦信也貴賢仁也賤不肖亦仁也言而當知也默而當亦知也故知默猶知言也　君子之所謂賢者非能徧能人之所能之謂也君子之所謂知者非能徧知人之所知之謂也君子之所謂辯者非能徧辯人之所辯之謂也君子之所謂察者非



能徧察人之所察之謂也有所止矣　我欲賤而貴愚而智貧而富可乎曰其惟學乎彼學者行之曰士也敦慕焉君子也知之聖人也上爲聖人下爲士君子孰禁我哉鄉也混然塗之人也俄而並乎堯禹豈不賤而貴矣哉鄉也效門室之辨混然曾莫能決也俄而原仁義分是非圖廻天下於掌上而辯白黑豈不愚而智矣哉鄉也胥靡之人俄而治天下之大器舉在此豈不貧而富矣哉　不聞不若聞之聞之不若見

之見之不若知之知之不若行之學至於行之而止矣行之明也明之謂聖人（究竟只明）不爲而成不求而得夫是之謂天職如是者雖深其人不加慮焉雖大不加能焉雖精不加察焉夫是之謂不與天爭職天有其時地有其財人有其治夫是之謂參舍其所以參而願其所參則惑矣列星隨旋日月遞炤四時代御陰陽大化風雨博施萬物各得其和以生各得其養以成不見其事而見其功夫是之謂神皆知其所以成



莫知其無形夫是之謂天唯聖人爲不求知天天職既立天功既成形具而神生好惡喜怒哀樂臧焉夫是之謂天情耳目鼻口形能各有接而不相能也夫是之謂天官心居中虛以治五官夫是之謂天君財非其類以養其類夫是之謂天養順其類者謂之福逆其類者謂之禍夫是之謂天政聖人清其天君正其天官備其天養順其天政養其天情以全其天功如是則知其所爲知其所不爲矣則天地官而萬物役矣

其行曲治其養曲適其生不傷夫是之謂知天故大巧在所不爲大智在所不慮（此明不務知天是乃知天）也

大天而思之孰與物畜而制之從天而頌之孰與制天命而用之望時而待之孰與應時而使之因物而多之孰與騁能而化之思物而物之孰與理物而勿失之也願於物之所以生孰與有物之所以成故錯人而思天則失萬物之情萬物爲道一偏一物爲萬物一偏愚者爲一物一偏而自以爲知道無知也慎子有見於



後無見於先（慎到明不尚賢不使能之道無爭先之意）老子有見於詘無見於信（老子五千言多以屈爲伸以柔勝剛）墨子有見於齊無見於畸（畸不齊也墨子兼愛曰齊）宋子有見於少無見於多（宋鈃以人之情欲寡而皆以已之情欲多是過也）有後而無先則群衆無門有詘而無信則貴賤不分有齊而無畸則政令不施有少而無多則群衆不化書曰無有作好遵王之道無有作惡遵王之路此之謂也

凡禮事生飾歡也送死飾哀也祭祀飾敬也師旅飾威也是百王之所同古今之所一也

未有知其所由來者也　天下無二道聖人無兩心　數爲蔽欲爲蔽惡爲蔽始爲蔽終爲蔽遠爲蔽近爲蔽博爲蔽淺爲蔽古爲蔽今爲蔽凡萬物異則莫不相爲蔽此心術之公患也聖人知心術之患見蔽塞之禍故無欲無惡無始無終無近無遠無博無淺無古無今　何以知道曰心心何以知曰虛一而靜心未嘗不臧也臧讀爲藏古字通用然而有所謂虛心未嘗不滿也滿當爲兩然而有所謂一心未嘗不動也然而有所謂靜人



生而有知知而有志志也者臧也然而有所謂虛不以所已臧害所將受謂之虛心生而有知知而有異異也者同時兼知之同時兼知之兩也然而有所謂一不以夫一害此一謂之一心臥則夢偷則自行放縱也使之則謀故心未嘗不動也然而有所謂靜不以夢劇亂知謂之靜未得道而求道者謂之虛一而靜虛一而靜謂之大清明萬物莫形而不見莫見而不論莫論而失位坐於室而見四海處於今而論久遠疏觀

萬物而知其情參稽治亂而通其度經緯天地而材官萬物制割大理而宇宙裏矣恢恢廣廣孰知其極睪睪廣廣孰知其德涫涫紛紛孰知其形明參日月大滿八極夫是之謂大人夫惡有蔽矣哉　心者形之君也而神明之主也出令而無所受令自禁也自使也自奪也自取也自行也自止也　昔者舜之治天下也不以事詔而萬物成處一危之其榮滿側養一之微榮矣而未知故道經曰人心之危道心之微危微之機惟明君子而後能知之一謂心也危之戒懼也側謂偪側充滿之義　空石之中有人焉其名曰觙其爲人也善射以好思耳目之欲接則敗其思蚊䖟之聲聞則挫其精是以闢耳目之欲而遠蚊䖟之聲閑居靜思則通思仁若是可謂微乎孟子惡敗而出妻可謂能自彊矣有子惡臥而焠掌可謂能自忍矣未及好也闢耳目之欲可謂能自彊矣未及思也[illegible]聞則挫其精可謂危矣未可謂微也夫微者至人也至人也何強何忍

何危　生之所以然者謂之性性之和所生精
合感應不事而自然謂之性性之好惡喜怒哀
樂謂之情情然而心爲之擇謂之慮心慮而能
爲之動謂之僞慮積焉能習焉而後成謂之僞
正利而爲謂之事正義而爲謂之行所以知之
在人者謂之知知有所合謂之智知所以能之
在人者謂之能能有所合謂之能性傷謂之病
節遇謂之命　凡語治而待去欲者無以道欲
而困於有欲者也凡語治而待寡欲者無以節



欲而困於多欲者也人之所欲生甚矣人之所
惡死甚矣然而人有從生成死者非不欲生而
欲死也不可以生而可以死也故欲過之而動
不及心止之也心之所可中理則欲雖多奚傷
於治欲不及而動過之心使之也心之所可失
理則欲雖寡奚止於亂故治亂在於心之所可
亡於情之所欲不求之其所在而求之其所亡
雖曰我得之失之矣　歲不寒無以知松柏事
不難無以知君子無日不在是　不可學不可

事而在人者謂之性可學而能可事而成之在
人者謂之僞是性僞之分也今人之性目可以
見耳可以聽夫可以見之明不離目可以聽之
聰不離耳目明而耳聰不可學明矣　塗之人
可以爲禹曷謂也曰凡禹之所以爲禹者以其
爲仁義法正也然則仁義法正有可知可能之
理然而塗之人也皆有可以知仁義法正之質
皆有可以能仁義法正之具然則其可以爲禹
明矣今以仁義法正爲固無可知可能之理邪



然則雖禹不知仁義法正不能仁義法正也將
使塗之人固無可以知仁義法正之質而固無
可以能仁義法正之具邪然則塗之人也且內
不可以知父子之義外不可以知君臣之正不
然今塗之人者皆內可以知父子之義外可以
知君臣之正然則其可以知之質可以能之具
其在塗之人明矣今使塗之人者以其可以知
之質可以能之具本夫仁義之可知之理可能
之具然則其可以爲禹明矣今使塗之人伏術

爲學專心一志思索熟察加日縣久積善而不息則通於神明參於天地矣故聖人者人之所積而致也曰聖可積而致然而皆不可積何也曰可以而不可使也故小人可以爲君子而不肯爲君子君子可以爲小人而不肯爲小人肯字極妙小人君子者未嘗不可以相爲也然而不相爲者可以而不可使也　故塗之人可以爲禹則然塗之人能爲禹未必然也雖不能爲禹無害可以爲禹　善爲詩者不説善爲易者不占



善爲禮者不相其心同也　多知而無親博學而無方好多而無定者君子不與少不諷壯不論議雖可未成也君子壹教弟子壹學亟成不諷不論議亦知博與多之非矣雖可而未成尚未知一也一則速成　嘗與臨武君論兵於趙孝成王前王曰請問兵要對曰要在附民夫仁人之兵上下一心三軍同力臣之於君也下之於上也若子弟之事父兄若手足之捍頭目而覆胸腹也故兵要在於附民而已

陳囂問曰先生論兵常以仁義爲本然則何以兵爲哉曰仁者愛人故惡人之害之也義者循理故惡人之亂之也故兵者所以禁暴除害也非爭奪也作賦篇曰爰有大物非絲非帛文理成章非日非月爲天下明生者以壽死者以葬城郭以固三軍以彊粹而王駁而伯無一焉而亡臣愚不識敢請之王王曰此夫文而不采者與簡然易知而致有理者與君子所敬而小人所不者與性不得則若禽獸性得之則甚雅似者與匹夫隆之則爲聖人諸侯隆之則一四海



者與致明而約甚順而體請歸之禮禮　皇天隆物以示下民或厚或薄帝不齊均桀紂以亂湯武以賢涽涽淑淑皇皇穆穆周流四海曾不崇日君子以修跖以穿月大參乎天精微而無形行義以正事業以成可以禁暴足窮百姓待之而後寧泰臣愚而不識願問其名曰此夫安寬平而危險隘者也修潔之爲親而雜汙之爲狄者耶甚深藏而外勝敵者耶法禹舜而不能揜迹者耶揜襲行爲動靜待之而後適者耶血氣

之精也志意之榮也百姓待之而後寧也天下待之而後平也明達純粹而無疵也夫是之謂君子之知知　有物於此居則周靜致下動則綦高以鉅圓者中規方者中矩大參天地德厚堯禹精微乎毫毛而盈大乎寓宙忽兮其極之遠也攭兮（攭音戾分判貌）其相逐而反也卬卬兮天下之咸蹇也德厚而不捐（無棄物也）五采備而成文往來惛憊（晦瞑也）通于大神出入甚極（讀爲亟）莫知其門天下失之則滅得之則存弟子不敏此之願



陳君子設辭請測意之曰此夫大而不塞者歟充盈大宇而不窕入郄穴而不偪者與行遠疾速而不可託訊者與（訊問也）往來惛憊而不可爲固塞者歟暴至殺傷而不億忌者歟（雷霆震擊曾不億度疑忌而果決不測也）功被天下而不私置者與托地而游宇友風而子雨冬日作寒夏日作暑廣大精神請歸之雲雲　有物於此儳儳兮其狀屢化若神功被天下爲萬世文禮樂以成貴賤以分養老長幼待之而後存名號不美與暴爲隣（蠶食之謂）

功立而身廢事成而家敗棄其耆老收其後世（耆老蛾也後世種也）人屬所利飛鳥所害臣愚而不識請占之五帝帝占之曰此夫身女好而頭馬首者與（女好柔婉也頭類馬首）屢化而不壽者與善壯而拙老者與有父母而無牝牡者與冬伏而夏游食桑而吐絲前亂而後治（蠶亂絲治）夏生而惡暑喜溼而惡雨蛹以爲母蛾以爲父三伏三起事乃大已夫是之謂蠶理蠶　有物於此生於山阜（鐵所出也）處於室堂無知無巧善治衣裳不盜不竊穿窬



而行日夜合離以成文章以能合從又善連衡下覆百姓上飾帝王功業甚博不見賢良時用則存不用則亡臣愚不識敢請之王王曰此夫始生鉅其成功小者耶長其尾而銳其剽者耶（長尾線也剽抄末之意鋒也）頭銛達而剽趙繚者耶一往一來結尾以爲事無羽無翼反覆甚極（亟同）尾生而事起尾邅而事已簪以爲父管以爲母（簪狀其形管所以藏也）既以縫表又以連裏夫是之謂箴理箴

測曰荀子賦篇之作奇矣哉直指曲譬皆以

明是事耳初言禮性得之則雅似雅似二字最爲明妙郎之不可離之不可故止曰似而已次言知則直示本體所謂衆妙之門衆禍之門其義備矣次取象於雲猶易之取象於龍也次取象於蠶生無所從死無所往功成而不有何其神也末取象於箴鴛鴦綉出從君看不把金箴度與人箴之義微矣蠶曰蠶理箴曰箴理取其意而已矣或舉荀子解蔽遠爲蔽近爲蔽輕爲蔽重爲蔽之類說好陸子曰是好只是他無主



人有主人時近亦不蔽遠亦不蔽輕重皆然然予觀賦篇之義與篇中所云生乎由是死乎由是無日不在是是果何指可云無主而已耶荀子之言世所詆者性惡而程子云善固性也惡亦不可不謂之性則其立言非盡無謂也況性惡篇終深明人可爲禹謂有其質有其具與人皆可爲堯舜之旨有二乎哉王子曰孟子說性直從源頭上說來亦只是說個大槩如此荀子性惡之說是從流弊上說來也未可盡說他不

是朱子曰荀子儘有好處韓子曰荀與楊也大醇而小疵楊倞曰孟軻闡其前荀卿振其後立言指事根極理要

董仲舒

董仲舒漢廣川人也少治春秋孝景時爲博士下帷講誦弟子傳以久次相授業或莫見其面



蓋三年不窺園其精如此進退容止非禮不行學士皆師尊之武帝時以賢良方正對策曰爲人君者正心以正朝廷以正百官以正萬民陰陽調而風雨時羣生和而萬民殖諸福之物可致之祥莫不畢至孔子曰天地之性人爲貴明於天性知自貴於物知自貴於物然後知仁誼重禮節安處善而樂循理然後謂之君子故孔子曰不知命無以爲君子此之謂也後爲江都相事易王易王帝兄素驕好勇仲舒以禮誼匡

王王敬重焉久之王問仲舒曰粤王句踐與大夫泄庸種蠡謀伐吳遂滅之孔子稱殷有三仁寡人亦以爲粤有三仁桓公決疑於管仲寡人決疑於君仲舒對曰臣愚不足以奉大對聞昔者魯君問柳下惠吾欲伐齊何如柳下惠曰不可歸而有憂色曰吾聞伐國不問仁人此言何爲至於我哉徒見問爾且猶羞之况設詐以伐吳乎繇此言之粤本無一仁夫仁人者正其誼不謀其利明其道不計其功是以仲尼之門五



尺之童羞稱五霸爲其先詐力而後仁誼也苟爲詐而已故不足稱於大君子之門也五伯比於他諸侯爲賢其比三仁猶武夫之與美玉也王曰善復使相膠西王膠西王聞仲舒大儒善待之仲舒恐久獲辠病免凡相兩國輒事驕王正身以率下數上疏諫諍教令國中所居而治及去位歸居終不問家產業以修學著書爲事仲舒在家朝廷如有大議使使者及廷尉張湯就其家而問之其對皆有明法自武帝初立魏

其武安侯爲相而隆儒矣及仲舒對冊推明孔氏抑黜百家立學校之官州郡舉茂才孝廉皆自仲舒發之年老以壽終於家班氏曰劉向稱董仲舒有王佐之材雖伊呂無以加筦晏之屬伯者之佐殆不及也至向子歆以爲伊呂乃聖人之耦王者不得則不興故顔淵死孔子曰噫天喪予唯此一人爲能當之自宰我子貢子游子夏不與焉仲舒遭漢承秦滅學之後六經離析下帷發憤潛心大業令後學者有所統壹爲



羣儒首然考其師友淵源所漸猶未及乎游夏而曰筦晏弗及伊呂不加過矣至向曾孫龔篤論君子也以歆之言爲然程子曰董子度越諸子又曰漢之諸儒惟董子有儒者氣象又曰漢儒如毛萇董仲舒最得聖賢之意然見道不甚分明

荀卿篇 睪睪與韡韡同　涫音貫涫涫沸也

聖學宗傳卷之四終

# 聖學宗傳卷之五

東越　周汝登編測　王繼晃
陶望齡訂正　王繼炳　　叅閱

## 楊雄

楊雄字子雲漢成都人也雄所稱莽大夫者奚取焉顧其事程子及司馬溫公皆爲辨之或且謂劇秦論係谷子雲者是皆不可知然吾惟取其言之幾乎道耳楊與荀皆佛法未入以前人故更難之雄少而好學不爲章句訓詁通而已



爲人簡易佚蕩默而好深湛之思清靜亡爲少耆欲不汲汲於富貴不戚戚於貧賤不脩廉隅以徼名當世家產不過十金乏無擔石之儲晏如也自有大度非聖哲之書不好也顧嘗好詞賦怪屈原作離騷自投江而死爲文反之名反離騷以爲經莫大於易故作太玄傳莫大於論語作法言或曰人羨久生將以學也可謂好學已乎曰未之好也學不羨　或曰先生生無以養死無以葬如之何曰以其所以養養之至也

以其所以葬葬之至也　山陘之蹊不可勝由矣向墻之戶不可勝入矣曰惡由入曰孔氏孔氏者戶也曰子戶乎曰戶哉戶哉吾獨有不戶者矣　或問道曰道若塗若川車航混混不舍晝夜或曰焉得直道而由諸曰塗雖曲而通諸夏則由諸川雖曲而通諸海則由諸　吾見諸子之小禮樂也不見聖人之小禮樂也孰有書不由筆言不由舌吾見天常爲帝王之筆舌也司馬氏曰天常即禮樂也言人不用禮樂猶無



筆而書無舌而言也　智也者知也夫智用不用益不益則不贅虧矣馬氏曰餘曰贅少曰虧深知器械舟車宮室之爲則禮由已　或問神曰心請聞之曰潛天而天潛地而地天地神明而不測者也心之潛也猶將測之況於人乎況於事倫乎　道德仁義禮譬諸身乎夫道以導之德以得之仁以人之義以宜之禮以體之天也合則渾離則散一人而兼統四體者其身全乎　或問德表曰莫知作上作下請問莫知

曰禮行於彼而民得於此奚其知或曰孰若無禮而德曰禮體也人而無禮焉以爲德　或問天曰吾於天與見無爲之爲矣　或曰龍何可以貞利而亨曰時未可而潛不亦貞乎可而升不亦利乎潛升在已用之以時不亦亨乎　或曰龍必欲飛天乎曰時飛則飛時潛則潛既飛且潛食其不妄形其不可得而制也歟曰聖人不制則何爲乎羑里曰龍以不制爲龍聖人以不手爲聖人李氏曰手者桎梏之屬宋氏曰文



王桎梏因於羑里七年是嘗被其桎梏矣安可謂之不手哉蠡測曰人知紂之桎梏文王不知文王之未嘗桎梏也　或問文曰訓問武曰克未達曰事得其序之謂訓勝已之私之謂克

春木之芚兮援我手之鶉兮去之五百歲其人若存兮宋氏曰芚猶盛也吳氏曰鶉猶淳也尸子曰堯鶉居于雲卒時去孔子四百九十八歲蠡測曰春木之芚者時行物生道自存也攜手之鶉者共游無懷之天無間隔也五百歲猶一朝也其人若存者杳壇未散也　或曰譊譊者天下皆訟也奚其存曰曼是爲也天下之亡聖也久矣呱呱之子各識其親譊譊之學各習其師精而精之是在其中矣蠡測曰奚其存者承上其人若存而疑也呱呱之子各識其親孩提不慮之知不待聖存也各習其師者歸求有餘師之師也嘵嘵患不精耳精而精之聖即在是容外求乎哉　或問五百歲而聖人出有諸曰堯舜禹君臣也而並文武周公父子也而並湯



孔子數百歲而生因往以推來雖千一不可知也李氏曰雖千歲一人一歲千人不可知也

或問天地簡易而聖人法之何五經之支離曰支離蓋其所以爲易簡也已簡已易焉支焉離

先知其幾於神乎敢問先知曰不知　或曰聖人之道若天矣天則有常矣奚聖人之多變也曰聖人固多變子夏子游得其書矣未得其所以書也宰我子貢得其言矣未得其所以言也顏淵閔子得其行矣未得其所以行也聖人

之書言行天也天其少變乎或曰聖人自恣乎
何言之多端也曰子未覩禹之行水與一東一
北行之無礙也君子之行獨無礙乎如何直往
也水避礙則通於海君子避礙則通於理　或
問大曰小問遠曰邇未達曰天下為大治之在
道不亦小乎四海為遠治之在心不亦邇乎道至
緣學故曰小也　或問韓非作說難之書而卒死於說
難敢問何反也曰說難蓋其所以死乎曰何也
曰君子以禮動以義止合則進否則退確乎不



憂其不合也夫說人而憂其不合則亦無所不
至矣　或問酈食其說陳留下敖倉說齊罷歷
下軍何辯也韓信襲齊以身脂鼎何訥也曰夫
辯也者自辯也如辯人幾矣幾殆也　或問何如
動而見畏曰畏人何如動而見侮曰侮人夫見
畏與見侮無不由已　或曰子小諸子孟子非
諸子乎曰諸子者以其知異於孔子者也孟子
異乎不異　人之性也善惡混修其善則為善
人修其惡則為惡人氣也者所適善惡之馬也

歟宋氏曰孟子已言人性善是論上品矣荀子
已言人性惡是論下品矣而未及中品故於此
謂人之性善惡混三子言性各舉其品教亦備
矣司馬氏曰孟子以為人性善其不善者外物
誘之也荀子以為人性惡其善者聖人教之也
是皆得其一偏而遺其本實善與惡猶陰之與
陽也雖聖人不能無惡雖愚人不能無善必曰
聖人無惡則安用學矣必曰愚人無善則安用
教矣譬之於田稻粱藜莠相與並生孟子以為



仁義禮智皆出乎性者也是豈可謂之不然乎
然殊不知暴慢貪惑亦出乎性也是信稻粱之
生於田而不信藜莠之亦生於田也荀子以為
爭奪殘賊之心人之所生而有也不以師法禮
義正之則悖亂而不治是豈可謂之不然乎然
殊不知慈愛羞惡之心亦生而有也是信藜莠
之生於田而不信稻粱之亦生於田也故楊子
以人之性善惡混蠡測曰夫學知性而已矣不
知性何以語學然知性固不易也荀楊宋馬之

見皆所謂群盲摸象不可言非不可言是晦翁謂荀子只見得不好人底性便說做惡楊子只見得半善半惡人底性便說做善惡混如孟子說性善終是未備所以不能杜絶荀楊之口晦翁之言可謂備知偏指之失矣至其自所言性又添一氣字性外有氣天命之性外又有氣質之性則程子謂性卽氣氣卽性與孟子形色天性之旨其又可通乎甚矣性之不易知不易言也李氏曰孟子之言性善亦甚是然至盡排衆



說猶未免執定說以遏已見而欲以死語活人也夫人本至活也故其善爲至善而其德爲明德也至善者無善無不善之謂也惟無善無不善乃爲至善惟無可無不可乃爲當可耳若執一定之說而欲以通天下後世是執一也執一便是害道孟氏已自言之矣惟夫子之善言性也曰性相近也習相遠也上知與下愚不移不執一說便可通行不定死法便是活也故曰孔子其太極乎萬世之師之也宜也夫論性而以孔子爲的其庶幾乎　程子曰太玄中首中陽氣潛萌於黄宫信無不在乎中養首一藏心於淵美厥靈根測曰藏心於淵神不昧也揚子雲之學蓋嘗至此地位也又曰世之議子雲者多疑其投閣之事以法言觀之蓋未必有又天祿閣世傳以爲高百尺宜不可投司馬氏曰法言之成莽專漢政不得不遜辭以避害也揚子位不過郎官朝廷之事無所與聞奈何責之以必死乎揚子三世不徙官安恬如此而乃疑其求



媚而思富貴不亦過乎使揚子果好富貴則必爲莽佐命不在劉歆之下矣

王通

王通字仲淹隋時龍門人漢徵君霸之後也世以儒術顯父隆隋文帝開皇初爲國子博士四年生仲淹九年江東平父歎曰王道無叙天下何爲而一乎仲淹侍側十歲矣有憂色曰通聞古之爲邦有長久之策故夏殷以下數百年四海常一統也後之爲邦行苟且之政故魏晋以

下數百年九州無定主也上失其道民散久矣
一彼一此何常之有夫子之歎蓋憂皇綱不振
生人勞於聚斂而天下將亂乎父異之曰其然
乎遂告以元經之事仲淹再拜受之十八年父
晏居歌伐木而召仲淹仲淹矍然再拜敢問夫
子之志何謂也父曰爾來自天子至庶人未有
不資友而成者也在三之義師居一焉道喪已
來斯廢久矣然何常之有小子勉旃翔而後集
仲淹於是有四方之志蓋受書於東海李育學



詩於會稽夏琠問禮於河東關子明正樂於北
平霍汲考易於族父仲華不解衣者六年其精
志如此仁壽三年仲淹冠矣慨然有濟蒼生之
心西遊長安見帝帝坐太極殿召見因奏太平
策尊王道推霸畧稽今驗古凡策十有二帝大
悅曰得生幾晚矣天以生賜朕也下其議於公
卿公卿不悅時將有蕭墻之釁仲淹知謀之不
用也作東征之歌而歸曰我思國家兮遠游京
畿一逢帝王兮降禮布衣遂懷古人之心兮將

興太平之基時異事變兮志乖願違吁嗟道之
不行兮垂翅東歸皇之不斷兮勞身西飛帝聞
而再徵之不至四年帝崩煬帝大業元年一徵
又不至辭以疾乃續詩書正禮樂修元經讚易
道九年而六經大就門人自遠而至河南董常
太山姚義京兆杜淹趙郡李靖南陽程元扶風
竇威河東薛收中山賈瓊清河房玄齡鉅鹿魏
徵太原溫大雅潁川陳叔達等咸稱師北面受
王佐之道焉如往來受業者不可勝數蓋千餘



人隋季仲淹之教興於河汾雍雍如也十年尚
書召署蜀郡司戶不就十一年以著作郎國子
博士徵並不至僕射楊素甚重之勸之仕仲淹
曰通有先人之敝廬足以庇風雨薄田足以具
饘粥讀書談道足以自樂願明公正身以治天
下使時和年豐通也受賜多矣不願仕也或譖
仲淹於素曰彼實慢公公何敬焉素以問仲淹
仲淹曰使公可慢則僕得矣不可慢則僕失矣
得失在僕公何與焉素待之如初十三年江都

難作仲淹有疾召薛收謂曰吾夢顏回稱孔子
之命曰歸休乎殆夫子召我也何必永厥齡吾
不起矣寢疾七日而終門人子數百人會議曰
吾師其至人乎自仲尼以來未之有也禮男子
生有字所以昭德死有謚所以易名夫子生當
天下亂莫予宗之故續詩書正禮樂修元經讚
易道聖人之大旨天下之能事畢矣仲尼既沒
文不在茲乎易曰黃裳元吉文在中也請謚曰
文中子初仲淹謂弟績等曰吾周之後也世習



禮樂子孫當遇王者得申其道則儒業不墜其
天乎其天乎又謂魏徵及房杜等曰先輩雖聰
明特達然非董薛程仇之比雖逢明王必愧禮
樂徵微有不平之色仲淹笑曰久久臨事當自
知之及唐定天下太宗正觀初諸賢皆亡而徵
與房李溫杜獲奉預朝政帝謂徵曰禮壞樂崩
朕甚憫之昔漢章帝眷眷於張純今朕急急於
卿等有志不忘古人攸非徵跪奏曰非陛下不
能行蓋臣等無素業爾何媿如之於是徵[illegible]公房

杜等並慙懼再拜而出房謂徵曰玄齡與公竭
力輔國然言及禮樂則非命世大才不足以望
陛下清光矣昔文中子不以禮樂賜子良有以
也向使董薛在適不至此仲淹所著有禮論十
卷樂論十卷續書二十五卷續詩十卷元經十
五卷贊易十卷並未及行正觀初其弟凝子福
時等收其議論分為六部號曰王氏六經又取
薛收姚義所集門人對問之書勒成中說十卷
　李靖問聖人之道子曰無所由亦不至於彼



門人曰徵也至或曰未也門人惑子曰徵也去
此矣而未至於彼或問彼之說子曰彼道之方
也必也無至乎董常聞之悅門人不達董常曰
夫子之道與物而來與物而去來無所從去無
所視薛收曰大哉夫子之道一而已矣　內史
薛公見子於長安退謂子收曰河圖洛書盡在
是矣汝往事之無失也（薛道衡時為內史）　子謂程元
曰汝與董常何如程元曰不敢企常常也遺道
德元也志仁義子曰常則然矣而汝於仁義未

數數然也其於彼有所至乎子曰蓋常時有慮
焉其餘則動靜慮矣　子曰蓋九師興而易道
微淮南王聘九人明易撰道訓二篇號九師易二傳作而春秋散公羊
高穀梁赤左丘明　賈瓊曰何謂也子曰白黑相渝能無
微乎是非相擾能無散乎故齊韓毛鄭詩之末
也后蒼所傳爲齊詩韓嬰所傳爲韓詩毛鄭詩者毛萇注鄭玄箋也　大戴小戴
禮之衰也戴德號大戴戴勝號小戴　書殘於今古孔安國家藏蝌蚪尚
書以今文易之劉歆奏別立古文尚書　詩失於齊魯齊轅固生魯申公　汝
知之乎賈瓊曰然則無師無傳可乎子曰神而



明之存乎其人苟非其人道不虛行必也傳又
不可廢也傳之在師得之在己　子曰常也其殆坐忘乎
靜不證理而足用焉思則或妙　子讀無鬼論
曰未知人焉知鬼阮瞻作無鬼論　陳守謂薛生曰吾
行令於郡縣而盜不止夫子居於鄉里而爭者
息何也薛生曰此以言化彼以心化陳守曰吾
過矣退而靜居三月盜賊出境子聞之曰收善
言叔達善聽　劉炫見子談六經唱其端終日
不竭炫字伯光開皇中表乞與學校然好自矜伐爲執政所抑著五經正名十二卷　子

曰何其多也炫曰先儒異同不可不述也子曰
一以貫之可矣爾以尼父爲多學而識之耶炫
退子謂門人曰榮華其言小成其道難矣哉
子曰詩書盛而秦世滅非仲尼之罪也虛玄長
而晉室亂非老莊之罪也齋戒修而梁國亡非
釋迦之罪也易不云乎苟非其人道不虛行或
問佛子曰聖人也曰其教何如曰西方之教也
中國則泥軒車不可以適越冠冕不可以之胡
古之道也　子曰言而信未若不言而信行而



謹未若不行而謹　子謂仲長子光曰山林可
居乎子光字不耀游於河東人問者書老易二字爲對文中以天人稱之　曰會逢
其適也焉知其可子曰達人哉隱居放言也子
光退謂董薛曰子之師其至人乎死生一矣不
得與之變　子謂房玄齡曰好成者敗之本也
願廣者狹之道也　李密問英雄子曰自知者
英自勝者雄　劉炫問易子曰聖人知易沒身
而已況吾儕乎阮逸曰聖人終身立易中劉炫但熟易之文而不知易在身中
也　炫曰吾談之於朝無我敵者子不答謂門人

曰默而成之不言而信存乎德行　薛收問易
子曰天地之中非他也人也收退而歎曰乃今
知人事修天地之理得矣　子謂收曰我未見
欲仁好義而不得者也如不得斯無性者也
魏徵曰聖人有憂乎子曰天下皆憂吾獨得不
憂乎問疑子曰天下皆疑吾獨得不疑乎徵退
子謂董常曰樂天知命吾何憂窮理盡性吾何
疑常曰非告徵也子亦二言乎子曰徵所問者
迹也吾告汝者心也心迹之判久矣吾獨得不



二言乎常曰心迹固殊乎子曰自汝觀之則殊
也而適造者不知其殊也各云當而已矣則夫
二未違一也李播聞而歎曰大哉乎一也天下
皆歸焉而不覺也　程元曰三教何如子曰政
惡多門久矣曰廢之何如子曰非爾所及也真
君建德之事適足推波助瀾縱風止燎耳真君後魏太武年號也時崇道教毀佛法建德後周武帝年號也毀釋老二教子讀洪範讜
議安康獻公撰皇極讜議曰二教於是乎可一矣程元魏
徵進曰何謂也子曰使民不倦　賈瓊問君子

之道子曰反是不恕已焉哉　賈瓊復問何以
息謗子曰無辯曰何以止怨曰無爭　賈瓊薛
收曰道不行如之何子曰父母安之兄弟愛之
朋友信之施於有政道亦行矣奚爲不行　或
曰君子仁而已矣何用禮爲子曰不可行也或
曰禮豈爲我輩設哉子不答既而謂薛收曰斯
人也旁行而不流矣安知教意哉有若謂先王
之道斯爲美也　或問君子子曰知微知章知
柔知剛曰君子不器何如子曰此之謂不器



子曰有坐而得者有坐而不得者有行而至者
有不行而至者老子曰坐進此道　子曰見而存未若
不見而存者也　或問長生神僊之道子曰仁
義不修孝弟不立奚爲長生甚矣人之無厭也
温彥博問知子曰無知問識子曰無識彥博
曰何謂其然乎子曰是究是圖亶其然乎彥博
退告董常常曰深乎哉此文王所以順帝之則
也　薛收問仁子曰五常之始也問性子曰五
常之本也問道子曰五常一也　賈瓊請絕人

事子曰不可請捨人事子曰不可愛曰然則奚
若子曰非以待之信以從之去者不追來者不
拒泛如也斯可矣　賈瓊曰山中異欽天下之
孝者也其處家也父兄欣欣然其行事也父兄
焦然若無所據子曰吾黨之孝者異此其處家
也父母晏然其行事也父兄恬然若無所思
子謂汾山黄公善醫先寢食而後針藥汾陰侯
生善筮先人事而後說卦　房玄齡問正主庇
民之道子曰先遺其身曰請究其說子曰夫能



遺其身然後能無私無私然後能至公至公然
後以天下爲心矣道可行矣玄齡曰如主何子
曰通也不可究其說蕭張其猶病諸噫非子所
及姑守爾恭執爾愼庶可以事人也　子曰吾
不仕故成業不動故無悔不廣求故得不雜學
故明　叔恬曰疑於先王之道行思坐誦常若
不及臨事往往常若無悔退果艱乎哉子曰吾
亦然也疑名凝字叔恬文中子之弟　子曰天下有道聖人藏
焉天下無道聖人彰焉董常曰願聞其說子曰

云一無迹庸非藏乎因二以濟能無彰乎如有
用我者當處於太山矣董常曰將治而用之乎
易不云乎易簡而天下之理得矣　子曰通其
變天下無弊法執其方天下無善教故曰存乎
其人　魏徵問議事以制何如子曰苟正其本
刑將措焉如失其道議之何益故至治之代法
懸而不犯其次犯而不繫故議事以制噫中代
之道也如有用我必也無訟乎　阮氏曰唐末
司空圖明文中子聖矣五季經亂逮乎削平則



柳仲塗宗之於前孫漢公廣之於後皆云聖人
也然未及盛行其教噫知天之高必辯其所以
高也大哉中之爲義在易爲二五在春秋爲權
衡在書爲皇極在禮爲中庸謂乎無形非中也
謂乎有象非中也上不蕩於虛無下不局於器
用中說者如是而已

韓愈

韓愈字退之南陽修武人退之生三歲而孤嫂鄭
鞠之七歲好學言出成文比長盡通六經百家

舉進士歷遷四門博士監察御史德宗時極
論宮市貶陽山令有愛在民民生子多以其字
字之歷改職方員外郎踵柳刺史復左遷博士
乃作進學解以自諭執政覽之奇其才改比部
郎中與宰相議不合改太子右庶子愈至此凡
三貶皆以疏陳治事廷議不隨爲罪遷刑部侍
郎憲宗遣使者往鳳翔迎佛骨入禁中三日乃
送佛祠王公士人奔走膜唄至爲夷法灼體膚
委珍貝騰沓係路退之聞而惡之乃上表極諫



帝大怒持示宰相將抵之死裴度崔群請少寬
假帝曰愈言我奉佛太過猶可至謂東漢以後
天子奉佛壽咸夭促言何乖剌耶乃貶潮州刺
史至潮與潮僧大顛游人傳愈信奉佛氏愈移
書孟簡曰人傳愈近信奉釋氏此傳之者妄也
潮州有一老僧號大顛頗聰明識道理遠地無
可與語者故自山召至州郭留十數日實能外
形骸以理自勝不爲事物侵亂與之語雖不盡
解要自胸中無滯礙以爲難得因與往來及至

海上遂造其廬留衣服爲別乃人之情非崇信
其法求福田利益也問民疾苦皆曰惡溪有鱷
魚食民畜産且盡民以是窮乃爲文祝之是夕
暴風震電起溪中數日水盡涸西徙六十里自
是潮無鱷魚患召拜國子祭酒轉兵部侍郎王
庭湊反圍牛元翼於深救兵十萬望不敢前詔
擇廷臣往諭衆慄縮退之勇行元稹言於上曰
韓愈可惜穆宗悔馳詔無徑入退之曰止君之
仁死臣之義遂至賊營麾其衆責之賊恇汗伏



地乃出元翼帝大悅轉禮部侍郎長慶四年卒
年五十七贈禮部尚書謚曰文愈之卒也張籍
祭以詩云公有曠達識生死爲一綱及當臨終
晨意色亦不荒贈我珍重言傲然委衾裳愈嘗
謂世無孔子不當在弟子列作原道曰堯以是
傳之舜舜以是傳之禹禹以是傳之湯湯以是
傳之文武周公文武周公傳之孔子孔子傳之
孟軻軻之死不得其傳焉荀與楊也擇焉而不
精語焉而不詳程子曰似此言語非是蹈襲前

〔一〕

人又非[illegible]擇得必有[illegible]見若無所見則其所
謂以是而傳者果何事耶又曰自孟子後能將
許大見識尋求者纔見此人若不是他見得豈
千餘年後便能斷得如此分明作師說曰古之
學者必有師師者所以傳道授業解惑也人非
生而知之者孰能無惑惑而不從師其爲惑也
終不解矣生乎吾前其聞道也固先乎吾吾從
而師之生乎吾後其聞道也亦先乎吾吾從而
師之吾師道也夫庸知其年之先後生於吾乎

聖賢宋傳　卷之五

是故無貴無賤無長無少道之所存師之所存
也作原性曰性之品有上中下三上焉者善而
已矣中焉者可道而上下也下焉者惡焉而已
矣孟子之言性曰人之性善荀子之言性曰人
之性惡楊子之言性曰人之性善惡混夫始善
而進惡歟始惡而進善歟始也混而今也善惡
歟皆舉其中而遺其上下者也得其一而失其
二者也叔魚之生也其母視之知其必以賄死
楊食我之生也叔向之[illegible]聞其號也知必滅其

宗越椒之生也子文以爲大慼知若敖氏之鬼
不食也人之性果善乎后稷之生也其母無災
其始匍匐也則岐岐然嶷嶷然文王之在母也
母不憂既生也傅不勤既學也師不煩人之性
果惡乎堯之朱舜之均文王之管蔡習非不善
也而卒爲姦瞽瞍之舜鯀之禹習非不惡也而
卒爲聖人之性善惡果混乎故曰三子之言性
也舉其中而遺其上下者也得其一而失其二
者也曰然則性之上下者其終不可移乎曰上

聖賢宋傳　卷之五

之性就學而愈明下之性畏威而寡罪是故上
者可學而下者可制也其品則孔子謂不移也
曰今之言性者異於此何也曰今之言者雜老
佛而言也雜老佛而言之也者奚言而不異蠡
測曰韓子稱孟子醇乎醇而欲自比孟軻夫使
孟子而言性謬也何以稱醇韓子論性處率與
軻背源頭已差爲在其爲孟軻哉孟子言道一
而已矣而韓子言三孟子言堯舜與人同耳而
韓子言不同孟子之言非[illegible]之降才爾殊也而韓

〔二〕

〔一〕此頁後缺一個筒子頁，補頁見本書第三七一頁。

聖學宗傳卷之六

東越 周汝登編輯 王繼晃
陶望齡訂正 王繼牒 參閱

穆修

穆修字伯長宋時汝陽人師陳摶傳易學性豪褊少合人有書其詩於禁中者真宗見之而問或對曰穆修上曰有士如此何以不薦宰相丁謂對曰此人行不逮由是上不復問登進士第爲潁州文學參軍當時呼曰穆參軍老益貧家



有唐本韓柳集修因丐于所親得鏤板印數百帙携入京鬻之有儒生數輩至肆共取閱伯長奪取怒視曰先輩能讀一篇不失一句當以全部相送遂終年不售時學者方事聲律未知古文修始爲之倡其後尹洙從之學古文又傳其春秋學伯長之易得自陳摶按摶字圖南賜號希夷亳州人隱居華山多閉門獨臥至百餘日不起周世宗召至闕下問黃白之術曰陛下爲天下君當以蒼生爲念豈宜留意於爲金乎世

宗不悅放還山太宗朝再召之宰相宋琪等問曰先生得玄默修養之道可以教人乎曰練養之道皆所不知然正使白日昇天何益於世聖上有道仁聖之主正是君臣合德以治天下之時勤行修練無以加此琪等表上其言上喜甚太宗問曰堯舜之爲天下今可致否對曰堯舜土階三尺茅茨不剪其迹似不可及然能以清淨爲治即今之堯舜也夫以摶之言如此其學術可窺而伯長之淵源亦可覩矣故朱子曰



世但以圖南爲學神僊術非知圖南者也圖南之傳直至康節而張敬夫又曰濂溪始學陳希夷當必有據云

胡瑗

胡瑗字翼之宋泰州海陵人門人稱爲安定先生甫七歲善屬文年十三通五經以聖賢自期待鄰父見而異之與其父言曰後當爲國家偉器貧甚無以自給往泰山與孫明復石守道三人同讀書攻苦食淡終夜不寢一坐十年不歸

以易經教授吳中范仲淹與游愛而敬之以其
子純仁從學焉景祐初更定雅樂仲淹薦瑗以
白衣對崇政殿辟保寧節度推官教授湖州安
定教人有法科條纖悉備具視諸生如其子弟
諸生亦信愛如其父兄從之游者常數百人慶
曆中興太學下湖州取其法著爲令皇祐中授
國子監直講遷大理寺丞安定既居太學其徒
益衆太學至不能容取旁官舍處之禮部所得
士安定弟子十常居四五嘉祐初仍治太學以



太常博士致仕自河汾以後能立師道者以安
定爲首稱陳瓘問徐積佛氏有悟門儒者有否
積曰有積從安定先生學先生晚畜二姬一日
延積中堂二姬侍側積請於先生曰或有問者
何以告之先生曰莫安排積又云安定先生居
湖其倅不甚加禮一日積欲往見之問先生宜
何以答之先生曰若思而後往便是不誠直已
而往可也積聞此語遂大開悟

李之才

非世俗人

李之才字挺之宋青州人天聖八年同進士出
身爲人坦率自信無矯厲師河南穆伯長伯長
性卞嚴寡合雖挺之亦頻在訶怒之中挺之事
之益謹承順如父兄卒能受易任孟州司戶挺
之不事儀矩時太守范雍以此頗不悅雍建節
移鎮延安郡僚多送至境外挺之但别於近郊
衆或讓之挺之曰情文貴稱公實不我知而出
疆遠送非情豈敢以不情事范公未幾雍謫守
安陸過洛陽城故吏無一人往者獨挺之沿檄



往省之雍始稱歎遂受知焉又嘗爲衛州共城
令時康節居祖母服築室蘇門山百源之上挺
之自造其廬問曰子何所學曰爲科舉進取之
學耳挺之曰科舉之外有義理之學子知之乎
曰未也願受教挺之曰義理之外有物理之學
子知之乎曰未也願受教挺之曰物理之外有
性命之學子知之乎曰未也願受教於是康節
始傳其學師禮甚嚴雖在一野店飯必襴坐必
拜先示之以陸淳春秋然後授易而終焉挺之

器大久不調或惜之石延平曰時不足以容君盍去之遂隱去

## 邵雍

邵雍字堯夫諡康節其先范陽人祖從衡漳父從共城堯夫少時自雄其才慷慨欲樹功名於書無所不讀始為學郎堅苦刻厲冬不爐夏不扇夜不就席者數年北海李之才攝共城令之才之傳遠有端緒堯夫受學焉堯夫年三十游河南葬其親伊水上遂為河南人已而游河濱涉淮漢周流齊魯宋鄭之墟久之幡然來歸曰道在是矣遂不復出築安樂窩以居自號安樂先生病畏寒暑嘗以春秋時行游每出乘小車士大夫家聽其車音倒屣迎致雖兒童奴隸皆知懽喜尊奉遇主人喜客則留三五宿或經月忘返與富弼早相知富弼入相舉遺逸以堯夫應詔不起呂誨等薦除穎州團練推官受命即引疾於是為隱者之服烏帽緇褐見卿相不易也司馬光依禮記作深衣嘗謂堯夫曰先生可



衣此乎堯夫曰某為今人但當服今人之服富弼自汝州得請歸洛養疾築第與堯夫天津隱居相邇曰自此可時相招矣堯夫曰公相招未必來不召或自至弼謝客嘗令二青衣蒼頭掖之以行一日與堯夫論天下事弼喜甚不覺獨步下堂堯夫不為起徐指二蒼頭戲弼曰忘却拄杖矣弼以堯夫年高勸學修養堯夫曰不能學人胡走亂走也弼嘗患氣痞堯夫曰好事到手畏慎不為他人做了鬱鬱何益弼笑曰此事未易言也弼雖剛勇遇事詳審不萬全不發因戲之初行新法天下騷然門生故舊仕宦四方者皆欲投劾而去堯夫曰正賢者所當盡力之時新法固嚴能寬一分則民受一分之賜投劾而去何益堯夫與商州趙守有舊時章惇作商州令一日守請堯夫與惇會惇縱橫議論初不知堯夫因語及洛中牡丹守謂惇曰先生洛人也知花為甚堯夫乃言曰洛人以見根撥而知花之高下者為上見枝葉而知者次之見花

而後知者下也惇默然惇後欲從堯夫傳數學
堯夫謂須十年不仕乃可蓋不之許也邢恕欲
從堯夫學堯夫畧爲開其端倪恕援引古今不
已堯夫曰姑置是此先天學未有許多言語熙
寧十年夏感微疾笑謂司馬光曰雍欲觀化一
巡光曰未必至此堯夫笑曰死生亦常事張載
喜論命來問疾因曰先生論命否當推之堯夫
曰若天命則已知之矣世俗所謂命則不知也
載曰先生知天命矣載尚何言伊川曰先生至



此他人無以爲力願自主張堯夫曰無可主張
者伊川又問從此永訣更有見告乎堯夫舉兩
手示之曰面前路徑須令寬路窄則自無着身
處況能使人行也一日伊川又往視之曰堯夫
平生所學今無事否答曰你道生薑樹上生我
也只得依你說一日有新報堯夫問有甚事曰
其事堯夫曰我將爲收却幽州也七月初四日
大書詩一章生於太平世長於太平世死於太
平世客問年幾何六十有七歲俯仰天地間浩

然獨無愧以是夜五更捐舘明道誌其墓曰昔
七十子學於仲尼其傳可見者惟曾子所以告
子思子思所以授孟子者耳其餘門人各以其
材之所宜爲學雖同尊聖人所因而入者門戶
則衆矣况後此千餘歲師道不立學者莫知其
從來獨先生之學爲有傳也語成德者昔難其
居若先生之道就所至而論之可謂安且成矣
堯夫德器粹然不事表襮不設防畛群居燕笑
終日不爲甚異有就問學則答之未嘗强以語



人明道兄弟初侍其父識堯夫後訪堯夫於天
津之廬堯夫携酒飲月陂上歡甚論議終夕明
日二程謂人曰昨從堯夫先生游聽其議論振
古之豪傑也曰所言何如曰內聖外王之學也
堯夫嘗自號無名公作無名公傳曰無名公生
於冀方長於冀方老於豫方終於豫方年十歲
求學於里人遂盡里人之情已之滓十去其一
二矣年二十求學於鄉人遂盡鄉人之情已之
滓十去其三四矣年三十求學於國人遂盡

人之情巳之滓十去其五六矣年四十求學於
古人遂盡古人之情巳之滓十去其七八矣年
五十求學於天地遂盡天地之情欲求巳之滓
無滓而去矣始則里人疑其僻問於鄉人鄉人
曰斯人善與人群安得謂之僻既而鄉人疑其
泛問於國人國人曰斯人不妄與人交安得謂
之泛既而國人疑其陋問於四方四方之
人曰斯人不器安得謂之陋既而四方之人又
疑之質之於古今之人古今之人始終無可與



同者又問之於天地天地不對當是之時四方
之人迷亂不復得知因號為無名公矣無名者
不可得而名也凡物有形則可器可器斯可名
然則斯人無體乎曰有體有體而無迹者也斯
人無用乎曰有用有用而無心者也夫有迹有
心者斯可得而知也無心無迹者雖鬼神亦不
可得而知不可得而名况於人乎故其詩曰思
慮未起鬼神莫知不由乎我更由乎誰能造萬
物者天地也能造天地者太極也太極者其可

得而名乎可得而知乎故強名之曰太極太極
者其無名之謂乎故嘗自為之贊曰借爾面貌
假爾形骸弄丸餘暇閒往閒來人告之以修福
對曰未嘗為不善人告之以禱災對曰未嘗妄
祭故其詩曰禍如許免人須諂福若待求天可
量又曰中孚起信寧須禱無妄生災未易禳性
喜飲酒嘗命之曰太和湯所飲不多未醺而罷
不喜過醉故其詩曰性喜飲酒飲喜微酡飲未
微酡口先吟哦吟哦不足遂及浩歌浩歌不足



無可柰何所寢之室謂之安樂窩不求過美惟
求冬燠夏涼遇有睡思則就枕故其詩曰牆高
于肩室大于斗布被煖餘藜羹飽後氣吐胸中
充塞宇宙其與人交雖賤必洽終身無甚壞未
嘗作皺眉事故人皆得其歡心見貴人未嘗曲
奉見不善人未嘗急去見善人未之知也未嘗
急合故其詩曰風月情懷江湖性氣色斯其舉
翔而後至無賤無貧無富無貴無將無迎無拘
無忌聞人之謗未嘗怒聞人之譽未嘗喜聞人

言人之惡未嘗和聞人言人之善則就而和之又從而喜之故其詩曰樂見善人樂聞善事樂道善言樂行善意聞人之惡如負芒刺聞人之善如佩蘭蕙家貧未嘗求於人人饋之雖寡必受故其詩曰窘未嘗憂飲不至醉收天下春歸之肺腑朝廷授之官雖不強免亦不強起晚有二子教之以仁義授之以六經舉世尚虛談未嘗掛一言舉世尚奇事未嘗立異行故其詩曰不佞禪伯不諛方士不出戶庭直游天地家素



業儒口未嘗不道儒言身未嘗不行儒行故其詩曰心無妄思足無妄走人無妄交物無妄受炎炎論之甘處其陋綽綽言之無出其右羲軒之書未嘗去手堯舜之談未嘗離口當中和天同樂易友吟自在詩飲歡喜酒百年升平不爲不偶七十康強不爲不壽此其無名公之行乎所著書有皇極經世觀物內外篇漁樵問對等其畧曰人之所以能靈於萬物者謂其目能收萬物之色耳能收萬物之聲鼻能收萬物之

口能收萬物之味聲色氣味者萬物之體也耳目鼻口者萬人之用也體無定用惟變是用用無定體惟化是體　聖也者人之至者也謂其能以一心觀萬心一身觀萬身一物觀萬物一世觀萬世者焉　以天地觀萬物則萬物爲物以道觀天地則天地亦爲萬物道之道盡之於天矣天之道盡之於地矣天地之道盡之於物矣天地萬物之道盡之於人矣　以道化民者民亦以道歸之故尚自然夫自然者無爲無有



之謂也無爲者非不爲也不固爲者也故能廣無有者非不有也不固有者也故能大廣大悉備而不固爲固有者其惟三皇乎所以聖人有言曰我無爲而民自化我無事而民自富我好靜而民自正我無欲而民自朴其斯之謂與以德教民者民亦以德歸之故尚讓夫讓也者先人後己之謂也以天下受人而不爲輕若素無之也受人之天下而不爲重若素有之也若素無素有者謂不己無己有之也能知其天下之

天下非巳之天下者其惟五帝乎所以聖人有言曰垂衣裳而天下治蓋取諸乾坤其斯之謂與以功勸民者民亦以功歸之故尚政夫政也者正也以正正夫不正之謂也天下之正莫如利民焉天下之不正莫如害民焉能利民者正則謂之王矣能害民者不正則謂之賊矣以利除害安有去王耶以王去賊安有弑君耶是故知王者正也所以聖人有言曰天地革而四時成湯武革命順乎天而應乎人其斯之謂與以



力率民者民亦以力歸之故尚爭夫爭也者爭夫利者也五霸者借虛名以爭實利者也帝不足則王王不足則霸霸又不足則夷狄矣五霸不謂無功於中國語其王則未也過夷狄則遠矣所以聖人有言曰眇能視跛能履履虎尾咥人凶武人爲於大君其斯之謂與　所謂皇帝王霸者非獨謂三皇五帝三王五霸而已但用爲則皇也用恩信則帝也用公正則王也用則霸也霸以下則夷狄夷狄而下則禽獸

也。夫古今者在天地之間猶旦暮也以今觀今則謂之今矣以後觀今則今亦謂之古矣以今觀古則謂之古矣以古自觀則古亦謂之今矣是知古亦未必爲古今亦未必爲今皆自我而觀之也　人能知仲尼之爲仲尼不知仲尼之所以爲仲尼不欲知仲尼之所以爲仲尼則已如其必欲知仲尼之所以爲仲尼則捨天地將奚之焉人皆知天地之爲天地不知天地之所以爲天地不欲知天地之所以爲天地則已



如其必欲知天地之所以爲天地則舍動靜將奚之焉夫一動一靜者天地至妙也與夫一動一靜之間者天地人之至妙至妙者與是故知仲尼之所以能盡三才之道者謂其行無轍迹也故其言曰予欲無言又曰天何言哉四時行焉百物生焉其斯之謂與　是知言之於口不若行之於身行之於身不若盡之於心言之於口人得而聞之行之於身人得而見之盡之於心神得而知之是知無愧於口不若無愧於身

無愧於身不若無愧於心無口過易無身過難
無身過易無心過難旣無心過何難之有吁安
得無心過之人而與之語心哉是故知聖人所
以能立於無過之地者謂其善事於心者也
夫道也者道也道無形行之則見於事矣如道
路之道坦然使千億萬年行之人知其歸者也
　性情形體者本乎天者也走飛草木者本乎
地者也本乎天者分陰分陽之謂也本乎地者
分柔分剛之謂也夫分陰分陽分柔分剛者天



地萬物之謂也備天地萬物者人之謂也　心
爲太極曰道爲太極　形可分神不可分　先
天之學心也後天之學迹也出入有無死生者
道也　神無所在無所不在至人與他心通者
以其本於一也道與一神之強名也以神爲神
者至言也　心一而不分則能應萬變此君子
所以虛心而不動也　精氣爲物形也游魂爲
變神也　學不至於樂不可謂之學　知易者
不必引用講解是爲知易孟子之言未嘗及易

其間易道存焉但人見之者鮮爾人能用易是
爲知易如孟子可謂善用易者也　劉絢問無
爲對曰時然後言人不厭其言樂然後笑人不
厭其笑義然後取人不厭其取此所謂無爲也
　天地之道備於人萬物之道備於身衆妙之
道備於神天下之能事畢矣又何思何慮　無
心者無意之謂也無意之意不我物也不我物
然後能物物以我徇物則我亦物也以物徇我
則物亦我也我物皆致意由是明天地亦萬物



也何天地之有焉萬物亦天地也何萬物之有
焉我亦萬物也何我之有焉何物不我何我不
物如是則可以宰天地可以司鬼神而況於人
乎況於物乎　鬼神者無形而有用其情狀可
得而知也於用則可見之矣若人之耳目鼻口
手足草木之枝葉花實顏色皆鬼神之所爲也
福善禍淫主之者誰耶聰明正直有之者誰耶
不疾而速不行而至任之者誰耶皆鬼神之情
狀也　人謂死而有知有諸曰有之曰何以知

其然曰以人知之曰何者謂之人曰耳目鼻口心膽脾腎之氣全謂之人心之靈曰神膽之靈曰魄脾之靈曰意腎之靈曰精心之神發乎目則謂之視腎之精發乎耳則謂之聽脾之意發乎鼻則謂之臭膽之魄發乎口則謂之言八者備具然後謂之人人之生也謂其氣行人之死也謂其形返氣行則神魂交形返則精魄存神魂行於天精魄返於地行於天則謂之曰陽行返於地則謂之曰陰返陽行則晝見而夜伏者



也陰返則夜見而晝伏者也是故知日者月之形也月者日之影也陽者陰之形也陰者陽之影也人者鬼之形也鬼者人之影也人謂鬼無形而無知者吾不信也　堯夫喜吟詩所著有伊川擊壤集極論詩下有黃泉上有天人人許住百來年還知虛過死萬遍却是不曾生一般要識明珠須巨海如求良玉必名山先能了盡世間事然後方言出世間蠡測曰人只一死耳何言死萬遍得無語輪廻乎此儒者之所諱也

而堯夫何敢道此明珠良玉所謂人人有貴於已者巨海名山即世間也欲識出世法必從世間求堯夫他詩有云雖居人世上却是出人間是知出世不離在世先後二字亦不必泥觀易詩一物其來有一身一身還有一乾坤能知萬物備於我肯把三才別立根天向一中分造化人從心上起經綸天人焉有兩般義道不虛行只在人蠡測曰此明造化在手宇宙生身極切　倚欄詩六尺殘軀病復羸況堪日日更添衰



蒲懷可惜精明處一語未能分付時沙裏有金然索揀石中韞玉柰何疑此情牢落西風暮倚遍欄干人不知蠡測曰疑字說盡人蔽處自疑自怯所以終不知　知識吟目見之謂識耳聞之謂知柰何知與識天下亦常稀蠡測曰人人有目人人有耳人人能見人人能聞何以知希識希此是入悟之門　仁聖吟盡道之謂聖如天之謂仁如何仁與聖天下莫敢倫蠡測曰道者路也徐行翼趨步步踏着不生疑畏便是學

道便是聖矣天者自然也不學不慮孩提已能只如此去便是如天便是仁矣仁聖何難而謂莫敢倚哉（樂物吟）日月星辰天之明耳目口鼻人之靈皇王帝霸由之生天意不遠人之情飛走草木類便別士農工商品自成安得歲豐時常平樂與萬物同其榮蠡測曰皇王帝霸世界汙隆而天之明人之靈萬古如故顛之別品之成一毫不移故汙隆升降豈是由天意而實人情爲之也忘情則時常平矣（月到吟）月到



梧桐上風來楊柳邊院深人復靜此景共誰言（清夜吟）月到天心處風來水面時一般清意味料得少人知（天聽吟）天聽寂無音蒼蒼何處尋非高亦非遠都只在人心（自餘吟）身生天地後心在天地前天地自我出自餘何足言（暮春吟）林下居常睡起遲那堪車馬近來稀春深晝永簾垂地庭院無風花自飛 伊川云堯夫有詩頻頻到口微成醉拍拍滿懷都是春又梧桐月向懷中照楊柳風來面上吹又卷舒

萬古興亡手出入幾重雲水身皆不止風月言皆有理又詩聖人喫緊些兒事其言太急迫此道理平鋪地放着裏何必如此伊川於此不逮堯夫又云堯夫詩雪月風花未品題他把這些事便與堯舜三代一般此等語自孟子後無人曾敢如此道來須信畫前元有易自從删後更無詩這個意思古元未有人道來或問近日學者有厭拘檢樂舒放惡精詳喜簡便者自謂慕堯夫爲人如何曰邵子胸襟中有這個學能包括宇宙終始古今如何不做得大放下得今人却恃個甚復敢如此因誦其詩云日月星辰高照耀皇王帝霸大鋪舒可謂人豪矣堯夫猶空中樓閣



周敦頤

周敦頤字茂叔宋道州營道人元名敦實避英宗舊諱改焉以舅龍圖閣學士鄭向任爲分寧主簿調南安軍司理參軍有囚法不當死轉運使王逵欲深治之逵酷悍吏也衆莫敢爭茂叔獨與之辨不聽乃置手版歸取告身委之曰如

此尚可仕乎殺人以媚人吾不為也逵悟因得
免且賢茂叔薦移郴州桂陽令郡守李初平知
茂叔賢不以屬吏遇之嘗聞茂叔論學歎曰吾
欲讀書何如茂叔曰公老無及矣請得為公言
之初平逐日聽茂叔語二年果有得徙知南昌
部使者趙清獻公抃惑於譖口臨之甚威茂叔
處之超然通判虔州清獻守虔熟視其所為乃
大悟執其手曰吾幾失君矣今而後乃知周茂
叔也熙寧初知郴州用抃及呂公著薦為廣東



轉運判官提點刑獄以洗寃澤物為已任行部
不憚勞苦雖瘴癘險遠亦緩視徐按以疾求知
南康軍因家廬山蓮花峰下前有溪合於溢江
取營道所居濂溪以名之抃再鎮蜀將奏用之
未及而卒年五十七謚議曰先生博學力行會
道有元脉絡貫通上接洙泗下逮河洛以元易
名庶幾百世之下知孟氏之後觀聖道者必自
濂溪始掾安南時程珦通判軍事視其氣貌非
常人與語知其為學知道也因與為友　子

顥頤往受業焉茂叔每令人尋孔顏樂處所樂
何事二程之學源流乎此矣故顥之言曰自再
見周茂叔後吟風弄月以歸有吾與點也之意
侯師聖學於伊川未悟訪茂叔茂叔曰吾老矣
說不可不詳留對榻夜談越三日乃還自謂所
得如見天之廣大伊川驚異之曰非從周茂叔
來耶王安石為江東提點刑獄時茂叔過之與
之語獨移時安石退而精思至忘寢食安石少
年不可一世士獨懷刺謁濂溪足三及門而不



見安石恚曰吾獨不可自求之乎伊川曰周茂
叔窗前草不除問之云與自家意思一般明道
少年好獵既見茂叔自謂無此好矣茂叔曰何
言之易也但此心潛隱未發一日萌動復如前
矣後十二年見獵者有喜心乃知茂叔非虛言
也蒲宗孟曰嘉祐己亥泛蜀江道合陽與周君
語三日三夜退而歎曰世有斯人與邵伯溫曰
伊川同朱光庭公掞訪先君先君因與論道伊
川指面前食桌曰此桌安　地上不知天地安

在其處先君爲極論天地萬物之理以及六合
之外伊川歎曰平生惟見周茂叔論至此黄廷
堅曰舂陵周茂叔人品甚高胸中洒落如光風
霽月黄瑞節曰或謂先生太極圖得之穆修或
謂先生與胡文恭公同師潤州鶴林寺僧壽涯
朱子獨斷之曰不由師傳默契道體程子曰周
茂叔窮禪客擨格曰先生所得之奥不俟師傳
匪由智索神交心契固已得其本統不然啫溪
流之絣寒愛庭草之交翠體夫子之無言窮顏



淵之所以樂是果何味而獨嚅嚌之耶晦菴曰
濂溪在當時人見其政事精絶則以爲宦業過
人見其有山林之志則以爲襟懷洒落有仙風
道氣無有知其學者惟程大中獨知之這老子
所見如此宜其生兩程也所著有太極圖説曰
無極而太極太極動而生陽動極而靜靜而生
陰靜極復動一動一靜互爲其根分陰分陽兩
儀立焉陽變陰合而生水火木金土五氣順布
四時行焉五行一陰陽也陰陽一太極也太

本無極也五行之生也各一其性無極之真二
五之精妙合而凝乾道成男坤道成女二氣交
感化生萬物萬物生生而變化無窮焉惟人也
得其秀而最靈形既生矣神發知矣五性感動
而善惡分萬事出矣聖人定之以中正仁義而
主靜立人極焉故聖人與天地合其德日月合
其明四時合其序鬼神合其吉凶君子修之吉
小人悖之凶故曰立天之道曰陰與陽立地之
道曰柔與剛立人之道曰仁與義又曰原始反



終故知死生之説大哉易也斯其至矣朱子曰
未有天地之先畢竟先有此理這箇道理便會
動而生陽靜而生陰太之爲言甚也極至之甚
無可得而形容故以太名之謂之無極者正以
其無方所形狀以爲在無物之前而未嘗不立
於有物之後以爲在陰陽之外而未嘗不行於
陰陽之中以爲通貫全體無乎不在則又初無
聲臭影響之可言也又曰天地之間只有動靜
兩端循環不已更無餘事此之謂易動靜非太

極而所以動靜者乃太極也故謂非動靜外別
有太極則可謂動靜便是太極則不可自太極
以至萬物化生只是一個圈子何嘗有異有是
理即有是物無先後次第之可言推之於前而
不見其始之合引之於後而不見其終之離故
程子曰動靜無端陰陽無始且自那動處說起
若論着動以前又有靜靜以前又有動又曰太
極是箇太底物事四方上下曰宇古往今來曰
宙無一個物似宇樣大四方去無極上下去無



極是多少大無一個物似宙樣長遠亘古亘今
往來不窮自家心下須當認得這個意思又曰
人身呼吸之氣便是陰陽軀體血肉便是五行
其性便是理或問曰程子不以太極圖授門人
蓋以未有能受之者然而孔門亦未嘗以此語
顏曾是如何朱子曰焉知其不曾說曰顏曾做
工夫處只是切已做將去曰此亦何嘗不切已
皆非在外乃我所固有也曰言此恐徒長人臆
度思想之見曰理會不得者固如是若理會得

者莫非在我便可受用何臆度之有度氏曰太
極之妙無乎不在而無物不然學者亦求之此
心而已矣喜怒哀樂之已發者可見而未發者
不可見已發者可聞而未發者不可聞於此深
體而默識之因其可見以推其不可見因其可
聞以推其不可聞庶乎融會貫通太極本然之
妙可求矣夫太極者所以發明此心之妙用也
真氏曰周子因群聖之言而推其所未言昔也
太極自為太極今知吾身自有太極矣昔也乾



元自為乾元今知吾心即乾元矣有一性則有
五常有五常則有百善循源而流不假人力道
之全體煥然復明者周子之功也蠡測曰朱子
解無極太極可謂深切著明而他時又曰氣以
成形而理亦賦焉又曰稟得此氣理便搭附在
上面如此則陰陽反在太極之前不顯茲解何
哉朱子將終之前五日猶為諸生講太極圖至
夜分則此解當為定論動極靜極之說世亦有
疑者知無先後次第則亦當自豁然矣人得其

秀而最靈非從他得自得之也朱子謂我所固有是也或曰非得之天乎曰莫之爲而爲者天也不離自己曰有不靈者何曰亦莫非自即靈秀之中而有修悖之殊修悖豈自他乎悖之即靈秀非其初矣曰各具一太極統體一太極者何也曰各具一太極者本來自具非分而與之之謂也統體一太極者千燈一光非還而合之之謂也使太極而可以分合可以與受則太極亦不過一物當必有妙於太極者分之合之與



之受之矣其可通乎太極生天地非天地生太極也天地日月四時鬼神皆太極中物合者無間異非以此合彼之謂也朱子證之人身請便可受用及虞氏真氏之言皆喫緊的切最當體認故人必無疑於此方知始終生死之說此太極之所以圖所以說也不然失周子之意多矣

著通書四十章曰誠者聖人之本大哉乾元萬物資始誠之源也乾道變化各正性命誠斯立焉純粹至善者也故曰一陰一陽之謂道繼

之者善也成之者性也元亨誠之通利貞誠之復大哉易也性命之源乎蠡測曰此章反覆言誠明只是一個誠名目雖殊一而已矣朱子曰易是無形影的物事亦即誠之別名　聖誠而已矣誠五常之本百行之源也靜無而動有至正而明達也五常百行非誠非也邪暗塞也故誠則無事矣至易而行難果而確無難焉故曰克己復禮天下歸仁焉蠡測曰此章以誠則無事矣一句爲主　誠無爲幾善惡德愛曰仁宜



曰義理曰禮通曰智守曰信性焉安焉之謂聖復焉執焉之謂賢發微不可見充周不可窮之謂神蠡測曰此章以誠無爲一句爲主夫知無事無爲而後可以言誠不然皆非周子之所謂誠也知此方知大學之誠意爲無意中庸謂至誠無倚皆同此旨朱子曰元來誠幾德便是太極二五此老此子活計盡在裏許　寂然不動者誠也感而遂通者神也動而未形有無之閒者幾也誠精故明神應故妙幾微故幽誠神幾

曰聖人楊氏曰或曰誠或曰神或曰幾皆所以
明道心之妙如言玉之瑩又言其白又言其潤
非有三物人之道心未嘗不誠未嘗不神其動
之始曰幾此萬古人心之所同非聖人獨有之
朱子曰知覺便是神觸其手則手知痛觸其足
則足知痛便是神應故妙　動而正曰道用而
和曰德匪仁匪義匪禮匪智匪信悉邪也邪動
辱也甚焉害也故君子慎動蠡測曰動用皆根
誠來子思言慎獨而此言慎動誠無二也顏子



不遷不貳孟子勿助勿忘是慎動合其無事無
爲之體而已　聖人之道仁義中正而已矣守
之貴行之利廓之配天地豈不易簡豈爲難知
不守不行不廓爾蠡測曰仁義中正而已矣猶
所謂忠恕而已矣孝悌而已矣　人之生不幸
不聞過大不幸無恥必有恥則可教聞過則可
賢　洪範曰思曰睿睿作聖無思本也思通用
也幾動於彼誠動於此無思而無不通爲聖人
不思則不能通微不睿則不能無不通是則無

不通生於通微通微生於思故思者聖功之本
而吉凶之機也易曰君子見幾而作不俟終日
又曰知幾其神乎蠡測曰上言無事無爲而未
嘗不守不行不廓此言無思而未嘗不思皆密
旨也　聖希天賢希聖士希賢蠡測曰從士希
賢說向上則多層節從聖希天說起則賢與士
總歸希天如射之的皆期於此希天者率性而
已程子曰視聽思慮動作皆天也　天道行而
萬物順聖德修而萬民化大順大化不見其迹



莫知其然之謂神故天下之衆本在一人道豈
遠乎哉術豈多乎哉　十室之邑人人提耳而
教且不及況天下之廣兆民之衆哉故曰純其
心而已矣蠡測曰豈遠豈多而已矣只是說歸
約處　動而無靜靜而無動物也動而無動靜
而無靜神也動而無動靜而無靜非不動不靜
也物則不通神妙萬物水陰根陽火陽根陰五
行陰陽陰陽太極四時運行萬物終始混兮闢
兮其無窮兮　聖可學乎曰可曰有要乎曰有

請聞焉曰一爲要一者無欲也無欲則靜虛動
直靜虛則明明則通動直則公公則溥明通公
溥庶矣乎　厥彰厥微匪靈弗瑩剛善剛惡柔
亦如之中焉止矣二氣五行化生萬物五殊二
實二本則一是萬爲一一實萬分萬一各正小
大有定朱子曰一箇是萬箇萬箇是一箇如千
部文字字字如此好面面如此好人道是聖人
逐一寫得如此聖人告之曰不如此我只是一
箇印板印將去　顏子一簞食一瓢飲在陋巷



人不堪其憂而不改其樂夫富貴人所愛也顏
子不愛不求而樂乎貧者獨何心哉天地間有
至貴至富可愛可求而異乎彼者見其大而忘
其小焉爾見其大則心泰心泰則無不足無不
足則富貴貧賤處之一也處之一則能化而齊
故顏子亞聖或問朱子孔顏所樂何事曰不要
去孔顏身上問只去自家身上討或思量顏子
樂處朱子曰不用思量他只是博我以文約我
以禮　天地間至尊者道至貴者德而已矣至

難得者人人而至難得者道德有於身而已矣
求人至難得者有於身非師友則不可得也已
　道義者身有之則貴且尊人生而蒙長無師
友則愚是道義由師友有之而得貴且尊其義
不亦重乎其聚不亦樂乎朱子曰此重此樂人
亦少知之者　仲由喜聞過今人有過不喜人
規如護疾而忌醫寧滅其身而無悟也噫　聖
人之精畫卦以示聖人之蘊因卦以發卦不畫
聖人之精不可得而見微卦聖人之蘊殆不可



悉得而聞易何止五經之源其天地鬼神之奧
乎　君子乾乾不息於誠然必懲忿窒慾遷善
改過而後至乾之用其善是損益之大莫是過
聖人之旨深哉吉凶悔吝生乎動噫吉一而已
動可不愼乎蠡測曰此章復提誠字懲窒遷改
即是愼動動而無動至誠之用懲窒遷改謂之
必有事謂之行無事皆可也　治天下有本身
之謂也治天下有則家之謂也本必端端本誠
心而已矣則必善善則和親而已矣家難而天

下易家親而天下踈也家人離必起於婦人故睽次家人以二女同居而志不同行也堯所以釐降二女於嬀汭舜可禪乎吾茲試矣是治天下觀於家治家觀身而已矣身端心誠之謂也誠心復其不善之動而已矣不善之動妄也妄復則無妄矣無妄則誠矣故無妄次復而曰先王以茂對時育萬物深哉　君子以道充爲貴身安爲富故常泰無不足而銖視軒冕塵視金玉其重無加焉耳朱子曰周先生言道至貴者



不一而足蓋是見世間愚輩於外物所搖動如墮在火坑中不忍見他故如是說不一世人心不在殼子裏而如發狂相似只是自不覺也
聖人之道入乎耳存乎心蘊之爲德行之爲事業彼以文辭而已者陋矣　至誠則動動則變變則化故曰擬之而後言議之而後動擬議以成其變化蠡測曰擬議以成其變化以見擬議之非擬議也　山下出泉靜而清也汨而亂亂不決也慎哉其惟時中乎艮其背背非見也

靜則止止非爲也爲不止矣其道也深乎　作愛蓮說曰水陸草木之花可愛者甚蕃晉陶淵明獨愛菊自李唐來世人甚愛牡丹予獨愛蓮之出淤泥而不染濯清漣而不妖中通外直不蔓不枝香遠益清亭亭淨植可遠觀而不可褻翫焉予謂菊花之隱逸者也牡丹花之富貴者也蓮花之君子者也噫菊之愛陶後鮮有聞蓮之愛同予者何人牡丹之愛宜乎衆矣　拙賦
巧者言拙者默巧者勞拙者逸巧者賊拙者德



巧者凶拙者吉嗚呼天下拙刑政徹上安下順風清弊絶　宿宗聖詩　公程無暇日暫得宿清幽始覺空門客不生浮世愁溫泉喧古洞晚磬度危樓徹曉都忘寐心疑在沃州　門扉詩　有風還自掩無事晝常關開闔從方便乾坤在此間　春晚詩　花落柴門掩夕暉昏鴉數點傍林飛吟餘小立闌干外遙見樵漁一路歸

邵雍篇　貌　撥發也蓓音倍始花也蕾音壘花紐

聖學宗傳卷之六終

# 聖學宗傳卷之七

東越　周汝登編測　王繼晃
　　　陶望齡訂正　王繼炳　叅閱

## 程顥

程顥字伯淳諡純公文彥傳表其墓曰明道先生宋河南人明道始生神氣秀爽未能言叔祖母抱之不知釵墜後數日方求之明道以手指隨其所指而往果得釵人皆驚異十歲賦詩曰中心如自固外物豈能遷十五六時與



弟伊川從汝南周茂叔論學遂慨然有求道之志二十六歲舉進士調鄠縣簿再調上元嘗云一命之士苟存心於愛物於人必有所濟始至邑見人持竿以黏飛鳥取其竿折之教之使弗爲自是鄉民子弟不敢畜禽鳥不嚴而令行時謝師直爲江東轉運判官師宰來省其兄嘗從明道假公僕掘桑白皮明道問之曰漕司役卒甚多何爲不使曰本草說桑白皮出土見日者殺人以伯淳所使人不欺故假之耳呂正獻公

公著既薦常秩後差改節嘗對明道有悔薦之意明道曰願侍郎寍百受人欺不可使好賢之心少替公敬納焉移令晉城民以事至邑者必告之以孝弟忠信視民如子常於座右書視民如傷云某嘗媿此四字熙寍初呂正獻公薦授中允權御史神宗素聞顥名召對之日從容咨訪一日極陳治道上曰此堯舜之事朕何敢當明道愀然曰陛下此言非天下之福也他日又言於上曰先聖後聖若合符節非傳聖人之道



傳聖人之心也非傳聖人之心也傳己之心也己之心無異聖人之心廣大無垠萬善皆備欲傳聖人之道擴充此心焉耳上召問所以爲御史對曰使臣拾遺補闕裨贊朝廷則可使臣掇拾群下短長以沽直名則不能上嘆賞以爲得御史體又嘗曰任人喚作啞御史只是要格君心常勸帝防未萌之欲及勿輕天下士帝俯躬曰當爲卿戒之王安石執議更法令言者攻之甚力明道被旨赴中書議事安石方怒言者厲

色待之明道徐曰天下事非一家私議願公平氣以聽之安石爲之愧屈自安石用事明道未嘗一語及功利最後言曰智者若禹之行水行其所無事也舍而之險阻不足以言智自古興治立事未有中外人情交謂不可而能有成者又一日因論事不合安石謂曰公之學如上壁明道曰參政之學如捉風後來安石逐不附已者獨不及明道曰此忠信人也改簽書鎮寧軍判官中人程昉取澶卒八百人天方大寒昉用



之役不能堪遂逃歸衆畏昉欲弗納明道曰此逃死自歸弗納必爲亂若昉怒吾自任之即親往開門撫納具以事上得不復遣曹村埽決明道謂帥曰曹村決京城可虞臣子之分身可塞亦所當爲請盡以廂兵見付帥遂以鎮印授明道立走決所激諭士卒議者以爲勢不可塞徒勞人耳明道命善泅者先渡決口引大索以濟兩岸並進晝夜不息數日而合亟監洛河竹木務神宗念顥不置會修三經義語執政曰程[illegible]

可用否執政安石不對又有登對者自洛至上問曰程顥在彼否遂言佳士帝崩詔至洛明道謂韓宗師曰君實晦叔相矣韓曰二公當何如曰若與元豐大臣分黨則衣冠之禍未艾也明道嘗曰熙寧初介甫行新法並用君子小人君子正直不合介甫以爲俗學不通世務小人苟容諂佞介甫以爲有材能知變通君子既去所用皆小人爭爲刻薄故害天下益深使當其時衆君子不與之爭勢必自緩委曲平章尚有聽



從之理小人無隙可乘其爲害不至如此之甚也新政之改亦是吾黨爭之太過成就今日之事塗炭天下亦須兩分其罪可也又曰自仁祖朝優容諫臣當言職者必以詆訐而去爲賢習以成風惟恐人言不稱職以去爲落便宜苟如是尚是爲[illegible]其心却不在朝廷哲宗即位召爲宗正寺丞未行以疾終時元豐八年也年五十四陳瓘作責沈[illegible]葉公當世賢者曾有仲尼而不知宜乎子路之[illegible]對也元豐乙丑予[illegible]

部貢院官舍與范淳夫同舍淳夫云顏子不遷
不貳惟伯淳有之予曰伯淳誰也淳夫默然久
之曰不知有程伯淳耶予時自愧不可言伊川
曰孟軻死聖人之學不傳學不傳千載無真儒
先生生乎千四百年之後得不傳之學於遺經
使聖人之道煥然復明于世盖自孟子之後一
人而已　明道曰見之非易見不能及　這箇
義理仁者又看做仁了也智者又看做智了也
百姓又日用而不知此所以君子之道鮮矣



此箇亦不少亦不剩只是人看他不見　只是
這箇理以上却難言也如言吾斯之未能信皆
是古人此理已明故也　生生之謂易天地設
位而易行乎其中乾坤毀則無以見易易不可
見乾坤或幾乎息矣易畢竟是甚又指而言曰
聖人以此洗心退藏於密聖人示人之意至此
深且明矣終無人理會易也此也密也是甚物
　知至則便意誠若有知而不誠者皆知未至
爾　外面事不患不知只患不見自己　樂[illegible]

大焉樂亦在其中矣不改其樂須知所樂者何
事　持國曰若有人便明得了者伯淳信乎曰
若有人則豈不信盖必有生知者然未之見也
凡云為學者皆為此以下論　令人居覆載中
却不知天地在照臨之內却不理會得日月此
冥然而行者也　盡心知性知之至也知之至
則心即性性即天天即性性即心所以生天生
地化育萬物其次則欲存心養性以事天　質
美者明得盡渣滓便渾化却與天地同體其次



惟在莊敬持養　自得處豈得分毫論若見則
便見　到恍然神悟處不是智力求底道理學
者安能免得不用力　元來只是此道要在人
默而識之也　皆實理也人知而信者為難蠡
測曰以上明道皆示人求知其辭玄其旨微孔
孟相傳惟此而已　上天之載無聲無臭其體
則謂之易其理則謂之道其用則謂之神其命
於人則謂之性率性則謂之道修道則謂之教
孟子去其中又發揮出浩然之氣可謂盡矣故

說神如在其上如在其左右大事小事而只曰誠之不可掩如此夫徹上徹下不過如此　自灑掃應對上便可到聖人事　灑掃應對與佛家默然處合　灑掃應對便是形而上者理無大小故也故君子只在慎獨　萬物皆備於我不獨人爾物皆然都自這裏出去只是物不能推人則能推之雖能推之幾時添得一分不能推之幾時減得一分百理具在平鋪放着幾時道堯盡君道添得些君道多舜盡子道添得些



孝道多元來依舊　天人本無二不必言合　窮理盡性以至於命一時並了元無次序不可將窮理作知之事若實窮得理即性命亦可了
　窮理盡性以至於命一物也　只是一箇誠天地萬物鬼神本無二　嘗謂以心知天猶居京師往長安但知出西門便可到長安此猶是言作兩處若要誠實只在京師便是到長安更不可別求長安只心便是天盡之便知性知性便知天當處便認取更不可外求　良知良能

皆無所由乃出於天不係於人　若不一本則安得先天而天弗違後天而奉天時　形而上爲道形而下爲器須着如此說器亦道道亦器但得道在不繫今與後己與人　道之外無物物之外無道是天地之間無適而非道也理則天下只是一箇理故推之四海而準須是質諸天地考諸三王不易之理故敬則只是敬此者也仁是仁此者也信是信此者也又曰顛沛造次必於是又言吾斯之未能信只是道得如此



更難爲名狀　道一本也或謂以心包誠不若以誠包心以至誠參天地不若以至誠體人物是二本也知不二本便是篤恭而天下平之道
　道無精粗言無高下　言體天地之化已剩一體字只此便是天地之化不可對此個別有天地　得此義理在此甚事不盡更有甚事出得視世之功名事業甚譬如閑視世之仁義者煦煦孑孑如匹夫匹婦之爲諒也自視天來大事處以此理又曾何足論　一日遊許之西湖

在石壇上坐少頃腳踏處便濕舉起云便是天地升降道理一日見火邊燒湯餅指之曰此便是陰陽消長之義蠡測曰已上皆直截之宗曾容一毫擬議否曾有一毫等待否不於此透徹不可謂得程氏之傳　學者先須識仁仁者渾然與物同體義理知信皆仁也識得此理以誠敬存之而已不須防檢不須窮索若心懈則有防心苟不懈何防之有理未得故須窮索存久自明安待窮索此道與物無對大不足以明之



天地之用皆我之用孟子言萬物皆備于我須反身而誠乃爲大樂若反身未誠則猶是二物有對以己合彼終未有之又安得樂訂頑意思乃備言此體以此意存之更有何事必有事焉而勿正心勿忘勿助長未嘗致纖毫之力此其存之之道若存得便合有得蓋良知良能元不喪失其昔日習心未除却須存習此心久則可奪舊習此理至約惟患不能守既能體之而樂亦不患不能守也　張載寓書問定性未能不動猶累於外物何如書答之曰所謂定者動亦定靜亦定無將迎無內外苟以外物爲外牽己而從之是以己性爲有內外也且以性爲隨物於外則當其在外時何者爲在內是有意於絶外誘而不知性之無內外也既以內外爲二本則又烏可遽語定哉夫天地之常以其心普萬物而無心聖人之常以其情順萬事而無情故君子之學莫若廓然而大公物來而順應易曰貞吉悔亡憧憧往來朋從爾思苟規規於外誘



之除將見滅於東而生於西也非惟日亦不足顧其端無窮不可得而除也人之情各有所蔽故不能適道大率患在於自私而用智自私則不能以有爲爲應迹用智則不能以明覺爲自然今以惡外物之心而求照無物之地是反鑑而索照也易曰艮其背不獲其身行其庭不見其人孟子亦曰所惡於智者爲其鑿也與其非外而是內不若內外之兩忘也兩忘則澄然無事矣無事則定定則明明則尚何應物之爲累

哉聖人之喜以物之當喜聖人之怒以物之當怒是聖人之喜怒不繫於心而繫於物也是則聖人豈不應於物哉烏得以從外者為非而更求在內者為是也今以自私用智之喜怒而視聖人之喜怒之正為何如哉夫人之情易發而難制者惟怒為甚第能於怒時遽忘其怒而觀理之是非亦可以見外誘之不足惡而於道亦思過半矣　勿忘勿助之間正當處也侯世與云某年十五六時明道先生與某講孟子至勿



正心勿忘勿助長處云二哥以必有事焉而勿正為一句心勿忘勿助長為一句亦得因舉禪語為況云事則不無擬心則差某當時言下有省　志敬而後無不敬　凡人纔學便須知著力處既學便須知得力處　論持其志曰只這箇也是私然學者不恁地不得　大抵學不言而自得者乃自得也有安排布置者皆非自得也　剛毅木訥質之近乎仁也力行學之之近乎仁也若夫至仁則天地為一身而天地之間

品物萬形為四肢百體夫人豈有視四肢百體而不愛者哉聖人仁之至也獨能體是心而已曷嘗支離多端而求之自外乎故能近取譬者仲尼所以示子貢以為仁之方也　聖人未嘗無喜也象喜亦喜聖人未嘗無怒也一怒而安天下之民聖人未嘗無哀也哀此煢獨聖人未嘗無懼也臨事而懼聖人未嘗無愛也仁民而愛物聖人未嘗無欲也我欲仁斯仁至矣　人有四百四病皆不由自家則是心須教由自家



人於外物奉身者事事要好只有自家一箇身與心却不要好苟得外面物好時却不知道自家身與心却已先不好了也　只是論得規矩準繩巧則在人　大抵有題目事易合　學者今日無可添惟有可減減盡便無事　不哭的孩兒誰抱不得　非禮勿視聽言動積習儘有功禮在何處　凝然不動便是聖人　人有語導氣者問明道曰君亦有術乎曰吾常夏葛而冬裘飢食而渴飲節嗜慾定心氣如斯而已

矣　横渠嘗言我十五年學箇恭而安不成明
道曰可知是學不成有多少病在　謝良佐録
五經語作一冊伯淳見謂曰玩物喪志又曰賢
讀書愼不要尋行數墨　明道昔在長安倉中
閑坐後見長廊柱以意數之已尚不疑再數之
不合不免令人一一聲言而數之乃與初數者
無差則知越着心把捉越不定　明道在澶州
日修橋少一長梁曾博求之民間後因出入見
林木之佳者必起計度之心因語以戒學者心

不可有一事　問思慮紛擾如何曰人心本無
思慮多是憶旣往與未來事蠡測曰已上皆程
子示人用功徵旨須善承領　只理會生是如
何　知性即明生死之說　既說心有感通更
說甚生死古今之別　死生存亡知所從來胸
中瑩然無疑止此理耳死之事即生是也更無
別理　子曰朝聞夕可死生亦大矣非誠知道
則豈以夕死爲可乎　語默猶晝夜晝夜猶生
死生死猶古今蠡測曰此皆程子理會生死處

言簡而義悉矣　善固性也然惡亦不可不謂
之性也蓋生之謂性人生而静以上不容說纔
說性時便已不是性也凡人說性只是說繼之
者善也孟子言人性善是也　氣外無神神外
無氣或者謂清者神則濁者非神乎天下善惡
皆天理謂之惡者非本惡但或過或不及便如
此　中庸言誠便是神　惟神也故不疾而速
不行而至神無速亦無至須如此言者不如是
不足以形容故也　問鬼神有無曰待說與賢

道沒時古人却因甚如此道待說與賢道有時
又却恐賢問某尋　言有無則多有字言無無
則多無字有無動靜同如冬至之前天地閑可
謂靜矣而日月星辰亦自運行而不息謂之無
動可乎但人不識有無動靜爾　且喚做中若
以四方之中爲中則四邊無中乎若以中外之
中爲中則外面無中乎如生生之謂易天地設
位而易行乎其中豈可只以今之易書爲易乎
中者且謂之中不可捉一箇中來爲中蠡測曰

明道論性論神論中如此非真知者不能執別人喫飯從脊皮上過我喫飯從肚裏去　有甚你管得我有甚我管得你教人致却太平後我願爲太平之民　百官萬務金革百萬之衆飲水曲肱樂在其中萬變皆在人其實無一事

黄鍾牛鳴　忠信而出忠信而入油火上竿禁蚣蜈　天下事只是感與應而已矣　人能將這一箇身公共放在天地萬物中一般看則有甚妨礙雖萬身曾何傷乃知釋氏苦根塵者



皆是自私者也　某問如何是萬物皆備於我先生正容曰萬物皆備於我某言下有省　某人自言初疑逝者如斯夫每見先達必問人皆有說以相告及問先生則曰若說與公只說得我底公卻自無所得某遂心服　或問儒佛同異先生曰公本來處還有儒佛否　或問立則見其參於前在輿則見其倚于衡先生曰在輿倚衡非有物也謂之無則不可或有詩云參倚前衡豈易陳只今便了乃相親昔人求劍尋冊

跡大似子張書在紳　或云天下歸仁只是物物皆歸吾仁先生指窗問曰此還歸仁否或人默然因有詩云大海因風起萬漚形軀雖異暗周流風漚未狀端何若此處應須要徹頭　温公作中庸解不曉處闕之或語明道明道曰闕甚處曰如強哉矯之類明道笑曰由自得裏將謂從天命之謂性處便闕卻蠡測曰已上皆言之不可以思量擬議者也　謝氏曰先生坐如泥塑人接人則渾是一團和氣學者須是胸懷



擺脫得開始得有見先生在鄠縣作簿時詩云雲淡風輕近午天傍花隨柳過前川時人不識予心樂將謂偷閒學少年看他胸懷直是好與曾點底事一般又詩云閒來無事不從容睡覺東窗日已紅萬物靜觀皆自得四時佳興與人同道通天地有形外思入風雲變態中富貴不淫貧賤樂男兒到此是豪雄明道擺脫得開爲他所過者化張氏曰明道書窗前有草茂覆砌或勸之芟明道曰不可欲常見造物生意又置

盆池畜小魚數尾時時觀之或問其故曰欲觀萬物自得意草之與魚人所共見惟明道見草則知生意見魚則知自得此豈流俗之見可同日而語侯師聖云朱公掞見明道於汝歸謂人曰光庭在春風中坐了一箇月

程頤

程頤字正叔稱伊川先生與兄伯淳同受學於周茂叔年十八上書闕下乞召對面陳所學不報因遊太學時海陵胡瑗以顏子所好何學論



試諸生得伊川所試大驚即延見處以學職呂希哲與伊川鄰齋首以師禮事焉元祐元年除祕書省校書郎伊川辭曰祖宗時布衣被召自有故事今臣未得入見未敢祇命於是召對以爲崇政殿說書四月例以暑熱罷講頤奏言輔導少主不宜疎畧乞令講官六三日上殿問起居因得從容納誨以輔上德聞帝在宮中盥行漱水必避螻蟻問有是乎曰然誠恐傷之耳頤曰推此心以及四海帝王之要道也時神宗之

勉強支持

喪未除百官以冬至表賀頤言節序變遷時思方切請改賀爲慰及除喪有司又請開樂置宴頤奏罷之曰除喪而用吉禮則因事用樂可矣今特設宴是喜之也五年丁父憂除服三省進呈欲與館職簾中以其不肯靖今只與西監頤再辭哲宗親政范純仁請復召勸講於是申秘閣西監之命不就紹聖間以黨論放歸田里四年送涪州編管門人謝良佐曰是行也良佐知之乃族子公孫與邢恕之爲耳伊川曰族子至



愚不足責故人情厚不敢疑孟子既知天焉用尤臧氏赴涪渡江中流舡幾覆舟中人皆號哭伊川獨正襟安坐如常已而及岸同舟有老父問曰當危時君獨無怖色何也曰心存誠敬耳老父曰心存誠敬固善然不若無心伊川欲與之言老父徑去不顧在涪注周易與弟子講學不以爲憂赦得歸不以爲喜自涪還洛容色髭髮皆勝平昔自謂學之力也徽宗即位移峽州權判西京國子監建中靖國二年仍追所復官

依舊致仕崇寧二年言者論其本因姦黨論薦得官雖嘗明正罪罰而叙復過優今復著書非毀朝政於是有旨追毀出身以來文字其所著書令監司伺察伊川於是遷居龍門之南止四方學者曰各尊所聞行所知可矣不必及吾門也五年復宣議郎致仕大觀二年九月卒於家年七十五程伯淳嘗謂伊川曰異日能尊嚴師道者吾弟也若接引後學隨人才而成就之則予不得讓焉故伯淳常爲條列官司不以爲浼



而伊川所作行狀乃不載其事伯淳譏青苗法可且放過而伊川乃於西監一狀都甚較計任漢州日宿一僧寺伯淳入門而右從者皆隨之伊川入門而左獨行至法堂上伊川自謂此是某不及家兄處　胡安國曰昔嘗見鄒志完論近世人物因問明道如何曰此人得志使萬物各得其所又問伊川如何曰卻不得比明道盒有不通處也　鮮于侁問伊川曰顏子何以能不改其樂曰顏子所樂者何事侁對曰樂道而已曰使顏子而樂道不爲顏子矣侁未達以告鄒浩浩曰夫人所造如是之深吾今始識伊川面　陳經正問曰據貴一所見天地間皆我之性更不復知我身之爲我伊川笑曰他人食飽公無餒乎（此追求斷鍊之語而惜乎經正轉語不來何不答曰衆人皆餒我獨飽乎）　韓維師許伊川往見謂公曰逵市中聚浮圖何也公曰爲民祈福也曰福斯民者不在公乎　馮理自號東皐居士曰二十年聞先生教誨今有一奇特事曰何如理曰夜間宴坐室中



有光曰顧亦有奇特事理請問之曰每食必飽　邵堯夫謂伊川曰子雖聰明然天下之事亦衆矣子能盡知耶曰天下之事某所不知者固多然堯夫所謂不知者何事是時適雷起堯夫曰子知雷起處乎曰某知之堯夫不知也堯夫愕然曰何謂也曰既知之安用數推也以其不知故待推而後知堯夫曰子以爲起於何處曰起於起處堯夫瞿然稱善　伊川嘗謂學者曰孟厚不治一室亦何益學不在此假使洒掃得

潔淨莫更快人意否　問佛說生死如何曰釋
如水漚亦有此意思又問佛說死生輪廻可否
曰此事說有無皆難須自見得聖人只一句盡
斷了故對子路曰未知生焉知死以春爲始而
原之其必有冬以冬爲終而反之其必有春死
生者其與是類也　死者不可謂有知不可謂
無知　合而生非來盡而死非往　問凡動用
處是心否曰是意也問意是心之所發否曰有
心而後有意　楊子安侍郎學禪不信伊川每



力攻其徒又使其親戚王元致問難於尹彥明
曰六經蓋藥也無病安所用乎彥明曰固是只
爲開眼即是病王屈服以歸伊川自涪陵歸過
襄陽子安在馬子安問易從甚處起時方揮扇
伊川以扇柄畫地一下曰從這裏起子安無語
後至洛中子安舉以告彥明且曰某當時悔不
更問此畫從甚處起彥明以告伊川伊川曰待
他問時只與黙然得似箇子安更喜懽也彥明
舉示子安子安由此遂服　韓公持國與伊川

詔嘆曰今日又暮矣伊川對曰此常理從來如
是何歎爲公曰老者行去矣曰公勿去可也公
曰如何能勿去伊川曰不能則去可矣　問前
世所謂隱者或守一節或惇一行然不知亦知
道否曰若知道則不肯守一節一行也如此等
人鮮明理多取古人一節事專行之孟子曰服
堯之服行堯之行古人有殺一不義雖得天下
不爲則我亦殺一不義雖得天下不爲古人有
高尚隱逸不肯就仕則我亦高尚隱逸不仕如



此等則做效前人所爲耳於道鮮自得也是以
東漢尚名節有雖殺身不悔者只是不知道也
　問學何以有至覺悟處曰莫先致知能致知
則思一日愈明一日久而後有覺也學而無覺
則何益矣又奚學爲　問釋氏有一宿覺言下
覺之說如何曰何必浮圖孟子嘗言覺字矣曰
以先知覺後知以先覺覺後覺知是知此事覺
是覺此理古人云共君一夜話勝讀十年書若
于言下即悟何啻讀十年書　張戩嘗於政事

堂與介甫爭辨事因舉經引證介甫乃曰安石
却不會讀書賢却會讀書哉不能答伊川因云
却不向他道只這便是不會讀書　問鳶飛戾
天魚躍於淵莫是上下一理否曰到這裏只得
點頭　問學者志於大如何曰志無大小且莫
說道將第一等讓與別人且做第二等才如此
說便是自棄雖與不能居仁由義者差等不同
其自小一也言學便以道爲志言人便以聖爲
志自謂不能者自賊者也謂其君不能者賊其



君者也千里之遠數千歲之日其所動靜起居
隨若亡矣然時而思之則千里之遠在於目前
數千歲之久無異數日之近人之性亦大矣噫
人之自小者亦可哀也已人之性一也而世之
人皆曰吾何能爲聖人是不自信也其自不察
乎　人皆可以至聖人而君子之學必至於聖
人而後已不至於聖人而後已者皆自棄也孝
其所當孝弟其所當弟自是而推之則亦聖人
而已矣　聖人所知宜無不至也聖人所行宜

無不盡也然而書稱堯舜不曰刑必當罪賞必
當功而曰罪疑惟輕功疑惟重與其殺不辜寧
失不經　愚者指東爲東指西爲西隨衆所見
而已知者知東不必爲東西不必爲西惟聖人
明於定分須以東爲東以西爲西　問或有孤
孀貧窮無托者可再嫁否曰只是後世怕寒餓
死故有是說然餓死事極小失節事極大　尹
焞嘗以易傳序請問曰至微者理也至著者象
也體用一原顯微無間莫太洩天機否曰如此



分明說破猶自人不解悟　伊川病革門人往
視之伊川瞑目而卧門人曰夫子平日所學正
要此時用伊川力疾微視曰道著用便不是某
人未出寢門而沒晦翁曰近看石林過庭錄載
上蔡說伊川參某僧後有得遂反之偷其說來
做己使是爲洛學熹也常疑如石林之說固不
足信却不知上蔡也恁地說是怎生地但當初
佛學只是說無存養的工夫至唐六祖始教人
存養工夫當初學者亦只是說不曾就身上做

工夫至伊川方教人就身上做工夫所以謂伊
川偷佛說爲己使也

呂希哲

呂希哲字原明封滎陽公壽州人正獻公公著
之長子公著字晦叔晦叔甚愛原明教之事事
循蹈規矩遺師焦千之學安定復從明道伊川
橫渠游知見日益廣大不事科舉一意古學讀書
平直簡要未嘗專主一說不私一門以知言爲
先自得爲本躬行爲實務畧去枝葉直截徑徒



以造聖人專慕曾子之學盡力乎其內者以陰
入官爲說書二年日夕勸導人主以修身爲本
修身以正心爲主心正意誠天下自化不假他
術爲郡令公帑多蓄鰒魚諸乾物及筍乾蕈乾
以待賓客以減鷄鴨等生命晚年習靜雖驚恐
顛沛未嘗少動自歷陽赴單守過山陽渡橋橋
壞轎人俱墜浮於水而原明安坐轎上神色不
動從者有溺死者後自省察校量嘗言十餘年
前在楚州橋壞墮水中時微覺心動數年前大

病已稍勝前今次疾病全不動矣居宿州真揚
間十餘年衣食不給或至絕糧數日處之晏然
靜坐一室家事一切不問每日讀易一爻不以
毫髮事干人嘗作詩云除却借書沽酒外更無
一字擾公私或問原明爲小人所詈辱當何以
處之曰上焉者知人與己本一何者爲詈何者
爲辱下焉者且自思曰若答他却與彼等忿心
亦自消也政和中卒年七十八朱子曰呂氏家
傳深有警悟人處但程門千言萬語只要見儒



者與釋氏不同而呂公學於程氏乃反見得佛
與聖人合豈不背戾之甚哉然考其學問初不
失程氏之宗晦叔自幼講學即以治心爲本爲
端明殿學士帝從容與論治道遂及釋老晦叔
問曰堯舜知此道乎帝曰堯舜豈不知晦叔曰
堯舜知此而惟以知人安民爲志所以爲堯舜
也晦叔晚益究禪理每勸司馬君實留意曰所
貴佛學者直貫其心術簡要耳非必事事服習
爲方外人也蓋其家學相傳如此夫自修則正

心治心用世則知入安民聖學如是止矣文烏
論其他

邵伯温

邵伯温字子文康節之子入聞父教出與司馬君實二程交故所聞日傳以薦授大名府教授調長子尉祁童惇爲相惇嘗事康節因與伯温論及康節之學曰嗟乎吾於先生不能卒業也伯温曰先君先天之學論天地萬物之理盡矣苟其信也則人之仇怨可忘矣惇方興黨獄故



伯温以此諷之徽宗即位伯温上書辨宣仁誣謗解元祐黨禁勞民用兵語極懇至紹興四年卒年七十八初康節常語伯温曰世亂蜀安稍可寄居及宣和末伯温載家使蜀故免於難伯温注皇極經世其言曰至大之謂皇至中之謂極至正之謂經至變之謂世大中至正應變無方之謂道以道明道道非可明以物明道道斯見矣物者道之形體也生於道而道之所成也道變而爲物物化而爲道由是知道亦物也物亦道也孰知其辨哉故善觀道者必以物善觀物者必以道謂得道而忘物則可矣必欲遠物而求道不亦妄乎　道生一一爲太極一生二二爲兩儀二生四四爲四象四生八八爲八卦八生六十四六十四具而後天地萬物之道備矣天地萬物莫不以一爲本原於一而衍之以爲萬窮天下之數而復歸於一一者何也天地之心也造化之原也備天地兼萬物而合德於太極者其唯人乎日用而不知者百姓也反身



而誠之者君子也因性而由之聖人也故聖人以天地爲一體萬物爲一身　乾坤謂之物則天地亦物也天地有物之大者耳既謂之物則亦有所盡也然而有所謂悠久無疆者固未嘗盡也　夫太極者在天地之先而不爲先在天地之後而不爲後終天地而未嘗終始天地而未嘗始與天地萬物圓融和會而未嘗有先後始終者也有太極則兩儀四象八卦以至於天地萬物固已備矣非謂今日有太極而明日方

有兩儀後日乃有四象八卦也雖謂之曰太極
生兩儀兩儀生四象四象生八卦其實一時具
足如有形則有影有一則有二有三以至於無
窮皆然是故知太極者有物之先本已混成有
物之後未嘗虧損自古及今無時不存無事不
在萬物無所不稟則謂之曰命萬物無所不本
則謂之曰性萬物無所不主則謂之曰天萬物
無所不生則謂之曰心其實一也古之聖人窮
理盡性以至於命盡心知性以知天存心養性



以事天皆本乎心也　惟聖人能知天地萬物
之道皆備於我能知天地萬物之道皆備於我
則能盡天下之理能盡天下之理則能盡天下
之民而後可以治民矣　天之與萬物同乎一
道故不異乎萬物聖人之與萬民同乎一道故
不異乎萬民萬民與萬物同乎一道則聖人與
昊天亦同乎一道矣一世之萬物與一世之萬
民同乎一道則萬世之萬物與萬世之萬民亦
同乎一道矣天下無二道聖人無兩心物也民

也聖人也天地也其道一也故古之聖人以一心
而推萬心以一物而觀萬物以一世而知萬世
者蓋由斯道也　心無所在而無所不在故以
用言迹有方所故以體言心迹體用之間有權
存焉則所謂體無定用唯變是用用無定體唯
化是體者也如是則心迹體用俱以泯矣文中
子所謂適造者不知其殊也唯聖人爲能盡之
一動一靜者天地之妙用也一動一靜之間
者天地人之妙用也陽闢而爲動陰闔而爲靜



所謂一動一靜之間者也自靜而觀動自動而
觀靜則有所謂動靜方靜而動方動而靜不拘
於動靜則非動非靜者也易曰復其見天地之
心乎天地之心蓋於動靜之間有以見之聖人
之心即天地之心也雖顛沛造次未嘗離乎此
也中庸曰道不可須臾離也可離非道也退藏
於密則以此洗心焉吉凶與民同患則以此齋
戒焉夫所謂密所謂齋戒者其在動靜之間乎
此天地之至妙至妙者也聖人作易蓋本於此

世儒昧於易本不見天地之心見其一陽初復遂以動爲天地之心乃謂天地以生物爲心噫天地之心何止於動而生物哉見其五陰在上遂以靜爲天地之心乃謂動復則靜靜復則止噫天地之心何止於靜而止哉爲虛無之論者則曰天地以無心爲心噫天地之心一歸於無則造化息矣蓋天地之心不可以有無言而未嘗有無亦未嘗離乎有無者也不可以動靜言而未嘗動靜亦未嘗離乎動靜者也故於動靜



之間有以見之然動靜之間間不容髮豈有間乎惟其無間所以爲動靜之間也獨楊子雲知易之本以作玄始於中首象中孚次以周首象復中者天下之大本所謂天地之心也故其首辭曰陽氣潛萌於黃鍾之宮信無不在其中天地之道可謂至信矣所謂信者有以見天地之心乎在人則誠也故天地聖人之心至信至誠悠久而不息所以爲天地人之至妙至妙者也雖然天地之心所可見者亦不過因時順理而

已因時順理所以謂之道也聖人由道而行豈有轍迹哉嗚呼所謂動靜之間者千聖之所歸萬生之所息能至此則可以知變化之道可以知生死之說不能至此則非所以謂之聖人也外於此者皆邪說妄行也學者欲求其至在乎默而識之不可以言傳也　人之一身實具天地萬物唯聖人則能反身而誠踐而履之聖人之明表裏洞照幽明洞燭天下之物無出之者以其能反觀也能反觀者以萬物皆備於我自



我而觀之也自我而觀物則能物物而不物於物不物於物故能以物觀物以物觀物者能無我故也君子之患在蔽於我衆人之患在蔽於物蔽於我蔽於物君子衆人雖不同其害道一也所以謂之觀物者天地亦物也而况於已乎已亦物也而况於人乎人亦物也而况於物乎夫天地人物至於一已皆同乎物矣然後能觀物非以目觀之而觀之以心也非觀之以心而觀之以理也以目觀物者見於前而蔽於後得

於近而遺於遠烏足以盡天下之物哉以心觀物者有所忿懥則不得其正有所恐懼則不得其正有所好樂則不得其正有所憂患則不得其正烏足以盡天下之物哉以理觀物則無遠無近無前無後無得而逃於吾之所觀矣所以能窮理盡性以至於命也理者窮之而後知性者盡之而後知命者至之而後知此三知者聖人之真知也聖人之能一萬物之情以其反觀也所以謂之反觀者不以我觀物也不以我觀



物者以物觀物之謂也我亦人也烏有所謂我哉我與人皆物也烏有所謂物哉無物無人無我矣然後能用天下之目爲己之目用天下之耳爲己之耳用天下之口爲己之口用天下之心爲己之心能合天下之耳目心口其於聞見謀論不亦廣大高遠乎惟其用天下聞見謀論以爲聞見謀論則夫何爲哉無爲而已矣故曰能爲至廣至遠至高至大之事而中無一爲焉豈不謂至神至聖者乎如是則天下之能事畢

矣故曰過此以往未之或知也

## 張載

張載字子厚稱橫渠先生宋鳳翔人子厚少喜談兵至欲結客取洮西之地年十八上書謁范文正公仲淹文正一見知其遠器責之曰儒者自有名教可樂何事於兵因勸讀中庸嘉祐初坐虎皮講易京師聽從者甚衆一夕二程至子厚與論易次日乃語弟子曰比見二程深明易道吾所不及汝輩可師之遂徹坐輟講與二程



語問學之要便渙然有省曰吾道自足何事旁求耶登進士第爲雲巖令熙寧初御史中丞呂正獻公公著薦之於朝上召入見問治道對曰爲治不法三代者終苟道也帝說以爲崇文校書他日見王安石安石問以新政子厚曰公與人爲善則人以善歸如教玉人琢玉宜有不受命者矣語多不合命案獄浙東獄成還朝會弟戩以言新法得罪子厚乃謁告西歸遂移疾不出居於橫渠故廬終日危坐左右簡編俯而讀

仰而思有得則識之或終夜起坐取燭以書學者有問多告以知禮成性變化氣質之道初子厚不輕與人言學明道先生曰道之不明久矣人各善其所習自謂至之必欲如孔門不憤不啓則師資勢隔道幾息矣隨其資而誘之雖識有明暗志有淺深亦皆各有得焉子厚用其言故關中學者與洛人並子厚每有意三代之治欲正經界分宅里立歛法廣儲蓄興學校成禮俗救災恤患敦本抑末皆有志未就會秦鳳帥



呂大防薦之乞召還舊職子厚曰是行也吾不敢以疾辭庶幾有遇焉及至都會有言者欲行古冠婚喪祭之禮詔下禮官禮官以爲古今異俗而子厚獨以爲可行議卒不決會有疾謁告歸行次臨潼而卒年五十八子厚嘗銘其書室之兩牖東曰砭愚西曰訂頑伊川曰是起爭端不若曰東銘西銘子厚謂范巽之曰吾輩不及古人病源何在范請問語之曰此非難悟設此語者蓋欲學者存意之不忘庶游心寖熟有一日

脫然如大寐之得醒耳熙寧九年秋子厚感異夢忽以所著正蒙屬門人曰此書乃余歷年致思之所得也其書曰太虛無形氣之本體其聚其散變化之客形爾至靜無感性之淵源有識有知物交之客感爾客感客形與無感無形惟盡性者一之○朱子曰太虛無形即太極本無極也　氣之爲物散入無形適得吾體聚爲有象不失吾常彼語寂滅者往而不返徇生執有者物而不化二者雖有間矣以言乎失道則均焉



聚亦吾體散亦吾體知死之不亡者可與言性矣　知虛空即氣則有無隱顯神化性命通一無二顧聚散出入形不形能推本所從來則深於易者也　氣之聚散於太虛猶冰凝釋於水知太虛即氣則無無故聖人語性與天道之極盡於參伍之神變易而已諸子淺妄有有無之分非窮理之學也　天體物不遺猶仁體事無不在也禮儀三百威儀三千無一物而非仁也昊天曰明及爾出王昊天曰旦及爾游衍無

一物之不體也　世人知道之自然未始識自
然之爲體耳　正明不爲日月所眩正觀不爲
天地所遷　聖不可知者乃天德良能立心求
之則不可得而知之　海水凝則冰浮則漚然
冰之才漚之性其存其亡海不得而與焉究是
足以究生死之說　誠明所明乃天德良知非
聞見小知而已　性者萬物之一源非有我之
得私也惟大人爲能盡其道是故立必俱立知
必周知愛必兼愛成不獨成　盡性然後知生



無所得則死無所喪　未嘗無之謂體體之謂
性　知性知天則陰陽鬼神皆吾分內爾　天
性在人正猶水性之在冰凝釋雖異爲物一也
受光有小大昏明其納照不二也　不識不知
順帝之則有思慮知識則喪其天矣　大其心
則能體天下之物物有未體則心爲有外世人
之心止於聞見之狹聖人盡性不以見聞梏其
心其視天下無一物非我孟子謂盡心則知性
知天以此天大無外故有外之心不足以合天

心見聞之知乃物交而知非德性所知德性所
知不萌於見聞　由象識心徇象喪心知象者
心存象之心亦象而已謂之心可乎　天之明
莫大於日故有目接之不知其幾萬里之高也
天之聲莫大於雷霆故有耳屬之不知其幾萬
里之遠也天之不禦莫大於太虛故心知廓之
莫究其極也人病其以耳目見聞累其心而不
務盡其心故思盡其心者必知心所從來而後
能　成心忘然後可與進於道化則無成心矣



成心者意之謂與　不得已當爲而爲之雖殺
人皆義也有心爲之雖善皆意也正己而物正
大人也正己而正物猶不免有意之累也有意
爲善利之也假之也無意爲善性之也由之也
有意爲善且爲未盡況有意於未善耶仲尼絕
四自始學至成德竭兩端之教也　不得已而
後爲與不得爲而止斯智矣夫　大易不言有
無言有無諸子之陋也　有不知則有知無不
知則無知是以鄙夫有問仲尼竭兩端而空空

易無思無爲受命乃如響洪鍾未嘗有聲由扣
乃有聲聖人未嘗有知由問乃有知　大海無
潤因暍者有潤至仁無恩因不足者有恩　從
心莫如夢夢見周公志也不夢欲不踰矩也不
願乎外也順之至也老而安死也故曰吾衰也
久矣　聖人設教便是人人可以至此人人可
以爲堯舜若是言且要設教在人有所不可到
則聖人之語虛設耳　憂道則凡爲貧者皆道
憂貧則凡爲道者皆貧　仁者人也當辨其人



之所謂人學者學所以爲人　天地之道無非
以至虛爲實人須於虛中求出實聖人虛之至
故擇善自精心之不能虛者有物榛礙金鐵有
時而腐山嶽有時而摧凡有形之物既易壞惟
太虛無動搖故爲至實詩云德輶如毛毛猶有
倫上天之載無聲無臭至矣　天地以虛爲德
至善者虛也虛者天地之祖天地從虛中來
有志於學者都更不論氣之美惡只看志如何
匹夫不可奪志也惟患學者不能勇　其學

三十年自來作文字說義理無限其有是者皆
只是億則屢中譬之穿窬之盜將竊取室中之
物而未知物之所藏處或探知於外人或隔墻
聽人之言終不能自到說得皆未是實觀古人
之書如探知於外人聞朋友之論如聞隔墻之
言皆未得其門而入不見宗廟之美家室之好
比歲方似入至其中知其中是美是善不肯復
出天下之議論莫能易此譬如既鑿一穴已有
見又若既至其中無燭未能盡室中之有須索



移動方有所見言移動者謂逐事要思譬之昏
者觀一物必貯目於一不如明者舉目皆見此
其不敢自欺亦不敢自謙所言皆實事學者又
譬之如有物而不肯捨去者有之以爲難入不
濟事而棄去者有之　此學以爲絕耶何因復
有此議論以爲興耶然而學者不傳孟子曰無
有乎爾則亦無有乎爾孔子曰天之未喪斯文
也匡人其如予何今欲功及天下必多栽培學
者則道可傳矣

## 謝良佐

謝良佐字顯道上蔡人與游酢楊時呂大臨在二程之門號四先生初上蔡見明道先生先生語之曰此秀才展拓得開將來可望也又一日謂曰爾輩在此只是學某言語故其學心口不相應盍若行之請問曰且靜坐上蔡自負該博初見明道每舉史書以對不遺一字明道曰賢却記得許多可謂玩物喪志矣上蔡汗流浹背面發赤明道云只此便是惻隱之心及見明道



讀史又却逐行看過不差一字上蔡大不服後來省悟乃將此事做話頭接引博學之士明道每謂上蔡雖小魯直是誠篤理會事有不透輒有沘憤悱如此上蔡見明道辭而歸尹子送焉問曰何以教我曰吾徒朝夕從先生見行則學聞言則識譬如有人服烏頭者方其服也顏色悅懌筋力彊盛一旦烏頭力去將如之何尹子反以告明道明道曰可謂益友矣既而見伊川伊川曰相別一年做甚工夫來上蔡曰也只去

得個矜字曰何故曰仔細點檢得來病痛盡在這裏若按伏得這個罪過方有向進處伊川點頭因語在坐曰此人爲學切問而近思者也上蔡後告歸應舉伊川曰何不止試太學上蔡對曰蔡人尠習禮記決科之利也伊川曰汝之是心已不可入於堯舜之道矣上蔡乃止是歲亦登進士第宰應城胡安國以典學使者行部過之不敢問以職事顧因介紹請以弟子禮見入門見吏卒植立庭中如土木偶人肅然起敬遂



稟學焉建中靖國初在書局召對忤旨出就監門之職坐飛語詔獄謫錮終身崇寧癸未卒年五十四所著有論語說文集語錄行於世　上蔡嘗曰知命雖淺近也要信得及將來做田地就上面下工夫予未及第時夢入內庭不見神宗但見太子垂涕而泣及釋褐而神宗晏駕哲宗嗣位乃知萬事眞實有命非人力所能計較也　吾平生未嘗干人在書局亦不謁執政或勸之吾對曰他安能陶鑄我我自有命若信不

及風吹草動便生恐懼憂喜　吾舊多恐怖每
於危階上蹈險以習之　或問色欲想已去多
時日伊川則不絕某則斷此二十來年矣又問
於勢利如何曰打透此關十餘年矣當初大故
做工夫揀難捨底棄却後來漸漸輕今日於器
物之類置之只爲合要用節無健羨底心　富
貴利達今人少見出做得者所以全看不得難
以好事期待他非是小事切須勉之透得名利
關便是小歇處然須藉窮理工夫至此而後可



望有入聖域之理不然休說　游定夫問曰公
於外物一切放得下否曰可謂切問矣實就上
面做工夫來曰如何做工夫曰凡事須有根如
人要富貴要他做甚必須有用處尋討要用處
病根將來斬斷便沒事　問洒掃應對上學邦
是太鑽眉不展招曰凡事不必須要高遠且從
小處看只如將一金與人如將天下與人雖大
小不同其實一也我若有輕物底心將天下與
人如一金與人相似我若有吝底心將一金與

人如將天下與人相似又如行於屋臺邊心便
恐懼行平地上心便安穩我若去得恐懼底心
雖履千仞之險亦只與行平地一般只如洒掃
不着此心怎洒掃得應對不着此心怎應對得
　嘗監西竹木場朱子發自太學往見之坐定
子發進曰震願見先生久矣今日之來無以發
問不識先生何以見教曰好待與賢說一部論
語子發愕然意日刻如此何由款其講說已而
具飯酒五行只說他話及茶罷掀髯曰聽說論



語首舉子見齊衰者冕衣裳者與瞽者見之雖
少必作過之必趨又舉師冕見及階子曰階也
及席子曰席也皆坐子告之曰某在斯某在斯
子張問曰與師言之道與子曰然固相師之道
也夫聖人之道無顯無微無內無外由洒掃應
對進退而上達天道本末一以貫之一部論語
只恁地看　或問劉安節進乎曰未見他有進
處所以不進者何只爲未有根因指庭前酴醾
口此花只爲有根故一年長盛如一年何以見

他未有進處曰不道全不進只他守得定不變
却亦早是好手如康仲之徒皆忘却了又曰所
謂根者只管看便是根不是外面別討箇根來
或問呂與叔問常患思慮紛擾程夫子答以
心主於敬則自然不紛擾何謂敬曰事至應之
不與之俱往非敬乎萬變而此心常存奚紛擾
之有　敬是常惺惺法心齋是事事放下其理
不同　或問程門教人說敬却遺了恭中庸說
篤恭而天下平又不說敬如何恭敬不同曰不



同恭是平聲敬是仄聲舉座大笑　問佛氏有
不怕念起只怕覺遲之說曰豈免念起然須識
得念起病　問人有智愚之品不同何也曰無
氣稟異耳然則可變與曰其性本一何不可變
之有性本體也目視耳聽手舉足運見於作用
者心也自孟子沒天下學者向外馳求不識自
家寶藏被他佛氏窺見一斑半點遂將擎拳豎
脚底事把持在手敢自尊大輕視中國學士大
夫而世人莫能與之爭又從而信向歸依之使

聖學有傳豈至此乎　生本無可好人之所以
好生者以欲也死本無可惡人之所以惡死者
亦以欲也生求稱其欲死懼失其欲衝衝天地
之間莫不以欲爲事而心學不傳矣　問求仁
如何下工夫曰如顏子視聽言動上做亦得如
曾子顏色容貌辭氣上做亦得出辭氣者猶佛
所謂從此心中流出今人唱一喏不從心中出
便是不識痛癢古人曰心不在焉視而不見聽
而不聞食而不知其味不見不聞不知味便是



不仁死漢不識痛癢了　問言動非禮郎可以
止視聽如何得合禮曰四者皆不可易易則多
非禮故仁者先難而後獲所謂難者以我視以
我聽以我言以我動也　謂呂晉伯甚好學初
理會仁字不透吾因曰世人說仁只管着愛上
怎生見得仁只如力行近乎仁力行關愛甚事
何故却近乎仁推此類具言之晉伯因悟曰公
說仁字正與尊宿門說禪一般　仁之爲道惟
舉之莫能勝行之莫能至而語之亦難其語愈

博其去愈遠〻古人語此者多矣然而終非仁也
如恭寬信敏惠爲仁若不知仁則止知恭寬信
敏惠而已克己復禮爲仁若不知仁則止知克
己復禮而已出門如見大賓使民如承大祭此
特飭身而已何以見其爲仁有子之論蓋亦如
此爾惟孝弟者近仁然而孝弟非仁也今夫出
必告反必面冬溫夏凊昏定晨省亦可以爲孝
矣閭巷之人亦能之長幼有序徐行後長者亦
可以爲弟矣閭巷之人亦能之然而以閭巷之



人爲有道不可也以爲終不可入道亦不可也
但孝弟可以爲仁可以入道在念不念之間蓋
仁之道古人猶難言之其可言者止此而已若
實欲知仁則在力行自省察吾事親從兄時此
心如之何知此心則知仁矣　人能自觀其過
則知其所以觀此即吾之仁　天下之事若數
一二本無可惑窮理不盡則惑本無可憂有私
害心則憂雖生死亦分內事本無可懼中無主
則懼蓋自其〻不惑則以知名〻之自其無往而不

陽明本
此

自得則以仁〻之自其無恐懼心則以勇名〻之
名雖不同要之只是道則一　知者心有所覺也
非聞見之所及只於聞見能擇而從之識之與
心知殊異故曰知之次也　人須識其真心見
孺子將入井時是真心也非思而得也非勉而
中也如惡惡臭如好好色不是安排來　二十
年前往見伊川伊川曰近日事如何某對曰天
下何思何慮伊川曰是則是有此理賢却發得
太早說了又却道恰好着工夫也　上蔡說某



好

到山林中靜處便有喜意覺著此不是伊川曰
人每到神廟佛殿處便敬何也只是每常不敬
見彼乃敬若還常敬則到佛殿廟宇亦只如此
不知在鬧處此物安在直到靜處乃覺上蔡云
只有這些子已覺伊川曰這回比舊時煞長進
　問死生之說曰人死時氣盡也曰有鬼神否
曰余當時亦曾問明道先生明道曰待向你道
無來你怎生信得及待向你道有來你但去尋
討看曰此便〻是答底語横渠說得來別這個便

是天地間妙用須是將來做個題目入思議始得講說不濟事曰況魂滯魄影響底事如何曰須是自家看得破始得以爲有亦不可以爲無亦不可這裏有妙理於若有若無之間須斷置得去始得曰如此却是鶻突也曰不是鶻突自家要存便存自家要無便無始得鬼神在虛空中辟塞滿觸目皆是爲他是天地間妙用祖考精神便是自家精神　動而不已其神乎滯而有迹其鬼乎往來不息神也僵仆歸根鬼也致



生之故其鬼神致死之故其鬼不神何也人以爲神則神以爲不神則不神矣　學者須是胸懷擺脫得開始得有見明道先生擺脫得開爲他所過者化問見個甚道理便能所過者化曰呂晉伯下得一轉語好道所存者神便能所過者化所過者化便能所存者神　橫渠云性性爲能存神物物爲能過化甚親切　橫渠教人以禮爲先大要欲得正容謹節其門人下稍頭溺於刑名度數之間行得來困無所見處遂生厭

倦故其學無傳之者明道先生則不然先使學者有知識却從敬入正容謹節外面威儀非禮之本　問學者未能便窮理莫須先省事否曰非事上做不得工夫也須就事上做工夫如或人說動中有靜靜中有動有此理然靜而動者多動而靜者少故多著靜不妨人須是卓立中塗不得執一邊又曰昔日用功處甚多但不敢說與諸公恐諸公以謂須得如此昔伯淳先生教予予只管著他言語伯淳曰與賢說話却是



扶醉漢救得一邊倒了一邊只怕人執著一邊　此理有言下悟者有數年而悟者有終身不悟者總老嘗問一官員云默而識之是識個甚無入而不自得是得個甚　朱子曰孔孟只說爲仁上蔡却說知仁人能見得此心便是爲仁上蔡之說一轉而爲張子韶再轉而爲陸子靜上蔡所不敢衝突者子韶盡衝突之子韶所不敢衝突者子靜盡衝突之上蔡說仁說覺分明是禪如云見此消息不下工夫之類是也李氏

曰不因文公言那得知顯道竊測曰上蔡之語
皆文公手定乃削去其百餘章內稱五十餘章
詆程氏以助佛說疑是江民表所著削之或宜
而此外五十章者不知何故亦并削之耳大抵
文公以前諸儒之書未有不爲所刪削者至於
程氏遺書亦自云去取之則凡不合於文公之
意者皆所不録而全書多不傳矣 可惜

游酢

游酢字定夫建陽人以文行知名所交皆天下



士雖少而老師宿儒咸推先之伊川見之京師
謂可與適道明道興扶溝縣學招使肄業定夫
欣然往從之得其微言第進士調蕭山尉近臣
薦其賢召爲太學録遷博士以奉親不便求知
河陽縣晚爲監察御史歷知三州卒年七十一
定夫德宇粹然問學日進政事亦絕人遭時清
明不究所用士論惜之有中庸論語說垂於世
定夫曰道未始有名感於善而出則善之名立
托於物而生則性之名立 仁人心也則仁之

爲仁得其本心而已且心之本體一而已矣非
事事而爲之物物而愛之又非積日累月而後
可至也一日反本復常則萬物一體無適而非
仁矣故曰一日克己復禮天下歸仁焉天下歸
仁取足於已而已非有藉於外故曰爲仁由己
而由人乎哉顏淵請事斯語至於非禮勿動則
不離於中其誠不息而可久矣故能三月不違
仁雖然三月不違者其心猶有所操也至於中
心安仁則縱目之所視更無亂色縱耳之所聽



更無奸聲無思也無爲也寂然不動感而遂通
天下之故則發育萬物彌綸天地而何克己復
禮三月不違之足言哉此聖人之能事而對時
育物者所以博施濟衆也曰然則聖與仁烏乎
辨曰仁人心也操之則爲賢縱之則爲聖苟未
至於縱心則於博施濟衆未能無數數然也
呂居仁以書問定夫曰儒道以爲順此父子君
臣夫婦朋友兄弟則可以至於聖人佛道去此
則可以至於聖人吾丈既從二程學後又從諸

禪遊則二者之論必無滯閡敢問所以不同何也定夫答云佛書所說世儒亦未深考往年嘗見伊川云吾之所攻者迹也然迹安所從出哉要之此事須親至此地方能辨其同異不然難以口舌爭也前輩往往不曾看佛書故詆之如此之甚而其所以破佛者乃佛書自不以為然者也朱子曰程門高第皆入禪學去必程先生當初說得高了他們只睥見上一截少下面着實工夫



明道篇　埽音掃堤岸也　泅音囚浮行水上也　責沈文、葉公沈諸梁借葉以責也

游酢篇　睥音卓[illegible]也

# 聖學宗傳卷之八

東越　周汝登編測　陶望齡訂正　王繼晃　王繼櫟　參閱

## 楊時

楊時字中立宋將樂人稱龜山先生熙寧九年中進士第時河南程明道與弟伊川講學於熙豐之際河洛之士翕然師之龜山調官不赴以師禮見明道於潁昌明道甚喜每言曰楊君最會得容易其歸也明道目送之曰吾道南矣四



年而明道死龜山聞之設位哭寢門而以書赴告同學者後又見伊川於洛龜山蓋年四十矣伊川偶瞑坐龜山與游定夫侍立不去伊川既覺則門外雪深尺許矣龜山杜門不出者十年久之歷知瀏陽餘杭蕭山三縣皆有惠政龜山安於州縣未嘗求聞達而德望日重四方之士多從之游時天下多故有言於蔡京者以為事至此必敗宜引舊德老成置諸左右庶幾猶可及時宰是之會有使高麗者國王問龜山安在

復四以聞於京乃召爲著作郎及面對奏曰堯舜曰允執厥中孟子曰湯執中洪範曰皇建其有極歷世聖人由斯道也熙寧之初大臣文六藝之言以行其私祖宗之法紛更殆盡元祐繼之盡復祖宗之舊熙寧之法一切廢革至紹聖崇寧抑又甚焉况元祐之政著在令甲皆焚之以滅其迹自是分爲二黨縉紳之禍至今未殄臣願明詔有司條具祖宗之法著爲綱目有宜於今者舉而行之當損益者損益之元祐熙豐



姑置勿問一趨於中而已聞金人入攻龜山謂執政曰今日事勢如積薪已然當自奮厲以竦動觀聽昔汲黯在朝淮南寢謀論黯之才未必能過公孫弘也特其直氣可以鎮壓姦雄之心耳朝廷威望弗振使姦雄一以弘輩視之則無復可爲也及金人圍京城勤王之兵四集而莫相統一龜山言當立統帥一號令示紀律而後士卒始用命金兵初退議者欲割三鎮以講和龜山又極言其不可疏上欽宗詔出師而議

者多持兩端及李綱罷太學諸生伏闕上書一時軍民集者數十萬朝廷欲乞用時以靖太學龜山得召對欽宗乃以龜山兼國子祭酒言王安石宜追奪王爵毀去配享之像使邪說淫詞不爲學者之惑疏上安石遂降從祀之列士之習王氏學取科第者已數十年不復知其非忽聞以爲邪說議論紛然諫官馮澥力主王氏上疏詆之龜山遂請閒高宗即位除工部侍郎陛對言自古帝王未有不以典學爲務已而告老致



政優游林泉以著書講學爲事龜山在東郡所交皆天下士先達陳瓘鄒浩皆以師禮事之暨渡江東南學者推爲程氏正宗與胡安國往來講論尤多龜山浮沉中外四十有七年晚居諫省僅九十日凡所論列皆切於世道後朱熹張栻之學得程氏之正其源委脈絡皆出於龜山卒年八十三謚文靖龜山之出人多議之朱子曰龜山此行固自有病但只後人又何曾夢到他地位在曰龜山天資高朴實簡易然所見

肯綮

四語是至針

三者同病

一定更不須窮究衣服也只據見定終日坐門限上人犯之者不校其簡易率皆如此龜山嘗曰學者須有所疑乃能進德然須用力深方有疑今之士讀書爲學蓋自以爲無可疑者故其學莫能相尚　六經之義驗之於心而然施之行事而順然後爲得　解經欲得理通而語簡舊嘗解易簡而天下之理得云行其所無事不亦易乎一以貫之不亦簡乎如是則天下之理得矣　學者讀書之法以身體之以心驗之從



容默會於燕閒靜一之中超然自得於書言象意之外　學者若不以敬爲事便無用心處致一之謂敬無適之謂一　夫爲巳之學正猶饑渴之於飲食非有悅乎外也以爲弗飲弗食則饑渴之病必至於致死人而不學則失其本心不足以爲人其病蓋無異於饑渴者此固學之不可已也然古之善學者必先知所止知所止然後可以漸進倀倀然莫知所之而欲望聖賢之域多見其難矣此理宜切求之不可忽也

要緊

觀孔門弟子其事師雖至於流離困餓瀕於死而不去非要譽而規利也所以甘心焉者其所求也大矣流離困餓且瀕於死有不足道者學者知此然後知學之不可已矣　語李似祖曰孺子將入井而人見之者必有惻隱之心疾痛非在巳也而爲之疾痛何也似祖曰出於自然不可巳也曰安得自然如此若體究此理知其所從來則仁之道不遠矣　語羅從彥曰今之學者只爲不知爲學之方又不知學成要何用



此事體大須曾著力來方知不易若只要傳古通今爲文章作忠信愿慤不爲非義之士而巳則古來如此等人不少然以爲聞道則不可學而不聞道猶不學也　唐虞以前載籍未具而當是之時賢聖若彼其多也晚周以來下歷秦漢以迄於今文字之多至不可以數記然曠千百年欲求一人如顏曾者而不可得則是道之傳固不在於文字而古之聖賢所以爲聖賢者其用心必有在矣　學者皆知聖人知聖人然

後知所以學舜在深山中與木石居鹿豕游無以異於深山之野人也而四岳知其可以托天下顏淵在陋巷終日如愚然而孟子稱其與禹稷同道夫豈苟言哉其中必有誠然不可掩者夫舜之可以託天下顏淵之可以爲禹稷其必有在矣學者不可不知也知此則知所以爲學矣

伏羲畫八卦書斷自堯典是時雖六經之文未有也況他書乎舜在深山與木石居鹿豕游固非有誦記操筆涉墨爲文詞也其學果安



自乎夫舜聖人也生而知之無事乎學可也二十有二人相與共成帝業者豈皆生知耶然則聖人之所以爲聖賢人之所以爲賢其學必有在矣漢之諸儒若賈誼相如司馬遷輩用力亦勤矣自書契以來簡冊所存下至陰陽星曆山經地志蟲魚草木殊名詭號該洽無一或遺者其文宏妙殆非後儒能造其域然稽其道學淵源論篤者終莫之與也

夫盈天地之間孰非道乎道而可離則道有在矣辟之四方有定位焉適東則離乎西適南則離乎北斯則可離也若夫無適而非道則烏得而離耶故寒而衣饑而食日出而作晦而息耳目之視聽手足之舉履無非道也此百姓所以日用而不知也

道也者忘之不可不忘不可惟必有事焉而勿正心不下帶而道存者得之當識在前在衡時豈有物叅倚也

禮樂法度莫非妙道所存蓋聖人與民共由也民特不知耳乃若學者則於禮樂法度之外自有覺處所謂知也

聖人所謂



性與天道者亦豈嘗離夫灑掃應對之間哉其始也即此而爲學其卒也非離此以爲道

世儒之論曰性之有習習之有善惡譬如火之能熱與其能焚也孟子之謂善得火之能熱者也是火之得其性也荀子之所謂惡得火之能焚者也火之失其性者也夫天地之間有夫婦而後有父子此物之所同然也故木以金尅之而火生焉木與火未嘗相離蓋子母之道也火無形麗木而不焉非焚之則火之用息矣何熱之

爲學之方
明心

有哉而謂熱者火之得其性焚者火之失其性
其察物也蓋亦不審矣　極高明而不道乎中
庸則賢智者過之也道中庸而不極乎高明則
愚不肖者之不及也世儒以高明中庸析爲二
致非知中庸也夫道若大路行之則至故孟子
曰堯舜之道孝悌而已矣其爲孝弟乃在乎行
止疾徐之間非有甚高難行之事皆夫婦之愚
所與知者雖舜顏不能離此而爲聖賢也百姓
特用而不知耳　李郁請見於餘杭告之曰學



者當知古人之學何所用心學之將以何用若
曰孔門之學仁而已則何爲而謂之仁若曰仁
人心也則何者而謂之人心耶　容貌衣服食
息之際道之微也聖人於此本無意於中節蓋
日月有明隨其受光而照之有志者稍察於斯
道庶幾乎　問論語言仁處何語最爲親切曰
皆仁之方也若正所謂仁則未之嘗言也故曰
子罕言利與命與仁要道得親切唯孟子言仁
人心也最爲親切　孟子對人君論事句句未

說着歐陽公病
傳法

嘗離仁此所謂王道也曰安得句句不離仁乎
曰須是知一以貫之之理曰一以貫之仁足以
盡之否曰孟子固曰一者何也仁也　孟子一
部書只是要正人心人能正心則事無足爲者
矣大學之脩身齊家治國平天下其本只是正
心誠意而已心得其正然後知性之善孟子遇
人便道性善永叔却言聖人之教人性非所先
永叔論列是非利害文字上儘去得但於性分
之內全無見處更說不行人性上不可添一物



堯舜所以爲萬世法亦只是率性而已　易曰
君子敬以直內義以方外夫盡其誠心而無僞
焉所謂直也若施之於事則厚薄隆殺一定而
不可易爲有方矣敬與義本無二所主者敬而
義則自此出焉故有內外之辨其實義亦敬也
故孟子之言義曰行吾敬而已　發而中節中
固未嘗亡也孔子之慟孟子之喜因其可慟可
喜而已於孔孟何有哉其慟也其喜也中固自
若也鑑之照物因物而異形而鑑之明未嘗異

也莊生所謂出怒不怒則怒出於不怒出爲無爲則爲出於不爲亦此意也若聖人而無喜怒哀樂則天下之達道廢矣　學始於致知終於知止而止焉致知在格物物固不可勝窮也反身而誠則舉天下之物在我矣　知萬物皆備於我則數雖多反而求之於吾身可也故曰盡巳之性則能盡人物之性以巳與人物無二故也　會物於一巳而後能公天下之好惡而不爲私焉　反身者反求諸身也蓋萬物皆備於



我非自外得反諸身而巳反身而至於誠則利人者不足道也反身而誠則當體而足無所克也故反身與克巳異意耳　通天下一氣耳合而生盡而死凡有心知血氣之類無物不然也知合之非來盡之非往則其生也浮漚其死也氷釋如晝夜之常無足悅戚者　易於咸卦初六言咸其拇六二言咸其腓九三言咸其股九五言咸其脢上六言咸其輔頰舌至九四一爻由一身觀之則心是也獨不言心惟忘心而待

物之感故能無所不應　志可以爲善亦不害其未化故在學者則爲切論至道則爲病由與回中人以上者也夫子姑使之篤志乎不可也使之捐志乎不可也其曰盍各言爾志則二人者於此可以省發矣又安知兩人者不由是夫有以啟廸其心與願車馬衣輕裘與朋友共敝之而無憾此篤志者也至願無伐善無施勞篤志不足以言之也老者安之朋友信之少者懷之此非志也聊以答子路之問而巳　形色天



性與釋氏色空之論一也　龜山過黄庭詹季魯家季魯問易龜山取一張紙畫個圈子用墨塗其半云這便是易（和陳營中自警詩二首）畫前有易方知易畫上求玄恐未玄白首紛如成底事蠹魚徒自老青編　盈科日進幾時休到海方能止衆流只恐違多狂未歇坐馳還愛鏡中頭（別游定夫）黽勉吾將仕謀身力巳分漆雕懸未信子夏又離群慘淡交情重開闢道路勤至言宜遠寄孤陋願頻聞　蠡測曰甚矣

大習見習聞之可畏也王氏之學比於聖門若蓍素薰猶至易辨者而天下習之數十年遂莫覺其非龜山一旦起而救正乃衆議紛然上疏力詆使龜山不得安其位邪正之易淆如此然而王氏之終不能勝正者猶以其立朝相業流禍顯然與夫士人誦習僅數十年之近故耳向使其不爲輔相敗闕不彰以詖襲詖延至數百年之久則當有無如之柰者矣正道難宣而積心莫挽甚矣夫習見習聞之可畏也豈特王氏



哉又曰晦翁云龜山言饑食渴飲手持足行便是道夫手持足行未是道手容恭足容重乃是道也目視耳聽未是道視明聽聰乃是道也不然桀紂亦會手持足履目視耳聽如何便喚做道嗟乎此正學問一大關鍵處也夫世有一種恣情任欲之人目睇承當則晦翁之言不可忽但執定晦翁之言彼赤子持行而已視聽而已不知其他將亦不得爲道乎哉晦翁又云如徐行後長與疾行先長都一般是行只是徐行

後長方是道若疾行先長便不是道豈可說只認行底便是道然而伊川語道只曰行處是伊川之語非有漏也晦翁又云伊川言夏葛冬裘饑食渴飲若着些私吝心便是廢天職須看着些私吝心字夫悟此則可逼于二家之旨矣蓋視聽行持本來是道所以非者只因着此私心故耳心苟不着渾如赤子則時徐行而徐行時趨進而趨進視即爲明聽即爲聰率其視聽行持之常何所不是而復求加哉明道云非禮勿



視聽言動積習儘有功禮在何處故學者但防其非而已無別有是也若心已無非更求一般道理并疑其在之視聽行持皆以爲未是則頭上安頭爲道遠人性學之所以不明而工夫之所以反害也可不辨哉晦翁又云龜山言伊尹之耕于莘野此農夫田父之所日用者而樂在是如此則世間伊尹多矣夫堯舜與人同伊尹豈不與世間同哉伊尹曰予天民之先覺者也伊尹不過先覺而已非有所異也其堯舜君民

身親見之亦不過覺其未覺而已不能增益之也故凡百其非者不覺也別求是者亦不覺也學覺而已有多術哉

○呂大臨

呂大臨字與叔藍田人早學於張橫渠後見二程而卒業焉以門廕入仕不應舉或問其故曰不敢揜祖宗之德與叔嘗云性一也流形之分有剛柔昏明者非性也有三人焉皆一目而別乎色一居乎密室一居乎帷箔之下一居乎廣



廷之中三人所見昏明各異豈目不同乎隨其所居蔽有厚薄耳作中庸解畧云所謂中者性與天道也謂之有物則不得於言謂之無物則必有事焉不得於言者視之不見聽之不聞無聲形接乎耳目而可以道也必有事焉者莫見乎隱莫顯乎微體物而不可遺者也古之君子立則見其參於前在輿則見其倚於衡是何所見乎洋洋乎如在其上如在其左右是果何物乎學者見乎此則庶乎能擇中庸而執之隱微

之間不可求之於耳目不可道之於言語然其所謂昭昭而不可欺感之而能應者正惟虛心以求之則庶乎見之又曰中者不易之定理故以爲教如此則是以中爲一好事用以立教非自然之理也與張天驥書云我心廣大如天地視其形骸之身但如螻蟻耳與叔後來亦看佛書朋友以書責之與叔云某只是要看他道理如何元豐庚申歲伊川行雍華間關西學者相從者六七人伊川以千錢掛馬鞍比就舍則亡



矣僕夫曰非晨裝而亡之則涉水而墜之矣伊川不覺嘆曰千錢可惜坐中二人應聲曰千錢亡去甚可惜也次一人曰千錢微物何足爲意後一人曰水中囊中可以一視人亡人得又何嘆乎伊川曰使人得之則非亡也吾嘆夫有用之物若沉水中則不復爲用矣至雍以語與叔曰人之器識固不同自上聖至於下愚不知有幾等同行者數人耳其不同也如此與叔曰夫數子之言何如伊川曰最後者善與叔曰誠善

矣然觀先生之言則有體而無用也伊川云與叔六月中來緱氏閒居中某嘗窺之見其儼然危坐可謂敦篤矣學者須恭敬但不可令拘迫拘迫則難久也楊龜山云晉伯兄弟中皆有見處晉伯作詩咏曾點事曰函丈從容問且酬展才無不到諸侯可憐曾點惟鳴瑟獨對春風咏不休與叔有詩云學如元凱方成癖文到相如始類俳獨立孔門無一事只輸顏子得心齋晉伯名大忠與叔之兄也與叔作禮儀詩云禮儀



三百復三千酬酢天機理必然寒即加衣饑即食孰爲末後孰爲先克己詩云克己工夫未肯加吝驕封閉縮如蝸試於清夜深思省剖破藩籬即大家作克己銘曰凡厥有生均氣同體胡爲不仁我則有己立己與物私爲町畦勝心橫生擾擾不齊大人存誠心見帝則初無吝驕作我蟊賊志以爲帥氣爲卒徒奉辭於天誰敢侮予且戰且倈勝私窒慾昔爲寇讎今則臣僕方其未克窘我室廬婦姑勃谿安取其餘亦既克

之皇皇四達洞然八荒皆在我闥誰曰天下不歸吾仁痒痾疾痛舉切吾身一日至之莫非吾事顏何人哉晞之則是初與叔婦翁張天祺嘗謂人曰吾得顏回爲壻矣元祐中爲太學博士遷秘書省正字范祖禹薦其好學修身如古人可爲講官未及用而卒朱子曰與叔本是箇剛的氣質涵養得到如此故聖人以剛爲君子柔爲小人若不剛終不能成

○尹焞



尹焞字彦明一字德充世爲洛人年十七爲舉子時教授蘇昞一見大奇之謂曰子以狀元及第即學乎唯復科舉之外更有所謂學者彦明疑之一日昞因會茶舉盞以示曰此豈不是學彦明遂往見伊川年十九應進士舉策問誅元祐黨籍彦明嘆曰以此策士吾尚可以干祿乎不對而出告於伊川曰吾不復應進士舉矣伊川曰汝有母何以爲養彦明歸白母陳夫人曰焞非應舉策問如此焞不忍答而出焞將不復

真實語　致言可報　高

應舉矣恐無以爲養毋曰汝以仕可爲善耶汝以學可爲善耶彦明曰皆爲善爾毋曰吾但知汝以善養不知以祿養彦明喜出告伊川伊川曰賢哉毋也於是終身不就舉彦明從師與張繹同時諫官范致虛上言曰程頤倡爲異端尹焞張繹爲之羽翼彦明益不欲仕靖康初种師道薦備勸講召至京師不欲留賜號和靖處士而歸次年金人陷洛彦明闔門受害死復甦門人舁置山谷中而免建炎初爲劉豫所劫徒步



奔蜀寓涪有旨召赴行在授崇政說書五辭不許力疾赴講筵必欲以所言感悟君意頃之乞歸田里不允上諭參知政事劉大中曰尹焞學問淵源足爲後進矜式班列中得老成人爲之領袖亦足以見朝廷氣象詔焞講尚書又詩講筵初開講好之者不如樂之者彦明曰此安而有之上語中書舍人呂本中曰此尹焞受用處除彦明左通直權禮部侍郎是時秦檜力主和議彦明在病中上疏力諫以爲不可又以書切

皆出于　心

責秦檜檜大怒彦明力辭乞歸得觀祠而去次年乞老得旨寓會稽二年卒年七十二彦明嘗問伊川如何是道伊川曰行處是彦明一日讀易至敬以直內處因問曰不習無不利時則更無覩當更無計較也耶伊川深以爲然且曰不易見得如此論動靜之際彦明曰說着靜便多一箇動字說動亦然動靜只是一理陰陽死生亦然彦明復請益於伊川伊川曰試喻之適聞寺鐘聲彦明曰譬如此寺鍾方其未撞時聲固在



也伊川喜曰且更涵養一日看大學有所得舉以告伊川伊川曰如何彦明但誦心廣體胖而已彦明嘗言學者所以學爲人也門人徐度問曰度有意於學而未知所以爲問彦明曰此語自好若果有此意歸而求之有餘師一日學者侍坐問難紛然王德脩曰不必多問但去行取且如人理會惟精惟一允執厥中只管說如此是精如此是一臨了中却不見彦明曰精一則中矣彦明言經雖以誦說而傳亦以誦說而陋

又曰趙岐謂孟子通五經尤長於詩書某謂孟子精通於易孟子踐履處皆是易也試讀易一遍然後看孟子便見彥明深不信伊川格物令日格一件明日格一件之說嘗語人曰放教虛閑自然見道彥明在從班時朝士迎天竺觀音於郊外彥明與往有問何以迎觀音也曰衆人皆迎某安敢違衆又問曰然則拜乎曰固將拜也問者曰不得已而拜之抑誠拜也曰彼亦賢者也見賢斯誠敬而拜之矣彥明日看金剛經



一部有問之者彥明曰毋命不敢違呂稽中曰和靖之學學聖人者也曰聖人必可以學而至也而不可以爲也於聖人六經之言耳順心得如出諸己

○張繹

張繹字思叔河南壽安人家甚微年長未知學爲人傭作見縣官出入傳呼道路心頗慕之問人何以得如此人告之曰此讀書所致也即發憤力學遂以文名預鄉里計偕既又謂科舉之學不足爲也至僧寺見道楷禪師悅其道將祝髮從之時周行己官河南謂之曰子他日程先生歸可從之學無爲祝髮也會伊川歸自涪陵思叔往受學伊川賞其穎悟因讀孟子志士不忘在溝洫勇士不忘喪其元有自得處後更窮理造微少能及之未及仕而卒蠡測曰志士二句近袁氏深得其解兩不忘自有所指志士雖在溝洫而不忘勇士雖至喪元而不忘所謂造次顛沛必於是也與叔所得常在於此若謂時



時以死亡爲念亦何意哉

○羅從彥

羅從彥字仲素南劒人自幼不爲言語文字之學及長篤志求道聞同郡龜山先生得河南程氏學慨然慕之及龜山爲蕭山令遂徒步往學焉龜山熟察之乃喜曰惟從彥可與言道於是日益以親龜山弟子千餘人無及仲素者仲素初見龜山三日即驚汗浹背曰不至是幾虛過一生矣龜山以孟子饑者甘食渴者甘飲與夫

人能無以饑渴之害為心害則不及人不為憂矣令仲素思索且云此語若易知易行而有無窮之理仲素思之數日疏其義以呈龜山云更於心害上一着猛省仲素一生服膺此語故學問日新尤不可及嘗與龜山講易至乾九四爻云曩聞伊川先生說得甚好仲素卽鬻田裹糧至洛見伊川伊川反覆以告仲素謝曰聞之龜山具是矣乃歸卒業於龜山摳衣侍席二十餘載旣而築室山中絕意仕進終日端坐間謁龜



山於將樂溪上吟咏而歸恒充然自得也嘗采祖宗故事為尊堯錄靖康中擬獻闕下會國難不果與學者論治嘗曰祖宗法度不可廢德澤不可恃又曰士之立朝要以正直忠厚為本論士曰周孔之心使人明道學者果能明道則周孔之心深自得之三代人才得周孔之心而明道者多故視死生去就如寒暑晝夜之移而忠義行之者易至漢唐以經術古文相尚而失周孔之心故經術自董生公孫弘倡之古文自韓

愈柳宗元啟之於是明道者寡故視死生去就如萬鈞九鼎之重而忠義行之者難焉嗚呼學者所見自漢唐喪矣又曰古人所以進此道者必有由而然夫中庸之書世之學者盡心以知性躬行以盡性者也而其始則曰喜怒哀樂之未發謂之中其終則曰夫焉有所倚肫肫其仁淵淵其淵浩浩其天此言何謂也差之毫釐謬以千里故大學之道在知所止而已苟知所止則知學之先後不知所止則於學無自而進矣滌



雕開之學曰吾斯之未能信曾點之學曰異乎三子者之撰顏淵之學曰回雖不敏請事斯語矣而孔子悅開與點稱顏回以庶幾蓋許其進也此三子之所自勉者也故以聖賢則莫學而非道以俗學則莫學而非物郡人李侗新安朱松執弟子禮從之游終日相對靜坐令靜中看喜怒哀樂未發時作何氣象侗退居室中亦只靜坐相從累年盡得所傳之奧紹興中就特科授惠州博羅縣主簿卒於官年六十四學者稱

曰豫章先生謚文質羅革曰仲素篤志好學必欲到聖人止宿處朱子曰龜山倡道東南士之游其門者甚衆然潛心力行任重詣極惟仲素一人而已又曰羅先生嚴毅清苦殊可畏

○胡安國

胡安國字康侯建寧崇安人康侯自幼時已有出塵之趣彊學力行以聖人爲標的中進士第靖康初康侯奏曰明君以務學爲急聖學以正心爲要心者事物之宗正心者揆事宰物之權



也願擇名儒明於治國平天下之本者虛懷訪問以深發聖智欽宗每見臣僚登對即問識胡安國否中丞許翰曰自蔡京得政士大夫無不受其籠絡超然遠跡不爲所汙如安國者實鮮朱震被召見康侯問出處之宜康侯曰子發學易二十年此事當素定矣行已大致去就語默之機如人飲食其饑飽寒温必自斟酌不可決諸人亦非人所能決也吾平生出處皆内斷於心浮世利名如蠛蠓過前何足道哉子發震字也康侯所與游者游定夫謝顯道楊中立皆程門高第顯道常語人曰胡康侯如大冬嚴雪百草萎死而松栢挺然獨秀者也康侯罷官僚友餞行呼樂戲以待而楊中立具朝膳留康侯離萊蕭然引觴徐酌置語孟案間清坐講論不覺日晷之云暮也自王安石廢春秋不列於學宫康侯謂先聖手所筆削之書潛心二十餘年以爲天下事物無不備於此每嘆曰此傳心要典也康侯少欲以文章名世既學道乃不復措意



紹興八年卒謚文定

○胡宏

安國有子勝父

胡宏字仁仲稱五峯先生康侯季子也自幼志於大道嘗見楊中立於京師又從侯仲良於荆門而卒傳其父之學優游衡山下餘二十年玩心神明不舍晝夜綜事物於一原貫古今於一息所著書曰知言　或問心有死生乎曰無死生曰然則人死其心安在曰子既知其死矣而問安在耶或曰何謂也曰夫惟不死是以知之

又何問焉或者未達仁仲笑曰甚哉子之蔽也子無以形觀心而以心觀心則其知之矣　彪居正問心無窮者也孟子何以言盡其心曰惟仁者能盡其心　居正問爲仁曰欲爲仁必先識仁之體曰其體何如曰仁之道弘大而親切知者可以一言盡不知者雖說千萬言亦不知也能者可以一事舉不能者雖指千萬事亦不能也曰萬物與我爲一可以爲仁之體乎曰子以六尺之軀若何而能與萬物爲一曰若身不



能與萬物爲一心則能矣曰人心有百病一死天下之物有一變萬生子若何而能與之爲一居正竦然而去　心無不在本天道變化爲世俗應酬參天地備萬物人之爲道至大也至善也放而不知求耳聞目見爲已蔽父子夫婦爲已累衣裘飲食爲已欲既失其本矣猶皆曰我有知論事之是非方人之長短終不知其陷溺者悲夫故孟子曰學問無他求其放心而已矣道克乎身塞乎天地而拘於軀者不見其大

存乎飲食男女之事而溺於流者不知其精凡天命所有而衆人有之者聖人皆有之人以情爲有累也聖人不去情人以才爲有累也聖人不病才人以欲爲不善也聖人不絶欲人以術爲傷德也聖人不棄術人以憂爲非達也聖人不忘憂人以怨爲非弘也聖人不釋怨然則何以別於衆人乎聖人發而中節而衆人不中節也中節者爲是不中節者爲非挾是而行則爲正挾非而行則爲邪正者爲善邪者爲惡而



世儒乃以善惡言性邈乎遼哉　張栻求見仁仲辭以疾他日見孫正孺而告之曰渠家好佛宏見他說甚正孺以語栻栻方悟前此不見之因於是再謁之語甚相契遂受業焉仁仲初以蔭補官不調秦檜當國貽書其兄寅問二弟何不通書意欲用之仁仲書辭甚厲人問之曰正恐其召故示以不可召之端檜死被召竟以疾辭卒於家

劉子翬

何所事

劉子翬字彥冲稱屏山先生建州崇安人以父忠顯公韐死靖康之難痛忿幾無以爲生廬墓三年服除通判興化軍彥冲始執喪致羸疾至是以不堪吏事辭歸屏山下潭溪之上俯仰其間盡棄人間事自號病翁獨居一室危坐或竟日夜㖠然無一言或詠歌以自適閒走忠顯墓下瞻望徘徊涕泗嗚咽累日而返與藉溪胡憲白水劉勉之爲道義友相見講學外無一雜言凡所與游皆海內知名士初朱元晦父韋齋公



且死以元晦托彥冲元晦以童子侍左右彥冲亦但以舉子見期元晦竊窺見其所自爲與教人若不相似暇日請焉彥冲欣然嘉其志示之入門誨誘不倦一日元晦問平昔入道次第彥冲曰吾少未聞道官莆田時以疾病始接佛老之徒聞其所謂淸靜寂滅者而心悅之以爲道在是矣比讀吾書而有契焉然後知吾道之大其體用之全乃如此抑吾於易得入道之門焉所謂不遠復者則吾之三字符也佩服周旋罔

可惜不傳

是真

可惜不傳

敢失墜汝尚勉哉又作蒙齋記曰三代而下易學廢矣六國之士爲談說所蒙兩漢之士爲章句所蒙晉魏之士爲虛無所蒙隋唐之士爲辭章所蒙皆處偏滯而不反如波滾沙反以自渾如谷騰霧反以自暝初不知其豁然者常在也今吾與二三子旣知之矣可不兢兢肅肅以養其聖耶作十論自堯舜以至孟子皆揭明其大旨諸論散見堯舜等篇之下或問朱元晦曰屏山十論之作全以死生爲言似以此爲大事了



元晦曰他本是釋學但只是翻騰出來說許多話耳又問原道謂軻之後不得其傳程子以爲非見得眞實不能出此語屏山乃以爲孤聖道絕後學何如元晦笑曰屏山只要說釋子道流皆得其傳耳彥冲始得微疾即謁家廟泣別母與親朋訣召姪珙付以家事指葬處處親戚孤弱之無業者旣已則與學者論說脩身求道之要作訓誡數百言彈琴賦詩澹然如平日居兩日而沒年四十七

以書已見大意

○李侗

李侗字愿中世號延平先生南劒之劒浦人幼而穎悟少長聞郡人羅仲素得河洛之學於龜山之門以書謁之曰侗聞之天下有三本焉父生之師教之君治之闕其一則本不立古之聖賢莫不有師七十二子之徒得孔子而益明孟氏之後道失所傳其聚徒相傳授者句讀文義而已謂之熄焉可也惟先生服膺龜山之講席有年况嘗及伊川之門得不傳之道於千五百



歲之後侗之愚鄙欲操篲以供掃除幾年于茲矣徒以習舉子業不得復役於門下而今日拳拳欲求教者以謂所求有大於利祿也道可以治心猶食之充飽衣之禦寒也人有迫於饑寒之患者皇皇焉爲衣食之謀造次顛沛未始忘也至於心之不治有沒世不知慮豈愛心不若口體哉弗思甚矣侗生二十有四歲茫茫乎未有所止燭理未明而是非無以辨宅心不廣而喜怒易以搖操履不完而悔吝多精神不充

而智巧襲揉焉而不淨守焉而不敷朝夕恐懼不啻如饑寒切身者求充饑禦寒之具也此侗所以愿受業於門下以求安身之要故吾可舍今我尚存昔之所趣無途轍之可留今之所受無關鍵之能礙氣質之偏者將隨學而變染習之久者將釋而融日有孳孳死而後已侗當守此不敢自棄於門下因受學焉仲素清介絕俗雖里人鮮克知之見愿中從游受業或頗非笑愿中若不聞從之累年受春秋中庸語孟從



容潛玩有會於心於是退而屏居山田結茅水竹之間謝絕世故餘四十年食飲或不充而怡然自得講誦之餘危坐終日以驗夫喜怒哀樂未發之前氣象爲如何而求所謂中者久之而知天下之大本眞有在乎是也既得其本觸處洞然泛應曲酬發必中節事親誠孝左右無違仲兄性剛多忤愿中事之致誠盡敬更得其懽心焉其接後學答問窮晝夜不倦隨人淺深誘之各不同而要以反身自得爲本故其[illegible]曰學

問之道不在多言但黙坐澄心體認天理久久用力於此庶幾漸明講學始有力耳其語中庸曰聖門之傳是書其所以開悟後學無遺策矣然所謂喜怒哀樂未發謂之中者又一篇之指要也若徒記誦而已則亦奚以爲哉必也體之於身實見是理若顔子之歎卓然不違乎心目之間然後無所不通則庶乎其可以言中庸矣又曰學者之病在於未有灑然氷解凍釋處縱有力持守不過苟免顯然尤悔而已若是者恐



未足道也如孔門諸子群居終日相交切磨又得夫子爲之依歸日用之間感化雖多恐於融釋脱落處非言說所及也不然子貢何以言夫子之言性與天道不可得而聞也耶又曰讀書者知其所言莫非吾事而即吾身以求之則凡聖賢所至而吾所未至者皆可知矣若直以文字求之悅其詞義以資誦說其不爲玩物喪志者幾希又曰心者貫幽明通有無論性曰動靜眞僞善惡皆對而言之是世之所謂動靜眞僞

善惡非性之所謂動靜眞僞善惡也惟求靜於未始有動之先而性之靜可見矣求眞於未始有僞之先而性之眞可見矣求善於未始有惡之先而性之善可見矣又曰天下之理無異道也天下之人無異性也性惟不可見孟子始以善形之惟能自性而觀則其致可求苟自善而觀則理一而見二謝上蔡曾有手簡云大事未辦延平云不必如此死而後已何時是辦又曰罪已責躬固不可無然過此以往又將柰何常



留在胸中却是積一團私意也到此境界須推求其所以愧悔不去爲何而來就本源處推究涵養之令漸明即此等固滯私意當漸化矣建安朱韋齋松與延平爲同門友雅敬重焉嘗與沙縣鄧廸語及延平鄧曰愿中如氷壺秋月瑩徹無瑕非吾曹所及其後朱元晦從延平游延平曰元晦進學甚力樂善畏義吾黨鮮有晩得此人商量所疑甚慰此人極頴悟力行可畏某昔於羅先生得入處後無朋友幾放倒了得渠

如此極有益此子初講學時頗爲道理所縛今
漸能融釋若於此漸熟則體用合矣此道理全
在日用處熟若靜處有而動處無即非矣又謂
元晦曰公恁地懸空理會得許多道理而面前
事却理會不下道亦無他玄妙只在日用間著
實做工夫處便自見得晚年閩帥汪應辰來迎
將相與講所疑延平因往見之至帥治坐語未
終而卒年七十有一謚文靖朱元晦曰熹早從
延平李先生學受中庸之書求喜怒哀樂未發



之旨未達而先生沒又云李先生教人大抵令
於靜中體認大本未發時氣象分明即處事應
物自然中節此乃龜山門下相傳指訣然當時
親炙之時貪聽講論又方竊好章句訓詁之習
不得盡心於此至今若存若亡無一的實見處
辜負教育之意每一念此未嘗不愧汗沾衣也
又云中和二字皆道之體用舊聞李先生論此
最詳後來所見不同遂不復致思今乃知其爲
人深切然恨已不能盡記其曲折矣如云人固
有無所喜怒哀樂之時然謂之未發則不可言
無主也又言致字如致師之致又如先言愼獨
然後及中和此亦嘗言之但當時既不領略後
來又不深思遂成蹉過孤負此翁耳又云舊見
李先生嘗說少從師友幸有所聞中間無講習
之助幾成廢墮然賴天之靈此箇道理時常只
在心目間未嘗敢忘此可見其持守之功矣然
則所見安得而不精所養安得而不熟耶或問
元晦曰延平欲於未發之前觀其氣象觀只恁



平常否元晦曰此是以不觀觀之

○張九成

張九成字子韶別稱無垢居士其先開封人徙
居錢塘幼時父積書坐旁命客就試子韶置卷
歛衽曰精麤本末初無二致勿謂紙上語不足
多下學上達某敢以聖賢爲法諸老驚嘆曰眞
奇童子也十四游郡庠閉閤終日寒折膠暑爍
金不越戶限比舍生穴隙視之則歛膝危坐對
眞大編若與神明伍乃相驚服而師尊之游京

世出世法
太何此說
云

師從楊龜山學權貴托人致幣曰肯從吾游當
薦之館閣子韶笑曰王良尚羞與嬖奚乘吾可
爲貴游客耶紹興二年上將策進士詔考官直
言者置高第子韶對策畧曰禍亂之作天所以
開聖人也願陛下以剛大爲心無以憂驚自沮
今閭巷之人皆知有父兄妻子之樂陛下貴爲
天子冬不得溫夏不得凊昏無所定晨無所省
感時遇物悽惋於心而不思所以還二聖之車
乎射策至晡未畢貂璫促之子韶曰未也方談



及公等上覽其對擢置第一龜山曰廷對自更
科以來未之有也策中言及僞豫事豫聞之不
勝其忿手劔以屬客子韶曰欺天罔人惡積禍
稔殆自斃矣授鎮東軍簽判未幾授檄歸子韶
既歸從學者日衆子韶遜辭不獲乃言曰幼而
學壯而行大學平天下之道自格物入夫子不
踰矩之道自志學入一心之所營卽經綸天下
之業一身之所履卽綏定國家之事耳目乃禮
樂之原夢寐乃居處之驗諸君亦深求而自得

之可以無愧所學可矣後出其門者多爲聞人趙
鼎薦於朝遂以太常博士召遷著作郎上言我
宋家法曰仁而已仁之發見尤在於刑陛下以
省刑爲急而理官不以省刑爲念願詔理官活
幾人者與減磨勘從之除浙東提刑力辭乃與
祠以歸未幾復除宗正少卿兼權刑部侍郎嘗
有所奏上曰朕只是一箇誠子韶曰陛下對群
臣時如此退居禁中時如何上曰亦只是箇誠
子韶又問對宮嬪時如何上方經營荅語子韶



奏云只此便是不誠一日論日食曰日食之變
本於惡氣惡氣之萌本於惡念上聳然曰誠在
朕念慮間當爲卿戒之上嘗曰易牛微事孟子
遽謂是心足以王何也子韶曰陛下不須疑疑
則心與道二不忍一牛仁心著見此則王道之
端推此以往華夏蠻貊根荄鱗介皆在陛下仁
政中豈非王道乎又問顓俊尊上帝語子韶曰
陛下之心卽上帝也招徠賢俊格其心於未萌
是乃所以尊之也他日上語近臣曰朕於張九

成所得甚多及趙鼎罷相秦檜使諭之曰大凡立朝須優游委曲子韶曰未有枉已而能直人因入見而奏曰外議以臣爲趙鼎之黨雖臣亦疑之上問其故子韶曰臣每造鼎見其議論無滯不覺坐久則人言臣爲鼎黨無足恠也再章求去中丞何鑄因言其矯僞欺俗明附趙鼎落職丁父憂既免喪秦檜取旨上曰自古朋黨畏人主知之此人獨無所畏可與宮觀先是徑山僧宗杲善談禪理從游者衆子韶時往來其間



爲莫逆交檜恐其議已令司諫詹大方訟頊者鼓唱浮言謗訕朝政九成實爲之首徑山僧宗杲和之乞投遠方以爲傾邪者之戒乃落職編置南安軍前歩帥解潛亦謫居焉病劇子韶往省之謂曰太尉平日所懷亦有不足者否潛泣曰一生惟仗忠義誓與虜死以雪國恥而不肯議和遂爲秦檜所斥此心惟天知之子韶曰無愧此心足矣何必天知然人亦無不知者但有遲速耳潛曰聞侍郎此言心中豁然某今即去

矣奄然而逝子韶壯之因嘆曰武人一念正氣猶待人之央况吾儕讀聖賢書平日安可不明此心乎上一日謂秦檜曰九成今在何處檜曰九成今以唱異惑衆爲臺臣所論既與郡乃乞觀其意終不肯爲陛下用上曰九成清貧不可無祿九成既謫居談經自若手不停披歳久庭磚足蹟依然乃題其柱曰予平生嗜書老來目病執卷就明於此者十四年矣倚立積久雙趺隱然可一笑也又自號橫浦居士廣帥致籯金



子韶曰吾何敢苟取悉歸之檜死起知温州戶部遣吏督軍糧民苦之子韶移書痛陳其弊戶部持之子韶即丐祠歸數月病卒贈太師封崇國公謚文忠子韶嘗手執一紙扇過數夏破即補之一皮履汙敝闕裂亦不易頭上烏巾用紗不過一二尺許乃以疏布漬以墨汁作巾至夏則暴之或致墨汁流面亦不問筆用禿筆紙用故紙以至衣服飲食皆不揀擇麄惡尤甚或問子韶此是性耶抑愛惜不肯妄用耶子韶曰汝

如此爲格方不偏

且道我用心每日在甚處若一一自去頭至足理會此形骸卻費了多少工夫我不被他使且要我使他此等話頭是學道之士脩行老僧方說得世人往往以我爲鄙吝以我爲迂僻我見世人役役然爲此身所擾自早至夜應副他不暇特可爲發一笑耳　論格物致知曰內而一念外而萬事無不窮其終始窮而又窮以至於極盡之地人欲都盡一旦廓然則性善昭昭無可疑矣　講人皆曰予智曰人皆用智於銓品



是非而不知用智於戒慎恐懼使移銓品是非之心於戒慎恐懼智孰大焉　讀子美野色更無山隔斷天光直與水相通已而嘆曰子美此詩非特爲天光野色凡悟道理透徹處境界皆如此　或謂學者多爲聞見所累如何先生曰只緣自家無主人　或問古人卓然獨見者誰爲最先生曰伊尹或問何謂先生曰伊尹去堯舜之世已遠絕無師承堯傳之舜舜傳之禹寂寥數百載伊尹斷然號於人曰予天民之先覺

者也不是獨見得到何由敢自任如此　道非虛無也日用而已矣以虛無爲道足以亡國以日用爲道則堯舜三代之勳業也　或問學者欲正心如何下工先生曰須明乎善不然又恐錯認　或問古人云窮當益堅老當益壯合如此否先生曰才著力便有息時若見得透人正不如此費力　或問原始反終以知死生之說如何是死生之說先生曰原反處是其說　或問精氣爲物游魂爲變是故知鬼神之情狀如



何是鬼神情狀先生曰物變便是情狀　或問先生嘗云處名欲晦如何是晦的道理曰毋作意　或問孔子言仁未始有定名如言仁之本仁之方以剛毅木訥近以克伐怨欲不行爲難樊遲之問則異于子貢司馬牛之問則異于子張顏淵之問則異于仲弓文子止得爲淸子文止得爲忠管仲止得爲如往往皆無一定之說而先生論仁每斷然名之以覺不知何所見先生曰墨子不覺遂於愛上執著便不是仁今醫

家以四體不覺痛癢爲不仁則覺痛癢爲仁矣自此推之則孔子皆於人不覺處提撕之遠其已覺又自指名不得　或問游定夫言在春風和氣中三月來乃自明道處來不知春風和氣渠認作何意先生曰便是天地發育時節所見一草一木皆明道也　道無形體所用者是苟求其用用亦無體仁即是覺覺即是心因心生覺因覺有仁脫體是仁無覺無心有心生覺已是區別於區別中熟則融化矣　東坡言君子



雖嘗寓意于物而不留意于物此說甚然何獨物也道亦爾耳釋氏言執着不得放着不得此亦有理學到自知難以口說　或問夾谷之會與大禹治洪水周公膺戎狄異否先生曰合如此故如此何異之有　佛氏說到身心皆空處爲上義當孔子告顏子以一日克己復禮天下歸仁此是甚境界或云其坐忘而不知斯人物我都無了如何擬議得　或問巧不如拙明不如晦進不如退動不如靜其理如何先生曰如

此叫頑然如一石矣當都去了不容則道理自在　學有所得亦難言言之所得亦難盡今謂所學所言可盡皆是用意中來　視世間無非く而人處幻中不覺乃認喜怒愛惡爲眞不知喜怒愛惡從何而生以爲本有則非物不形以爲本無則不可責之于木石其間號爲自覺者往往又是認幻爲覺覺即幻也無幻不覺因覺知幻則覺又不可認着兒喜怒愛惡乎　或問萬物皆備於我矣反身而誠樂莫大焉得



非于誠上用功否先生曰須自知有我始得　欲上學之淺深當察其所疑有疑必有見無疑則無見矣見之深則所疑亦深見之淺則所疑亦淺因其疑而決其所見未有不進者　人之所見如登石梯一級高一級則一見高一見有人未及登梯而輒論梯上事皆出於億度非特人不信往往渠亦不自信　或問科舉之學亦壞人心術更不理會脩身行已是何事先生曰學者先識見若有識者必知理趣孰非脩身行

觀向室尼和盤托出矣

已之事議論正當見得到處皆是道理　或問學文者多矜學道者多退理與先生曰文至退處學方有趣不獨道也然文外又安得別有箇道　螻蟻蚯蚓聚會橫行偶步其上往往驚懾戲游于野禽墜于庭荷戈角逐爭欲掩捕喜不自勝何見於彼而不見於此耶人惟其不善推耳　論語頌（聞一）豈是於回果不如只緣聞道尚多疎若還眞箇能聞一安得其他更有餘（文章天道）既是文章可得聞不應此外尚云云



如何夫子言天道肯把文章兩處分　（曰唯）門人唯諾亦尋常彼此如何較短長自是傍人不會識指爲鳴鳳在朝陽　（如立卓爾）見得分明乃謂如分明如此尚爲疎莫于見處留形迹方信心齋萬象虛　（顏回好學）三千七十固多哉好學如何獨有回若論不遷與不貳無人肯向此中來　（不如樂之者）算來此亦是尋常不比其他味較長孔子絃歌顏子樂大家相見莫商量　（默識）不因聞見得心傳此理於吾甚曉然

若使一流聞見裡故知厭倦有時焉　（吾無隱乎爾）日月光明滿六虛奈緣聾瞽自爲無試敎借問傍人看可是吾曹隱爾乎　（不夢周公）向也於公隔一重尋思常在夢魂中如今已與心相識爾自西行我自東　（禹吾無間然）擔板人多見一問聖人心思甚周旋方知大禹同夫子彼此觀之無間然　（鄉黨）一篇鄉黨盡威儀夫子尋常豈自知若使區區故如此其勞終亦不勝爲　（季路問事鬼神）若欲言之固亦難鬼神



情狀若無端要之行盡吾人事彼此何嘗有兩般　（天下歸仁）雖然此影不離形莫向形中便認眞形影兩忘都不見當於此處認斯人　（文之以禮樂）四者相資體亦成體成須要得兼明當知禮樂非文具乃是其間造化名　（君子之德風）君子何常去小人小人如草去還生但令鼓舞心歸化不必區區務力爭　（惟堯則之）巍巍蕩蕩抑神堯賢智奸邪混一朝無物不歸吾造化去天安得尚遙遙　（如其仁）仁體從來不

可名方圓隨處便成形要之自在初無加以力為之恐失絕（是知津矣）宣尼頗意在斯人故爾令由去問津大是斯人能會意知津此語亦為真（耰而不輟）看來桀溺與長沮固是其言大闊疎若論耰鋤全不輟這般風味亦難如（子絕四）以毋為絕絕非毋自謂門人見處疎若使聖人真箇絕不知毋理却何如（上智下愚不移）性習自然分遠近智愚安得便無移困而不學民斯下愚者要當且力為



尹焞篇　舁音輿共舉也

# 聖學宗傳卷之九

東越　周汝登編測　王繼晃
　　　陶望齡訂正　王繼炳　參閱

## 朱熹

朱熹字元晦間自稱曰仲晦世婺源人居紫陽山下父松以不附和議去國因仕入閩宋建炎四年庚戌九月十五日生元晦於南劒尤溪之寓舍後居建陽之考亭幼甫能言父指示曰此天也問曰天之上何物父異之就傳授以孝經



一閱封之題其上曰不若是也非人父病且亟屬曰籍溪胡原仲白水劉致中屏山劉彥冲三人吾友也學有淵源吾所敬畏吾即死汝往事之而惟其言之聽則吾死不恨矣元晦既孤則以奉三君子而稟學焉時年十有四遂慨然有求道之志年十八貢於鄉明年中進士第主泉州同安簿年二十四受業於李延平之門延平於其父為同門友元晦歸自同安不遠數百里徒步往從之孝宗即位詔求直言因上封事明

年復召入對乾道三年訪張南軒栻於長沙因與南軒論中庸大義三日夜而不能合四年編程氏遺書因程氏門人所録爲序次去取之五年丁内艱八年編次語孟精義及通鑑綱目九年作太極圖傳通書觧淳熈二年吕東萊祖謙訪元晦於寒泉精舍編次近思録因送東萊至鵝湖陸象山九淵兄弟來會相與講其所聞不合而罷三年除秘書郎會有言虚名之士不可用者以故再辭主管武夷山冲佑觀四年語孟



集註周易本義成五年除知南康軍再辭不許元晦自同安歸奉祠家居幾二十年涵養充積今始授任至郡訪白鹿洞書院遺址奏復其舊又奏乞勅額及註疏諸書每休沐輙一至諸生質疑問難退則相與徜徉泉石間竟日乃返又求栗里陶靖節之居西澗劉屯田之墓孝子能仁瞻之閭旌顯之八年陸象山來訪請書其兄九齡墓誌元晦請象山爲諸生講君子小人喻義利章元晦以爲切中學者隱微深痼之疾刻

之石時浙東大饑易提舉浙東常平茶塩事即日單車就道拊問存䘏所活不可勝紀九年以賑濟有功進直徽猷閣辭知台州唐仲友與時相王淮同里爲姻家遷江西提刑未行元晦行部得其在郡姦贓事劾之爲淮所匿元晦論愈力淮不得已奪仲友新命授元晦辭不拜遂歸十年差主管台州崇道觀自是學者尊信益衆永康陳亮以文雄於時元晦與書箴其義利雙行王霸並用且謂漢唐行事非三綱五常之正



求康有書來辨難元晦數書往復極力開諭十三年易學啓蒙成十四年除提點江西刑獄公事十五年淮罷相遂力疾入奏是行也有要之於路以正心誠意爲上所厭聞者元晦曰吾平生所學只有此四字及奏上除兵部郎以疾告本部侍郎林栗嘗與論易西銘不合劾元晦本無學術徒竊張載程頤緒餘謂之道學所至輙携門生數十人妄希孔孟歷聘之風邀索高價不肯供職其僞不可掩上曰林栗言似過欲易

以他部時相竟授以前江西之命元晦行且辭除主管嵩山崇福宮未踰月復召辭又促召具封事投匭以進謂天下之大本在陛下之心今日之急務則輔翼太子選任大臣振舉綱紀變化風俗愛養民力修明軍政六者是也一心正則六事無有不正矣凡幾千言疏入夜漏下七刻上已就寢亟起秉燭讀之終篇明日除崇政殿說書元晦當孝宗朝陛對者三上封事者一孝宗亦開懷容納是時元晦已年五十有九故



於封事之末有曰日月逾邁如川之流一往而不復不惟臣之蒼顏白髮已迫遲暮而竊仰天顏亦覺非昔時矣忠誠懇惻讀者為之涕下然元晦之言皆痛詆大臣近習故孝宗之眷雖厚而嫉者愈深光宗即位除江東轉運副使改知漳州紹熙元年赴任因地震及足疾不赴錫晏自劾明年除荊湖南路轉運副使四年永嘉陳傅良報書云來徵詩說年來未嘗落筆愚見願以雅頌之音消鑠群慝訓詁章句付之諸生又

謂二十年間聞見異同無從就正間欲以書相之念長者前有長樂之爭後有臨川之辯如求康往還動數千言更相切磋未見其益而學者轉相夸毗浸失本旨以此益覺書不能宣要須請見究此衷曲耳寧宗初在潛邸聞熹名每恨不得為本宮講官及郎位首召奏事兼實錄院同修撰進講大學元晦進講後復以前所講者編次成帙以進上亦開懷容納且面諭以求放心之說甚善所進冊子宮中當讀之今後更為



點來慶元元年丞相趙汝愚罷韓侂胄誣元晦不軌復謫永州元晦自念身雖退尚帶侍從職名不敢自嘿遂草書極言姦邪蔽主之禍詞旨痛切諸生更諫以筮決之遇遯之同人元晦默然乃取諫稾焚之自號遯翁沈繼祖為監察御史上章詆元晦詔落職罷祠自元晦去國侂胄勢益張以學為偽稍以儒名者無所容其身從游之士特立不顧者屏伏丘壑依阿巽懦者更名他師過門不入甚至變易衣冠以自別其非

黨元晦與諸生講學竹林精舍有勸以謝遣生徒者笑而不答先是臺諫皆韓侂胄所引爭欲以元晦爲奇貨然皆未敢先發而胡紘未達時嘗謁元晦於建安元晦待學子惟脫粟飯紘不悅語人曰此非人情隻雞尊酒山中未爲乏也遂與沈繼祖共論元晦十罪因有奪職之命門人蔡元定亦送道州編管已而選人余嚞上書乞斬熹以絶僞學宰臣謝深甫抵其書於地語同列曰朱元晦蔡元定不過自相講明耳果何



罪乎事乃止元晦素有足疾既又加以痞隔之症六年三月己未夜爲諸生說太極圖庚申夜復說西銘辛酉改大學誠意章午刻暴下不能興甲子移寢中堂良久而逝葬於建陽縣唐石里之大林谷嘉定元年賜謚曰文　先生多有不可爲之歎漢卿曰前年侍坐聞先生云天下無不可爲之事兵隨將轉將逐符行今乃謂不可爲曰便是這符不在自家手裏　漢卿又問前年侍坐所聞似與今別前年云近方看得這

道理透今忽發歎以爲只如此不覺老了還當以前是就道理說今就勳業上說曰不如此自是覺得無甚長進於上面猶覺得隔一膜　近日方實見得向日支離之病雖與世俗功利權謀不同然忘己逐物貪外虛內之失則一而已今自家一個身心不知安頓去處而談王說覇將經世事業別作一個伎倆商量講究不亦誤乎　此理甚明何疑之有若使道可以多聞博觀而得則世之知道者爲不少矣熹近日因事



方有少省發處如鳶飛魚躍明道以爲與必有事焉勿正之意同者乃今曉然無疑日用之間觀此流行之體初無間斷處有下工夫處乃知日前自誑誑人之罪蓋不可勝贖也此與守書册泥言語全無交涉於日用間察之知此則知仁矣　孟子言學問之道惟在求其放心而程子亦言心要在腔子裏今一向耽著文字令此心全體都奔在書册子上更不知有己便是個無知覺不識痛癢之人雖讀得書亦何益於吾

事耶瞑目靜坐却得收拾放心覺得日前外面走作不少頗恨盲廢之不早也　近日覺向來說話有大支離處反身以求正坐自己用功亦未切耳覺得此心操存舍亡只在反掌之間向來誠是太涉支離蓋無本以自立則事事皆病耳近來自覺向時工夫止是講論文義却於日用工夫全少檢點今方深省而痛懲之亦欲與諸同志勉焉幸徧以告之也　舊讀中庸愼獨大學誠意毋自欺處常若求之太過措詞煩



猥近日乃覺其非至於文字之間亦覺向來病痛不少蓋平日解經最爲守章句者然亦多是推衍文義自做一片文字非惟屋下架屋說得意味淡薄且是使人看者將註與經作兩項工夫做了下稍看得支離至於本旨全不相照以此方知漢儒可謂善說經者不過只說訓詁訓詁經文不相離異只做一道看了直是意味深長也　或問大學解已定否曰據其而今自謂穩矣只恐數年後又見不穩　年來覺得日前

爲學不得要領自做身主不起反爲文字奪精神不是小病近看孟子見人即道性善稱堯舜此是第一義若於是看得透信得及直下便是聖賢便無一毫人欲之私做得病痛若信不及孟子又說箇第二節工夫又只引成覸顏淵公明儀三段說話教人如此發憤勇猛向前此外更無別法若於此有個奮迅興起處方有田地可下工夫不然即是畫脂鏤氷無眞實得力處也　因其良心發見之微猛省提撕使心不



昧則是做工夫的本領本領既立自然下學而上達矣若不察良心發見處即渺渺茫茫恐無下手處也多識前言往行固君子之所急向來所見亦是如此近因反求未得個安穩處却始知此未免支離如所謂因諸公以求程氏因程氏以求聖人是隔幾重公案近乃知存久自明何待窮索之語是眞實不誑語若知此心此理端的在我則參前倚衡自有不容捨者亦不待求而得不待操而存矣　日前爲學緩於反己

追思凡百多可悔者所論註文字亦坐此病多無着實處回首茫然計非歲月功夫所能救治以此愈不自快　向時也杜撰說得終不濟事如今方見得分明方見得聖人一言一字不吾欺只今六十一歲方理會得恁地若或去年死也則枉了　其覺得今年方無疑理會得時今老而死矣能受用得幾年然十數年前理會不得死又却可惜蠡測曰巳上諸語陽明多揭爲晚年定論雖語中不明言何年而語意可推矣



夫論以晚定則前當有未定者存或先生改而未逮門人記而未詳而後人一槩泥之遂以失先生之旨故不肖一以定論爲準而擿其語於後嗟乎觀先王前後諸語而知先生之於道也深矣　佛經云我佛爲一大事因緣出現於世聖人亦是爲一大事出現於世　咬得破時正好咀味　若只是握得一箇鶻崙的果子不知裏面是酸是鹹是苦是澁須是與他嚼破便見滋味　須是信得及這件物事好笑不信便了

不得。這箇物事要得不難如饑之欲食渴之欲飲如救火如追亡似此年歲間看得透活潑潑地在這裏流轉方是　只是揮扇底只是不得背着他　無極而太極而今人都想像有箇光明閃爍底物事在那裏却不知本是說無這物事而今自家喫他着他受用他起居食息都在這裏離他不得　將與人看不得要討箇無聲無臭底道雖視之不見聽之不聞然却開眼便看見開口便說着　這物事須教看得精透



後一日千里始得而今都只泛泛在那皮毛上理會都不曾抓着那痒處濟得甚事　如今不敢說時習須看得見那物事方能時習如今都看不見　今學者要緊且要分別箇路頭要緊是爲巳爲人之際爲巳者直拔要理會這個物事欲自巳理會得不是漫恁地理會且恁地理會做好看教人說道自家也曾理會來這假饒理會得十分是當也都不關自巳身事須要先理會這箇路頭蠡測曰巳上皆先生妙悟之旨

可以神領而不可以言求今人但知讀先生之
粗而不知味先生之精也　爲學先須立得大
腔當了却旋去裏面修治壁落教綿密今人多
是未曾知得個大規模先是修治得一間半房
所以不濟事　若能於一處大處攻得破見那
許多零碎只是一個道理方是快活今且道那
大底是甚物事天下只有一箇道理學只要理
會得這一箇道理這裏纔通則凡天理人欲義
利公私善惡之辨莫不皆通　聖人雖千言萬



語千頭萬項然一透都透　或問氣質之偏如
何救得曰才說偏了又著一箇物事去救他偏
越見不平正了越討頭不見要緊只是看教大
底道理分明偏處自見得如暗室求物把火來
便照見若只管去摸索費盡心力只是摸索不
見若見得大底道理分明有病痛處也自會變
移不自知不消得費力　若不見得入頭處緊
也不可慢也不可若識得路頭須是莫斷了若
斷了便不成如雞抱卵看來抱得有甚煖氣只

被他常常恁地抱得成若把湯去盪便死了若
抱纔住便冷了不生然而實見得入頭處也自
不解住了自要做去　堯舜禹湯也只是這道
理如人刺繡花草不要看他繡得好須看他下
針處如人寫字好不要看他寫得好只看他把
筆處　學者工夫但患不得其要若是尋究得
這個道理自然頭頭有個着落貫通浹洽各有
條理如或不然則處處窒礙學者常談多說持
守未得其要不知持守甚底說擴充說體驗說



涵養皆是揀好底言語做個說話必有實得力
處方可所謂要於本領上理會者蓋緣如此
問眞知者還當眞知人欲是不好物事否曰如
克伐怨欲却不是要去就克伐怨欲上面要知
得到只是自就道理這邊看得透則那許多不
待除而自去若實是看得大底道理要去求勝
做甚麼要去矜誇他人做甚麼求仁而得仁又
何怨怨個甚麼耳目口鼻四肢之欲惟分自安
欲個甚麼見得大處分明這許多小小病痛都

如氷消瓦觧無有痕跡矣　學問之先止是致
知所知果至自然透徹不患不進謙請云知得
須要踐履曰不真知得如何踐履得若是真知
自住不得　人若有堯舜許多聰明自然做得
堯舜許多事業若要一一理會則事變無窮難
以料理　諸生工夫不甚超詣只從大本上理
會逐旋挨去自會超詣今有學者在其門者其
於考理非不精當說得來置水不漏直是理會
得好然所爲却顛倒錯繆全然與所知者相反

聖學宗傳　卷之九　十四

只是不曾在源頭上用力故也時舉云如此者
不是知上工夫欠乃是行上全然欠耳曰也緣
知得不實故行得無力此心虛明萬理具足外
面理會得者卽裏面本來有底只要自大本而
推之達道耳本領上欠了工夫外面都是閑蠡
測曰已上皆提綱挈領處　聖人教人諄諄不
已只是發明此理十五志學所志只在此三十
而立所立只在此四十而不惑又不是別有一
般道理只是見得明行得到爲賢爲聖皆只在

此聖人恐人未悟故如此說又如彼說這裏旣
說那裏又說　上下數千年真是昭昭在天地
間前聖後聖相傳所以斷然而不疑夫子之所
教者教乎此也顏子之所樂者樂乎此也圓轉
處儘圓轉直截處儘直截先知所以覺後知先
覺所以覺後覺　自天地以先羲黃以降都郎
是這一箇道理亘古今未嘗有異　堯之所說
也只是這箇舜之所說也只是這個以至於禹
湯文武所說也只是這箇又如詩中周公所贊

聖學宗傳　卷之九　十五

頌文武之盛德也只是這箇　大學經傳有辭
經處有只引經傳贊揚處其意只是提起一事
使人讀着常惺惺地　聖賢言語大約似乎不
同然未始不貫只如夫子言非禮勿視聽言動
出門如見大賓使民如承大祭言忠信行篤敬
這是一付當說話到孟子又却說求放心存心
養性大學又有所謂格物致知正心誠意至程
先生又專一發明一個敬若只恁看似乎參錯
不齊千頭萬緒其實只是一理蠡測曰已上只

是說何嘗支離以是知後之學者自支自離於先生無與也　學問就自家身已上切要處理會方是那讀書底已是第二義自家身上道理都具不曾外面添得來　讀書不可紙上求義理須反來就自家身上推究　今人讀書多不就切已上體察但於紙上看文義上說得去便了如此濟得甚事因提案上藥囊起曰如合藥便要治病終不然合在此看　一向只就書冊上理會不曾體認着自家身已不濟事如說



仁義禮智曾認得自家如何是仁自家如何是義如何是禮如何是智須是着身已體認得如讀學而時習之自家曾如何學自家曾如何習不亦說乎曾見得如何是說須恁地認始得功夫到後誦聖賢言語都一似自已言語良久曰佛所言心印是也印第一個了印第二箇只與第一箇一般又印第三箇只與第二箇一般　不可只做面前物事看了須是向自身上體認教分明如道家存想有所謂龍虎亦只是就

身上存想　佛家一向撤去許多事只理會自身已今世儒者能守經者理會講解而已看史傳者計較利害而已不理自身已說甚別人長短　如今理會道理且要識得箇頭若不識得箇頭假饒句句說得段段記得也都是閒話若識得頭上有源頭下有歸着看聖賢書便句句着實句句爲自家身已設要知這源頭是甚麼只在身已上看　只除了這道理是眞實法外見世間萬事顛倒迷妄耽嗜戀着無一不是戲



劇眞不堪着眼也世間萬事須臾變滅皆不足置胸中惟有窮理修身爲究竟法耳蠡測曰已上語語歸身　自古聖賢皆以心地爲本聖賢千言萬語只要人不失其本心　凡學須要先明得一箇心然後方可學譬如燒火相似必先吹發了火然後加薪則火明矣若先加薪而後吹火則火滅矣　今公掀然有飛揚之心以爲治國平天下如指諸掌不知自家一箇身心都安頓未有下落如何說功名事業怎生治人某

這裏須是事事從心上理會起　人只有箇心
若不降伏得更做甚麽人　人識得此心便無
走作雖不加防閑此心常在心只是一箇心非
是以一箇心治一箇心所謂存所謂收只是喚
醒　學者常用提省此心使如日之升則群邪
自息他本自光明廣大自家只着些子力去提
省照管他便了不要苦着力着力則反不是
孟子云求放心已是說得緩了心不待求只警
省處便見我欲仁斯仁至矣爲仁由已而由人



乎哉其快如此蓋人能知其心不在則其心已
在了更不待尋　人心至靈千萬里之遠千百
世之上一纔發念便到那裏神妙如此自旦至
暮只管展轉處於利欲之中都不知覺　中庸
說天命之謂性即此心也率性之謂道亦此心
也修道之謂教亦此心也以至於致中和贊化
育亦只此心也致知即心知也格物即心格也
克己即心克也　人只是此一心今日是明日
非不是將不是底換了是底今日不好明日好

不是將好底換了不好底只此一心以至千載
之前千載之後與天地相爲始終只此一心
或謂人心紛擾時難把持勝物欲不去曰這個
不干別人事須是自家理會若說把持不得勝
他不去是自壞了更說甚爲仁由己而由人乎
哉　人昏昧不知有此心便如人困睡不知有
此身人雖困睡得人喚覺則此身自在心亦如
此方其昏蔽得人警覺則此心便在這裏　今
人都不理會我底自不知心所在都要理會他



意近佛氏所謂

事又要齊家治國平天下蠡測曰已上語語歸
心心即是身然所謂心雖不離見在知覺而未
可便以知覺當之蓋道心惟微微者不識不知
知覺云乎哉先生謂佛氏所謂心即吾儒所謂
意觀其病佛如此則此所謂心者微矣　昔有
人云孔孟天資不可及便知此人自暴自棄萬
劫千生無緣見道　今之學者皆曰他是堯舜
我是衆人何以爲堯舜爲是言者曾不如佛家
善財童子曰我已發菩提心行何行而作佛渠

却辨作佛自家却不辨作堯舜　夫人與天地
並立爲三自家當思量天如此高地如此厚自
家一箇七尺血氣之軀如何會並立爲三元來
固有之性不曾見得則雖具人衣冠其實與禽
物不爭多　所說爲學大端在於立志必爲聖
賢曾看得人皆可以爲堯舜道理分明否又見
得我可以爲堯舜而不爲其患安在固是孟子
說性善徐行後長之類然今人四端非不時時
發見非不能徐行何故不能爲堯舜且子細看



若見得此分明其志自立其工夫自不可已
所謂志者只是直截要學堯舜這些道理更無
走作蠡測曰已上諸語要人立地成聖與孟子
一箇機竅　聖賢千言萬語無非只說此事須
是策勵此心勇猛奮發拔出心肝與他做去如
兩邊擂起戰鼓莫問前頭如何只認捲將去如
此方做得工夫若半上半落半沉半浮濟得甚
事　如今工夫須是一刀兩段所謂一棒一條
痕一摑一掌血如項羽救趙既渡沉船破釜持

三日糧示士卒必死無還心故能破秦若更瞻
前顧後便不可也因舉禪語云寸鐵可殺人無
殺人手段則載一車鎗刀逐件弄過畢竟無益
　禪學一喝一棒却掀翻了也是快活却看二
程說話可知道不索性豈特二程便夫子之言
亦如此學而時習之不亦悅乎看來好支離
非全放下終難湊泊　人昏時便不明纔知那
昏時便是明也　知得如此是病郎便不如此
是藥若更問何由得如此則是騎驢覓驢蠡測



曰已上語迅利如吹毛劍不容眨眼誰謂先生
之學不歸于宗　廖子欲別乞言先生曰他無
說只是自下工夫此事元不用許多安排等待
　自修曰適值先生去國匆匆不及欵承教誨
先生曰自家莫匆匆便了　或問講學不明用
處全差了先生曰若學不切已自家一個渾身
自無處着雖三觔七觔亦不知下落何待用時
方差　義剛初拜先生具述平日之非力求陶
鑄先生曰人不自訟則沒柰何他今公既自知

其過則讀書窮理便是爲學也無他陶鑄處
林仲參問下學之要受用處先生曰潑着椅卓
在屋下坐便是受用若貪慕外面高山曲水便
不是受用底舉詩云貧家淨掃地貧女好梳頭
下士晚聞道聊以拙自修前人只恁地說了
問存心多被物奪了先生曰不須如此說且自
體認自家心是甚物自家既不曾識得箇心而
今都說未得纔識得不須操而自存　問思慮
紛擾先生曰不思慮時心是何物　或謂方思



所以求其放心而患於未有以自入曰苟知其
放而欲求之則郎此知求之處一念悚然是亦
不待別求入處而此心體用之全已在是矣
先生問正淳平日如何用功夫曰只就已上用
工夫曰已上如何用功夫曰只日用間察其天
理人欲之辨曰如何察之曰只就秉彝良心處
察之曰心豈直是發莫非心也今這裏說話也
是心對坐也是心動作也是心何者不是心須
要窮箇根源來處不可只道我操修踐履便了

問反其性如何曰只吾友會道箇反時此便
是天性　問大學明德莫是天生德於予之德
曰莫如此問只理會明德是我身上甚麼物事
　其說克伐怨欲此四事自察得却絕少先生
曰克伐怨欲亦不要去尋來勝他如此則與[illegible]
隨從者多反害事只此便是克伐怨欲　嚴問
思無邪固要得如此不知如何能得如此曰但
邪者自莫思便了　居甫請歸作工夫曰郎此
處便是工夫　問父子欲其親曰非是欲其如



宗門只是不說破

此因指坐間搖扇者曰人熱時自會搖扇不是
欲其搖扇也　通老問如何是浩然之氣先生
不答久之曰待與說將去也徒然康節學於穆
伯長每有扣請必曰願開其端勿盡其意此要
待自思量得　問學問間斷工夫最難曰無須
子亦不能無間斷正要常常點檢自然接續
問靜坐用功之法曰靜坐只是恁靜坐也無法
問靜坐時心無所倚靠如何曰不須得倚靠
叔器曰安之在遠方望先生指一路脉去歸自

尋曰見行底便是路那裏有別底路來　問尋
常於存養時若擡起心則急迫而難久才放下
則又散緩而不收不知如何用功方可曰只是
君元不曾放得下也　問優游涵養勇猛精進
字如何曰也不須恁地立定牌榜也不須恁地
起草只做將去　又問應事當如何曰只是着
衣喫飯理會眼前事而已　吳伯英問持敬之
義曰且放下了持敬更須向前進一步問如何
是進步處曰心中若無一事時便是敬　吳粢



問學亦頗知自立而病痛猶多柰何曰未論病
痛人必全體是而後可以言病痛公今全體都
未是何病痛之可言　黃去私問知止至能得
曰工夫全在知止若能知止則自能如此　李
敬子曰覺得已前都是如此悠悠過了曰旣知
得悠悠何不便莫要悠悠便是覺得意思都不
曾痛切　閭丘次孟讀康節詩覺得心意快活
曰康節詩云真樂攻心不柰何某謂此非真樂
也真樂便不攻心曰次孟何敢望康節直塗之

人耳曰塗人却無許多病公正是肚裏有許多
見識道理攪得恁他呼喚來　問每日靜坐但
覺意自然紛起要靜越不靜曰程子謂心自是
活底物事要靜便是先獲便是助長便是正
味道問死生是大關節處須是日用間雖小事
亦不放過一一如此用工夫當死之時方打得
透曰然　蠡測曰已上接引人處機圓語峻是大
爐鞴欲知先生之學者當於此緊着眼　有資
質甚高者一了一切了不須節節用工也有資



質中下者不能盡了却須節節用工　某與人
說學問止是說得大槩要人自去下工譬如寶
藏一般其中至寶之物何所不有某止能指與
人說此處有寶若不下工夫自去討終是不濟
事　以舉業為妨實學不知曾妨飲食否　非
是科舉累人自是人累科舉若高見遠識之士
讀聖賢之書據吾所見而為文以應之得失利
害置之度外雖日日應舉亦不累也居今之世
使孔子復生也不免應舉然豈能累孔子耶

人多言爲事所奪有妨講學此爲不能使船嫌
溪曲者也遇富貴就富貴上做工夫遇貧賤就
貧賤上做工夫兵法一言甚佳因其勢而利導
之也學者若有絲毫氣在必須進力除非無了
些氣只口不會說話方可休也因舉浮屠語曰
假使鐵輪頂上旋定慧圓明終不失　言必忠
信言自合着忠信何待安排如事親必於孝事
長必於弟何須安一個必字在心頭　人之所
以戚戚於貧賤汲汲於富貴只緣不見這箇道



理學者當常以志士不忘在溝壑爲念則道理
重而計較死生之心輕矣況衣食至微末事
人最不可曉有人奉身儉嗇之甚充其操上食
槁壤下飲黃泉底却只愛官職有人奉身清苦
而好色或云似此等分數勝已下底曰不得如
此說纔有病便不好更不可以分數論他只愛
官職便弑父與君也敢蠡測曰先生分資質高
下即孔門中人以上中人以下之意惟人有此
兩等則先生立教方便意可知矣今人不知此

意便不得先生之旨　問氣質有昏濁不同則
天命之性有偏全否曰非有偏全譬如日月之
光若在露地則盡見之若蔀屋之下有所蔽塞
有見有不見昏濁者是氣昏濁了故自蔽塞如
在蔀屋之下然在人則蔽塞有可通之理至於
禽獸亦是此性只被他形體所拘生得蔽塞之
甚無可通處　性最難說要說同亦得要說異
亦得如隙中之日隙之長短大小自是不同然
却只是此日　性者心之理情者心之動才便



是那情之會恁地者情與才絕相近但情是遇
境而發路陌曲折恁地去的才是那會如此底
要之千頭萬緒皆是從心上來　心無間於未
發已發徹頭徹尾都是那處截作已發未發如
放僻邪侈此心亦在不可謂非心　仁之一字
乃人之所以爲人而異乎禽獸者延平先生不
以爲然因以先生之言思之而得其說竊謂天
地生物本乎一源人與禽獸之生莫不同有此
理其一體之中即無絲毫欠剩其一氣之運亦

無頃刻停息所謂仁也但氣有清濁故稟有偏正惟人得其正故能知其本具此理而存之而見其爲仁物得其偏故雖具此理而不自知而無以見其爲仁然則仁之爲仁人與物不得不同知仁之爲仁而存之人與物不得不異故伊川既言理一分殊而龜山又有知其理一知其分殊之說而先生以爲全在知字上用着力恐亦是此意也蠡測曰先生所以論心性者大略如此何用紛紛　舉佛氏之學與吾儒有甚相



似處如云有物先天地無形本寂寥能爲萬象主不逐四時凋又曰樸落非他物縱橫不是塵山河及大地全露法王身又曰若人識得心大地無寸土看他是甚麽樣見識今區區小儒怎生出得他手宜其爲他麾下也　問釋氏作用是性曰便只是這性他說得也是孟子曰形色天性也便是此性如口會說話說話底是誰目能視視底是誰耳能聽聽底是誰便是這個其言曰在眼曰見在耳曰聞在鼻嗅香在口談論在

手執捉在足運奔偏現俱該法界收攝在一微塵識者知是佛性不識喚作精魂他說得也好所以禪家要直指人心見性成佛他只要你見得言下便悟做處便徹見得無不是也說存養心性養得光明寂照無所不偏無所不通更說拙詩云光明寂照遍河沙凡聖含靈共我家云云又曰實際理地不受一塵佛事門中不捨一法他個本是說得是所養者也是差處便在這裏吾儒所養者是仁義禮智他所養者只是視



聽言動　君子之治心養氣接物應事唯直而已直則無所事矣維摩經云直心是道場儒佛至此實無二理　佛家有三門曰教曰律曰禪禪家不立文字只直截要識心見性律本法甚嚴毫髮不過如云不許飲水纔飲水便有罪過教有三項曰天台教曰慈恩教曰延壽教延壽教南方無傳其學近禪天台教專理會講解慈恩教亦只是講解吾儒家若見得道理透就自家身心上理會得本領便是無得禪的講說辨

公意不昧本心

許便是兼得教的動由規矩便是兼得律底學問須是警省且如瑞巖和尚每日間常自問主人翁惺惺否又自答曰惺惺今時學者却不如此　跋趙清獻公家書曰趙清獻公之爲人公忠孝恕表裏洞徹固所謂無間然者然其晚歲學浮屠法自謂有得故於兄弟族姻之間無不以是勉之前後見其家間手帖多矣如此卷稱其弟心已明瑩見性復元教其姪以不失正念要使純一不雜又數以公私謹畏踐履不失



切中

便是初心佛事且引古人二業清淨郎佛出世之語以爲此亦直截爲人處則與今之學佛者大言滔天而身心顛倒不堪着眼者蓋有間矣嗚呼聖學不傳其失而求諸野者若此尚爲有可觀也　先生問壽昌子見疎山有何所得對曰那箇且拈歸一壁去曰是會了拈歸一壁是不會了拈歸一壁壽昌欲對云總在裏許然當時不曾敢應會先生爲壽昌題手中扇云長憶江南三月裡鷓鴣啼處百花香執筆視壽昌曰

會麼會也不會壽昌對曰總在裡許　壽昌問鳶飛魚躍何故仁便在其中先生良久微笑曰公好說禪這箇亦畧似禪試將禪來說看壽昌對不敢曰莫是雲在青天水在瓶麽壽昌又不敢對曰不妨試說看曰渠今正是我我且不是渠曰何不道我今正是渠蠡測曰先生最爲闢佛而又未嘗不參尋游盤其間其中固不可測也　詩(水口行舟)昨夜扁舟雨一蓑滿江風浪夜如何今朝試把孤篷看依舊青山綠樹多



明說先生不可得見矣

(有感二首)半畝方塘一鑑開天光雲影共徘徊問渠那得清如許爲有源頭活水來　昨夜江邊春水生蒙衝巨艦一毛輕向來枉費推移力此日中流自在行　(春日二首)勝日尋芳泗水濱無邊光景一時新等閒識得東風面萬紫千紅總是春　聞道西園春色深急穿芒屩去登臨千葩萬蕊爭紅紫誰識乾坤造化心　(和伯諫)任從耳畔鵝聲過待地胸中順氣萌箇裏詎容思勉得羨君一躍了平生

張栻

張栻字敬夫學者稱爲南軒先生漢川綿竹人忠獻公浚之子也穎悟夙成忠獻公幼學所教莫非仁義忠孝之實長師五峰胡宏五峰一見即以孔門論仁親切之旨告之敬夫退而思若有得焉五峰稱之曰聖門有人矣敬夫益自奮勵以古聖賢自期作希顏錄以蔭補承務郎紹興間除直秘閣時孝宗新即位父浚起謫籍開府治戎參佐皆極一時之選而敬夫以少年周



旋其間間以軍事入奏因進言曰陛下上念宗社之讎恥下憫中原之塗炭惕然於中而思有以振之臣謂此心之發願益加省察而稽古親賢以自輔則今日之功可以必成矣孝宗異其言遂定君臣之契明年召爲吏部侍郎敬夫入還朝未朞歲而召對者六七所言大抵皆修身務學畏天恤民抑僥倖屏讒諛於是宰相益憚之而近習尤不悅明年出知袁州淳熙改元敬夫家居累年矣上復念敬夫詔除舊職知靜江府

所統州十有五敬夫爲之簡閱州兵汰冗補闕籍諸州黥卒充健者以爲用改知江陵府敬夫入境首劾大吏之縱賊捕斬民之舍賊者群盜相率遁去卒時年四十八朱元晦與黃幹書曰吾道孤矣敬夫嘗言曰學莫先於義利之辨義也者本心之所當爲而不能自已非有所爲而爲之者也凡有所爲而爲者皆私也非義也

問性太極太極不動不動則不見其所以爲仁心則與物接矣與物接則是心應之矣此古人



所以直指心要曰仁人心也曰未與物接時仁如之何　所謂持敬乃是切要工夫然要將箇敬治心則不可蓋主一之謂敬敬是敬此者也若謂持爲一物將一物治一物非惟無益而反有害乃孟子所謂必有事焉而正之卒爲助長之病　克勝之爲害正當用力自克克之之道更須深思克勝之意何自而生於根源上用工消磨若只待其發見而後遏止將見滅於東而生於西也　上達不可言加功聖人告人以下

學之事下學工夫浸密則所爲上達者愈深非下學之外又别有上達之功也致知力行皆是下學此其意味深遠而無窮非驚恠恍惚者比也　敬夫一日奏事上問天對曰不可以蒼蒼者便爲天當求諸視聽言動之間一念纔是便是上帝鑒觀上帝臨女篇在帝心一念纔不是便是上帝震怒順帝常言仗節死義之臣難得敬夫對曰當於犯顔敢諫中求之若平時不能犯顔敢諫他日何望其仗節死義帝又言難得



辨事之臣敬夫對陛下當求曉事之臣不當求辨事之臣若但求辨事之臣則他日敗陛下事未必非斯人也　心本無出入謂心有出入者不識心者也孟子之言特因操舍而言出入也蓋操之則在此謂之入可也舍則亡矣謂之出可也而心體則實無出入於此須深自體認未可以語言盡之耳　或問自誠意至平天下條析甚明而獨於格物致知無説朱子編修以爲闕文是也然彭龜年嘗以爲自平天下遡而求之

其極至於格物致知自物格知至順而達之其極至於國治天下平其間雖節目頗繁而其道甚要所謂要道蓋不過格物致知而已耳然聖人自誠意而下又各疏其説焉非謂格物致知之外又别有所謂誠意正心修身齊家治國平天下之道此蓋聖人深指人以格物致知者然也故聖人於齊家之條引書曰若保赤子心誠求之雖不中不遠矣此格物致知之最近者也不識是否曰自誠意正心以至平天下固無非



格物致知事也然疑致知格物一段解説自須有闕文蠡測曰既云無非致知格物事又何解説之有龜年非淺淺者敬夫之方信忽疑抝於朱説耳　朱元晦曰敬夫見處卓然不可及其天資明敏不由階級而得之　有學者曾看南軒文字繼從陸象山遊自覺有省及作書陳所見有一語云與太極同體象山復書云此語極似南軒

呂祖謙

呂祖謙字伯恭號東萊六世祖夷簡四世祖希
哲從程頤游故其家有中原文獻之傳祖尚書
右丞好問從高宗南渡卜居金華伯恭長從林
之奇汪應辰胡憲游憲安國從子安國稱其有
隱君子之操朱元晦師事之故久世號籍溪先
生者也伯恭既師籍溪又友張敬夫朱元晦講
索益精初以蔭補入官後舉進士復中博學宏
詞科調南外宗學教授丁內艱居明招山四方
之士爭趨之除太學博士兼國史院編修官實



錄院檢討官輪對勉孝宗留意聖學召試舘職
先是召試者率前期候學士院求問目獨伯恭
不然而其文特典美嘗誦陸子靜文喜之而未
識其人考試禮部得一卷曰此必江西小陸之
文也揭示果然人服其精鑑先是書肆有書曰
聖宋文海孝宗命臨安府校正刊行學士周必
大言文海去取差謬恐難傳後盍委舘職銓擇
以成一代之書孝宗以命伯恭遂斷自中興以
前類爲百五十卷上之賜名皇朝文鑑除著作

好

可惜天不假年

郎兼國史院編修官卒年四十五諡曰成伯恭
少褊急一日誦孔子言躬自厚而薄責於人忽
覺平時忿懥渙然冰釋伯恭曰致知格物修身
之本也知者良知也與堯舜同者也理既窮則
知自至與堯舜同者忽然自見默而識之草
木之器器用之別皆物之理也求其所以爲草
木器用之理吾心存焉忽然識之此爲物格
聞見未徹正當以悟爲則所謂致知格物正此
事也比來權去文字專務體究尚恐雜務紛擾



無專一工夫若比伊川之說物各付物便能役
物却恐失渉顢頇爾　大學言知所先後則近
道矣異端之學皆不知先後考索勤苦雖切而
終不近故有終始爲二道本末爲兩端者朱元
晦曰此言若爲釋氏發然釋氏終身學焉不知
以誰爲異端而爲是說以試之耶　有以論語
是非問者伯恭曰公不會看文字管他是與非
做甚但有益於我者切於我者看之足矣　有
人問忠恕楊氏侯氏之說孰是伯恭曰如何恁

地不會看文字這個却好考定古周易書說辯志錄皆行於世晚年會友之地曰麗澤書院在金華城中旣沒郡人即而祠之朱子曰學如伯恭方是能變化氣質又曰伯恭亦曾看藏經然甚深不見於言語文字間

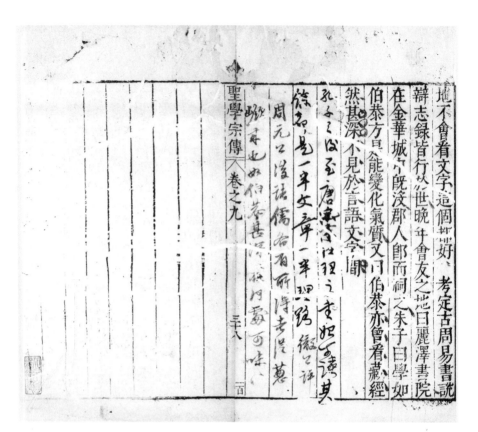

聖學宗傳　卷之九　三十八　一百

# 聖學宗傳卷之十

東越　周汝登編輯　王繼晃參閱
陶望齡訂正　王繼楪

## 陸九淵

陸九淵字子靜宋金谿人生四歲問其父曰天地何所窮際父笑而不答遂深思至忘寢食丱角聞人誦伊川語自覺若傷我者曰伊川之言奚為與孔子孟子之言不類又疑有子支離其兄梭山嘗云子靜遇事逐物皆有省發嘗聞

聖學宗傳　卷之十　乙

鼓聲震動窗櫺亦豁然有覺因讀書至宇宙二字解者曰四方上下曰宇往古來今曰宙忽大省曰元來無窮人與天地萬物皆在無窮之中者也乃援筆書曰宇宙內事乃己分內事己分內事乃宇宙內事又曰東海有聖人出焉此心同也此理同也西海有聖人出焉此心同也此理同也南海北海有聖人出焉此心同也此理同也千百世之上至千百世之下有聖人出焉此心同也此理同也年十五作郊行詩有書非

貴口誦學必到心齋心每十六歲聞長上道靖
康間事乃曰一聖之書豈可不後所欲有甚於
生所惡有甚於死今吾人高居優游亦可爲恥
此實理實說子壽問吾弟今在何處做工夫答
曰在人情事勢物理上做些工夫子靜嘗曰吾家
合族而食每輪差子弟掌庫三年某適當其職
所學大進乾道八年登進士第時年二十四矣
與徐子宜共試南宮試天地之性人爲貴論子
靜曰某欲說底却被子宜道盡但某所自得受



用底子宜却無曰雖欲自異於天地不可得也
此乃某平日得力處考官呂祖謙識其文謂之
曰一見心開目明知其爲江西陸子靜也子靜
云吾自應舉未嘗以得失爲念場屋之文只是
直寫胸襟至行在士爭從游之淵感發興起者甚
衆嘗曰念慮之正不正在頃刻之間念慮之不
正者頃刻而知之即可以正念慮之正者頃刻
而失之即可以不正人有可以形迹觀者有不
可以形迹觀者必以形迹觀人則不足以知人

必以形迹繩人則不足以救人過富陽縣主簿
楊簡受教大省子靜曰敬仲可謂一日千里
淳熙元年訪呂伯恭於衢二年伯恭約子靜與
季兄子壽訪朱元晦同會於鵝湖子壽曰伯恭約
元晦爲此集正爲學術異同某兄弟先自不同
何以望鵝湖之同遂與子靜論議辨析至晚子
壽曰子靜之說是次早子壽有詩云孩提知愛
長知欽古聖相傳只此心大抵有基方築室未
聞無址忽成岑留情傳注翻蓁塞着意精微轉



陸沉珍重友朋相切琢須知至樂在于今子靜
曰詩甚佳但第二句微有未安及至鵝湖伯恭
始問子壽別後新功子壽舉詩纔四句元晦顧
伯恭曰子壽早已上子靜船了也子靜曰某途
中和得家兄此詩云墟墓興哀宗廟欽斯人千
古不磨心涓流積到滄溟水拳石崇成泰華岑
易簡工夫終久大支離事業竟浮沉舉詩至此
元晦失色欲知自下升高處真僞先須辨只今
元晦大不懌元晦與伯恭商量議論數十折來

子靜莫不悉破其說繼日凡致辨其說隨屈伯恭甚有虛心相聽之意竟爲元晦所屈子靜更欲與元晦辨以爲堯舜之前何書可讀子壽止之乃已淳熙八年元晦爲南康守春二月子靜往訪元晦與泛舟而樂曰自有宇宙以來已有此溪山還有此佳客否乃請登白鹿洞書院講席講君子喻於義小人喻於利一章當時說得痛快至有流涕者元晦深感動天氣微冷而汗出揮扇是年史浩薦子靜不赴元晦致書云病中絕學損書却覺得身心收管向來汎濫眞是不濟事子靜既歸學者輻輳環坐嘗數百人講於學宮聽者貴賤老少溢塞塗巷從游之盛未見有此貴溪有山登而樂之結茆其上其形如象名曰象山因號象山先生嘗謂學者曰汝耳自聰目自明事父自能孝事兄自能弟本無少缺不必他求在乎自立而已有立議論者子靜云此自是虛說又云此道與溺於利欲之人言猶易與溺於意見之人言却難或問子靜之學



有所受乎曰因讀孟子而自得之於心也或問子靜之學自何處入曰不過切己自反改過遷善或勸子靜著書曰六經註我我註六經學苟知道六經皆我註脚是時與元晦論太極圖說屢書往復辯論不合或[illegible]子靜不必辯者子靜曰女曾知否建安亦無朱元晦青田亦無陸子靜有學者因無極之辯即書元晦詆子靜元晦復書云南渡已來八字著脚理會著實工夫者惟某與陸子靜二人而已某實敬其爲人老兄未可以輕議也又貽子靜書云邇來日用工夫頗覺省力無復向來支離之病未知異時尚復有異同否耳子靜一日聞元晦詩川源紅綠一時新暮春朝晴更可人書冊埋頭何日了不如抛却去尋春色喜曰元晦至此有覺矣是可喜也淳熙已酉光宗即位詔除知荊門軍明年至荊門子靜教人如子弟雖賤隸走卒亦諭以義理上元設醮黃堂以講義代醮人皆感動既逾年笞箠不施至於無訟歲旱禱即雨郡人異之丞

相關必大曰荆門之政可以驗躬行之效子淵
一日語女兄曰先教授兄有志天下竟不施以
沒女兄盡心又語家人曰吾將死矣又告僚屬
曰某將告終會禱雪雪降乃見僚屬與論政理
如平時宴息靜室命灑掃焚香具浴浴罷盡易
新衣端坐不復言明日日中卒年五十四會葬
者以千數謚文安　子靜云誠者自誠也而道
自道也君子以自昭明德人之有是四端而自
謂不能者自賊者也暴謂自暴棄謂自棄侮謂



自侮反謂自反得謂自得禍福無不自己求之
者聖賢道一箇自字煞好　聖人所謂吾無隱
乎爾誰能出不由戶直截是如此　此天之所
以與我者非由外鑠我也思則得之得此者也
先立乎其大者立此者也積善者積此者也集
義者集此者也知德者知此者也進德者進此
者也同此之謂同德異此之謂異端　大人之
事至公至正至廣大至平直剖鑾管之見蕩其
私曲則天自大地自廣日月自昭明人之生也

本直豈不快哉豈不樂哉　朱濟道力稱贊文
王謂曰文王不可輕贊須是識得文王方可稱
贊濟道云文王聖人誠非某所能識曰識得朱
濟道便是文王　祖道來見先生曰汝目能視
耳能聽鼻能知香臭口能知味心能思手足能
運動如何更要甚存誠持敬硬要將一物去治
一物須要如此做甚詠歸舞雩自是吾子家風
祖道曰是則是有此理恐非初學所到地位先
生曰吾子有之而必欲外鑠以為本可惜也祖



道曰此恐只是先生見處今使祖道便要如此
恐成猖狂妄行先生曰纏繞舊習如落陷阱卒
除不得　徐仲誠請教使思孟子萬物皆備於
我矣反身而誠樂莫大焉一章仲誠處一月問
之云思得孟子如何仲誠答曰如鏡中觀花先
生云見得仲誠也是如此顧左右曰仲誠真善
自述者因說與云此事不在外求只在仲誠身
上既又微笑而言曰已是分明說了也　有學
者終日聽話忽請問曰如何是窮理盡性以至

於命答曰吾友是泛然問老夫卻不是泛然答
老夫凡今所與吾友說皆是理也窮理是窮這
箇理盡性是盡這箇性至命是至這箇命　廣
中一學者陳去華省發備焉先生因問吾與點
也一段尋常如何理會曾問之去華以爲終理
會不得一日又問之去華又謂理會未得先生
云且以去華所見言之莫也未至全然曉不得
去華遂謂據某所見三子只是事上着到曾點
卻在這裡着到先生詰之曰向道理會不得今



又卻理會得去華頗有省　朱濟道說前尚勇
決無遲疑做得事後因見先生了臨事即疑恐
不是做事不得今日中只管悔過懲艾皆無好
處先生曰請尊兄即今自立正坐拱手收拾精
神自作主宰萬物皆備於我有何欠缺當惻隱
時自然惻隱當羞惡時自然羞惡當寬裕溫柔
時自然寬裕溫柔當發強剛毅時自然發強剛
毅　周康叔來問學先生曰公且說扶渡子訟
事來曾充之來問學先生曰公且說爲誰打關

節來只此是學　詹子南方侍坐先生遽起子
南亦起先生曰還可安排否　問顏魯公又不
曾學如何死節如此好曰便是今人將學將道
看得太過了人皆有秉彝　一夕步月喟然而
嘆包敏道侍問曰先生何嘆曰朱元晦泰山喬
嶽可惜學不見道枉費精神遂自擔閣奈何包
曰勢既如此莫若各自著書以待天下後世之
自擇忽正色厲聲曰敏道敏道恁地沒長進乃
作這般見解且道天地間有箇朱元晦陸子靜



便添得些子無了後便減得些子　只今明白
時便不須更推如何如何蠡測曰已上皆指示
當下之指直截分明也有道理而不可以道理
會也淡語言而不可以語言求於此無疑乃見
先生之面不然讀餘語此虛　吾之學問與諸
處異者只是在我全無杜撰雖千言萬語只是
覺得他底在我不曾添一些　近有議吾者云
除了先立乎其大者一句全無伎倆吾聞之曰
誠然　或有譏先生之教人專欲管歸一路者

先生曰吾亦只有此一路　吾於踐履未能純一然纔自警策便與天地相似　今人略有些氣燄者多只是附物元非自立也若某則不識一箇字亦須還我堂堂地做箇人　我無事時只是一箇全無知無能底人及事至方出來又却似箇無所不知無所不能之人　某平生有一節過人他人要會某不會他人要做某不做者

嘗以手指心曰某有積學在此惜未有承當者　千虛不博一實吾平生學問無他只是一實　吾與人言多就血脈上感移他故人之聽之者易　老夫無所能只是識病　今之論學者只務添人底自家只是減他底此所以不同

一友作書與先生言其學蕩而無所執先生復書曰言蕩本是好語君子坦蕩蕩堯蕩蕩無能名詩云蕩蕩上帝書云王道蕩蕩皆以蕩爲善豈可以爲不善邪　先生講論終日不倦夜亦不困精神愈覺炯然問曰先生何以能然先生曰家有壬癸神能供千斛水　吾於百衆人



前開口見膽　堯舜之道不過如此此亦非有甚高難行之事吾之道眞所謂夫婦之愚可以與知　曹立之有書於先生曰願先生且將孝弟忠信誨人先生云立之之謬如此孝弟忠信如何說且將　後世言道理者終是粘牙嚼舌吾之言道坦然明白全無粘牙嚼舌處此所以易知易行吾雖如此談道然凡有虛見虛說皆來這裡使不得所謂德行常易以知險恒簡以知阻也今之談禪者雖爲艱難之說其實反可寄托其意見　某之所言皆吾友所固有且如聖賢垂教亦是人固有豈是外面把一件物事來增吾友但能悉爲發明天之所以予我者如此其厚如此其貴不失其所以爲人者耳　且如弟子入則孝出則弟是分明說與你入便孝出便弟何須得傳註學者疲精神於此是以擔子越重到某這裡只是與他減擔只此便是格物　凡事莫如此滯滯泥泥某平生於此有進却不去着他事凡事累自家一毫不得每理會

三事時血脈骨髓都在自家手中然我此中却
似箇閑閑散散全不理會事底人不陷事中
某閑說話皆有落著處若無謂閑說話是謂不
敬 人謂某不教人讀書如敏求前日來問某
下手處某教他讀旅獒太甲告子牛山之木以
下何嘗不讀書來只是比他人讀得別些子
仰首攀南斗翻身倚北辰舉頭天外望無我這
般人 這裡是刀鋸鼎鑊底學問蠡測曰歷觀
諸語言皆說自己大而非誇此不是胸中先



定如此見得如何敢放大膽開大口決定如此
說得真是一印印定再無第二義所以斬釘截
鐵自然承當得過若晦翁則云便是這符不在
自家手裡又解大學云而今據某謂穩只恐數
年後又見不穩這箇由不得自家由此觀之尚
然自信不過較諸象山之決定似所不及故曰
晦翁之有得全在晚年也 夫子曰知之爲知
之不知爲不知是知也後世恥一物之不知者
亦恥非其恥矣人情物理之變何可勝窮若其

標末雖古聖人不能盡知也 大學言明明德
之序先於致知孟子言誠身之道在於明善今
善之未明知之未至而循誦習傳陰儲密積廑
身以從事喩諸登山而陷谷愈入而愈深適越
而北轅愈騖而愈遠不知開端發足大指之非
而日與澤虞燕賈課遠近計枉直於其間是必
沒身於大澤窮老於幽都而已 人當先理會
所以爲人深思痛省枉自汩沒虛過日月朋友
講學未說到這裡若不知人之所以爲人而與



之講學遺其大而言其細便是放飯流歠而問
無齒決 大凡爲學須要有所立語云已欲立
而立人卓然不爲流俗所移乃爲有立須思量
天之所以予我者是甚底爲復是要做人否理
會得這箇明白然後方可謂之學問 問去懈
怠曰要須知道不可須臾離乃可 人爲學甚
難天覆地載春生夏長秋斂冬肅俱此理人居
其間要靈識此理如何解得 吾十有五而志
於學今千百年無一人有志也是怪他不得志

箇甚底須是有智識然後有志願　人要有大志常人汩没於聲色富貴間良心善性都蒙蔽了今人如何便解有志須先有智識始得　不知其非安能去非不知其過安能改過自謂知非而不能去非是不知非也自謂知過而不能改過是不知過也真知非則無不能去真知過則無不能改人之患在不知其非不知其過而已所貴乎學者在致其知改其過也　學者之不能知至久矣非其志其識能度越千有五百



餘年間名世之士則詩書易春秋論語孟子中庸大學之言正爲陸沉真柳子厚所謂獨遺好事者藻繪以矜世取譽而已堯舜禹湯文武周公孔子孟子之言將誰使屬之　後生自立最難一人力抵當流俗不去須是看眼看破流俗方可要之此豈小廉曲謹所能爲哉必也豪傑之士或舉悔翁語云豪傑而不聖人者有之未有聖人而不豪傑者也先生云是　凡人之病患不能知若真知之病自去矣亦不待費力驅

除真知之却只説得勿忘兩字所以要講論者乃是辨明其未知處耳　伯敏問云日用常行去甚處下工夫先生云能知天之所以與我者至貴至厚自然遠非僻惟正是守且要知我之所固有者伯敏云非僻未嘗敢爲先生云不過是硬制在這裡其間有不可制者如此將來亦費力所以要得知天之予我者　學者不自著實理會只管看人口頭言語所以不能進　先了頭緒不是助長便是忘了所以做主不得



某見幾箇自主張學問某問他你了得也未他心下不穩如此則是學亂説實無所知如此之人謂之痼疾不可治寧是縱情肆欲之人猶容易與他説話最是學一副亂説底没柰他何　劉淳叟叅禪其友周姓者問之曰淳叟何故捨吾儒之道而叅禪淳叟答曰譬之於手釋氏是把鋤頭儒者是把斧頭所把雖不同然却皆是這手我而今只要就他明此手友答云若如淳叟所言我只就把斧頭處明此手不願就他把

鋤頭處明此手先生云淳叟亦善喻周亦可謂
善對　不收拾又不得收拾又執這般要處要
人自理會得　一是即皆是一明即皆明　一
蔽既徹群疑盡亡　古人入學一年早知離經
辯志今人有終其身而不知自辯者是可哀也
徹骨徹髓見得超然於一身自然輕清自然
靈　不是見理明信得及便安不得　數即理
也人不明理如何明數　見理未明寧是放過
去不要起爐作灶　人精神在外至死也勞攘



須收拾作主宰收拾精神在內時誰欺得你誰
瞞得你見得端的後常涵養是甚次第　勿無
事生事知非則本心即復　世俗情慾底人病
却不妨只指教他去彼就此最是於道理中鶻
突不分明人難理會某平生怕此等人世俗之
過却不怕　道在天下加之不可損之不可取
之不可舍之不可要人自理會　學者要知所
好此道甚淡人多不知好之只愛事骨董　仲
誠問中庸以何為要語答曰我與汝說內汝只

管說外良久曰句句是要語梭山曰博學之審
問之謹思之明辨之篤行之此是要語答曰未
知學博學箇什麼審問箇什麼明辨箇什麼篤
行箇什麼　怪力亂神夫子只是不語非謂無
也若力與亂分明是有神怪豈獨無之人以雙
瞳之微所矚甚遠亦怪矣苟不明道則一身之
間無非怪但玩而不察耳　朱季繹云近日異
端邪說害道使人不知本先生云如何朱云如
禪家之學人皆以為不可無者又以謂形而上



者所以害道使人不知本先生云吾友且道甚
底是本又害了吾友甚底來自不知已之害又
烏知人之害包顯道常云人皆謂禪是人不可
無者今吾友又云害道兩箇却好縛作一束今
之所以害道者却是這閑言語　講學用心多
馳騖於外而未知自反喻如年少子弟居一故
宅棟宇宏麗寢廟堂室廐庫廩庾百爾器用莫
不備具甚安且廣而其人乃不自知不能自作
主宰不能汛掃堂室脩完牆屋續先世之業而

不替而日與飲博者遨遊市肆雖不能不時所
寢處於故處亦不復能享其安且廣者矣及一
旦知飲博之非又求長生不死之藥悅妄人之
言從事於丹砂青芝煆爐山屐之間冀蓬萊瑤
池可至則亦終苦身亡家伶仃而後已惟聲色
臭味富貴利達之求而不知爲學者其說由前
有意爲學而不知自反者其說由後其實皆馳
騖於外也　攻乎異端斯害也已今世類指佛
老爲異端孔子時佛教未入中國雖有老子其



說未著卻指那箇爲異端蓋異與同對雖同師
堯舜而所學之端緒與堯舜不同即是異端何
止佛老昔有人問吾異端者吾對曰子先理會
得同底一端則凡異此者皆異端　方元壽連
日聽教方自慶快且云天下之樂無以加於此
至是忽局蹴變色而答曰荷先生教愛之篤但
某自度無此力量誠不敢僭易先生云元壽道
無此力量錯說了元壽平日之力量乃堯舜之
力量元壽自不知爾元壽默然　慟哭於顏淵

之亡喟嘆於曾點之志此豈梏於蕞然之形體
者所能知哉　此心至靈此理至明要亦何疑
之有然又以無疑爲疑是未能無疑也　爲學
患無疑疑則有進　大疑則大進小疑則小進
蠡測曰要知要明要理會是學問真血脈故先
生屢屢言之　伯敏嘗有詩云紛紛枝葉漫推
尋到底根株只此心莫笑無絃陶靖節箇中三
嘆有餘音先生首肯之　宇宙即吾心吾心即
宇宙　其他體盡有形惟心無形何故能攝制



人如此之甚　人心只愛去泊着事教他棄事
時如鶻孫失了樹更無住處　人不肯心閑無
事居天下之廣居　惡能害心善亦能害心如
濟道是爲善所害　心不可泊一事只自立心
人心本來無事人不肯只如此須要有箇說話
今時朋友盡須要箇說話去講　所憫小民被
官吏苦者以彼所病者在形某之所憂人之所
病者在心　小心翼翼昭事上帝上帝臨汝無
貳爾心戰戰兢兢那有閑管時候　我治其大

而不治其心一正則百正恰如坐得不是我不
責他坐得不是便是心不在道若心在道時顛
沛必於是造次必於是豈解坐得不是　論嚴
泰伯云只是一箇好勝見一好事做近前便做
得亦不是事好心却不好指顯仲剩語多日須
斬釘截鐵　學問不得其綱則是二君一民等
是恭敬若不得其綱則恭敬是君此心是民若
得其綱則恭敬者乃保養此心也　前言往行
所當博識古今興亡治亂是非得失亦當廣覽



而詳究之顧其心苟病則於此等事業奚啻聾
者之想鍾鼓盲者之測日月耗氣勞神喪其本
心非徒無益所傷實多　古之人自其身達之
家國天下而無愧焉者不失其本心而已　道
未有外乎其心者自可欲之善至於大而化之
之聖聖而不可知之神皆吾心也　問伯敏云
吾友之志要如何伯敏云所望成人且今未嘗
敢廢防閑先生云如何樣防閑伯敏云為其所
當為先生云雖聖人不過如是但吾友近來精

神都死却無向來亹亹之意防閑古人亦有之
但他底防閑與吾友別吾友是硬把捉告子硬
把捉直到不動心豈非難事只是依舊不是
某平日與兄說話從天而下從肝膽中流出是
自家有底物事何嘗硬把捉伯敏云却嘗思量
不把捉無下手處先生云何不早問只此一事
是當爲一件大事不肯做是說甚底平日與老
兄說求放心立志如今正是放其心而不知求
也若果能立如何到這般田地伯敏云如何立



先生云立是你立却問我如何立若立得住何
須把捉孔門惟顏曾傳道他未有聞蓋顏曾從
裡面出來他人外面入去今所傳者乃外入之
學曾子所傳至孟子不復傳矣問近日日用常
行胸中快活否伯敏云近日別事不管只理會
我畧有適意時先生云此便是學問根源也若
能無懈怠造次必於是顛沛必於是何患不成
心只是一箇心某之心吾友之心上而千百載
聖賢之心下而千百載復有一聖賢其心亦只

如此心之體甚大若能盡我之心便與天同為
學只是理會此誠者自成也而道自道也何嘗
騰口說伯敏云性才心情如何分別先生云如
吾友此言又是枝葉今之學者讀書只是解字
更不求血脉且如情性才心都只是一件物事
言偶不同耳伯敏云莫是同出而異名否先生
曰不須得說說著便不是將來只是騰口說若
理會得自家實處他日自明只與理會實處就
心上理會　伯敏云某於此心能剛制其非只



是持之不久耳先生云只剛制於外而不內思
其本涵養之功不至若得心下明白正當何須
剛制且如在此說話使忽有美色在前老兄必
無悅色之心若心常似如今何須剛制　示胡
達材云達材所進乃害心之大者所謂若有神
明在上在左右乃是妄見此見不息善何由明
宜其事物之擾即不相續酬酢之繁即不相似
若本心之善豈有動靜語默之間哉今達材資
質美處乃不自知所謂日用而不知也如前所

云乃害此心者心害苟除其善自著不勞推測
纔有推測即是心害如聲色臭味利害得喪等
耳孟子所謂斧斤伐之牛羊牧之者也夫道若
大路然豈難知哉道不遠人自遠之耳若的實
自息妄見良心善性乃達材固有何須他人模
寫但養之不害可也作此不暇詳稽然說得多
亦徒說要達材自省耳　必有大疑大懼深思
痛省抉去世俗之習如棄穢惡如避寇讐則此
心之靈自有其仁自有其智自有其勇私意俗



習如見晛之雪雖欲存之而不可得此乃謂之
知至乃謂之先立乎其大者　學者不可用心
太緊深山有寶無心於寶者得之　文子云某
始初來見先生若發蒙然再見先生覺心下快
活凡事亦自持只恐到昏時自理會不得先生
云見得明時何持之有人之於耳要聽即聽不
要聽則否何獨於心而不由我乎　本心若未
發明終然無益若自謂已得靜中工夫又別作
動中工夫恐只增擾擾耳何適而非此心心正

則靜亦正動亦正心不正則雖靜亦不正矣若
動靜異心是有二心也　人皆有是心心皆具
是理心卽理也故曰理義之悅我心猶芻豢之
悅我口所貴乎學者爲其欲窮此理盡此心也
有所蒙蔽有所移奪有所陷溺則此心爲之不
靈此理爲之不明是謂不得其正不由講學無
自而復　古先聖賢未嘗艱難其途徑支離其
門戶夫子曰吾道一以貫之孟子曰夫道一而
已矣曰塗之人可以爲禹曰人皆可以爲堯舜



人誰無心道不外索患在戕賊之耳放失之耳
古人教人不過存心養心求放心此心之良人
所固有今曰向學而又艱難支離遲回不進則
是未知其心未知其戕賊放失未知所以保養
灌漑　才力所不及者甚不足憂甚不足恥必
以才力所不可强者爲憂爲恥乃是喜夸好勝
失其本心眞所謂不係本分也蠡測曰象山言
言本心所謂管歸一路晦翁曰陸子靜之學只
管說一箇心本來是好底物事上面著不得一

箇字只是人被私欲遮了若識得一箇心了萬
法流出更都無許多事他却是實見得箇道理
恁地所以不怕天不怕地一向胡叫胡喊觀晦
翁之言句句說着夫心外更有何物心外更有
何事哉孟子而後要箇能不怕能叫喊者陸子
一人而已　道理只是眼前道理雖見得到聖
人田地亦只是眼前道理　千古聖賢只是辦
一件事無兩件事　若是聖人亦添一些子精
彩不得　天下事事物物只有一理無有二理



須要到其至一處　此理塞宇宙所謂道外無
事事外無道捨此而別有商量別有趨向別有
規模別有形迹別有行業別有事功則與道不
相干則是異端則是利欲謂之陷溺謂之舊窠
說卽是邪說見卽是邪見　近來論學者言擴
而充之須於四端上逐一充焉有此理孟子當
來只是發出人有是四端以明人性之善不可
自暴自棄苟此心之存則此理自明所謂溥博
淵泉而時出之　格物者格此者也伏羲仰象

循法亦先於此盡力爲耳不然所謂格物末而已矣　須是信得及乃可　理只在目前只是被人自蔽了　此字不借資於人人亦無着力處聖賢垂訓師友切磋但助鞭策耳　學者之病隨其氣質千種萬態何可勝窮至於各能自知能用力處其致則一　古先聖賢常在目前蓋他不曾用私智不識不知順帝之則此理豈容識知哉吾有知乎此理豈容有知哉　吾有知乎哉晦庵言譊辭又來這裡做箇道理　凡



所謂不識不知順帝之則晏然太平殊無一事　平生所說未嘗有一說　誠則明明則誠此非有次第也其理自如此可欲之謂善知至而意誠亦同　事父孝故事天明事母孝故事地察是學已到田地自然如此非是欲去明此而察此也明於庶物察於人倫亦然　可與適道未可與立可與立未可與權豈不爾思室自遠而子曰未之思也夫何遠之有上面是說階級不同夫子因舉詩中室自遠而之語因以掃上

面階級　人須要用不肯不用須要爲不肯不爲蠡測日已上多斬截簡徑掃蹤滅跡之色　臨川一學者初見問曰每日如何觀書學者曰守規矩歡然問曰如何守規矩學者曰伊川易傳胡氏春秋上蔡論語范氏唐鑑忽呵之曰陋說良久復問曰何者爲規又頃問曰何者爲矩學者但唯唯次日復來方對學者誦乾知太始坤作成物乾以易知坤以簡能一章畢乃言曰乾文言云大哉乾元坤文言云至哉坤元聖人



贊易却只是箇簡易字道了遍目學者曰又却不是道難知也又曰道在邇而求諸遠事在易而求諸難顧學者曰這方喚作規矩公昨日來說甚規矩　伯敏問云以今年校之去年殊無寸進先生云如何要長進若當爲者有時而不能爲不當爲者有時乎爲之這箇却是不長進不恁地理會泛然求長進不過欲以已先人此是勝心伯敏云無箇下手處先生云格物是下手處伯敏云如何樣格先生云研究物理伯敏

云天下萬物不勝其繁如何盡研究得先生云萬物皆備於我　朱元晦云子思以來教人之法尊德性道問學兩事爲用力之要今子靜所說尊德性而某平日所聞却是道問學上多今當反身用力去短集長庶不墮一邊耳先生聞之曰朱元晦欲去兩短合兩長然吾以爲不可既不知尊德性焉有所謂道問學　因說定夫舊習未易消若一處消了百處盡可消包楊謂晦庵逐事爲他消不得先生曰不可將此相比



他是添　語阜民云所學果爲何事人生天地間爲人自當盡人道學者所以爲學學爲人而已非有爲也孔門弟子得聖人之傳者囬之愚參之魯後世學者溺於文義知見繳繞蔽惑愈甚不可入道　阜民見先生坐定曰子何以束縛如此因自吟曰翼乎如鴻毛遇順風沛乎若巨魚縱大壑豈不快哉　先生曰元吉得老夫鍛鍊之力元吉從老夫十五年前數年病在逐外中間數年換入一意見窠窟去又數年換入

一安樂窠窟去這一二年老夫痛加鍛煉似有壁立無由近傍蠡測曰已上皆大爐錘鎔鑄鍛煉入處　事無大小道無淺深皆不可强探力索人患無志而世乃有志不如無志者往往皆强探力索之病也　未嘗用力而舊習釋然此眞善用力者也舜之孳孳文王之翼翼夫子言主忠信又言仁能守之又言用其力於仁孟子言必有事焉又言勿忘又言存心養性以事天豈無所用其力哉中庸之戒謹恐懼而浴沂之



志曲肱陋巷之樂不外是矣此其用力自應不勞若茫然而無主泛然而無歸則將有顛頓狼狽之患聖賢樂地尚安得而至乎　所謂已私者非必如常人所見之過惡而後爲私已也已之未克雖自命以仁義道德自期以可至聖賢之地者皆其私也　學未知止則其知必不能至知之未至聖賢地位未易輕言也　愚不肖者之蔽在於物欲賢者智者之蔽在於意見高下汚潔雖不同其爲蔽理溺心而不得其正則

一也　古之所謂曲學詖行者不必淫邪放僻
顯顯狠狠如流俗人不肖子者也蓋皆放古先
聖賢言行依仁義道德之意如楊墨鄉原之類
是也此等不遇聖賢知道者則皆自負其有道
有德人亦以為有道有德豈不甚可畏哉曾子
曰尊其所聞則高明行其所知則光大尊所聞
行所知要須本正其本不正而尊所聞行所知
只成得箇檐板自沉溺於曲學詖行正道之所
詆斥累百世而不赦豈不甚可畏哉若與流俗



人同過其過尚小檐板沉溺之過其過甚大眞
所謂膏肓之病也　泉源方動雖只有涓涓之
微去江河尚遠却有成江河之理若能混混不
舍晝夜如今雖未盈科將來自盈科如今雖未
放乎四海將來自放乎四海如今雖未會其有
極歸其有極將來自會其有極歸其有極然學
者不能自信見夫標末之盛者便是荒忙舍其
涓涓而趨之却自壞了曾不知我之涓涓雖微
却是眞彼之標末雖多却是僞恰似檐水來相

似其涸可立而待也　康衢之謠擊壤之歌後
世高文大冊不能無忝中林之夫漢上之女後
世碩儒宗工不能無愧豈其智有所不足而力
有所不逮哉道之不明不行而所以用其智力
者病矣談中華之壯麗則夷裔之君長不如王
朝之下士論滄海之汪洋則雍梁之秀民不如
浡澥之庸夫理固然也道之行與不行明與不
明相去遠矣　雖古聖賢不能無過所貴能改
耳易稱顏子之賢曰有不善未嘗不知知之未



嘗復行也由是觀之則顏子亦不能無不善處
今人便欲言行無一不善恐無是理往往只是
好勝每事要強人要人點檢不得不知此意已
與古人背馳矣若無此意但寬平隨分去縱有
過亦須易覺易改便未覺未改其過亦須輕故
助長之病甚於忘　往事要不必論直便自即
今奮拔乃是即今不自拔何復論前日也　生於
末世故與學者言費許多氣力蓋為他有許多
病痛若在上世只是與他說入則孝出則弟初

無許多事　正人之本難正其末則易今有人在此與之言汝適某言未是某處坐立舉動未是某人必樂從若其動他根本所在他便不肯　吾與常人言無不感動與談學問者或至爲讐舉世人大抵就私意建立做事專以做得多者爲先吾却欲殄其私而會於理此所以爲讐　後生全無所知底似全無知一與說却透得爲中虛無事彼有這般意思底一切被這些子隔了全透不得此虛妄最害人　與小後生說話雖極高極微無不聽得與一輩老成說便不然以此見道無巧只是那心不平底人揣度便失了　學者須是打疊田地淨潔然後令他奮發植立若田地不淨潔則奮發植立不得　學者大率有四樣一雖知學路而恣情縱欲不肯爲一畏其事大且難而不爲一求而不得其路一未知路而自謂能知　自立自重不可隨人脚跟學人言語　存養是主人檢點是奴僕　小人儒爲善之小人士誠小人哉　學問須論



是非不論效驗如告子先孟子不動心其效先於孟子然畢竟告子不是　鬬鷄終日縈縈無超然之意須是一刀兩段何故縈縈如此縈縈底討箇甚麼　如今人只是去些子凡情不得相識還如不相識　貧寠不能不爲累此非道也學如不及學而不厭憂之如何如舜而已者道當如是故也簞食瓢飲不改其樂肘見纓絕不以爲病者道當如是故也耕歷山漁雷澤陶河濱與夫耕莘築岩釣渭者此所以糊其口也夫子絕糧曾子七日不火食而匡坐絃歌歌聲若出金石夫何累之有哉子路結纓曾子易簀乃在垂死而從容如此貧孰與死而云爲累無乃未得爲聞道者乎蠡測曰巳上多膏肓之劑人須隨病取藥　秦漢以來學絕道喪不復有師以至於唐曰師曰弟子云者反以爲笑韓退之柳子厚猶爲之屬歎惟本朝理學遠過漢唐始復有師道雖然學者不求師與求而不能虛心不能退聽此固學者之罪學者知求師矣能

退聽矣所以道之者乃非其道此則師之罪也
惟是談學而無師承與師承之不正者最爲
害道與之居處與之言論只漸染得謬妄之說
他時難於洗濯不如且據見在朴實頭自作工
夫今雖未是後遇明師友却易整頓也　男子
生而以桑弧蓬矢射天地四方示有四方之志
父母教之望之第一義也顏子之家簞食瓢飲
其父之貧可知而其子乃從師周游天下履宋
衛陳蔡之戹而不爲悔此豈俚俗之人拘曲之



士所能知其義哉　此事非有眞實朋友不可
自得自成自道不倚師友載籍　宿無靈骨在
師友處有所聞又不踐履去是謂無靈骨人皆
可以爲堯舜謂無靈骨是謂厚誣蠡測曰先生
累言師友之益而又言不藉師友者何蓋惟能
不藉師友而後能取師友世固未有不自立而
能用人者也然予尤有味乎其靈骨之論蓋斷
斷乎當自信者朱子云若謂孔孟天資不可及
便知此人千生萬刼無緣見道嗟乎二賢之語

皆徹骨透髓入道之宗均之乎在是矣又奚奇
哉又奚疑哉　惟器與名不可以假人左氏也
說差却名了是非孔子之言如孟子謂聞誅一
夫紂矣乃是正名孔子於蒯聵輒之事乃是正
名至於温公謂名者何諸侯卿大夫是也則失
之矣　松嘗問梭山云孟子說諸侯以王道是
行王道以尊周室行王道以得天位梭山云得
天位松曰却如何解後世疑孟子教諸侯簒奪
之罪梭山曰民爲貴社稷次之君爲輕先生再
三稱嘆曰家兄平日無此議論良久曰曠古來



無此議論松曰伯夷不見此理又云武王見得
此理先生曰伏羲以來皆見此理　王介甫凡
事歸之法度此是介甫敗壞天下處堯舜三代
雖有法度亦何嘗專恃此當時闢介甫者但云
祖宗之法不可變夫堯之法舜嘗變之舜之法
禹嘗變之祖宗法自有當變者使其所變果善
何嫌於同或言介甫不當言利夫周官一書理
財者居半古人何嘗不理會利但恐三司等事

非古人所謂利耳不論此而以言利遏之所以
卒至於無奈他何處介甫慕堯舜三代之名不
曾踏得實處本原皆因不能格物模索形似便
以爲堯舜三代如此而已所以學者先要窮理
勉其君以法堯舜是也而謂每事當以爲法此
豈足以法堯舜者乎謂太宗不足法可也而謂
其所爲未盡合法度此豈足以度越太宗者乎
爲政在人取人以身脩身以道脩道以仁仁人
心也人者政之本也身者人之本也心者身之



本也不造其本而從事其末末不可得而治矣
諸公上殿多好說格物且如人主在上便可
就他身上理會何必別言格物　聖人處大疑
定大論亦若饑食渴飲夏葛冬裘焉已耳雖酬
酢萬變無非因其固然行其所無事有不加毫
末於其間者蠡測曰此見先生之經濟豈小儒
曲學所能窺其藩籬者哉　門人楊簡狀其行
曰簡雖凡下不足以識先生而於是亦知先生
之心非口說所能贊述所畧可得而言者日月

之明先生之明也四時之變化先生之變化也
天地之廣大先生之廣大也鬼神之不可測先
生之不可測也欲盡言之雖窮萬古不可得而
盡也雖然先生之心與萬古之人心一貫無二
致學者不可自棄簡又祖辭曰某所以獲執弟
子之禮於先生門下四方莫不聞矣四方實未
之知豈惟四方之士未之知雖前乎此千萬世
之已往後乎此千萬世之未來盈天地兩間皆
高識深智之士竭思悉慮窮日夜之力亦將莫



知又豈惟盡古今與後世高識深智之士莫能
知雖某亦不能自知袁燮序曰學問之要得其
本心而已心之本眞未嘗不善孟子嘗言之矣
至先生始大發之如指迷塗如藥久病學者親
承師訓向也跂望聖賢若千萬里之隔今乃知
與我同本培之溉之皆足以敷榮茂遂豈不深
可慶哉包楊贊曰刻百家僞藥千古病發人本
心全人性命袁甫奠曰先生之學得諸孟子我
之本心光明如此未識本心如雲翳日既識本

心元無一物先生立言本末備具不墮一偏萬世無弊書院肇建躬致一奠可聞非聞可見非見陳塤曰先生之道如青天白日何庸語先生之語如震雷驚霆何庸録而今而後有誦斯録能於數千言之中見一言焉又於其中見無言焉則先生之道明矣

## 蔡沉

蔡沉字仲默宋建州建陽人父元定字季通所稱西山先生仲默自勝衣趣拜即服膺父教稍長從朱晦庵游年僅三十即屏去舉子業一以聖賢為師平居仰觀俯察默坐終日瞭然有見於天地之心萬物之情及求諸躬衆理具備信前聖之言不予欺也作書集傳其序曰帝王之治本於道帝王之道本於心得其心則治與道固可得而言矣何者精一執中堯舜禹相傳之心法也曰德曰仁曰敬曰誠言雖殊而理則一無非所以明此心之妙也至於言天則嚴其心之所自出言民則謹其心之所由施禮樂教化



心之法也典章文物心之著也家齊國治而天下平心之推也二帝三王存此心者也夏桀商紂亡此心者也太甲成王困而存此心者也存則治亡則亂治亂之分顧其心之存不存何如耳後世人主有志於二帝三王之治者不可不求諸道有志於二帝三王之道者不可不求諸心作洪範皇極內篇其詞曰沖漠無朕萬物具矣動靜無端後則先矣器根於道道著器矣一實萬分萬復一矣混兮闢兮其無窮矣是故數者計乎此者也疇者等乎此者也行者運乎此者也微而顯費而幽神應不測所以妙乎此者也　有理斯有氣有氣斯有形形生氣化而生生之理無窮焉天地絪縕萬物化醇男女搆精萬物化生化生者塞化醇者隤覆土之陵積水之澤草木魚蟲飛形飛色無極之真二五之精妙合而凝化化生生莫測其神莫知其能　有理斯有氣氣著而理隱有氣斯有形形著而氣隱人知形之數而不知氣之數人知氣之數而

不知理之數知理之數則幾矣動静可求其端陰陽可求其始天地可求其紛萬物可求其紀鬼神知其所幽禮樂知其所著生知所來死知所去易曰窮神知化德之盛也　人非無知也而眞知爲難人非無見也而眞見爲難眞者精之極精則明明則誠誠則爲其所爲不爲其所不爲如水之寒火之熱亦性之而已矣　陰陽五行其體而用用而體者耶渾渾淪淪而出入異門繩繩井井而形色具泯合之而知其異析



之而知其同微之而知其顯充之而知其不可窮者其庶矣哉　陰陽非可一言盡也以淸濁言則淸陽而濁陰以動靜言則動陽而靜陰以升降言則升陽而降陰以奇偶言則奇陽而偶陰小大高卑左右後先向背進退順逆醜妍靡物不爾無時不然愈析愈微愈窮愈遠陰陽之精互藏其營陰陽之氣循環迭至陰陽之質縱横曲直莫或使之莫或禦之　無形者理也有形者物也陰陽五行其物也與所以陰陽五行

其理也與無形之中而具有形之實有形之實而體無形之妙故君子語上而不墮於虛無語下而不泥於形器中立而不倚旁行而不流樂天知命而不憂　理其至妙矣乎氣之未形物之未生理無不具焉氣之既形物之既生理無不在焉渾然一體而不見其有餘物各賦命而不見其不足無形影可度也無聲臭可聞也主萬化妙萬物人知其神而不知其所以神　非一則不能成兩非兩則不能致一兩者可知而



一者難知也兩者可見而一者難見也可知可見者體乎難知難見者微乎　人心至靈也虛明之頃事物之來是是非非無不明也少則昏矣久則怠矣又久則棄之矣無他形氣之私溺之也人能超乎形氣拔乎物欲達其初心則天下之理得矣　天下之理動者奇而靜者偶行者奇而止者偶得奇者致一而生物者不二也　人之一心實爲身主其體則有仁義禮智之性其用則有惻隱羞惡辭讓是非之情方其寂

也渾然在中無所偏倚與天地同體雖鬼神不能窺其幽及其感也隨觸隨應範圍造化曲成萬物雖天地不得與其能至小無內至大無外無內不可分也詎分之與無外不可窮也詎窮之與斯之斯之式顯其微度之度之莫或其遺匪神之爲而妙於斯　至一而精至虛而靈有動有靜動直靜凝動已而靜靜已而動一動一靜爲屈爲伸爲鬼爲神人心之妙萬化之竅動靜之微　數運無形而著有形智者一之愚者



二焉數之方生化育流行數之已定物正性命圓行方止爲物終始隨之而無其端也迎之而無其原也渾之爲一析之無極惟其無極是以惟一　順數則知物之所始逆數則知物之所終數與物非二體也始與終非二致也大而天地小而毫末明而禮樂幽而鬼神知數即知物也知始即知終也數與物無窮其誰始而誰終

數由人興數由人成萬物皆備於我咸自取之也　濵漠之間眹兆之先數之原也有儀有象判一而兩數之分也日月星辰垂於上山嶽川澤奠於下數之著也四時迭運而不窮五氣以序而流通風雷不測雨露之澤萬化形色數之化也聖人繼世經天緯地立茲人極稱物平施父子以親君臣以義夫婦以別長幼以序朋友以信數之教也分天爲九野別地爲九州制人爲九行九品任官九井均田九族睦俗九禮辨分九變成樂八陣制兵九刑禁姦九寸爲律九分造曆九筮稽疑九章命筭九職任萬民九



賦斂財賄九式節財用九府立圜法九服辯邦國九命位邦國九儀命邦國九法平邦國九伐正邦國九貢致邦國之用九兩繫邦國之民營國九里制城九雉九階九室九經九緯數之度也孔子曰凡爲天下國家有九經所以行之者一也　先季通爲言官疏詆僞學遠謫道州州縣捕季通甚急季通聞命不辭家即就道朱晦庵與從游者數百人餞別蕭寺坐客興嘆有泣下者季通不異平時賦詩曰執手笑相別無爲

兒女悲晦庵喟然曰友朋相愛之情季通不挫之志可謂兩得矣杖履以行仲默徒步數千里以從鄉爲流血九疑之麓見楚粤窮僻處山川風物悲涼慘愴季通父子相對獨以義理自怡悅浩然無湘纍之思楚因之泣也季通沒貶所復徒步護柩以歸有遺以金而義不可受者輒謝却之曰吾不忍累其先也歸隱九峯當世名卿將薦用之仲默不屑就紹定三年卒年六十四



皇極篇巡音沿　㢱音斁　徽音吽

# 聖學宗傳卷之十一

東越　周汝登編測　王繼晃
陶望齡訂正　王繼炳　叅閱

## 楊簡

楊簡字敬仲慈谿人學者稱慈湖先生父通奉公庭顯刻意爲學其功甚密敬仲生之夕祥光外燭四廂望之以爲火也稍長入小學便儼立若成人通奉公嘗令默自反觀敬仲服膺是訓不懈踰弱冠入上庠每試輒魁敬仲入院時但面壁坐日將西乃方舒徐展卷下筆若波注二十八歲居太學循理齋首秋初夜宴坐於牀方復反觀忽覺得天地萬物通爲一體非爲心外乾道五年舉進士授富陽簿象山新第歸過之象山長敬仲才二歲素相呼以字爲交友留半月將別去則念天地間無疑者平時願一見莫可得遽語離乎復留之夜集雙明閣上數提本心二字因從容問曰如何是本心象山曰惻隱仁之端也羞惡義之端也云云此卽是本心敬

允神
而行
悟境
悟境

仲曰簡兒時已曉得此語畢竟如何是本心凡
數問象山終不易敬仲亦未省適平旦有鬻扇
者訟於庭敬仲斷其曲直訖退問如初象山揚
聲答曰適來斷扇訟是者知其爲是非者知其
爲非非敬仲本心而何敬仲聞之忽大省此心
澄然清明廣大無始末無所不通復亟問曰止
如斯耶象山竦然端厲復揚聲曰更何有也敬
仲不暇他語即揖而歸拱坐達旦質明北面納
弟子禮師事焉每謂某感陸先生尤是不再答



一語若更云云便支離去矣時八年秋七月也
已而觀故書猶若有疑終夜坐不寐天曈曨欲
曉忽灑然如物脫去乃益明淳熙元年春喪母
去官尚覺日用酬應未能無礙沈思屢日偶一
事相提觸亟起旋草廬中始大悟於是變化云
爲縱横交錯萬變虛明不動如鑑中象矣服除
授紹興府理掾二府史觸怒帥送獄勘之敬仲
自無罪命勘平日敬仲曰吏今日實無罪必擿
摘往事置之法某不敢奉命帥大怒敬仲爭愈

力帥怒不可屈遂已常平使者朱熹薦之差淛
西撫幹乃令督三將兵軍政大脩衆大和悅改
知嵊縣丁外艱服除知樂平縣首登講席邑之
大夫士咸會誨之曰人性至善人性至靈人性
至廣至大至高至明人所自有不待外求人所
自有不待外學孩提之童無不知愛其親及其
長也無不知敬其兄見牛觳觫誰無不忍之心
見孺子匍匐將入井誰無往救之心是謂仁義
之心是謂良心即堯舜禹湯文武周公孔子之



心即天地日月鬼神之心人人皆有此心而顧
爲營營逐逐貪利祿患得失者所熏灼某切惜
之敢宣以告誨之諄諄不倦其言坦易明白人
人可曉諸士一旦得聞在會有泣下者紹熙五
年召爲國子博士既赴監講乾繇反覆數千百
言發人心固有之妙欣欣然人自慶幸咸謂先
聖賛易後未之聞也會逐丞相趙汝愚敬仲上
書遭斥主管台州崇道觀嘉定元年寧宗更化
遷秘書省著作佐郎輪當面對遂極言時弊陳

有用道學

經國之要三劄惻切上數俯首諦視至讀饑民相食處蹙額久之人爭傳誦流至北境見者輒雪涕舉兩手曰此江南楊夫子也三年旱蝗詔求直言敬仲上封事言臣聞旱者災厲之氣三才一氣如人一身腹臟作楚則四體頭目亦為之不安人事乖厲則天地之氣亦感應而為乖厲又次言改過聖賢之大德近世士大夫多以改過為耻故人亦不敢忠告王安石本有非常之譽諸賢競議新法安石豈不動心致疑而決



策不回者重於改過也故其末流小人類進禍及國家陛下取群臣之改過服義者表章擢使凡建議不遂非飾辭則集衆智歸於一是國家何事不辦而堯舜禹湯之大道復大明於今日矣授著作郎將作少監入對奏問曰陛下自信此心即大道乎上曰心即是道畧無疑貳之色曰日用如何上曰止學定耳曰定無用學但不起意自然靜定澄明上曰日用但勿起意而已因賛曰至善至善不起意則是非賢否自明

此日復奏問曰陛下意念不起已覺如太虛乎上曰是如此曰賢否是非已歷歷明照否上曰朕已照破曰如此則天下幸甚問答往復漏過八刻敬仲出上目送久之兼國史院編脩官奏請改史法從編年之舊謂孔子作春秋書某年某月某日某事人讀之以為是者道也以為非者非道也如此而書大道自明自司馬遷改編年為紀為世家列傳使後世見事見人而不見道疏不果上以面對所陳未行求外補得溫州



到郡首訪賢者禮致之示標表雖不督賦而財未嘗匱不設法不立額而課未嘗虧士咸向方知務學有自同姓登科者既數年矣忽大感悟詣先生繳納出身在郡奉養非薄曰吾敢以赤子膏血自肥乎民愛之如父母咸畫像事之遷駕部員外郎老稚扶攜緣道傾城哭送入對奏言宜盡歸喜順惡逆之私情則善政盡舉弊政盡除民怨自銷禍亂不作累遷將作監兼實錄檢討官時金人大饑來歸者日以數千萬計邉

吏列弓弩臨淮水射之退敬仲蹙然曰得土地易得人心難薄海内外皆吾赤子兒此中土故民出塗炭投慈父母顧與之斬斗升粟而迎殺之斬脱死乃速得死豈相上帝綏四方之道也哉即日上奏瘉言之會有疾請去益力進寶謨閣待制提舉鴻慶宫理宗即位詔入見屢辭尋以寶謨閣學士致仕三月二十三日卒年八十有六敬仲清明純一無生死異屬纊之夕怡然如平時門人錢時曰三代衰聖教熄異端邪説



爭鞭駕於天下其後傳註以爲經章句以爲學洙泗家法徒存紙上之空言於赫我宋篤生賢哲而先生又挺出諸儒後伏羲肇畫初無文義可傳孔氏遺書不從言語上得本心本聖無體無方虚明變化無非妙用斯道也堯以之安安舜以之無爲禹以之行其所無事湯以之懋昭文王以之順帝則武王以之訪洪範周公以之師保萬民孔子以之爲删爲定爲繫爲筆削襃貶是之謂中是之謂極是之謂秉彝之則茫茫

惜未見此解書

千古智探巧索如瞶商律如膜指杓而先生得之斯道於是大明有功聖門大矣　所謂天民先覺者歟其歸自胄監也家食者十四載築室德潤湖上更名慈湖館四方學子於熈光咏春之間而啟迪之於是始傳詩易春秋傳曾子始取先聖大訓間見諸雜説中者刊訛剔誣萃六卷而爲之解謂人皆以易爲書不以易爲己先生是以有己易人皆徇目爲見徇耳爲聞而不明夫不可見聞之妙先生是以有閒居解大人



皆有至明至靈廣大聖智之性微生意必固我焉故蔽之聖人不能以道與人能去人之蔽耳先生是以有絶四紀學者不反其所自有而或陷溺於諸子百家之意説疑似支離卒莫見道先生是以有啟蔽謂治天下其最急者五其次急者八先生是以有治務　敬仲之語曰自生民以來未有能識吾之全者惟覩夫蒼蒼而清明而在上始能言者名之曰天又覩夫隤然而博厚而在下又名之曰地清明者吾之清明博

厚者吾之博厚而人不自知也人不自知而相與指名曰彼天也彼地也如不自知其爲我之手足而曰彼手彼足也如不自知其爲己之耳目鼻口而曰彼耳目也彼鼻口也不以天地萬物萬化萬理爲己而惟執耳目鼻口四肢爲己是剖吾之全體而裂取分寸之膚也是梏於血氣而自私也自小也非吾之軀止於六尺七尺而已也姑即六尺而細究之目能視所以能視者何物耳能聽所以能聽者何物口能噬所以



能噬者何物鼻能嗅所以能嗅者何物手能運用屈信所以能運用屈信者何物足能步趨所以能步趨者何物血氣能周流所以能周流者何物心能思慮所以能思慮者何物目可見也其視不可見耳可見也其聽不可見口可見噬者不可見鼻可見嗅者不可見手足可見其運動步趨者不可見血氣可見其使之周流者不可見心之臟可見其能思慮者不可見其可見者有大有小有彼有此有縱有橫有高有下不

可得而一其不可見者不大不小不彼不此不縱不橫不高不下不可得而二視與聽若不一其不可見則一視聽與噬嗅若不一其不可見則一運用步趨周流思慮若不一其不可見則一是不可見者在視非視在聽非聽在噬非噬在嗅非嗅在運用屈信非運用屈信在步趨非步趨在周流非周流在思慮非思慮視如此聽如此噬如此嗅如此運用如此步趨如此周流如此思慮如此不思慮亦如此晝如此夜如此



寤如此寐如此生如此死如此天如此地如此日月如此四時如此鬼神如此行如此止如此古如此今如此前如此後如此彼如此此如此萬如此一如此聖人如此衆人如此自有而不自察也終身由之而不知其道也爲聖者不加爲愚者不損也自明也自昏也此未嘗明此未嘗昏也或者蔽之二之自以爲昏爲明也昏則二明則一因昏而立明不有昏者無自而明也昏明皆人也皆名也知之者自知也不可以詔

人也所可得而語人者曰吾無行而不與二三
子者而已終不可得而言也曰吾有知乎哉無
知也而已實無得以告人也何爲其然也尚不
可得而思也矧可得而言也尚不可得而有也
矧可得而知也然則昏者亦不思而遂已可乎
曰正恐不能遂已誠遂已則不學之良能不慮
之良知我所自有也仁義禮智我所自有也萬
善自備也百非自絕也意必固我無自而生也
雖堯舜禹湯文武周公孔子何以異於是雖然



思亦何害於事箕子曰思曰睿孔子曰學而不
思則罔周公仰而思之夜以繼日思亦何害於
吾事也　既曰天下何思何慮矣而又曰孰曰
兢兢業業曰艱曰改過曰翼翼無思無慮者固
如此乎但兢兢但業業但克艱而弗易但改過
但翼翼方兢兢業業克艱而不易吁此心果可
得而見乎果不可得而見乎果動乎果不動乎
特未之察耳　是心本一也無二也無嘗斷而
復續也無嚮也不如是而今如是也無嚮也如

是而今不如是也晝夜一也古今一也少壯不
强而衰老不弱也有强有弱者血氣也無强無
弱者心也有斷有續者思慮也無斷無續者心
也能明此心則思慮有斷續而吾心無斷續血
氣有强弱而吾心無强弱有思無思而吾心無
二不能明此心則以思慮爲心雖欲無斷續不
可得矣以血氣爲己雖欲無强弱不可得矣雖
欲造次於是顛沛於是無須臾不於是强勉從
事不須臾而罷矣况於造次乎况於顛沛乎書



曰作德心逸日休作僞心勞日拙如此則亦僞
而已矣　通乎一萬事畢差之毫釐謬以千里
故仕止久速一合其宜周旋曲折各當其可非
勤勞而爲之也吾心中自有如是十百千萬散
殊之正義也禮儀三百威儀三千非吾心外物
也故曰性之德也合內外之道也故時措之宜
也言乎其自宜也非求乎宜者也　人之所不
學而能者其良能也所不慮而知者其良知也
此豈討度而圖之也此豈擬議而成之也如秋

陽之昦至白而無瑕也如江漢之濯至潔而無滓也混混乎無涯無畔無始無終也天地非大也毫髮非小也晝非明夜非晦也往非古也此非今也他日非後也鳶飛戾天非鳶也魚躍於淵非魚也天下被日月之明照而不知其自我也天下霑雨露之潤而不知其自我也天下畏雷霆之威而不知其自我也日夜行乎吾巳之中而以爲物也孔子曰哀樂相生雖使正明目而視之不可得而見也傾耳而聽之不可得而



聞也哀樂必有形哭笑必有聲而曰不可見不可聞何也此非心思之所能及也非言語之所能載也我之所自有也而不可知也不可識也

舜曰道心非心外復有道道特無所不通之稱孔子語子思曰心之精神是謂聖聖亦無所不通之名人皆有此心此心未嘗不聖精神無體質無際畔無所不在無所不通易曰範圍天地果足以範圍之也中庸曰發育萬物果皆心之所發育也百姓日用此心之妙而不自知愛

親曰孝敬兄曰弟以此心事君曰忠以此心事長曰順以此心與朋友交曰信其敬曰禮其和曰樂其覺曰知所覺至於純明曰仁言此心直而不支離曰德其合義所當行不可移奪曰義名謂紛紛如耳目鼻口手足之不同而一人也如根幹枝葉華實之不同而一木也此心之虛明廣大無所不通如此而孔子曰學而時習之謂其時時而習何也此心本無過動於意斯有過意動於聲色故有過意動於貨利故有過意



動於物我故千失萬過皆由意動而生故孔子每每戒學者毋意吁本心雖明故習尚熟不遠而復不動如故孔子莞爾而笑喜也非動乎意也曰野哉由也怒也非動乎意也哭顏淵至於慟哀也非動乎意也日用平常變化云爲喜怒哀樂如四時之錯行如日月之代明如鏡中萬象實虛明而無所有夫是之謂時習而悅之學夫是之謂孔子爲之不厭之學

道心大同聖賢非有餘愚鄙非不足何以證其然人皆有惻

隱之心皆有羞惡之心皆有恭敬之心皆有是非之心愚夫愚婦咸有之奚獨聖人有之人人皆與堯舜禹湯文武周公孔子同人人皆與天地同又何以證其然人心非血氣非形體廣大無際變化無方不疾而速不行而至非神乎不與天地同乎學者當知夫舉天下萬世之人心皆如此也學者當自信毋自欺毋自疑意慮倏起天地懸隔不識不知匪合匪離直心而往自備萬善自絕百非雖無思爲昭明弗遺　日用



云爲無非變化無非斯道視者斯道所視之形色亦斯道聽者斯道所聽之音聲亦斯道思者斯道所思之人情事理亦斯道自清濁未分以至於旣分陰陽交而四時行百物生皆斯道動靜有無皆斯道不勞思索念念皆妙曰天曰人曰地曰事曰物名謂不同爾何者不妙學者惟毋動乎意　通三才卌有此道而已無他物也無他事也皆此物也皆此事也學者捨道誠無所用其心人知所以用心於他事他物也非果有他事他物之可用心也謬以爲他事而不知他事之卽道也謬以爲他物而不知他物之卽道也不知故昏昏故妄作而爲無道非果無道也百姓日用而不知也雖視聽言動心思之皆道而自昏也此心卽道奚俟他求　或作詠春堂請專明其旨先生曰入而事親其旨也出而事君其旨也兄而友弟而恭其旨也夫婦之別其旨也朋友之信其旨也其視其聽其旨也其言其動其旨也警戒兢業其旨也喜怒哀樂其旨也思慮詳曲切至其旨也春秋冬夏風雨霜露其旨也風霆流形庶物露生其旨也如是歟明可謂至明白至詳盡或者猶疑焉曰其疑者亦是旨也樂哉　作擊磬記曰昔孔子擊磬於



衛厥有大旨爲之言曰天有四時春秋冬夏風雨霜露無非擊磬也地載神氣神氣風霆風霆流形庶物露生無非擊磬也君尊臣卑父慈子孝兄愛而弟敬夫婦別長幼順朋友信無非擊磬也目之視耳之聽心之思慮口之言四體之

運動無非擊磬也子曰二三子以我爲隱乎吾無隱乎爾吾無行而不與二三子者是皆擊磬之旨也　作永堂記曰皐陶曰謹厥身脩思永始如此終不如此非永也靜如此動不如此非永也晝如此夜不如此非永也今日如此他日不如此非永也思如此不思則不如此非永也永非思之所可及也而必曰思者思夫不可得而思也者斯永也孔子曰天下何思何慮謂此也曰毋意謂此也曰吾有知乎哉無知也謂此



也文王之德之純永也維天之命於穆不已永也生如此死不如此非永也於天淸地濁未分時如此於萬萬世之後不如此非永也所以能範圍天地之化者此永也所以發育萬物者此永也古志謂迎之不見其首隨之不見其後此永也所以事親者此也所以事君者此也所以從兄者此也所以友弟所以親夫婦所以與朋友交者此也所以泛應酬酢出入無時莫知其鄉者此也人謂之心孔子曰心之精神是謂聖

人皆有是心皆具此聖而百姓日用而不知也

斯事至易至簡如輿薪置其前而人自不見如鍾鼓置其旁而人自不聞如目不見睫以其太近如玉在其懷中而終日奔走索諸外　天下之至深常存乎至淺天下之至難常存乎至易至淺故雖明告之以此心卽道往往復疑以爲天下之至妙必不止此於是乎始他求始放其心紛紜支離終日不休終歲不休終身不休也　學者皆知所以求放心而不知何者爲心



何者爲放何者爲求也不明乎善不誠其身矣要先明吾之本心然後能知放知放則知求之矣吾之本心無他妙也甚簡也甚易也不損不益不作不爲感而遂通以直而動出乎自然者是也　此心虛明無體象廣大無際量實不曾動不曾靜不曾生不曾死而人謂之動謂之靜謂之生謂之死晝夜常光明　人惟不知生故不知死不知人故不知鬼神人執氣血以爲已執七尺以爲已故裂死生判有無殊人鬼而不

知其未始小異也不知其未始不一也以形觀
人則人固可見以神觀人則人固不可見也神
者人之精形者人之麄死生一致人鬼一貫
德性無生何從有死非二道也此道昭然不可
亟語於庸人之前庸情知魂氣歸天如彼其高
體魄歸地如此其下以爲不可合而爲一達者
觀之未始不一也人之骨肉斃於下陰爲野土
此吾之地其氣發揚於上爲焄蒿悽愴此吾之
天百物皆有此天皆有此地天地之精妙名之
曰鬼神　莊子曰勞我以生息我以死是樂死
而厭生也樂死而厭生與貪生而懼死同桑戶
之歌曰而已反其眞而我猶爲人以死爲反眞
以生爲不反眞其牿於生死又如此豈若孔子
之言曰未知生焉知死明乎生死之一也莊子
又曰汝神將守形形乃長生既諄諄乎言無物
之妙矣茲又守形陋矣又自矛盾矣　自有天
地以來至於今不知幾春幾夏幾秋幾冬矣而
識其春秋冬夏者有幾不知百物幾生幾死何



止百物人自謂吾識某物某物生某物死而實
能識者有幾孔子謂哀樂不可見不可聞而春
秋冬夏可見可聞乎又謂庶物露生無非教不
知如何而教也此教不可見不可聞即可見可
聞言即無言無言即言惟洞覺者自知未至於
洞覺者終疑疑即知知即疑一以貫之妙不可
思　人皆知有一死而實不知　知道之謂知
知非心思之所及伊尹謂之覺孔子謂知及之
默而識之不可思不可言也　無知者聖人之
眞知而聖人知之實無知也如以爲聖人之道
實可以知之則聖人之道乃不過知識耳不過
事物耳而聖人之道乃非知識非事物則求聖
人之道者不可以知爲止然以聖人之道爲可
以知者固未離於知以聖人之道爲不可知者
亦未離於知惟其猶有不可知之知非眞無知
也聖人之眞無知非智識之所到非知不知所
能盡一言以蔽之曰心而已矣此心非知非不
知苟明此心自然非知不知之所及此之謂眞

無知不得此心而求無知則愈無知愈多知去
却一重障又有一重籬不如休心無作此心自
是妙更不可測度不惟他人不可測度我亦自
不能測度子思曰雖聖人亦有所不知焉心無
異心即目視耳聽之心手持足行之心自是不
可知不可限量不可形容也知者必信信者必
知是謂無知之知　時習之習非習非力用智
習有時而竭用力力有時而息不竭不息至樂
之域學者多疑所習者何事必有其說吁使所



習之有說則必不能時習矣時習之習乃不習
之習易曰不習無不利　學者觀孔子曰君子
無終食之間違仁往往切意飲食之外自有所
謂仁之道以此求仁却行而求前也不知夫舉
匙施筴仁也咀嚼歠飲仁也別味知美惡仁也
但於其中微起意焉則心始動始遷始不仁矣
知仁者鮮好仁尤鮮既知而後可以言好不
知則安所好仁人心也何知之難求仁於心外
故難求仁於心內亦難心無實體安有內外仁

既難知則不仁亦未易知蓋仁之粗者易知不
仁之微者難知意象微起即爲不仁意象微止
亦爲不仁　用力於仁之力異乎他人之所謂
力他人之用力乃意必固我之力故有不足用
於仁之力乃不識不知之力故無不足　發憤
忘食用力如此不知如何而用力也樂以忘憂
不知所樂安在也不知老之將至此何謂也發
憤疑無樂今聖人則樂天下之所謂樂者必有
時而已今聖人乃以此樂終老此意聖人自知



禪宗

之自夫子以來更幾千百年更幾千萬人敢謂
舉不知也不知者固不得而知知者亦不得而
知　以舜大聖而猶不知十二章之象使禹明
之以孔子大聖而猶不知魯廟此蓋皆斷斷之
說而後世之士恥於一物之不知亦愚矣詳於
其所不必盡知而畧其所不可不知故終身由
之而不知其道者衆也　忠信與忠恕者即吾
庸常平直之心即道渡河丈人亦曰吾之入於
波流忠信而已其出也亦忠信而已孔子使二

三子識之烏乎至哉卽吾與人忠不妄語之心
卽道已丈人當日之言未必果曰忠信往往曰
吾出入於波流吾心如是而已無說也無術也
始吾之入也如是而入其出也如是而出　善
求夫子之道者不求諸夫子而求諸吾之心夫
子之忠恕固夫子之心也亦吾之心也天下同
然者謂之心或者賤已而貴聖人平時妄慮紛
紜惡習深固一旦語夫子之道固望而驚畏而
遁慊然自以爲不敢企及聞曾子之言曰忠恕



而已固以爲曾子姑以其淺者告之不然則夫
子之忠恕必非常人之所謂忠恕也知堯舜之
道無出於孝弟則知夫子之道無出於忠恕堯
舜之道不出乎徐行後長之間夫子之忠恕固
不出於衆人之日用　孟子所以諄諄必稱堯
舜灼見人皆有堯舜之心病弗知耳弗信耳孟
子知之而舉天下之人皆不知不信是以勞孟
子之諄諄也吾徒不可以不熟講也不可以不
自信也以此事君則可致君爲堯舜之君以此

治民則可使民爲堯舜之民至易也至簡也或
者終疑堯舜之不可及漢唐之未可輕議此乃
悖逆姦亂之源也此說不可長　士大夫不知
道故不識禮樂刑政之原是故禮非禮樂非樂
刑非刑政非政豈無善者大體失之皆非所以
若恒性綏厥猷也　何謂意微起焉皆謂之意
微止焉皆謂之意意之爲狀不可勝窮有利有
害有是有非有進有退有虛有實有多有寡有
散有合有依有違有前有後有上有下有體有



用有本有末有彼有此有動有靜有今有古若
此之類縱說橫說不可得而盡然則心與意奚
辨二者未始不一蔽者自不一一則爲心二則
爲意直則爲心支則爲意通則爲心阻則爲意
直心直用不識不知孟子明心孔子毋意意毋
則此心明矣心不必言亦不可言言亦起意聖
人尚不欲言恐學者又起無意之意也離意求
心未脫乎意直心直意匪合匪離周公仰而思
之夜以繼日非意也孔子臨事而懼好謀而成

非意也鑑未嘗有美惡而亦未嘗無美惡鑑未
嘗有洪纖而亦未嘗無洪纖吾心未嘗有是非
利害而亦未嘗無是非利害人心之妙曲折萬
變如四時之錯行如日月之代明何可勝窮何
可形容何謂必必亦意之必必如此必不如彼
必欲如此必不欲如此大道無方奚可指定以
爲道在此則不在彼乎以爲道在彼則不在此
乎必信必果無乃不可斷斷必必自離自失何
謂固固亦意之固固守而不通其道必窮固守



而不化其道亦下何謂我我亦意之我意生故
我立意不生我亦不立自幼而乳曰我乳長而
食曰我食衣曰我衣行我行坐我坐讀書我讀
書仕宦我仕宦名聲我名聲行藝我行藝牢堅
如鐵不亦如塊不亦如氣不亦如虛不知方意
念未作時洞焉寂焉無尚不立何者爲我雖意
念既作至於深切時亦未嘗不洞焉寂焉無尚
不立何者爲我學者不墮於意則墮於必不墮
於固則墮於我故先聖止絕之聖人先覺學者

後覺耳　人意思舉動隨生衣服時有衣服意
思飲食時有飲食意思語默動靜皆然似此意
思役盡時人光陰也意中有新有久有喜有厭
相生無窮坐久則厭以行爲喜行久則厭以坐
爲喜觸目覩景無非意思皆由失已　學者以
所得塡塞胸中中毒之際復不自覺顔子屢空
還有此否　吾徃日常在昏昏中而不知衣服
時亦不知飲食時亦不知行住坐臥時皆在不
知中自謂吾了了惺惺後因覺此不知卽非不



知　動靜語默皆天性也人謂我爲之是將黃
金作頑鐵用耳　人以念慮爲心是致爲學疲
勞或自覺則見本心矣　婁師德唾面自乾且
道唾面從那裏來有對者俱未當意徐曰從動
心處來此心纔動唾卽劈面而來也　吾自幼
年以生計不足爲憂復思古者樂貧之士處貧
必得其理因讀論語有若言盍徹乎每每在懐
一日忽有所得夫盍徹正而已矣宿昔之憂日
見消釋而動止輕清盖得理則無所施而不利

可感

復何憂哉此身乃天地間一物不必兜攬爲已生一世只恰過一塲便休無貪戀則自然見道 有志於學見賢者亦學也見不賢者亦學也喜樂亦學也憂苦亦學也學至此學乃吾之全體 先聖曰知及之仁不能守之雖得之必失之知者覺之始仁者覺之終不覺不足以言知覺非心思之所及而猶未精一精一而後可以言仁 錢塘王子庸胸中義理之談無不曉析而自謂其疑敬仲告之以不假更求本



無可疑者子庸曰非不知之而終疑自是或對詩或致書無他問端所志惟在道所問未嘗不疑蓋日積十八九年矣忽二月之二十三因見揚輝躍然如脫如釋於是乎洞然不復如前之疑矣敬仲聞之喜不能自已子庸請益從容問其備乃猶意其猶有未盡復告之曰習氣之未易消釋也如此猶有未盡者意也先聖之所止絕也止絕此意者又意也又先聖之所止絕也即疑即意何思何慮縱心盡意匪動匪止孝於

悟境

親友於兄弟信於友恂恂於鄉里自先聖曰吾無知也而某亦安得所知以告子庸也 直翁來見自陳居處恭至難且求其說敬仲曰直翁恭願其察之也久豈直翁燕居亦不敢申申夭夭耶觀聖言當通其道恭言大槩至燕居申申夭夭非不恭也殆直翁求之過也此心至靈惟無放逸或恭恭或申申變化神明不可度思矧可射思 臨川張元度踵門就見元度誠確篤志夜則收拾精神休之以靜敬仲曰元度所自



有本自全成何假更求視聽言動不學而能惻隱羞惡辭讓恭敬是非隨感輒應不待詔告清明在躬精神四發不疾而速不行而至收之拾之乃成造意休之靜之猶是放心學問之道無他求其放心而已矣吾心本無妄而更求乃成有妄故曰無妄之往何之矣元度猶自以爲未能無過敬仲曰有過即改元度精神何罪而收拾之元度好賢樂善孜孜如不及某堅謂元度自賢自善何所更疑而猶待他人爲 贈毛誼

悟境

夫曰晝晝皆妙點點皆妙小學家日用其妙而不自知毛誼夫克承先志研精修潤餘二十年比年相親近忽自知是知匪思是知匪知知及之敬之敬之　樂平鄒元祥相見自言近覺敬仲叩之知其覺矣而猶不無阻礙通之自是益澄明元祥事親至孝篤愛諸弟嘗語人曰事親從兄之際不思不勉無非實地變化云爲弛張闔闢宇宙在吾手又曰人皆以兀坐端默爲靜吾獨以步趨應酬爲靜人皆以步趨應酬爲動



吾獨以兀坐端默爲動　吳縣葉元吉來訪執禮甚恭元吉名祐之自言弱冠志於學而未得其方凡先儒所是者依而行所訶者必戒如是者十有七年然終未相應得先生絕四碑一讀知此心明白廣大異乎先儒繳繞迂曲之說自是讀書行已不敢起意後寐中聞更皷聲而覺全身流汗失聲嘆曰此非皷聲也如還故鄉終夜不寐夙興見天地萬象萬變明暗虛實皆此一聲皆祐之本體光明變化固已無疑而目前

猶若嘗有一物及再聞先生警誨此一物方泯然不見若不見先生止於半塗敬仲示之詩曰元吉三更非鼓聲慈湖一夜聽鶯鳴是同是異難聲說何慮何思自混成爐炭幾番來暖熱天總一點吐圓明起來又覩無窮景水鑑澄光萬里清　趙德淵極有性氣後來喜怒不形於色一日同徐良甫游德淵忽於早飯前驚曰異哉良甫問狀於是知其有覺敬仲後見德淵德淵曰某今於日用應酬都無一事只未知歸宿之



地敬仲曰不必更求歸宿之地人皆有是心心未嘗不聖何必更求歸宿　郡守之東有堂焉名清心某心不安焉胡爲乎不安孔子曰心之精神是謂聖既聖矣何俟乎清之孟子曰勿正心謂夫人心未始不正無俟乎復正之清心即正心正心孟子之所戒也而後人復違其教何也上繫之洗心大學之正心皆非孔子之言也

操則存舍則亡出入無時莫知其鄉孔子此言盖謂操持則在此不操持而舍之則寂然無

所有忽焉而出如思念外物外事則遠出直至千里萬里之外又忽焉而入如在乎吾身之中然而心無形體無形體則自然無方所故曰莫知其鄉言實無鄉域也聖人此言實未嘗貴操而賤舍孟子誤認其語每每有存心之說又有存神之說失之矣使果有所存則何以爲神中庸其至矣乎民鮮能久矣此子思聞孔子之言不審孔子未嘗云能在論語止曰民鮮久矣無能字如子曰中庸不可能也此能是用意矣



道無所能有能即非道　問董仲舒如何先生曰董仲舒學不知道如曰仁義禮智信所當脩飭又曰設誠於內而致行之此道人心之所自有何以脩飭設爲其不違大本如此仲舒又曰道之大原出於天天不變道亦不變道無本末何出何入天者即此道之健行清明者也而仲舒離而爲二道何由而明　濂溪曰誠精故明神應故妙幾微故幽誠未始不精何必更精誠即神神即幾此萬古人心之所同非聖人獨有

之今周子又謂誠神幾曰聖人是謂衆人無之此正孟子所謂謂其君不能者賊其君者也謂民不能是賊其民者也　或問仁程正叔曰此在諸公自思之將聖賢所言仁處類聚觀之體認出來夫使未有論語孟子時無可類聚又將若之何孔子未嘗教人類聚類聚體認無非意路　或問程正叔吾道一以貫之而曰忠恕而已矣則所謂一者即仁否正叔曰然此一字當仔細體認一還多在忠上多在恕上曰多在恕



上正叔曰不然多在忠上纔忠便是一恕即忠之用此論殊爲蔽窒既已謂之一矣何多何少體認二字便見用意積力之狀孔子惟曰一以貫之別無注脚曾子曰忠恕發明亦坦夷明白不謂後世學者穿鑿撰造至於此　正叔言性中只有仁義禮智四者幾曾有孝弟來異哉正叔之蔽一至於此孝弟仁義名不同耳强立籓離固守名意陷溺於分裂之學障塞坦夷之道孟子謂徐行後長即堯舜之道以羊易牛即王

者之心發明孩提愛親及長敬兄爲不學而能
不慮而知正叔分裂體用而言之不可以爲訓
也　伊川謂動容貌整思慮則自然生敬敬即
是主一也主一則既不之東又不之西是則只
是中苦也人性自善何必如此拘束孔子未嘗
如此教人但曰居處恭執事敬耳但曰約之以
禮耳伊川之教固愈於放逸者然孔子曰過猶
不及何則其害道均也　或問熒惑退舍果否
程正叔曰觀宋景公不能至是問反風如何曰

亦未必然成王一中才之主聖人爲之臣尚幾
不能保非有動天之德不能至也正叔未明道
故有此論人心即道無所不通善心興起如其
眞切豈無感通之理而正叔謂景公不能至是
又謂成王未必能然賊天下萬世之良心此說
不可長堯舜與人同耳其不善之心既足以感
動災異則其善心豈不足以感動而消弭之不
知道者其輕有所立論哉　横渠牖銘云居則
存其心曰存否繼否化否無意否張子則勤矣

不草草矣惜乎其未解解者不如此曾子之日
三省異乎是矣曾子之省不過不忠不信傳授
弟子而實未嘗習之過皆芸苗改過未嘗助長
如横渠乃揠苗助長之學也化者自化豈容問
耶自省本心者自無意意豈屢省之所能無耶
自省本心者自未始有間斷何患乎不繼耶堯
舜雖有惟精惟一之功要非繼續之所可言孟
子之存心又豈横渠之所云欲存愈不存欲繼
愈不繼欲化愈不化欲無意愈不已蠡測曰古

今論學之言撤手懸崖無絲毫粘掛道人所不
敢道蓋惟慈湖一人而已誦其言眞自痛快末
後數條自信無前擿抉前哲如禪門中所謂喝
佛罵祖是眞學佛祖者尤難與拘攣者道也
（石魚樓詩）多謝天工意已勤四時換樣示吾人
碧桃丹杏分明了綠艾紅榴次第陳秋雁聲中
休惱悵雪梅枝上莫因循機關踏着元非彼正
是吾家固有身　（其二）箇裡包坤更括乾精神
微動便紛然桃紅柳綠春無迹魚躍鳶飛妙不

傳麥浪豈緣風滾滾荷珠不爲露涓涓分明是了何言否此事難容鄭氏箋（又偶作六首）此道元來即是心人人拋却去求深不知求却翻成外若是吾心底用尋　若問如何是此心能思能索又能尋汝心底用他人說只是尋常用底心　此心用處沒蹤由擬待思量是討愁但只事親兼事長只如此去莫回頭　莫將愛敬復雕鐫一片眞純孝自全待得將心去鈎索旋栽荊棘向芝田　有心切勿去鈎玄鈎得玄來



在外邊何似罷休休本分孝慈忠信乃天然此天然處不亦妙費盡思量却不到有時父召急趨前不覺不知造淵奥此時合勤承認狀從古癡頑何不曉　處處青山人不識步步踏着此巖石妙妙妙妙不可言可惜可惜大可惜（題慈湖六首）惜也天然一段奇如何萬古罕人知只今煙水平軒檻觸目無非是孝慈　惜也天然一段奇如何萬古罕人知只今弄月吟風處孔子明言是孝慈　惜也天然一段奇如何萬古罕人知只今山色連深翠孔子明言是孝慈　惜也天然一段奇如何萬古罕人知只今步步雲生足底用思爲底用疑　惜也天然一段奇如今萬古罕人知只今講學從游地一聽思爲一聽疑　惜也天然一段奇如何萬古罕人知殷勤爲語從游子亂是思爲亂是疑（金明池篇）燕語鶯啼杏壇春色爲甚無人領畧又添箇山青水綠是多多火火明明白白對面不識方且蕩然放逸不亦文詞雕琢聖人道君子不



必相與言但示以禮樂禮樂無言莫穿鑿一味融融無窮靜樂步步行行皆妙用言言句句俱寂寞舜曰道心明心即道百姓日用不知不覺從學者冊三勤勤有請也只不可說着

：眞德秀

眞德秀字景元後更希元稱西山先生宋建之浦城人寧宗慶元五年登進士第嘉定元年遷大學博士時韓侂胄已誅入對言侂胄倡爲僞學之論今日改絃更張正當褒崇名節明示好

大經濟

尚四年遷著作佐郎同列相忌譏之德秀恬不與較兼禮部郎上疏言金有必亡之勢亦可為中國憂蓋金亡則上恬下嬉憂不在敵而在我多事之端恐自此始六年遷起居舍人奏言權姦擅政初朱熹彭龜年以抗論逐呂祖儉周端朝以上書斥當時近臣猶有爭之者其後呂祖泰之貶非惟近臣莫敢言而臺諫且出力以擠之則嘉泰之失已深於慶元矣更化之初群賢皆得自奮未幾傅伯成以諫官論事去蔡幼學



以詞臣論事去鄒應龍許奕又繼以封駁論事去是數人者非能大有所矯拂也皆不容於朝故人務自全一辭不措設有大安危大利害群臣喑嘿如此豈不殆哉今欲與陛下言勤訪問廣謀議明黜陟三者而已時史彌遠方以爵祿縻天下士德秀力請去出為江東轉運副使江東旱蝗遂與留守憲司分所部九郡大講荒政而自領廣德太平以便宜發廩賑給竣事而還百姓數千人送至郊外指道傍叢塚泣曰此皆

往歲餓死者微公我輩已相隨入此矣先是都司胡榘等每詆德秀迂儒試以事必敗至是政譽日聞理宗即位召為中書舍人尋擢禮部侍郎直學士院入見奏三綱五常扶持宇宙之棟幹奠安生民之磐石人主但當以二帝三王為師又疏言朝廷之上敏銳之士多於老成雖嘗以耆艾褒傅伯成楊簡以儒學褒柴中行以恬退用趙蕃劉宰至忠亮敢言如陳宓徐僑皆未蒙録用上問廉吏希元以知袁州趙篋夫對上



親擢篋夫直秘閣希元因經筵侍上進曰此高孝二祖儲神燕閒之地仰瞻楹桷當如二祖在上惟學可以明此心惟敬可以存此心惟親君子可以維持此心屢陳鯁言上皆虛心開納而彌遠益嚴憚之乃謀所以相撼落職歸脩讀書記語門人曰此人君為治之門如有用我者執此以往紹定間復起知泉州迎者塞路深山百歲之老亦扶杖而出城中懽聲動地召為戶部尚書入見以大學衍義進改翰林學士踰年拜

叅知政事三乞辭祿疾亟冠帶起坐卒謚文忠
希元長身廣額容貌如玉望之者無不以公輔
望之立朝不滿十年奏疏無論數十萬言皆切
當世要務直聲震朝廷四方人士誦其文想見
其風采及宦游所至惠政深洽不愧其言自侂
胄立僞學之名以錮善類凡近世大儒之書皆
顯禁以絕之希元晚出獨慨然以斯道自任講
習而復行之當禁既開而正學遂明於天下後
世多其力也先嘉定初居館職時秘書郎楊敬



仲謂曰希元有志於學顧未能忘富貴利達何
也希元恍然若知所謂敬仲徐曰子嘗以命訊
曰者故知之夫必去是心而後可以語道希元
曰先生之於某可謂愛之深而教之篤矣守泉
州日著心經始自舜禹授受繼以詩易四書禮
記周程朱之言凡訓心之說靡不畢備〔詩〕飽
食安居樂矣哉這場春夢幾時回若還要醒如
今醒莫待藤枯樹倒來　人說崑崙多美玉世
傳滄海有明珠世傳人說恐無據今我家傳乃

身

不虛　人生難得今已得人道難聞今已聞此
生不向今生度更向何生度此身　大丈夫兮
宜早休言今日又明朝等閑趯倒崑崙柱風
自淸今月自高

許衡

許衡字仲平號魯齋懷之河內人也生金章宗
大安元年宋寧宗嘉定元年也七歲入學授章
句問其師曰讀書何爲師曰取科第耳曰如斯
而已乎師大奇之每授書又能問其旨義久之



師謂其父母曰兒穎悟不凡他日必有大過人
者吾非其師也遂辭去如是者凡更三師稍長
嗜學如饑渴夜必晝誦身體而力踐之當暑中
過河陽渴甚道有梨衆爭取啖之仲平獨危坐
樹下自若或問之曰非其有而取不可也人曰
世亂梨無主曰梨無主吾心獨無主乎人見其
有德稍稍從之仲平聞姚樞以道學自任乃詣
蘇門見之既而移家蘇門依姚樞以便講習及
樞被徵仲平獨處蘇門始有任道之意元憲宗

四年世祖出王秦中召仲平爲京兆提學世祖
即位召至京師至元間除中書左丞八年兼國
子祭酒聞命喜曰此吾事也設教懇款周悉必
使逼曉嘗問諸生能章書義若推之自身今日
之事有可用否事中無疑看得有疑有疑卻看
得無疑方是有功其教人也因其所明開其蔽
日漸月漬不自知其變也日新月盛不自知其
化也以疾請還病革家人禱仲平曰吾一日未
死寧不有事於祖考起奠獻如儀既撤而卒年



七十二

有志

吳澄

吳澄字伯清元時崇仁人伯清生前一夕鄉老
見有異氣降其家而伯清生伯清每夜讀書常
至旦母憂其過節膏火以與之伯清乃候母就
寢然後燃燈讀誦十九歲作道統圖自識曰昔
程朱二夫子年十七八時已超然有卓絕之見
慨然有求道之志然猶未至於化而死也今惠
生十有九年矣失今不學更待何時日月逝矣

歲不我與可不懼哉可不念哉侍御史程鉅夫
奉詔求賢江南起伯清至京師未幾以母老辭
歸行省掾元明善嘗問易詩書春秋奧義嘆曰
與吳先生言如探淵海遂執弟子禮終身爲左
丞董士選延之於家親執饋食曰吳先生天下
士也除江西儒學副提舉居三月以疾去官至
大元年召爲國子監丞皇慶元年陞司業英宗
即位超遷翰林學士初伯清所居草屋數間程
鉅夫題曰草廬故學者稱爲草廬先生天曆三



年朝廷以伯清著老特命次子京爲撫州教授
以便奉養明年六月得疾有大星墜其舍東北
而伯清卒年八十五謚文正伯清嘗著本心樓
記曰一心也自堯舜禹湯文武周公傳之以至
於孔子其道同道之爲道具於心豈有外心而
求道者哉孔子教人未嘗直言心體蓋日用事
物莫非此心之用於其用處各當其理而吾心
之體在是矣操存舍亡惟心之謂孔子之言也
其言不見於論語之所記而得之於孟子之傳

古人之學皆吾身心如家嘗茶飯當時在孔門者皆是從事於心孔子只補[illegible]木學[illegible]以日由事物使之石豈其理[illegible]已非有[illegible]未及[illegible]非[illegible]可与言也

則知孔子教人非不言心也一時學者未可與
言而言之有所未及爾孟子傳孔子之道而患
學者之失其本心也於是始明指本心以教人
此陸子之學所從出也夫孟子之言心而謂之
本心者以爲萬事之所根猶草木之有本而苗
莖枝葉皆由是以生也今人談陸之學往往曰
以本心爲學而問其所以則莫能知陸子之所
以爲學者何如是本心二字徒習聞其名而未
究竟其實爾然此心也人人所同有反求諸身



即此而是以此而學非特陸子爲然堯舜禹湯
文武周孔顏曾思孟以逮邵周張程諸子蓋莫
不然故特指陸子之學爲本心學者非知聖人
之道者也應接酬酢千變萬化無一而非本心
之發見不失其本心非專離去事物寂然不動
以固守其心也又著尊德性道問學齋記曰天
之所以生人人之所以爲人以此德性也漢唐
千餘年間儒者各矜所長奮迅馳騖而不自知
其缺董韓二子依稀數語近之而原本竟昧昧

也宋初如胡如孫首明聖經以立師教一時號
爲有體有用之學卓行異材之士多出其門然
稽其極所底越董韓者無幾則於德性猶未知
所以用力逮周程張邵興始與孟氏爲一程氏
四傳至朱文義之精密句談而字議又孟氏以
來所未有者而其學徒往往滯於此而溺其心
夫既以世儒記誦詞章爲俗學矣而其爲學亦
未離乎言語之末甚至專守一藝而不復旁通
他書摭拾腐說而不能自遺一辭及俾記誦之



徒嗤其陋詞章之徒譏其拙此則嘉定以後朱
門末學之弊而未有能救之者也夫所貴乎聖
人之學以能全天之所以與我者爾天之與我
德性是也是謂仁義禮智之根形質血氣之主
舍此而他求所學何學哉假而行如司馬文
正公才如諸葛忠武侯亦不免爲行不著習不
察亦不過爲資器之超於人而謂有得於聖學
則未也况止於訓詁之精講說之密如北溪之
陳雙峯之饒則與彼記誦詞章之學相去何能

以寸哉澄也鑽研於文義毫分縷析猶以陳爲未精饒爲未密也墮此窠臼中垂四十年始覺其非矣又曰人皆可以爲聖人特患不爲耳學必志於爲聖人苟不遂其極姑處其次殆與自暴自棄一間耳又曰見孺子入井惻然出忽此心從何而萌聞犬馬汗已能艴然不受是心從何而起舉世倀倀如無目之人坐無燭之室金玉滿堂而冥然莫知其有此寶也儻能感前聖之所已言求吾心之所同得而一旦有覺焉譬猶目



翳頓除燭光四達左右前後至寶畢見皆吾素有不可勝用也又曰格物者夢覺之關誠意者人獸之關實悟爲格實踐爲誠物既格者醒夢爲覺否則雖當覺時亦夢也意既誠者轉獸爲人否則雖列人群亦獸也號爲讀書而未離乎夢未免乎獸者蓋不鮮可不懼哉又云提耳而誨之可使不識一字之凡夫立造神妙

黃澤

黃澤字楚望元時人家九江楚望生有異質日

是

誦數千言年十六慨然以明經學古自勵好爲苦思屢以成疾疾止則復苦思如故嘗夢見夫子以爲適然既而屢屢夢見最後乃夢夫子親授所校六經字畫加新乃決意歸休以繼絕學爲己任焉自是十餘年間屢悟聖經隱賾之義而失傳之旨以遇乃作思古吟十章卒年八十七楚望於經學以積思自悟爲主或得之幽閑寂寞之餘或得諸顛沛流離之頃或得諸疾病無聊之日或得諸道途風雨之中一入則豁然無



不通貫自天地定位人物未生以至沿而下之凡遂古之初萬化之原載籍所不能具皆昭若發蒙數十年苦思而未通者氷解凍釋怡然各就條理矣蓋由其精積久而後得非漫然也當時臨川吳草廬嘗疾九江濂溪書院見楚望所著易學濫觴春秋指要大善之題其卷端曰楚望父之著經也其志可謂苦矣又得六經辨釋補著觀之謂學者曰今人無能知黃楚望者然楚望雅自慎重其學未嘗輕與人言以爲其人

學不足以明聖人之心志不以六經明聯為巳任則雖與之言終日無益也學士李洞使還過九江請楚望於濂溪書院受一經之學楚望謝曰以若之才輟期歲之功何經不可明然亦不過筆授其義而已若予則於艱苦之餘乃能有見吾非邵子不敢以二十年苦下期君也門人惟新安趙汸受高第汸始拜楚望請問治經之要楚望告之曰在致思然不盡悟釋註之失則亦不知所以為思也乃知楚望於六經之學以



其所自得而教人者盖如此嘗謂易春秋二經實夫子手筆聖人精神心術所存必盡得其不傳之旨然後孔門之教乃備是以及門之士鮮能信從領會而當世君子亦莫或知之唯臨川吳草廬獨敬服焉

聖學宗傳卷之十一終

# 聖學宗傳卷之十二

東越 周汝登編測 王繼晃
陶望齡訂証 王繼樸 參閱

## 薛瑄

薛瑄字德溫號敬軒山西河津人□夕家人夢紫衣人謁見而生敬軒生初誕肌膚如水晶藏五臟皆見家人恠之欲不舉祖聞其啼聲曰非常兒也卜之吉乃舉育之自幼書史目輒成誦端重不為兒嬉年十二時元儒魏范二公以御史



謫戍父延與講論經史名理退謂人曰聖門有人矣結為小友不敢以師自居敬軒自是厭科舉之學慨然有求道志精思力踐言動必質諸書一有不合終夜反側不寐尋父司教鄢陵時例庠生科貢試者充戍父慮之與敬軒應河南鄉試敬軒勉就試遂中永樂庚子解元明年辛丑登第學士楊文貞欲館之訓諸子敬軒尹辭居父喪服闋願就教職會 宣廟思振風紀選擢雲南道監察御史一日時相三楊欲識其

而令人畏之耶敬軒辭云職在糾劾無相見禮
三楊嗟歎焉尋差監湖廣銀場黜墨剔蠹風紀
大振手録性理大全晨夜誦讀潛思密玩值雪
盈尺不輟有得秉燭疾書或通宵不寐正統改
元詔設提學官臣出僉事山東敬軒欣然就之
曰此吾事也誨育生徒先力行而後文藝隨其
才器成就之諸生感慕皆呼之曰薛夫子時中
官王振用事一日問三楊吾鄉誰可大用者皆
薦敬軒因召爲大理寺右少卿請轉左三楊以



用敬軒出振意欲敬軒一見振敬軒正色曰安
有受爵公朝拜恩私門耶振聞憾甚會有獄夫
實病死其妾欲從其私人妻勿許遂誣妻魘魅
夫死敬軒爲辯其冤臺臣諂事振劾敬軒受賄
出入死詩　振曰是固應死竟坐敬軒死
繫獄待決人皆危之敬軒怡然曰辯冤死亦何
愧手持周易讀不輟臨刑大臣有伸救之者得
免歸田敬軒家居六年造請盡遂正統巳巳以
言官程信等薦起爲大理寺丞景泰初敬軒懇

乞致仕學士江淵疏留之明年陞南京大理寺
卿守備中官與安袁誠時無抗禮者敬軒至安
謂人曰此與王振作對頭者何可屈耶午節饋
扇敬軒曰此朝廷禮不敢受又中官金英過南
京公卿俱餞於江上敬軒獨不往英至京言於
衆曰南京好官惟薛卿耳御史劉孜薦敬軒粹
學飭躬進無所求退無所累君子之儒不宜置
之閑遠乞召供內閣之職上曰內閣本朕簡任
非人所得薦不允壬申秋召爲大理寺卿是歲



敬軒復乞致仕不允　裕陵復位以禮部右侍
郎兼翰林學士入　內閣一日召入便殿　上
方燕服敬軒不入俟　上入易服乃見時有矜
迎復功者敬軒曰許魯齋不陳伐宋甚好凡事取
必於智而不循天理之正非聖賢之學也尋命
主會試錄首序以正學復性爲言或請易曰平
生所學惟此事竣晉左侍郎會曹石用事遂引
疾致仕石亨來視疾曰先生既不留願爲先生
請　敕郎家塾敷教且有以資養敬軒曰昔許

魯齋學士三元世祖賜勅書爲教魯齋懸之屋梁終
不以示人若貧其養曷若不辭官耶亨歎息而
去居家八年四方學者從游甚衆敬軒隨其所
寓圖書盈篋親常在左右手不釋卷凡辭受取予
必揆諸義一毫不苟晚年玩心高明默契其妙
有不言而悟者嘗爲詩曰七十六年無一事此
心惟覺性天通所著讀書録行於世河汾集藏
於家忽遘疾衣冠危坐而逝時風雷大作白氣
上升天順甲申六月十五日也壽七十有六計



聞 朝廷贈禮部尚書謚文清隆慶辛未允議
從祀孔廟耿氏曰關中呂涇野記公詞述立朝
風節詳矣然公非直矯然以名節自勵者讀其
書諷誦其緒言若亦有原本矣公嘗曰心中無
物其大浩然無涯曰萬物不能礙天之大萬事
不能礙心之虛曰無欲非道入道自無欲始寡
欲者便無事無事心便澄然余惟先生之教以
復性爲宗嘗曰格物只是格箇性玩諸緒言誠
亦知性者哉學未知性而浮慕先生風節鮮不

爲殉名釣奇者由有道者觀之亦足羞矣世何
賴焉 薛子宴坐水亭忽靄然而雲興滃然而
雨集泠然而風生鎗然而垂急羽者飛秀者植
潛者寺鱗者適群物雜然而聲其聲形其色薛
子窈然深思獨得其所以爲是聲與色者而中
心恍 此果何物耶推而上之莫究其始引而
下之不見其終測之而無窮資之而不竭離之
而不開斷之而不絕此果何物耶竟不可得而
名也 元無虧欠元無止息 究竟無言處方



知是一源 謂有乎則視之無形也謂無乎則
其來有本也有本而無形則有而無矣無形而
有本則無而有矣有而無無而有非真知有無
爲一體者不足以語之 太極理雖至妙而其
實不外乎身心動靜五常百行之間後人論太
極即作高遠不可窮詰之理求之去道遠矣
天地山川日月星辰萬物皆可見也而其所以
爲是則不可見也以不可見者語人孰信哉蓋
必心得而後信也心得非他必自近始近莫近

於吾身吾身百體皆可見也其所以為是百體
之宜則不可見也可見而無不可見者為之主
則百體皆失其職矣舉近以明遠則天地山川
日月星辰萬物之理一也 道只在動止語默
之間身外求道遠矣 人只於身內求道殊不
知身外皆道渾合無間初無內外也 人皆知
求鬼神於茫昧不測之間殊不知天地四時日
月星辰雨露風雲霜雪山川草木人物鳥獸皆
鬼神之著者 民咸用之謂之神但人由之而



不知也 洗心退藏於密以約失之者鮮矣
一息之運與古今之運同一塵之土與天地之
土同一夫之心與億兆之心同 曰命曰性曰
誠曰道曰理曰太極一也 道本無名姑以萬
物萬事必由是以行故強名之曰道耳 心本
寬大無邊一有己私則不勝其小矣 德惟明
為先書稱堯曰欽明舜曰文明禹曰明明湯曰
克明文王曰若日月之照臨皆言明也

吳與弼

吳與弼字子傳別號康齋江西崇仁人幼時讀
書鄉校嶷然有立年十九一見伊洛淵源心慨
慕焉及覩明道亦嘗有獵心乃知聖賢必可學
於是盡焚應舉文字謝絕人事獨處小樓二年
收斂身心沉潛義理或以為不達時宜或以為
濶於事情或謂之僻亦謂之怪笑讓蕪極皆自
以為見之未明行之未力也後漸有所得父溥
為國子司業時往省袒衣敝履人莫識之還鄉
遭風舟幾覆衆皆驚怖失措康齋獨正襟危坐



中歲家貧躬親稼穡手足胼胝四方來學者約
己分少飲食教誨之康齋師道尊嚴好書字竒
古暇則味物適興胸襟高邁有詠桃詩云靈臺
清曉玉無瑕獨立東風玩物華春氣夜來深幾
許小桃又放兩三花有吾與點也氣象嘗歎宋
末以來箋註之繁非徒無益反有害焉新會陳
白沙來受學康齋絕無講說使白沙斸地植蔬
編籬康齋作字使白沙研墨或客至則令接茶
如是者數月而歸白沙嘗以周易疑義求質康

齋曰過清江可叩龍潭老人龍潭老人者陳海雍也白沙如其言往謁適海雍雨中簑笠牽田乃延至家與之對榻信宿辯析疑義白沙歎服而去海雍語兒輩曰吳康齋非愛我者天順初　上命行人齎　敕書束帛造其廬比至　上召吏部命爲左春坊諭德引見　文華殿對云老病不堪供職　上不允所辭顧李賢曰此老非迂闊者務令就職康齋終不就表陳十事以謝首舉程頤謂言人使以聖爲志言學便以道



爲志伊尹恥其君不爲堯舜伏願　陛下斷然以堯舜自任雍熙自期勿貳勿疑次言願博訪儒臣知眞道者講而明之其餘皆切時務知者以爲篤論而不知者以爲常談也還山未幾卒年七十九　康齋嘗曰聖人之道昭明易見簡易易行然世鮮能之者不學故耳原其故有二昏憒然無知而不事夫學者庸人也學焉而弗克者未誠也　南軒讀孟子甚樂綠陰清晝薰風徐來而山林閒寂天地自闊日月自長邵子所謂心靜方能知日日眼明如曾識青天於斯可驗　二月二十八日晴色甚佳寫詩南軒嵐光日色隱映花木而和禽上下情甚暢也值此暮春想夫舞雩千載之下此心同符　夜大雨屋漏無乾處吾意泰然　中堂讀倦遊後園歸絲桐三弄心地悠然月明風靜天壤之間不知復有何樂　七月十二夜枕上思家計窘甚不堪其處反覆思之不得其方日晏未處久方得之蓋亦別無巧法只隨分節用安貧而已誓雖



寒餓死不敢易初心也　月下咏詩獨步綠陰時倚修竹好風徐來人境寂然心甚平淡無康節所謂攻心之事　勿忘勿助近日少知此味　十二月以衾薄夜寒甚腹痛以夏布帳加覆略無厭貧之意　白沙曰張東海平日自謂具隻眼能辨千古是非人物而近遺夫康齋又何也康齋易知耳予年二十七游小陂聞其論學多舉古人成法由濂洛關閩以上達洙泗尊師道勇擔荷不屈不撓如立千仞之壁蓋一代之

人豪也其出處大致不暇論然而世之知康齋
者甚少如其輩往往譏訶大甚群喙交競是非
混淆亦宜東海之未察也

陳獻章

陳獻章字公甫號白沙先生廣東新會人宣德
戊申生父先一月卒母抗節鞠之自幼穎悟絕
人讀書一覽輒記嘗夢拊石琴其音泠泠然見
一偉人笑謂曰八音中惟石音為難諧今諧若
是子異日得道乎因別號石齋讀孟子有天民



達可行於天下而後行遂自盟曰為人當如此
正統丁卯舉鄉試兩赴禮闈不第甲戌從臨川
吳康齋學康齋性嚴毅來學者問多不答先令
治田遇白沙亦如此白沙自臨川歸閉戶讀書
徹夜不寢築一臺名曰陽春坐其中足不出閾
外者數年白沙嘗云吾年二十七始發憤從吳
聘君學其於古聖賢垂訓之書蓋無所不講然
未知入處比歸里杜門不出專求所以用力之
方亦累年而卒未得焉於是舍繁求約惟在靜

坐久之見此心之體隱然呈露日用應酬隨吾
所欲如馬之御銜勒也如水之有源委也於是
渙然自信曰作聖之功其在茲乎成化丁亥復
游太學祭酒邢讓試和龜山此日不再得詩讓
得之驚歎颺言於朝以為真儒復出由是名振
京師賀欽時為給事中聞白沙論學歎曰至性
不顯寶藏猶霾世即我用而我奚以為用謁白
沙執弟子禮即日抗疏解官還家肖白沙像懸
於別室出告反面白沙既歸四方學者來從日



益衆自朝至夕與門人講學或至漏下亹亹不
少厭倦楚人李世卿來學築楚雲臺以居之留
凡七越月別歸白沙語之曰子凌邁高遠則有
之優游自足無外慕嗒乎若忘在身忘身在事
忘事在家忘家在天下忘天下未必能與我合
也比與朝夕言名理无天地間耳目所聞見古
今上下載籍所存無所不語所未語者此心通
塞往來之機生生化化之妙非見聞所及將待
子深思而自得之非有愛於言也世卿歸登大

崖山吟弄赤壁之風月予所未言者世卿終當自得之進士姜麟使貴州特取道如新會以師禮見出曰吾閱人多矣如先生者耳目口鼻人也所以視聽言動者殆非人也至京師有問之對曰活孟子活孟子久之地方官交薦　召至京令就試吏部辭病不赴懇乞終養特授翰林檢討謝　恩歸時年五十六自後屢薦不起白沙事毋甚謹時或在外母有念輒心動亟歸果然毋信浮屠法及病命以佛事禱從之或勸白



沙著書不答弘治戊午遘疾越二年卒萬曆乙酉從祀孔廟　白沙語云以天地而視道則道爲天地之本以道視天地則天地者太倉之一粟滄海之一勺耳故至大者道而已而君子得之則天地之始吾之始也而吾之道無所增天地之終吾之終也而吾之道無所損天地之大且不我逃而我不增損則舉天地間物既歸於我而不足增損於我矣天下之物盡在我而不足以增損我故卒然遇之而不驚無故失之而不介有天下而不與烈風雷雨而弗迷尚何銖軒冕塵金玉之足言哉然非知之真存之實者與語此及惑惑則徒爲狂妄耳　或曰道可狀乎曰不可此理之妙不容言道至於可言則已涉乎粗迹矣何以知之曰以吾知之吾或有得焉心得而存之口不可得而言之比試言之則已非吾所存矣故凡有得而可言皆不足以得言　宇宙間更有何事天自信天地自信地吾自信吾自動自靜自闔自闢自舒自卷甲不問



乙供乙不待甲賜牛自爲牛馬自爲馬感於此應於彼發乎邇見乎遠故得之者天地與順日月與明鬼神與福萬民與誠　人爭一個覺纔覺便我大而物小物盡而我無盡夫無盡者微塵六合瞬息千古生不知愛死不知惡尚奚暇銖軒冕而塵金玉哉　夫學有由積累而至者有不由積累而至者有可以言傳者有不可以言傳者夫道至無而動至近而神故藏而後發形而斯存大抵由積累而至者可以言傳也不

所謂統體一太極物物一太極

由積累而至者不可以言傳也知者能知至無於至近則無動而非神是故善求道者求之易不善求道者求之難　此理干涉至大無內外無終始無一處不到無一息不運會此則天地我立萬化我出而宇宙在我矣得此欛柄入手更有何事往古來今四方上下都一齊穿紐一齊收拾隨時隨處無不是這個充塞色色信他本來何用你腳勞手攘舞雩三三兩兩正在勿忘勿助之間曾點些兒活計被孟子一口打併



出來都便是鳶飛魚躍若無孟子工夫驟而語之以曾點見處一𣫍說夢會得雖堯舜事業只如一點浮雲過目安事推乎　天下有任大責重而禄儉不與者苟能勝之則至大至通無方無體故能爲天地立心爲生民立極爲往聖繼絕學爲萬世開太平所謂建諸天地而不悖質諸鬼神而無疑百世以俟聖人而不惑此其分內也宇宙無窮誰當負荷　士從事於學功深力到華落實存乃浩然自得則不知天地之爲

先生學問頭腦在此三句

太死生之爲變而況於富貴貧賤功利得喪詘信予奪之間哉　學以自然爲宗以忘己爲大以無欲爲至其觀於天地日月晦明山川流峙四時所以運行萬物所以化生無非在我之極而思握其樞機端其銜綏行乎日用事物之中以與之無窮　忘我而我大不求勝物而物莫能撓孟子云我善養吾浩然之氣山林朝市一也死生常變一也富貴貧賤夷狄患難一也而無以動其心是名曰自得自得者不累於外物



不累於耳目不累於造次顛沛鳶飛魚躍其機在我知此者謂之善學不知此者雖學無益也　謂僧太虛真無累於外物無累於形骸矣儒與釋不同其無累同也　三尺童子聞稱其善則喜惡則怒是何心哉　孔子曰不如丘之好學也夫子之學非後世人所謂學後之學者記誦而已耳詞章而已耳天之所以與我者固懵然莫知也夫何故載籍多而功不專耳目亂而知不明宜君子之憂之也　學者苟不但求之

書而求諸吾心察於動靜有無之幾致養其在我者而勿以聞見亂之去耳目支離之用全虛圓不測之神一開卷盡得之矣非得之書也得自我者也　周子程子大賢也其授受之旨曰尋仲尼顏子樂處所樂何事當是時也弟子不問師亦不答其去仲尼顏子之世千幾百年今去周子程子又幾百年嗚呼果孰從而求之仲尼飲水曲肱顏子簞瓢陋巷不改其樂將求之曲肱飲水耶求之陋巷耶抑無事乎曲肱陋巷



而有其樂耶其亦慎求之毋惑於坐忘也聖賢垂世立教之所寓者書也用而不用者心也心不可用書亦不可廢其爲之有道乎仲尼顏子之樂此心也周子程子此心也吾亦此心也得其心樂不遠矣　人要學聖賢若只是希慕之心却恐末稍未易驀泊卒至廢弛若不希慕聖賢我還肯如此學否耶思量到此見得不容已處雖使古無聖賢爲之依歸我亦住不得如此乃自得之學也　此事定要覷破若覷不破雖

終日從事於學亦爲人耳始終一意勿助勿忘所謂至近而神百姓日用而不知者自此迸出來面目也　夫學貴自得也自得之然後博之典籍則典籍之言我之言也否則典籍自典籍而我自我也　夫道無動靜也得之者動亦定靜亦定無將迎無内外苟欲靜即非靜矣　孟子見人便道性善言必稱堯舜此以堯舜望人也橫渠見人便告以聖人之事此以聖人望人也吾意亦若是竊附孟子橫渠之後彼何人哉



予何人哉有爲者亦若是文王我師也周公豈欺我哉　此學以自然爲宗者也自然之樂乃真樂也宇宙間復有何事故曰雖之夷狄不可棄也學者不求自得誦説雖多影響而已　學無難易在人自覺耳才覺退便是進才覺病便是藥也眼前朋友可與論學者幾人其失在於不自覺耳　道在邇而求諸遠事在易而求諸難行之而不著焉習矣而不察焉聖賢教人多少直截分曉而人自不察索之渺茫求諸高遠

不得其門而入悲乎　平生問學一事極索理會不可悠悠人一身與天地參立豈可不知貴重日與逐逐者伍耶其更無他惟一味守此益信古人所謂自得者非虛語　昔夫子設教洙泗傳文約禮之誨夫豈獨屢空之回得聞三千之徒莫不與聞焉卒之啓手足得正而斃者曾子之外果誰歟　人所得光陰能幾生不知愛惜漫浪虛擲卒之與物無異造物所賦於人豈徒具形軀喘息天地間與虫蟻並活而已耶浮



屠氏雖異學亦必以到彼岸爲標準學者以聖人爲師其道何如彼文章功業氣節世未嘗乏人在人立志大小歲月固不待人也　文章功業氣節果皆自吾涵養中來三者皆實學也惟大本不立徒以三者自名所務者小所喪者大雖有聞於世亦其才之過人耳其志不足稱也學者能辨乎此使心常在內到見理明後自然成就得大論語曰朝聞道夕死可矣孔子豈欺我哉　道不明雖日誦萬言博極群書不害爲

不學道不行雖普濟群生一匡天下不害爲私意　學莫先於爲己爲人之辨此是舉足第一步　疑而後問問而後知知之眞則信矣故疑者進道之萌芽也信則有諸己矣　前輩謂學貴知疑小疑則小進大疑則大進疑者覺悟之機也一番覺悟一番長進某初學時亦是如此更無別法也　士大夫出處去就分明已占了好田地更能向學求向上一着不枉費浮生歲月豈不抵掌爲之三歎乎　鳶飛戾天魚躍于



淵言其上下察也學者果能默契乎此則知日用之間一動一靜一語一默無非堯舜事業一齊一切眞得其門而入者無遠不屆也　學問大綱腦要見則便是快活便肯向前下面節節推去無非一箇道理　士而未聞道未免爲物撓知道則有主不爲物撓矣故曰知止而後有定　易上繫曰安土敦乎仁寓於此樂於此身於此聚精會神於此是謂之曰君子安土敦乎仁也　昔周公扶王室者也桓文亦扶王

室也然周公身致太平延被後世桓文戰爭不息禍藏於身者桓文用意周公用心也是則至拙莫如意而至巧者莫踰於心矣孟子學聖人也齊王不忍見一牛之死不有孟子不知其巧也蓋齊王之心卽聖人之心　人心上容着一物不得才着一物則有碍是以聖賢之心廓然若無感而後應不感則不應又不特聖賢如此人心本來皆一般　人具七尺之軀除了此心此理便無可貴渾是一包膿血裹一大䰟骨頭



饑能食渴能飲能着衣服能行慾淫貧賤而思富貴富貴而貪權勢忿而爭憂而悲窮則濫樂則淫凡百所爲一信氣血老死而後巳則命之曰禽獸可也　易所謂復其見天地之心乎此理洞如然非涵養至極胸次澄徹則必不能有見於一動一靜之間縱百揣度祇益口耳所謂何思何慮同歸殊途百慮一致亦必不能深信而自得也　治心之法不可把捉太緊失了元初體段又不可太漫漫則流於汎濫而無所歸

子之養其親期於適焉耳苟至乎適雖聖人不能以有加也遑問其他具足於內者無所待乎外性於天者無所事乎人又非但事親一事爲然也　天下之理至於中而止矣中無定體隨時處宜極吾心之安焉耳夫以無所著之心行於天下亦焉往而不得哉　受朴於天弗鑿以人稟和於生弗淫以習故七情之發發而爲詩雖匹夫匹婦胸中自有全經　天道不言四時行百物生焉往而非詩之妙用會而通之一



眞自如故能樞機造化開闔萬象不離乎人倫日用而見鳶飛魚躍之機　天地間一氣而巳詘信相感其變無窮人自少而壯自壯而老其懽悲得喪出處語默之變亦若是而巳孰能久而不變哉變之未形也以爲不變旣形也而謂之變非知變者也夫變也者日夜相代乎前雖一息變也況於冬夏乎生於一息成於冬夏者也變之不一而成形也其必有將然而未形者乎默而識之可與論易矣　人未死前一日誰

肯信着此事終日勞勞而不自足及至死時便
無可主張亦可悲也已　醉以溷俗醒以行獨
醒易於醉醉非深於易者不能也漢郭林宗晋
陶淵明唐郭令公宋邵堯夫善醉矣夫　天下
未有不本於自然而徒以其智收顯名於當年
精光射來世者也易曰天地變化草木蕃時也
隨時詘信與道翱翔固吾儒事也　予書每於
動上求靜放而不放留而不留此吾所以妙乎
動也得志弗驚阨而不憂此吾所以保乎靜也



法而不囿肆而不流拙而愈巧剛而能柔形立
而勢奔焉意足而奇溢焉以正吾心以陶吾情
以調吾性此吾所以游於藝也　今人大抵無
識見畢關得甚愛人道好怕人道惡做出世事
不得正坐此耳　謂羅一峰曰先生欲理會者
述及諸外事莫若且打疊令我潔潔淨淨先生
平日所篤信者非朱紫陽乎非全放下終難輳
泊是紫陽語否　時矩語道而遺事秉常論事
而不及道時矩如師也過秉常如商也不及胥

失之矣道無往而不在仁無時而或息天下何
思何慮如此乃至當之論也　謂馬伯幹曰神
理爲天地萬物主本長在不滅人不知此虛生
浪死與草木一耳伯幹病至此當大爲休罷縱
未至灑脫地亦漸省撓亂去而天年未盡便從
此覺悟神理日著非小益也　詩自策示諸生
賢聖久寂寞六籍無光輝元氣五百年一合又
一離男兒生其間獨往安可辭邈哉舜與顏夢
寐或見之其人天下法其言萬世師顧獨予何



人瞻望空爾爲年馳力不與撫鏡歎以悲豈不
在一生一生良遲遲今復不鞭策虛浪死勿疑
請回白日駕魯陽戈正揮　答張內翰古人棄
糟粕糟粕非真傳眇哉一勺水積累成大川亦
有非積累源泉自涓涓至無有至動至近至神
焉發用茲不窮緘藏極淵泉吾能握其機何必
窺陳編學患不用心用心滋牽纏本虛形乃實
立本貴自然戒愼與恐懼斯言未云偏後學不
省事差失毫釐間寄語了心人素琴本無絃

〔洗竹〕洗竹洗荒枝洗心洗狂馳老夫無可洗抱
膝洗吾詩　〔觀群兒釣〕群兒齊弄釣其一偏多
遇餘三未得手投竿來上樹　〔贈人〕天下元無
事勞勞我有心相携沙上語山月二更深　〔對
竹〕竹色上墻多南薫緑幾何時無分付處野鳥
自來歌　〔隨筆〕一歲十匹衣一日兩杯飯真樂
苟不存衣食爲心患　〔夢後作〕幻迹有去來達
觀無古今長嘯入不聞山風吹羅襟　〔題南窓
壁〕南風吹而處不省是南窓此意無人會乾坤



落酒缸　〔贈人〕君若問鳶魚鳶魚體本虛我拈
言外意六籍也無書　〔龜山夜月〕夜半龜山月
能開萬頃秋試從開處望照公湖上樓　〔贈釣
伴〕短短蓑蒿淺淺灣夕陽斜影對南山大船鼓
棹唱歌去小艇得魚吹笛還　〔春中〕小雨如絲
落晩風東風無計駐殘紅野人不是傷春客春
在野人杯酒中　〔獨速〕獨速獨速溪邊舞釣蓑月明
醉影共婆娑手中握得桐江線釣破江天不要
多　〔寄興〕明月清風放兩頭一笻挑到古尼丘

而今老去無筋力獨坐江槎看水流　〔茂叔愛
蓮〕不枝不蔓體本直外直中通用乃神我即蓮
花花即我如公方是愛蓮人　〔喜晴〕西林收雨
鵓鳩靈捲被開窓對曉晴風日醉花花醉鳥竹
門啼過兩三聲　〔寄人〕白頭一枕小廬山偶寄
孤松十竹間朝市山林俱有事今人忙處古人
閒　〔枕上〕正翕眼時元活活到敷散處自乾乾
誰會五行真動靜萬古周流本自然　〔元旦〕酒
杯不與年顏老詩興還隨物候新分外不加毫



末事意中常滿十分春栖栖竹几眠看客處處
桃符寫似人除却東風花鳥句更將何事答洪
鈞　〔雜興〕家學華山一覺眠圖書亦在枕頭邊
傍花隨柳我尋句剩水殘山天賜年竹徑旁通
沽酒市桃花亂點釣魚船平生我愛孫思邈自
古高人方叉圓　〔偶憶夢中長髯道士用一囊
貯羅浮山遺予戲作〕飛雲萬夾來冥冥囊括誰
將隻手擎南極回頭一閣老鐵橋有路中天行
山通碧落神明衛地有丹砂草木靈若個長髯

應識我古來真隱不知名 (夜坐)半屬虛空半屬身絪緼一氣似初春仙家亦有調元手屈子寧非具眼人莫遣塵埃封面目試看金石貫精神此兒欲問天根處亥子中間得最真 不着絲毫也可憐何須息息數周天禪家更說除生滅黄老惟知養自然且與蜉蝣同幻化祗應龜鶴算長年吾儒自有中和在誰會求之未發前 (白沙舟中)春浪江門又打山孤舟誰蕩兩山間雙眸少見鸞高翥百歲當知蔗倒餐影響何



勞空說夢功名直個不如閑何人解脫葫蘆纏跳下漁磯共釣竿 白沙先生六十年脚頭到處是青天幾場世事攢眉應千丈雲根枕頂眠今夕高談真不偶後來勝會恐無緣白頭不起江門浪打任吟風弄月船 好月江門客未眠水風吹冷綠楊煙望窮碧海三山路輿蒲羅浮七洞天勢利可能驅我輩路入剛道是神仙千峰不語留君醉乞與人間作畫船 (寄太虛)衆生尊我我須勞公在吾儒公亦豪數點曉星滄

海遠一林秋月定山高性空彼我無差別力大乾坤可跌交十二萬年如指掌且擡閑弄在甄陶 (示人)支離病骨此閑行搭颯短簑何太輕入世萬緣都大夢天機一點也長生借眠春草秋還綠偷賞黄花晚更清莫笑老慵無著述真儒不是鄭康成 (答勸著述)一入商量便作疑可堪垂老更求知追陪水月還須酒勾管風花却要詩孟子生憂傳道廢仲尼不怕著書遲青天試問東南上何處凌空拄杖飛 (碧玉樓)乾



坤真妙此臺開一一皆因造化裁意了梅花難著句眼空江海笑浮杯未分無極源頭在誰畫先天樣子來碧玉樓中閑隱几千千山遶又川廻 (飲酒)酌酒勸公公自謫三杯無奈老狂何坐忘碧玉今何世舞破春風是此窠一笑功名早管晏六經仁義沛江河江門詩景年年是每到年來詩便多 (静軒)崆峒道士出山頻還入崆峒作主人當說夢時都是夢未逢真處更求真蒲團坐破千峰月信手推開六合塵無極老

欲無欲教一番掊動一番新　蠡測曰　本朝理學至白沙自鑿一戶牖其精神命脈全是露於詩句中亦可謂無待之豪傑也已然而胡敬齋則云陳公甫言靜中養出端倪又言藏而後發是將此道理來安排作弄都不是順其自然夫白沙本以自然爲宗而敬齋又謂不是順其自然勘破毫髮間具眼者當自分明

## 陳真晟

陳真晟字晦德改字剩夫福建漳州人稱布衣



先生布衣骨格高聳神氣肅清望之非塵埃中來年十七八郎能自拔於俗專心致志以儒爲業業成薦於有司至福州聞有司防察過嚴無待士禮乃辭歸自是不復以科舉爲事務爲聖賢踐履之學初讀中庸做存養省察功夫覺無統緒繼讀大學乃以大學爲據及讀大學或問見朱子惇采主敬諸說始知敬者乃大學之基本及求其所以爲敬見程子以主一釋敬以無適釋主一始見得親切嘗曰大學誠意爲鐵門

闕主一二字乃其玉鑰匙也又嘗語人曰人於此學君真知之則行在其中矣天順二年周伊川故事詣　闕上程朱正學纂要乞　召見而陳其說不報下禮部亦寢不行既而家居有所陳於當道諸君子皆無所遇聞臨川吳聘君名欲質之乃貨其家之直得五金攜其兄之子一人以行戒之曰我一死郎瘞於道題曰閩南布衣陳某墓足矣行至江西張元禎尼之不果而返歸鎮海卒蠡測曰布衣謂真知則行在其中知



行合一之旨已萌芽於此矣後胡敬齋亦謂第一怕見得不真二先生之於學問頭腦其亦有所得也夫

## 胡居仁

胡居仁字叔心別號敬齋江西餘干人垂七歲受學於家塾言動類成人塾師異之聞吳聘君講學崇仁往從之游遂以記誦詞章爲不足事慨然以斯道自任絕意仕進充養日邃其學以主忠信爲本以求放心爲要以敬爲所居常端

莊凝重對妻子若嚴賓簞食瓢飲處之泰然四方樞衣及門者衆日聚徒講學語學則曰爲巳語治則曰王道又曰第一怕見得不眞第二怕工夫間斷其學術之正類如此所著有居業録萬曆巳酉從祀孔廟先生語云高者入於空虛卑者流於功利此二句說盡天下古今之病自古害世教只有此兩般人正學不明名教無主學者纔要身心上用功便入空虛去纔有志事業便流入功利蓋見道不明以近似者爲真故也



學不爲巳雖有顏孟之聰明亦不濟事

心不可放縱亦不可逼迫故程子以必有事焉而勿正心勿忘勿助長爲存心之法此自然之理非有毫髮之意故與鳶飛魚躍同活潑潑也

學者務名所學雖傳與自巳性分全無干涉濟甚事

今人有聰明都不會用只去雜駁上學或記誦辭章或涉獵史傳或泛觀諸子百家用心一差其聰明反爲心害

聖學宗傳卷之十二終

# 聖學宗傳卷之十三

東越 周汝登編測 王繼晃
陶望齡訂正 王繼炳 叅閱

## 王守仁

王守仁字伯安別號陽明紹興餘姚人成化壬辰九月三十日生祖母岑夢神人衣緋玉雲中鼓吹送兒授之祖竹軒公天叙命名曰雲陽明五歲不言有神僧過之曰好箇孩兒可惜道破竹軒公悟更今名即能言父海日公華舉進士



第一寓京師竹軒公攜陽明北上時十一歲矣過金山寺對客賦詩曰金山一點大如拳打破維揚水底天醉倚妙高臺上月玉簫吹徹洞龍眠客大驚異復命賦蔽月山房隨口應曰山近月遠月覺小便道此山大於月若人有眼大如天還見山小月更闊明年就塾問塾師何爲第一等事塾師言讀書登第耳陽明中不然曰此未爲第一事其爲聖賢乎戊申十七歲親迎諸氏於洪都合卺月偶出閒行過鐵柱宮遇道士

趺坐與語夜遂忘歸冬歸越過廣信謁婁一齋
諒諒故游吳聘君康齋門者爲語聖人必可學
而至深契焉陽明故好謔自是端坐省言同
業者未信陽明正色曰吾昔放逸今知過當改
也壬子二十一歲舉于鄉入京徧讀晦菴書習
爲格物之學署中多竹卽取竹一物格之沉思
不得至成疾遂自諉聖賢有分且隨世就辭章
之學明年春南宮下第同舍有爲恥者陽明曰
子以不第爲恥吾以不第動心爲恥戊午年二



十七歲自念辭章藝能耳不足以通至道求師
友於天下不一遇心持惶惑復遵晦翁循序致
精之法行之然物理吾心終判爲二沉鬱既久
舊疾復作遂有遺世入山之意己未二十八歲
舉進士上疏陳邊務八事辛酉以刑部主事審
録江北游九華山宿化城寺是時道者蔡蓬頭
善談仙陽明以禮請問蔡曰尚未頃之至後亭
再拜請問蔡曰尚未問至再三蔡曰汝後堂後
亭禮雖隆終不忘官相一笑而別聞地藏洞有

異人坐臥松毛不火食歷險訪之異人方熟睡
陽明坐傍撫其足頃之醒覷曰路險何得至此
因論最上乘曰周茂叔程伯淳是儒家兩箇好
秀才壬戌請告歸越築室陽明洞中行導引術
遂先知久之悟曰此簸弄精神非道也又屏去
思遺棄世累獨不能置念於祖母與父久之忽
悟此念生於孩提此念可去是斷滅種性矣明
年移疾西湖往來南屏虎跑諸刹甲子在京師
聘主山東鄉試識拔多名士九月改兵部主事
乙丑在京師乃專志講學與湛甘泉定交嘗謂



初志此學幾仆而興晚得友甘泉而後吾志益
堅毅然不可遏云時年三十四正德改元丙寅
奄瑾竊柄逮繫言官陽明抗疏救之瑾矯詔收
陽明杖謫貴州龍場驛丞既行瑾使人尾偵之
將甘心焉丁卯陽明至錢塘托跡投江附估船
遯遇颶風飄至閩境夜奔山徑叩寺求宿不納
趨野廟倚香案臥盖虎穴也夜半虎遶廊哮吼
不入及旦僧見陽明無恙異之邀至寺則前鉄

死後回生

桯宮所晤道士在焉因與商遠遁計道士曰汝有親在不可因為筮得明夷遂决策返由武夷出廣信而歸省海日公於留都是年徐愛及蔡宗兗朱節受學秋三子舉于鄉陽明為序以明師友之義冬赴龍塲龍塲故在萬山叢棘中蛇虺魍魎瘴癘蠱毒之交錯夷人鴃舌言語不通無居舍就石穴而處已教之範土架木為茇從行三僕以歷險冒瘴皆病陽明躬析薪汲水作糜以飼百方慰解之有同旅行者父子主僕駢



首病死陽明為文瘞之而自為石槨以待盡陽明于時困衡動忍不惟得失榮辱胥已解脫即死生一念亦皆拚置端居澄默蚤夜參求忽一夕大悟寐中若有神啟不覺呼躍從者皆驚至此始信聖人之道吾性自足伎倆見趣無一可倚向之求理於事物者一切皆謬證之六經四子無不脗合因著五經億說時年三十六矣居夷久之夷人亦漸親狎共伐木為搆龍岡書院何陋軒玩易窩居之貴州提學副使席書聘主

桂陽書院問朱陸同異陽明不語朱陸而告之以其所悟書懷疑而去明日復來示以知行合一之旨豁然有省曰朱陸異同無事辨詰求之吾性本自明也庚午量移廬陵令過常德見門人冀元亨輩俱能卓立陽明色喜因與諸生靜坐使自悟性體且曰此非欲坐禪入定蓋因平日為事物紛拏未知為己欲以此補小學收放心一段工夫耳抵廬陵不事威刑專務開導人心僅七月治幾無訟冬入覲與黃宗賢綰論學



綰自言有志未實用功陽明曰人患無志不患無功后契良知旨始納贄稱門人卒為陽明托孤以女娶其胤子是年陽明陞南比部主事辛未改吏部驗封司同寮方叔賢獻夫時為郎中位在陽明上聞論學有契遂執贄師事焉尋轉文選員外壬申陞考功郎中冬陞南太僕少卿便道歸越癸酉至滁州日與門人遨游瑯琊瀼泉間環龍潭而坐者常數百人歌聲振山谷從游之衆自滁始甲戌陞南鴻臚卿滁陽諸友送

至爲衣不能別以詩促之歸曰搖地見泉水隂
處無弗得何必驅馳爲千里遠相即君不見堯
羨與舜墻又不見孔與蹠對面不相識逆旅主
人多慇懃出門轉盻成路人五月至南京薛尚
謙侃陸原靜澄郭善甫慶來受業與徐愛輩同
聚師門日夕漬礪不懈初陽明懲末俗卑汚引
接多就高明一路乃近漸有流入空虛爲放言
高論者深悔之自是論學只教爲省克實功丙
子四十五歲陞僉都御史巡撫南贛汀漳十月



便道歸越越士王思輿語季本曰陽明此行必
立事功本曰何以知之曰吾觸之不動矣丁丑
至贛贛當四省之交諸巢賊不時四出刼掠爲
患而時宸濠潛蓄不軌陰與賊通爲之曲護以
此積至數十萬衆陽明莅任纔旬日即議進勦
凡三月而漳寇平五月加提督得便宜行事是
時漳寇雖平而樂昌龍川諸賊巢尚多嘯聚陽
明爲文諭之諭文哀惻無辜情詞藹然酋長盧
珂等即率衆來降惟池仲容負固不聽十月平

湖廣横水桶岡諸寇酋長謝志珊就擒問曰汝
何策得衆若此志珊曰亦不容易平生見世上
魁傑好漢多方招致斷不輕易放過陽明退語
門人曰吾儕一生求友當如此矣冬奏以削平
諸地建崇義縣戊寅征三浰以書示薛侃曰即
日抵龍南明日入巢四路並進賊有必破之勢
矣破山中賊易破心中賊難區區剪除鼠竊何
足爲異若諸賢掃蕩心腹之寇以收廓清平定
之功此大丈夫不世之偉績也三月浰頭酋長



池仲容見諸巢悉破始懼率其黨九十三人皆
猾酋來見陽明館待之察其僞明年正月以計
盡殲於祥符宮陽明自惜終不能化爲之眩暈
嘔吐者久之是夜將半陽明親率軍直擣下浰
及西路皆平四月班師諭發所屬立社學五月
奏立和平縣六月陞右副都御史陽明莅贛甫
逾年凡三捷皆役不再籍兵無挫刃其初至兵
乏之矣第選民兵立兵符明賞罰以練之而不征
調狼達土兵兵食匱矣第疏通鹽法處商税以

足之而未始加賦編民開縣置司立學移驛一時經畧皆千百年至計在事燕居則挽强習勞出兵則躍馬先驅經營出入不暇寧居而意思安閒常若無事門人數十相隨揮麈談道未嘗以造次輟也七月刻古本大學及朱子晚年定論八月門人刻傳習録九月脩濂溪書院四方來學者益衆一日舉酒勞諸生且曰用以相報諸生瞿然請故陽明曰始吾登堂每有賞罰常恐有愧諸君直須登堂行事與諸君相對時無



少增損方安此即諸君之功也十月舉鄉約已卯鄒謙之守益來學六月奉　勅勘處福建叛軍至豐城聞宸濠變急走小舸返吉安飛章上變與知府伍文定等定謀徵兵各郡并傳檄隣省扶義勤王時鄒謙之趨見曰聞宸濠誘舊賊葉芳兵來攻吉安矣陽明曰芳必不叛曰彼從濠望封拜可尋常計乎陽明默然良久曰天下盡反我輩固當如此做一時胸中利害如洗時宸濠已攻陷南康九江進圍安慶我師既集僉

請急救安慶陽明以爲非策不如先舉南昌法所謂攻其必救是已乃誓師樟樹授文定等方畧俱如期至信地陽明親鼓之三軍競奮登城城遂拔宸濠聞南昌破悉衆歸援僉謂賊衆盛宜堅壁待援陽明曰賊進不得逞還無所歸氣已消沮出奇擊惰便遂接戰於黄家渡賊兵鼓譟驕甚我兵稍却文定立銃炮間火燎其鬚殊死戰大敗之明日復戰擒濠江西平方陽明初入南昌時日坐都院後堂對士友論學洞開中



門令見前後報至登堂遣之時有言文定焚鬚及兵前却狀者衆咸失色陽明徐起如側席遣牌斬其前却者還坐復理前語論學後聞濠擒衆咸色喜陽明愀然曰濠雖擒第恐傷死者衆耳亦復論學如常陽明既擒濠露布奏捷不宜時奸奄導　上親征駕發京師遣先鋒諭令縱濠鄱湖俟　駕至臨戰執之謀叵測矣陽明亟從越道獻俘行在抵錢塘以俘付近侍張永永固瑞中稱良者遂自稱病卧西湖淨慈寺中候

進止久之　勅兼巡撫江西冬返南昌庚辰
駕在南都時奸佞百計讒搆譖陽明有無將心
且云試　召必逆命陽明知其謀聞　召卽乘
小舫亟趣行在至上新河諸奸沮之不得見退
次蕪湖入九華山待命踰月　上使校覘之諗
陽明宴坐草庵中　上始釋曰王守仁學道人
也前言者誣矣乃　命還江西過開先寺刻石
記事末有嘉靖我邦國之句其年夏復如贛大
閱士卒教習戰法奸宦江彬遣人來覘動靜門



人危疑甚聞請釋兵回省陽明處之泰然第曰
二三子何不講學蓋是時逆濠未死諸奸素通
濠得金錢者多在　上左右已萌逆志第以陽
明在贛不敢動耳世但知陽明擒濠之功而不
知其沉機曲筭內戢兇倖外防賊黨撫定瘡痍
激勵將士蓋凜凜乎如履春氷矣濠誅四疏乞
省葬不允陽明聞父病亟幾欲逃奔一日問諸
門人曰我欲逃歸何無一人賛行者周仲起對
曰夫子思歸一念似亦著相陽明曰此相安能

不著秋返南昌泰州王銀來謁稱弟子爲易名
艮是時陳九川夏良勝萬潮歐陽德魏良弼李
遂舒芬及裘衍日侍講席而巡按御史唐龍督
學僉事邵鋭皆守舊學相疑龍復以徹講擇交
爲勸陽明答曰學者以是心至吾不忍爲一身
疑謗拒不與言求眞才者譬之淘沙而得金未
能舍沙以求金爲也時當唐邵之疑人多畏避
同門有方巾中衣而來者俱指爲異獨王臣魏
良政良器鍾文奎吳子金等挺然不變相依而



起者日衆辛巳五十歲在南昌始揭致良知之
教聞　車駕還宫憂念始舒牌行金谿縣録陸
象山子孫以象山得孔孟正傳其學久抑未彰
文廟尚鈌配享子孫未沾褒典乃做各處聖賢
子孫事例一體優崇之五月集門人於白鹿洞
霍韜過論大學輒持舊見陽明曰若傳習書史
考正古今以廣吾見聞則可若欲以是求得入
聖門路譬之採摘枝葉以綴本根而欲通其血
脉蓋亦難矣六月赴　中丞尋止之陞南京兵

部尚書乞便道省葬八日至越九月歸餘姚省
祖塋錢德洪來受學德洪久思及門鄉中故老
猶執先生往跡爲疑洪獨潛伺動止深信之乃
排衆議率其同里孫應奎等七十餘人通贄見
焉時輔臣惡本兵王瓊而陽明捷疏每歸功本
兵盖謂平賊擒濠以改提督得便宜行事瓊本
謀也輔臣素忌陽明以此滋不悅捷奏久不賞
肅皇帝踐祚是年十二月詔録擒濠功　封
新建伯　命至適海日翁誕辰陽明捧觴爲壽



皆嘆會遇之隆明年壬午海日翁卒陽明宅憂
使門人子弟紀喪因材分任僊居金克厚得監
厨後克厚連舉進士語人曰吾學得司厨大益
且私之以取科第耳時陽明居里謗議日熾言
官希宰輔意倡言論劾癸未南宮策問心學陰
爲詆闢徐珊不對而出聞者曰尹彥明後一人
也歐陽德王臣魏良弼等直發師旨不諱亦在
取列陽明謂門弟子曰吾道非耶何爲如此在
侍者或謂先生功盛位崇忌嫉者謗或謂先生

學駁宋儒拘泥者謗或謂從游者衆莫保其往
不無以身謗曰三言者誠有之特吾自知處諸
君論猶未及盖吾前尚有鄉愿意在今只信良
知更無掩藏廻護纔做得狂者耳甲申在越郡
守南大吉陽明爲會試分考時所録士也與論
學有悟闢稽山書院聚八邑彥士及四方之來
集者環坐常數百餘人海寧董澐以能詩聞於
江湖年六十八聞先生學以杖肩其瓢笠詩卷
來訪登門長揖上坐陽明異其氣貌禮敬之與



之語連日夜澐有悟因納拜稱弟子陽明與之
徜徉山水間澐日有聞懽然樂而忘歸也其鄉
人招之返且曰翁老矣何自苦乃爾澐曰吾方
幸脫苦海憫若之自苦也顧以吾爲苦耶吾方
揚鬐於渟瀣而振羽於雲霄安能復投網罟而
入樊籠乎去矣吾將從吾所好遂自號從吾道
人陽明作從吾道人記以贈之八月之望月白
如洗陽明集諸弟子於碧霞池之天泉橋上在
侍者百十人酒半行命歌詩諸弟子比音而作

翁然如協金石以間能琴者理絲善簫者吹竹或投壺聚弈或鼓棹夷猶遠近相答陽明顧而樂之遂即席賦詩有鏗然舍瑟春風裡點也雖狂得我情之句明日諸生入謝陽明曰昔孔子在陳何思魯之狂士蓋世之學者沒溺於富貴聲利之塲如拘如囚而莫之省脫及聞孔子之教始知一切俗緣皆非性體乃豁然脫落但見得此意不加實踐以入於精微則漸有輕滅世故闊畧倫物之病比世之庸庸瑣瑣者不同其



爲未得於道一也故孔子在陳思歸以裁之使入於道耳諸君講學但患未得此意今幸見此正好精詣力造以求至於道無以一見自足而終止於狂也錢德洪與魏良政良器等讀書城南時游禹穴諸勝毋出旬日忘返德洪父往視之曰諸君得無妨課業乎良政等曰以吾良知求晦翁之說譬打蛇就七寸何憂不得耶洪父疑未釋進問陽明陽明曰豈特無妨乃大益耳明年乙酉錢梗魏良政竝發解江浙餘多見錄

洪父聞之曰打蛇得七寸信然矣十月南大吉續刻傳習錄門人立陽明書院於越城丙戌歐陽德爲六安州守奉書問學以爲初政倥傯後稍次第始得與諸生講學陽明曰吾所講學正在政務倥傯中豈必聚徒而後爲講學耶是年錢德洪王畿竝舉南宮俱不　廷對歸陽明喜丁亥寄示黃綰書曰人在仕途比之退處山林時工夫難十倍非得良友時時警發砥礪平日志向鮮有不潛移默奪弛然日就頹靡者四月



鄒守益刻文錄於廣德州五月　命兼都察院左都御史征廣西思田先是岑猛叛兩廣猛死田州其黨盧蘇王受相結復叛提督姚鏌發四省兵討之二年不尅嶺南大困乃特起陽明撫勦之秋發越中錢德洪王畿舟中論爲學宗旨畿曰先生說知善知惡是良知爲善去惡是格物此恐未是究竟話心體旣是無善無惡則意知物亦如是若說意有善惡畢竟心亦未是無德洪曰心體原來無善無惡爲善去惡正是復

那本體工夫因同進請問陽明喜曰正要二君
有此一問二君之見正好相取不可相病汝中
須用德洪工夫德洪須透汝中本體二君相取
爲益吾學更無餘念矣德洪再請問陽明曰有
只是你自有良知本體原來無有本體只是太
虛太虛之中日月星辰風雨露雷陰霾饐氣何
物不有而又何一物得爲太虛之障人心本體
亦復如是德洪工夫須要如此便是合得本體
工夫是日各有省十月至南昌父老軍民皆頂



香林立塡途塞巷至不能行明日謁廟講大學
於明倫堂諸生屏擁多不得聞唐堯臣獻茶得
上堂旁聽初堯臣不信學比見擁謁驚曰三代
後安得有此氣象邪及聞講沛然無疑至吉安
大會螺川臨別囑曰工夫只是簡易眞切愈眞
切愈簡易愈簡易愈眞切十一月至肇慶寄書
錢德洪王畿曰紹興書院中同志近來意向如
何德洪汝中既任其責當能振作接引有所興
起餘姚又得應元諸友作興鼓舞想益日異而

月不同老夫雖出山林亦每以此自慰耳陽明
沿途咨詢岑猛反叛之因由往當事者處之未
當至梧開示恩信蘇受等自縛來歸降者七萬
一千人陽明簿示懲遣歸農踰年春遂班師改
田州爲田寧府立土官散土目設流鎭制爲交
趾蔽陽明又以斷藤峽及八寨諸賊盤據反側
久毒嶺表乃因討思田歸兵密與領兵官約束
乘其不備襲之而檄蘇受等兵相犄角立功以
報左右夾翼誅斬劇賊以萬計悉定其地霍韜



廣人也奏言於上謂思田之亂往兵連四省糜
費百萬止得五十日小寧而守仁此舉不殺一
卒不費斗米遂使頑叛稽顙來服雖舜格有苗
不過是至於八寨斷藤之舉猶有八善乘湖兵
歸路之便兵不調而自集一也因思田效命之
助勞而不怨二也所誅者渠惡非濫殺報功者
比三也因歸師無糧運費四也一舉成功民不
知擾五也極惡先誅其細小巢穴可漸德化六
也八寨不平則西東合數千里共爲窟穴雖調

兵數十萬未易平伏今八寨平定則諸賊漸平兩廣樂業七也八寨乃百六十年不能誅之劇寇今平其巢穴即徙建城邑永不為變化為良民八也陽明平賊後與錢王二子書曰地方事幸遂平息不審同志聚會如何得無法堂前今已草深一丈否近有人自家鄉來聞龍山之講至今不廢亦殊可喜書到望遍寄聲益相與勉之也冬謁伏波廟陽明十五歲時嘗夢謁伏波廟至是拜祠下宛如夢中過增城訪湛甘泉十



月以疾劇上疏請告十一月廿五日踰梅嶺疾甚至南安登舟延途候　命門人周積方為南安推官來見陽明起坐咳喘不已徐言曰近來進學如何積以政對遂問道體無恙陽明曰病勢危亟所未死者元氣耳積退而迎醫診藥廿八日晚泊問何地侍者曰青龍鋪明日陽明召積入開目視曰吾去矣積泣下問何遺言陽明微哂曰此心光明亦復何言頃之瞑目而逝夙忌陽明者從中譖於　上朝中有異議爵廕贈

分明是禪

諡諸典不行且下　詔禁偽學隆慶改元始贈新建侯諡文成明年子正億嗣封為伯萬曆十二年從祀孔廟　先生一日喟然發嘆曰此理簡易明白若此乃一經沉埋數百年亦為宋儒從知解上入認識神為性體故聞見日益障道日深譬之人有冒別姓墳墓為祖墓者何以為辨只得開壙將子孫滴血真偽無可逃矣我此良知二字實千古聖聖相傳一點滴骨血也

先生自南都以來凡示學者皆令存天理去人



欲有問則令自求之未嘗指天理為何如也間語友人曰近欲發揮此只覺有一言發不出津津然如含諸口莫能相度久乃曰近覺得此學更無有他只是這些子了此更無餘矣傍有健羨不已者則又曰連這些子亦無放處今經變後始有良知之說　先生自經宸濠忠泰之變益信良知真足以忘患難出生死所謂考三王建天地質鬼神俟後聖無弗同者　近來信得致良知三字真聖門正法眼藏往年尚疑未盡

自今多事以來只此良知無不具足譬之操舟得舵平瀾淺瀨無不如意雖遇顛風逆浪舵柄在手可免沒溺之患矣　某於此良知之說從百死千難中得來不得已與人一口說盡只恐學者得之容易把作一種光景玩弄不實落用功負此知耳　近來却見得良知日益眞切簡易世儒尚有致疑于此謂未足以盡道者只是未嘗實見得耳近有鄉大夫請某講學者云除却良知還有甚麼說得某答云除却良知還有



甚麼說得　人若知這良知訣竅隨他多少邪思狂念這裡一覺都自消融眞箇是靈丹一粒點鐵成金　知是心之本體心自然會知見父自然知孝見兄自然知弟見孺子入井自然知惻隱此便是良知不假外求　夫萬事萬物之理不外於吾心而必曰窮天下之理是殆以吾心之良知爲未足而必外求于天下之廣以裨補增益之是猶析心與理而爲二也夫學問思辨篤行之功雖其困勉至于人一己百而擴充

直是說禪不是講道

之極至於盡性知天亦不過致吾心之良知而已良知之外豈復有加于毫末乎　良知卽是一箇良知而善惡自辨更有何善何惡可思良知之體本自寧靜今却又添一箇求寧靜本自生生今却又添一箇欲無生非獨聖門致知之功不如此雖佛氏之學亦未如此將迎意必也只是一念良知徹頭徹尾無始無終卽是前念不滅後念不生今却欲前念易滅而後念不生是佛氏所謂斷滅種性入于槁木死灰之謂矣



良知不由見聞而有而見聞莫非良知之用故良知不滯于見聞而亦不離于見聞　良知是造化的精靈這些精靈生天生地成鬼成帝皆從此出眞是與物無對人若復得他完完全全無少虧欠自不覺手舞足蹈不知天地間更有何樂可代　良知之虛便是天之太虛良知[illegible]無便是太虛之無形日月風雷山川民物凡有貌象形色皆在太虛無形中發用流行未嘗作得天的障礙聖人只是順其良知之發用天

地萬物俱在我良知的發用流行中何嘗又有一物超于良知之外能作得障碍　無知無不知本體原是如此良知本無知今却要有知本無不知今却疑有不知只是信不及耳　先天而天弗違天即良知也後天而奉天時良知即天也未發之中即良知也無前後內外而渾然一體者也有事無事可以言動靜而良知無分於有事無事也　問人有虛靈方有良知若草木瓦石之類亦有良知否曰人的良知就是草



禪語

木瓦石的良知若草木瓦石無人的良知不可以為草木瓦石矣豈惟草木瓦石為然天地無人的良知亦不可為天地矣　知來本無知覺來本無覺然不知則遂淪埋　區區所論致知乃是孔門正法眼藏於此見得真的直是建諸天地而不悖質諸鬼神而無疑考諸三王而不謬百世以俟聖人而不惑知此者方謂之知道得此者方謂之有德異此而學即謂之異端離此而說即謂之邪說迷此而行即謂之冥行雖

千魔萬怪眩瞀變幻于前自當觸之而碎迎之而解如太陽一出而鬼魅魍魎自無所逃其形矣所謂此學如立在空中四面皆無依靠萬事不容染着色色信他本來不容一毫增減　明道寧學聖人而不至不以一善而成名此為有志聖人而未能真得聖人之學者則可如此說若今日所講良知之說乃真是聖學之的傳但從此學聖人却無有不至者惟恐吾儕尚有一善成名之意未肯專心致志於此耳　良知原



與聖人一般若體認得自己良知明白即聖人氣象不在聖人而在我矣程子嘗云覷着堯學他行事無他許多聰明睿智安能如彼之動容周旋中禮又云心通於道然後能辨是非今且說通於道在何處聰明睿智從何處出來　惟天下至聖為能聰明睿智舊看何等玄妙今看來原人人自有的　良知無前後只知得見在的幾便是一了百了　孔子無不知而作顏子有不善未嘗不知此是聖學真血脈路　良知

明白隨你靜處去體悟也好隨你事上磨鍊也好良知本體原是無動無靜的此便是學問頭腦　天理在人心亘古亘今無有終始天理即是良知　良知二字一講便明誰不知得若欲的見良知却誰能見得良知即是易其爲道也屢遷變動不居周流六虛上下無常剛柔相易不可爲典要惟變所適此知如何捉摸得見得透時便是聖人　不可以雲能蔽日教天不要生雲七情順其自然之流行皆是良知之用不



可分別善惡但不可有所著七情有著俱謂之欲俱爲良知之蔽然纔有著時良知亦自會覺覺即蔽去復其體矣此處能勘得破方是簡易透徹工夫　若解向裡尋求見得自巳心體即無時無處不是此道亘古亘今無終無始更有甚同異諸君要實見此道須從自巳心上體認不假外求始得　夫物理不外於吾心外吾心而求物理無物理矣遺物理而求吾心吾心又何物邪　心不可以動靜爲體用動靜時也即

體而言用在體即用而言體在用是謂體用一源　妄心則動也照心非動也恒照則恒動恒靜天地之所以恒久而不已也照心固照也妄心亦照也其爲物不貳則其生物不息有刻暫停則息矣非至誠無息之學矣照心非動者以其發於本體明覺之自然而未嘗有所動也有所動即妄矣妄心亦照者以其本體明覺之自然者未嘗不在於其中但有所動耳無所動即照矣無妄無照非以妄爲照以照爲妄也照心



爲照妄心爲妄是猶有妄有照也有妄有照則猶貳也貳則息矣無妄無照則不貳不貳則不息矣　理也者心之條理也是理也發之於親則爲孝發之於君則爲忠發之於朋友則爲信千變萬化至不可窮極而莫非發於吾之一心　心體上着不得一念留滯就如眼着不得些子塵沙些子塵沙能得幾多滿眼便昏天黑地了這一念不但是私念便好的念頭亦着不得些子如眼中放些金玉屑亦開不得了　無所

任而生其心佛氏曾有是言未爲非也明鏡之應物妍者妍媸者媸一過而不留卽是無所任處　告子只在不動心上着功孟子便眞從此心原不動處分曉　孔子氣魄極大凡帝王事業無不一一理會也只從那心上來學者學孔子不在心上用功汲汲然去學那氣魄却倒做了　人心與物同體只是一箇靈明充天塞地中間只有這箇靈明我的靈明便是天地鬼神萬物的主宰天地鬼神萬物離却我的靈明更



沒有天地鬼神萬物了我的靈明離却天地鬼神萬物亦沒有我的靈明或問天地鬼神萬物千古見在何沒了我的靈明便俱無了曰今看死的人他的天地萬物尚在何處　在物爲理處物爲義在性爲善因所指而異其名實皆吾之心也心外無物心外無事心外無理心外無義心外無善伊川所云纔明彼便曉此是猶謂之二性無彼此理無彼此善無彼此也　君子之學惟求盡其心雖至於位天地育萬物未有

出於吾心之外也孟氏所謂學問之道求其放心而已矣者一言以蔽之　心之本體原是不動心之本體卽是性性卽是理性原不動理原不動集義是復其心之本體蠡測曰已上數十條語前多言知後多言心卽知知卽心無有二也单言心恐無入處故醒之以知单言知恐以情識當之故揭之以良良知者無知而知猶無極而太極也後儒不悟斯旨謂良知不足以盡彼假見聞爲增益者固支離之舊習近有求



無聲臭於良知之前者是將謂無極之上更有物也其不能眞見良知而失先生之旨均矣　這些子看得透徹隨他千言萬語是非誠僞到前便明　聖人教人只怕人不簡易他說的皆是簡易之規以今人好博之心觀之却是聖人教人差了　天下之物本無可格者其格物之功只在身心上做決然以聖人爲人人可到便自有擔當了　殺人須就咽喉上着刀吾人爲學當從心髓入微處用力自然篤實光輝雖私

欲之萌眞是紅爐點雪天下之大本立矣若就標末粧綴比擬凡平日所謂學問思辨者適足以爲長傲遂非之資亦誠可哀也已

吾輩通患正如池面浮萍隨開隨蔽未論江海但在活水浮萍即不能蔽何者活水有源池水無源有源者由己無源者從物故凡不息者有源作輟者皆無源故耳

釋氏輪廻變幻之論亦不必求之窈冥今人不能常見自己良知一日之間此心倏焉而夷狄倏焉而禽獸倏焉而趨入悖



逆之途倏然而流入貪淫之海不知幾番輪廻多少變幻但人不自覺耳

學問也要點化但不如自家解化者自一了百當

學問須得箇頭腦工夫方有着落縱未能無間如舟之有舵一提便醒不然雖從事於學只做箇義襲而取只是行不著習不察非大本達道也

見得時橫說豎說皆是若於此通彼處不通只是未見得

後世人心陷溺禍亂相尋皆由此學不明之故只將此學字頭腦處指撥得透徹使人洞

然知得是自己生身立命之原不假外求如木之有根暢茂條達自有所不容已

夫立志亦不易矣孔子聖人也猶曰吾十有五而志於學三十而立立者志立也雖至於不踰矩亦志之不踰矩也志豈可易而視哉夫志氣之帥也人之命也木之根也水之源也是以君子之學無時無處而不以立志爲事正目而視之無他見也傾耳而聽之無他聞也精神心思凝聚融結而不復知有其他然後此志常立

有私欲即



便知覺自然容住不得矣凡一毫私欲之萌即責此志不立即私欲便退聽蓋無一息而非立志責志之時無一事而非立志責志之地故責志之功其於去人欲有如烈火之燎毛太陽一出而魍魎潛消也

人有過多於過上用功就是補甑其流必歸於文過

人非堯舜安能無過此亦相沿之說未足以知堯舜之心彼其自以爲人心之惟危危即過也古之聖賢時時自見己過而改之是以能無過非其心果與人異

也。謂舉學與聖人之學相戾者非也程子云心苟不忘則雖應接俗事莫非實學無非道也而況於舉業乎謂舉業與聖人之學不相戾者亦非也程子云心苟忘之則雖終身由之只是俗事而況於舉業乎忘與不忘之間不能以髮要在深思默識所指謂不忘者果何事耶知此則知學矣蠡測曰以上語語皆指示人用功頭腦處極為緊切或以良知之學為無實踐之功者亦盲人咎日弗察而已矣　唐詡問立志是



常存箇善念要為善去惡否曰此念即善更思何善此念非惡更去何惡　黃勉叔問心無惡念時亦須存箇善念否曰既去惡念便是善念若又要存箇善念即是日光之下添燃一燈　問善惡兩端如冰炭如何謂只一物曰至善者心之本體本體上纔過當些子便是惡了不是有一善又有一箇惡來相對也故善惡只是一物　薛侃去花間草曰天地間何善難培惡難去先生曰未培未去耳少間曰此等看善惡皆

從軀殼起念便會錯侃未達曰天地生意花草一般何曾有善惡之分子欲觀花則以花為善以草為惡如欲用草時則復以草為善矣此等善惡皆由汝心好惡所生故知是錯曰然則無善無惡乎曰無善無惡者理之靜有善有惡者氣之動不動於氣即無善無惡是謂至善曰佛氏亦無善無惡何以異曰佛氏着在無善無惡上便一切都不管聖人無善無惡只是無有作好無有作惡曰草既非惡即草不宜去矣曰草



若有礙何妨汝去曰如此又是作好作惡曰不作好惡非是全無好惡只是好惡不去又着一分意思如此即是不曾好惡一般曰然則善惡全不在物曰只在汝心循理便是善動氣便是惡曰畢竟物無善惡曰在心如此在物亦然曰先生云草有妨礙理亦宜去緣何又是軀殼起念曰此須汝心自體當汝要去草是甚麽心茂叔窗前草不除是甚麽心　劉觀時問未發之中是如何先生曰汝但戒慎不覩恐懼不聞便

自然見觀時請略示氣象先生曰啞子喫苦瓜與你說不得你要知此苦還須你自喫　一友舉佛家以手指顯出問曰衆曾見否曰見復以手指入袖問曰衆還見否衆曰不見佛說還未見性此義未明先生曰手指有見有不見爾之見性常在人之心神只在有覩有聞上馳騖不在不覩不聞上著實用功學者時時刻刻常覩其所不覩常聞其所不聞工夫方有箇實落處久久不須着力不須防檢而眞性自不息矣豈以在外者之聞見爲累哉　王汝止出游歸先生問曰游何見對曰見滿街人都是聖人先生曰你看滿街人是聖人滿街人倒看你是聖人在董蘿石出游而歸見先生曰今日見一異事先生曰何異對曰見滿街人都是聖人先生曰此亦常事耳何足爲異蓋汝止圭角未融蘿石恍見有悟故問同答異　錢德洪言要見人品高下甚易先生曰何以見之對曰先生辟如泰山在前有不知仰者須是無目人先生曰泰山



不如平地大平地有何可見　問良知原是中和的如何却有過不及先生曰知得過不及處就是中和　蕭惠問己私難克奈何先生曰將汝己私來替汝克　梁日孚問居敬窮理是兩事先生曰天地間只有此一事安有兩事　先生問在坐之友比來功夫何似一友舉虛明意思先生曰此是說光景一友叙今昔異同先生曰此是說效驗二友惘然請是先生曰吾輩用功只是要眞切此心眞切見善卽遷有過卽改方是眞切功夫若只管求光景說效驗却是助長外馳病痛不是工夫　問寧靜存心時可爲未發之中否先生曰今人存心只定得氣當其寧靜時亦只是氣寧靜不可以爲未發之中曰未便是中莫亦是求中工夫曰以循理爲主何嘗不寧靜以寧靜爲主未必能循理　王汝中舉佛家實相幻相之說先生曰有心俱是實無心俱是幻無心俱是實有心俱是幻汝中曰有心俱是實無心俱是幻是本體上說功夫無心

俱是實有心俱是幻是功夫上說本體先生然之　問聖人應變不窮莫亦是預先講求否先生曰聖人之心如明鏡只是一箇明隨感而應無物不照未有已往之形尚在未照之形先具者只怕鏡不明不怕物來不能照　問上達工夫先生曰夫目可得見耳可得聞口可得言心可得思者皆下學也目不可得見耳不可得聞口不可得言心不可得思者上達也故凡可用功可告語者皆下學上達只在下學裡　問道



之精麤先生曰道無精麤人之所見有精麤　有一學者病目戚戚甚憂先生曰爾乃貴目賤心　蕭惠好僊釋先生曰吾亦自幼篤志二氏其後見得聖人之學始自嘆悔大抵二氏之學其妙與聖人只有毫釐之間惠請問二氏之妙先生曰汝却不問我悟的只問我悔的惠請問聖人之學先生曰汝今只是了人事問待汝辦箇真要求爲聖人的心來與汝說惠再三請先生曰已與汝一口道盡汝尚自不會　問未發已發辟如鐘聲未扣不可謂無既扣不可謂有畢竟有箇扣與不扣何如先生曰未扣時原是驚天動地既扣時也只是寂天寞地　問樂是心之本體不知遇大故於哀哭時此樂還在否先生曰須是大哭了一番方樂不哭便不樂矣雖哭此心安處即是樂也本體未嘗有動　問僊家元氣元神元精先生曰只是一件流行爲氣凝聚爲精妙用爲神　問近來工夫雖若稍知頭腦然難尋箇穩當安樂處先生曰爾却去



心上尋箇天理此正所謂理障　蕭惠問死生之道先生曰知晝夜即知死生問晝夜之道曰知晝則知夜曰晝亦有所不知乎先生曰汝能知晝懵懵而興蠢蠢而食行不著習不察終日昏昏只是夢晝　問大人與物同體曰目無體以萬物之色爲體耳無體以萬物之聲爲體鼻無體以萬物之臭爲體口無體以萬物之味爲體心無體以天地萬物感應之是非爲體　馬子中侍先生曰人胸中各有箇聖人只是信不

及都是埋倒了因顧于中曰爾胸中原是聖人于中起不敢當先生曰此是爾自家有的如何要推于中又曰不敢先生曰衆人皆有之况在于中却何故謙起來謙亦不得于中乃笑受

或問異端先生曰與愚夫愚婦同的是謂同德與愚夫愚婦異的是謂異端

一友問功夫先生曰我亦無别法可道昔有禪師人來問法只把麈尾提起一日其徒將麈尾藏過試他如何說法禪師尋麈尾不見又只空手提起我這箇



良知就是說法的麈尾舍了這箇有何可提得火間又一友請問功夫切要先生旁顧曰我麈尾安在一時在坐者皆躍然

問不覩不聞是說本體戒慎恐懼是說功夫否先生曰此處須信得本體原是不覩不聞的亦原是戒慎恐懼的戒慎恐懼不曾在不覩不聞上加得些子見得真時便謂戒慎恐懼是本體不覩不聞是工夫亦得

問鄒端峯論童子不能格物只教以灑掃應對之說先生曰灑掃應對就是一件物就是致他這一點良知我這裡言格物自童子以至聖人皆是此等工夫雖賣柴人亦是做得雖公卿大夫以至天子皆是如此做

先生游南鎮一友指巖中花樹問曰天下無心外之物如此花樹在深山中自開自落於我心亦有何關先生曰你未看此花時此花與汝心同歸於寂你來看此花時則此花顏色一時明白起來便知此花不在你的心外

汪景顏出宰請益先生曰天下事雖萬變吾所以應之不出乎喜



怒哀樂四者此爲學之要而爲政亦在其中矣

陸澄欲一切屏絕之先生曰使在我無功利之心雖錢穀甲兵搬柴運水何往而非實學况子史詩文之類乎使在我尚存功利之心則雖日談道德仁義亦只是功利之事况子史詩文之類乎

陳九川問近厭泛濫之學每要靜坐求屏息念慮非惟不能愈覺擾擾如何先生曰念如何可息只是要正曰當自有無念時否先生曰實無無念時曰如此却如何言靜曰靜未

嘗不動動未嘗不靜周子言無欲故靜是靜亦定動亦定定字主其本體也　又問用功收心時有聲色在前如常聞見恐不是專一曰如何欲不聞見除是槁木死灰耳聾目盲則可只是雖聞見而不流去便是　倫以訓問學無靜根感物易動處事多悔如何先生曰三言者病亦相因惟學而別求靜根故感物而懼其易動是故處事而多悔也心無動靜者也心一而已矣靜其體也而復求靜根焉是撓其體也動其用也而懼其易動焉是廢其用也故求靜之心即動也惡動之心非靜也故循理之謂靜從欲之謂動欲也者非必聲色貨利外誘也有心之私皆欲也　張元冲問二氏與聖人之學所爭毫釐謂其皆有得于性命也不知亦須兼取否先生曰說兼取便不是聖人盡性至命何物不具何待兼取二氏之用皆我之用即吾盡性至命中完養此身謂之僊即吾盡性至命中不染世累謂之佛但後世儒者不見聖學之全故與二



氏成二見耳譬之廳堂三間共為一廳儒者不知皆吾所用見佛氏則割左邊一間與之見老氏則割右邊一間與之而已則自處中間皆舉一而廢百也聖人與天地民物同體儒佛老莊皆吾之用是之謂大道　鄭德夫問儒與釋孰異先生曰子無求其異同於儒釋求其是者而學焉可矣曰是與非孰辨曰子無求其是非於講說求諸心而安焉者是矣曰心又何以能定是非乎曰無是非之心非人也口之於甘苦也與易牙同目之於妍媸也與離婁同心之於是非也與聖人同其有昧焉者無誠心以求之是談味說色而已也又孰從而得甘苦妍媸之眞乎　錢德洪曰洪要求元聲不可得恐於古樂亦難復先生曰你說元聲在何處求對曰古人制管候氣恐亦是求元聲之法先生曰若要去葭灰黍粒中求元聲却如水底撈月如何可得元聲只在你心上求曰心如何求先生曰古人為治先養得人心和平然後作樂比如在此歌

詩你的心氣和平聽者自然悅懌興起只此便是元聲之始書云詩言志志便是樂的本歌永言歌便是作樂的本聲依永律和聲律只要和聲和聲便是制律的本何嘗求之於外　一爲問致知之訓既領之矣敢請益先生曰千丈之木起於膚寸之萌芽子謂膚寸之外無所益與則何以至於千丈子謂膚寸之外有所益與則膚寸之外子將何以益之一爲躍然起拜　永康周瑩嘗學於應元忠既乃復見先生而請益



先生曰子之來也猶有所未信乎曰信之曰信之而又來何也曰未得其方也先生曰子既得其方矣無所事於吾周子悚然而起茫然有間曰瑩愚不得其方先生毋乃以瑩爲戲望卒賜之教先生曰子之自永康而來也程幾何曰千里而遥曰遠矣從舟乎曰從舟而又登陸也曰勞矣當茲六月亦暑乎曰途之暑特甚也曰難矣具資糧從童僕乎曰中途而僕病乃舍貸而行曰茲益難矣子之來既遠且勞其難若此也

何不遂返而必來乎將亦無有强子者乎曰瑩至於夫子之門勞苦艱難誠樂之寧以是而遂返又俟乎人之强之也乎曰斯吾之所謂子之既得其方也子之志欲至於吾門也則遂至於吾門無假於人子苟志於聖賢之學有不至于聖賢者乎而假於人乎子之舍舟從陸捐僕貸糧冒毒暑而來也則又安所從受之方也生躍然起拜　問有人夜怕鬼者如何先生曰豈有邪鬼能害正人乎只此一怕即是心邪故有迷



之者非鬼迷也心自迷耳如人好色即是色鬼迷好貨即是貨鬼迷怒所不當怒即是怒鬼迷懼所不當懼即是懼鬼迷也　郡守南大吉與論學有悟乃告先生曰大吉臨政多過先生何無一言先生曰何過大吉歷數其事先生曰吾言之矣大吉曰何曰吾不言何以知之大吉曰良知先生曰良知非我常言而何大吉笑謝而去居數日復自數過加密且曰與其過後悔改曷若預言不犯爲佳也先生曰人言不如自悔

之眞大吉笑謝而去　陸澄問仁義禮智之名因已發而有曰然曰惻隱羞惡辭讓是非是性之表德耶曰仁義禮智也是表德性一而已自其形體也謂之天主宰也謂之帝流行也謂之命主於身也謂之心心之發也遇父便謂之孝遇君便謂之忠自此以往名至於無窮只一性而已猶人一而已對父謂之子對子謂之父自此以往至於無窮只一人而已　問古人論性各有異同何者乃爲定論先生曰性無定體論



亦無定體有自本體上說者有自發用上說者有自源頭上說者有自流弊處說者揔而言之只是這箇性但所見有淺深耳若執定一邊便不是了性之本體原是無善無惡的發用上原是可以爲善可以爲不善的其流弊也原是一定善一定惡的譬如眼有喜時的眼有怒時的眼直視就是看的眼微視就是覷的眼總而言之只是這箇眼若見得怒時的眼就說未嘗有喜的眼見得看時的眼就說未嘗有覷的眼皆是執定就知是錯孟子說性直從源頭上說亦是說箇大槩如此荀子性惡之說是從流弊上說來也未可盡說他不是只是見得未精耳

答顧麟書曰夫拔本塞源之論不明於天下則天下之學聖人者將日繁日難斯人淪於禽獸夷狄而猶自以爲聖人之學夫聖人之心視天下之人無內外遠近凡有血氣皆其昆弟赤子之親莫不欲安全而教養之以遂其萬物一體之念天下之人心其初亦非有異於聖人也特



其間於有我之私隔於物欲之蔽大者以小通者以塞甚有視其父子兄弟如仇讐者聖人有憂之是以推其天地萬物一體之仁以教天下使之皆有以克其私去其蔽以復其心體之同然然其教之大端則堯舜禹之相授受所謂道心惟微惟精惟一允執厥中而其節目則舜之命契所謂父子有親君臣有義夫婦有別長幼有序朋友有信五者而已當是之時人無異見家無異習安此者謂之聖勉此者謂之賢而背

此者雖啟明如朱亦謂之不肖下至閭井田野農工商賈之賤莫不皆有是學而惟以成其德行為務何者無有聞見之雜記誦之煩辭章之靡濫功利之馳逐而但使之孝其親弟其長信其朋友以復其心體之同然則人亦孰不能之乎學校之中惟以成德為事迨夫舉德而任則使之終身居其職而不易當是之時天下之人熙熙皞皞皆相視如一家之親其才質之下者則安其農工商賈之分各勤其業以相生相養



而無有乎希高慕外之心才能之異若皐夔稷契者則出而各效其能或營其衣食或通其有無或備其器用集謀并力以求遂其仰事俯育之願故稷勤其稼而不恥其不知教視契之善教即己之善教也夔司其樂而不恥其不明禮視夷之通禮即己之通禮也蓋其心學純明而有以全其萬物一體之仁故其精神流貫志氣通達而無有乎人己之分物我之間譬之一人之身目視耳聽手持足行以濟一身之用目不

恥其無聰而耳之所涉目必營焉足不恥其無執而手之所探足必前焉蓋其元氣充周血脉條暢是以痒痾呼吸感觸神應有不言而喻之妙此聖人之學所以至易至簡易知易從學易能而才易成者正以大端惟在復心體之同然而知識技能非所與論也三代以降教者不復以此為教而學者不復以此為學霸者之徒竊取先生之近似者假之於外以內濟其私天下靡然宗之聖人之道遂以蕪塞世之儒者慨然



悲傷蒐獵先聖王之典章法制而掇拾修補於煨燼之餘僅足以增霸者之藩籬而聖學之門墻遂不可復覩於是乎有訓詁之學而傳之以為名有記誦之學而言之以為博有詞章之學而侈之以為麗相矜以知相軋以勢相爭以利相高以技能相取以聲譽其出而仕也理錢穀者則欲并夫兵刑典禮樂者又欲與夫銓軸處郡縣則思藩臬之高居臺諫則望宰執之要故不能其事則不得以兼其官不通其說則不可

以要其譽記誦之廣適以長其傲也知識之多
適以行其惡也聞見之博適以肆其辨也辭章
之富適以飾其僞也嗚呼以若是之積染以若
是之心志而又講之以若是之學術宜其聞吾
聖人之教而視之以爲贅疣枘鑿則其以良知
爲未足而謂聖人之學爲無所用亦其勢有必
至矣嗚呼士生斯世而欲以爲學者不亦勞苦
而繁難乎不亦拘滯而險艱乎嗚呼可悲也已
所幸天理之在人心終有所不可泯而良知之



明萬古一日則其聞吾拔本塞源之論必有惻
然而悲戚然而痛憤然而起沛然若决江河而
有所不可禦者矣非夫豪傑之士無所待而興
起者吾誰與望乎 [illegible] 已上皆因質隨機開
示化導方便深微互見各發如化工造物之神
不可以擬議執著者也又曰先生每言循理去
欲當認理欲二字分明篇中云有心之私便是
欲則知無着便是理所以云於心上尋箇理便
是理障其旨可識矣先生又云若能實致其良

> 良知固人人所固有但不可執着一[illegible]執着便是[illegible]先生之謂性善陽明一生受病在此

知然後見得平日所謂善者未必是善然則今
人良知不明則所謂理者未必是理以欲爲理
而先生之旨湮矣愼之哉 詠良知 箇箇人心
有仲尼自將聞見苦遮迷而今指與眞頭面只
是良知更莫疑 問君何事日憧憧煩惱場中
錯用功莫道聖門無口訣良知兩字是參同
人人自有定盤針萬化根源總在心却笑從頭
顛倒見枝枝葉葉外頭尋 無聲無臭獨知時
此是乾坤萬有基抛却自家無盡藏沿門持鉢



效貧兒 良知却是獨知時此知之外更無知
誰人不有良知在知得良知却是誰 知得良
知却是誰自家痛癢自家知若將痛癢從人問
痛癢何須更問爲 次謙之韻 珍重江船冒暑行一
宵心話甚分明須從根本求生死莫向支流辨
濁淸久奈世儒橫臆說競搜物理外人情良知
底用安排得此物由來自渾成 示諸生 爾身
各各自天眞不用求人更問人但致良知成德
業謾從故紙費精神乾坤是易原非畫心性何

象山死朱子嘆曰可惜死了一个告子陽明死可惜死了一个孟子

形得有塵莫道先生墮禪語此言端的爲君陳

人人有路透長安坦坦平平一直看盡道聖賢須有秘翻嫌易簡却求難只從孝弟爲堯舜莫把辭章學柳韓不信自心原具足請君隨事反身觀

綿綿聖學已千年兩字良知是口傳欲識渾淪無斧鑿須從規矩出方圓不離日用常行内直造先天未畫前握手臨岐更何語慇懃莫愧別離筵



## 徐愛

徐愛字曰仁餘姚人陽明妹壻也少陽明十六歲陽明初與學者講授雖隨地興起未有出身承當以聖學爲己任者愛時年二十獨奮然有志於學北面納贄焉其年愛舉於鄉明年舉進士授祁州知州愛始聞知行合一之訓汩沒舊說驚愕不定無入頭處後聞之既久漸知反身實踐壬申愛以知州考滿入京師即同穆孔暉等朝夕受業冬陞南京工部員外郎與陽明同舟歸越舟中請問大學宗旨聞之踴躍痛快胸



中混沌復開如狂如醒者數日自以思堯舜三王孔孟千聖立言人各不同其旨則一始信先生之學爲孔門嫡傳舍是皆傍蹊小徑斷港絕河矣甲戌愛在南京而陽明爲南鴻臚卿愛與黃綰等日夕聚師門漬礪不懈同志益親愛卒之也陞南兵部郎中丁丑告病歸與陸澄等謀買田霅上爲諸友久聚之計陽明聞而喜之爲詩慰之戊寅愛卒年三十一陽明哭之慟愛及陽明之門獨先聞道亦早卒嘗游南嶽夢一瞿曇撫其背曰爾與顏子同德亦與顏子同壽陽明每語輒傷之薛侃刻傳習錄首卷皆愛所記愛問陽明在親民宜從舊本亦有所據否曰下面治國平天下處如保赤子與之謂民之父母之類皆是親字意問朱子以爲事事物物皆有定理如何陽明曰却是義外也至善是心之本體然亦未嘗離却事物問至善只求諸心恐於天下事理有不能盡陽明曰心即理也天下又有心外之事心外之理乎問道心常爲一身之主而人

心每聽命此語似有弊陽明曰然問着迹亦有
不可缺者如春秋一經若無左傳恐亦難曉陽
明曰春秋必待傳而後明是歇後謎語矣愛曰
心猶鏡也聖人心如明鏡常人心如昏鏡近世
格物之說如以鏡照物照上用功不知鏡尚昏
在何能照先生之格物如磨鏡而使之明磨上
用功明了後亦未嘗廢照又曰先生之說若水
之寒火之熱斷斷乎[illegible]世以俟聖人而不惑者
也先生居夷三載[illegible]域愛朝夕門下但
見即之若易而仰之[illegible]之若粗而探之愈
精就之若近而造之[illegible]益無窮云



禅宗

# 聖學宗傳卷之十四

東越 周汝登編測 王繼晃
陶望齡訂正 王繼[illegible] 參閱

## 錢德洪

錢德洪字洪甫初名寬後改今名號緒山王文
成公同邑人弘治丙辰生弱冠傳綜朱氏之學
久之讀傳習錄與所學未契疑之及文成平宸
濠歸越往師事焉率諸友七十餘人闢龍泉中
天閣請文成升堂講肯以所學請正文成曰



觀是何人理非外得知人德性之知是為良知
而非知識也良知至微而顯故知微可與入德
唐虞授受只是指點得一微字中庸不覩不聞
以至無聲無臭中間只是發明得一微字衆聞
之躍然如大夢得醒緒山倡之也緒山篤信其
師學父惠曰爾固得所師矣如妨試事何對曰
男聞教以來心日開朗科第遍予則有之入試
胡慮哉明年嘉靖壬午舉於鄉方文成返越惟
緒山與龍谿兩人最先及門戴玉臺巾服小中

以分虖也

衣雖睢相依感共訕誹指爲異言異服兩人毅
然弗顧也時師門來學者衆咸集館下文成各
以資之所近分送兩人會下使滌其舊見迎其
新機然後歸之師以要其成衆中推爲教授師
丙戌與龍谿同舉南宮不就廷試而歸文成迎
會笑曰吾設教以待四方之賢譬之市肆主人
開行以集四方之貨奇貨既歸百貨將日積主
人可無乏行之歎矣自是四方來學者日益雲
集或默究或行歌或群居誦讀或列坐講解而



緒山與龍谿往來參究一揆師門宗旨歸之自
得翕然有風動之機丁亥與龍谿證道於天泉
橋戊子冬方治裝赴發途聞師變往迎喪至廣
信且馳書於父且陳父生師教願爲服喪父曰
吾貧冀祿養豈忍以吾故俾兒薄其師耶許之
後師喪歸越權貴忌嫉文成德業之盛有司默
承風旨媒孽其家鄉之惡少將不利於胤子內
訌外侮並作緒山與龍谿相與保孤寧家日夕
不相離且築室於塲妥綏靈爽約同志數人輪

守文成廬室以備不虞暇則與四方同志往來
聚會以廣師門遺教壬辰與龍谿同北行終試
事觀政吏曹時與臺諫部院諸同志舉月會商
究舊學動以數十舊會以官爲序緒山與龍谿
告衆曰同志爲道而來須以齒序爲宜衆曰然
至今相會以齒二人倡之也未幾以親老便養
告就蘇學教授至則定祀典申學規日坐道山
亭開講吳士翕然而興謂有東魯沂水遺風乙
未丁內艱歸修復中大閣之會服闋補監丞尋



陞刑部主事時欽大理丞林文選春與緒山書
欲以擢授曰一見執政可得也緒山笑而卻之
循例陞刑部員外郎以奉法忤　旨被逮下
詔獄身嬰三木日與戚都督楊御史讀書談道
又爲趙講易每賡歌以發幽思癸卯放歸農緒
山之學得諸生死真境中益覺自信獄中嘗書
示龍谿曰上天爲我設此法象本來真性不容
絲毫掛帶乃知平時學問大未得力古人處動
忍而獲增益不知增益者何物減削則已盡矣

緒山生還拜父膝下恍若隔世承懽良久始宅
父憂自後益切切以取友論學爲事江浙宣歙
楚廣會城名區皆有講舍書院隨地結會咸設
皐比以待文成年譜二紀未就緒山實成之年
七十作顧閑蹤馳告四方自是不復遠游相期
同志春秋會于天真因爲湖上浹旬遊處共証
交修甲戌年竟卒于湖上之表忠觀其先祠也
年七十九　師門嘗以虛寂之旨立教聞者鬨
然指爲佛學公曰變動周流虛以適變無思無



爲寂以通感大易之訓也自聖學衰而微言絕
學者執於典要泥於思爲變動感通之旨遂亡
彼佛氏者乘其衰而入郎吾儒之精髓用之以
主持世教爲吾儒者僅僅自守徒欲以虛聲拒
之不足以服其心言及虛寂及從而避忌之不
知此原是吾儒家常茶飯淪落失傳以至此耳
譬之東晉南宋之君不能爲主偏守一隅其將
中原讓歸夷狄不復敢與之抗言及恢復之計
者群然目以爲迂亦可哀已　吾人與萬物混

處于天地之中其能以主宰乎天地萬物者非吾
心乎何也天地萬物有聲矣而爲之辨其聲者
誰歟天地萬物有色矣而爲之辨其色者者誰
與天地萬物有味也而爲之辨其味者誰歟天
地萬物有變化也而神明其變化者誰歟是天
地萬物之聲非聲也由吾心聽斯有聲也天地
萬物之色非色也由吾心視斯有色也天地萬
物之味非味也由吾心嘗斯有味也天地萬物
之變化非變化也由吾心神明之斯有變化也



然則天地也萬物也非吾心則弗靈矣吾心之
靈毀則聲色味變化不得而見矣聲色味變化
不可見則天地萬物亦幾乎息矣故曰人者天
地之心萬物之靈也所以主宰乎天地萬物者
也吾心爲天地萬物之靈者非吾獨能靈之也
吾一人之視其色若是矣凡天下之有目者同
是明也一人之聽其聲若是矣凡天下之有耳
者同是聰也一人之嘗其味若是矣凡天下之
有口者同是嗜也一人之思慮其變化若是矣

凡天下之有心知者同是神明也非徒天下爲然也凡前乎千百世已上其耳目同其口同其心知同無弗同也後乎千百世已下其耳目同其口同其心知同亦無弗同也然則明非吾之目也天視之也聰非吾之耳也天聽之也嗜非吾之口也天嘗之也變化非吾之心知也天神明之也故目以天視則盡乎明矣耳以天聽則竭乎聰矣口以天嘗則不爽乎嗜矣思慮以天動則通乎神明矣天作之天成之不參以人是



之謂天能是之謂天地萬物之靈吾心爲天地萬物之靈惟聖人爲能全之聖人之全之也全夫人之所同聖人之視色與吾目同矣而其目能不引於色者率天視也聖人之聽聲與吾耳同矣而耳能不蔽於聲者率天聽也聖人之嗜味與吾口同矣而口能不爽於味者率天嘗也聖人之思慮與吾心知同矣而心不亂于思慮者通神明也吾而目不引于色以全吾明焉與聖人同其視也吾耳不蔽于聲以全吾聰焉與聖人同其聽也吾口不爽于味以全吾嗜焉與聖人同其嘗也吾心知不亂于思慮以全吾神明焉與聖人同其變化也故曰聖人可學而至謂吾心之靈與聖人同也然則非學聖人也能自率吾天也吾心之靈與聖人同聖人能全之學者求全焉然則何以爲功耶有要焉不可以支求也吾目蔽于色矣而後求去焉非所以全明也吾耳蔽于聲矣而後求克焉非所以全聰也吾口爽于味矣而後求復焉非所以全嗜也



吾心知亂于思慮矣而後求止焉非所以全神明也靈也者心之本體也性之德也百體之會也徹動靜通物我亘古今無時乎弗靈無時乎或間者也或生而知之或學而知之或困而知之皆自率是靈焉已矣其功雖不同其靈未嘗不一也吾率吾靈而發之于目焉自辨乎色而不引乎色所以全明也發之于耳焉自辯乎聲而不蔽乎聲所以全聰也發之於口焉自辯乎味而不爽乎味所以全嗜也發之於思慮焉萬

感萬應不動聲臭而其靈常寂大者立而自體通所以全神明也。是之謂天成。是之謂致知之學。

人之心體一也指名曰善可也曰至善無惡亦可也曰無善無惡亦可也曰善曰至善人皆信而無疑又為無善無惡者何也至善之體惡固非其所有善亦不得而有也至善之體虛靈也即目之明耳之聰也虛靈之體不可有乎善即明之不可有乎色聰之不可有乎聲也目無色故能盡萬物之色耳無聲故能盡萬物之聲心無善故能盡天下萬事之善今之論至善者乃索之於事事物物之中先求其所謂定理者以為應事宰物之則是虛靈之內先有乎善也虛靈之內先有乎善是耳未聽而先有乎聲目未視而先有乎色塞其聰明之用而窒其虛靈之體非至善之謂矣今人乍見孺子入井皆有怵惕惻隱之心怵惕惻隱是謂善矣然未見孺子之前先加講求之功預有此善以為之則耶抑虛靈觸發其機自不容已耶目患不能明



不患有色不能辨耳患不能聰不患有聲不能聞心患不能虛不患有感不能應虛則靈靈則因應無方萬感萬應萬應俱寂是無應非善而實未嘗有乎善也赤子匍匐將入井自聖人與塗人並而視之其所謂怵惕惻隱者聖人不能加而塗人未嘗減也但塗人擬議于乍見之後已洊入于納交要譽之私矣然則乍見之發豈非生于不識不知之中而洊入之私豈非蔽于擬議之後耶然則塗人之學聖人也果憂怵惕惻隱之不足耶抑去其蔽以還其乍見之初心也凡人心之有皆私也不但邪思惡念雖至美之念先橫于中積而不化已落將迎意必之私而非時止時行之用矣故自惻隱以保四海自孩提以達天下自赤子以至大人實無俟取足于外而本來真體渾然全具學問之功雖自人一以至已百人十以至已千亦不過反其初焉已矣真體之上固未嘗有所增益也後之學聖人者不思反復其初而但恐吾心之聰明不足

以盡聖人之知見倀倀焉求索于外假借影響測億之似自信以爲吾心之真得是瞽其目以擬天下之色塞其耳以億天下之聲影響測億之似拘執固滯之迹適足以塞吾虛靈之真體礙吾順應之妙用其去至善也益遠矣衡能一天下之輕重而不可加以銖兩之積鑑能別天下之姸媸而不可留夫一物之形心能盡天下之善而不可存乎一善之迹太虛之中日月星辰風雨露雷曀霾絪緼何物不有而未嘗一物



爲太虛之有故曰一闔一闢謂之變往來不窮謂之通日往則月來月往則日來而明自生寒往則暑來暑往則寒來而歲自成往者屈也來者伸也屈伸相感而利自生故曰天下何思何慮天下殊塗而同歸一致而百慮夫既曰百慮則所謂何思何慮者非絕去思慮之謂也千思萬慮而一順乎不識不知之則無逆吾明覺自然之體是千思萬慮謂之何思何慮也此心不有乎善是至善之極謂之無善也故先師曰無

善無惡者心之體至善本體本來如是未嘗有所私意撰說其間也　學問須從頭腦上寬極如舉綱得綱挈之自易良知者事物之綱也良知是天命之性性體流行通徹無間機不容已竅於目爲明竅於耳爲聰竅於口爲又竅於四肢爲禮竅於心思爲變化通之事父遠之事君不學不慮而天則自顯徹内徹外而内外無間本來至善故無善可有本來無惡故無惡可除此造化之真機聖德之正位也達之家國天下



而無不同質之前聖後聖而無不合範圍天地終始萬物一致知而天下之能事畢矣　問至誠無息先生曰中庸言至誠與天地相配汝能合下承當否對曰不能曰何謂不能曰吾身渺然與天地參每思至此心便惘然故不敢承當先生又顧座中諸友曰諸君俱能承當否衆起對曰不能先生歎曰天地之道爲物不貳人心至誠又與天地奚二曰人能終天地之功理誠有之但恐須聖人在天子之位先生曰學者小

視其心自喪其眞耳且試言之爾目盡萬物之
色目之明與天地有窮盡否耳盡萬物之聲耳
之聰與天地有窮盡否心思盡天地古今之變
爾之智慧與天地古今有窮盡否人特自閒于
形體與天地不相似耳曰聞教至此所患不誠
耳至誠功業配天地此亦理之常耳先生曰以
功業論配天地是尚以成功而言未究天人之
原也曰何謂天人之原先生曰古人說配天配
命合德合明以此合彼尚猶二之其實人與天



地一也吾心靈明爲天地主宰天地無吾心則
地不見其慱厚矣天不見其高明矣古今不見
其悠久矣而天地亦幾乎息矣諸君自盡求誠
之功又何疑于配天配地乎　問知止曰此知
不由言詮可入不由思索可得須是自心自證
知得止時此心已是止了此心從無始中來原
是止的雖千思百慮只是天機自然萬感萬應
原來本體常寂只爲吾人自有知識以來自作
知見自作憧擾始不得止今既信良知須將此

宗門事

等習心一齊放下不容絲髮牽掛始信得本來
自性原是如此定靜安慮一齊具足矣　汝禮
自嘆平日多過先生曰只要立得眞意一念眞
時便是超凡入聖矣已往過失不須更掛雖有
惡人齋戒沐浴可以事上帝此念原無前後一
是卽是一非卽非計前論後總非當下得手功
夫　諸生侍宿鷄鳴而醒起坐先生問曰醒來
意思如何一友對曰此時景象難言曰此着景
象矣一友言夢中亦知恐惕先生曰此是說夢



矣一友言醒來多念屛除不去安得使之澄然
無事曰此念與心鬭矣未達請問先生曰須是
認得良知面目若不曾認得良知只於一切念
上屛絕是心與念鬭時起時滅曷有窮已良知
原是生生不息思念烏容屛絕屛絕念頭只認
虛寂爲本體是着虛境醒後不覺且言夢是着
夢境　聖人千言萬語只要人自得本性非以
益人知見也縱使字字體悟有得于心住於見
者見卽爲障縱不住見以見入者以見得其於

本體猶隔一層真性上豈容加一字　問人生而靜初念最善動而後有不善良知隨覺隨消固是格致而保任此念無有動處日著日察亦格致也如何曰此是有意求靜執知見為保任非格致實功也致知之功只從見在心體上取証心體自能無欲不必言靜自無不靜不必言初念自無初無終不必言著察自誠之不可掩

問功夫在良知上用如主人翁端拱中堂有賊即覺是否曰賊亦只是主人翁自做　問良



知不假於見聞故致知之功從不覩不聞而入但纔説不覩不聞即着不覩不聞之見矣今不着此見只念念在良知上精察使是是非非無容毫髮欺蔽是否先生默而不應明日又問致知之功須究透全體不專在一念一事之間但除却一念一事又更無全體可透如何先生默而不應明日又問默體良知廣大高明原無妄念可去纔有妄念可去已是失却廣大高明之體矣今只提醒本體群妄自消如何先生又默而不應問者固請先生曰功夫畧見端倪正好用力必求此心真信真悟纔着分辯即已淺矣

問心體多往來起伏何如曰只是未信良知良知時止時行此體常寂有何往來起伏　問每念覺處常疑未是真體纔見得又恐不能保守曰你見明目者視色還自疑非真否又怕此明不能保否　問操則存心有出入如何操得曰只這一操字幾千百年說不明矣識得出入無時是心操之之功始有下落操如操舟之操



操舟之妙在舵舵不是死操得操軍必要坐作進退如法操國柄必要運轉得天下今要操心却只把持一箇死寂如何謂之操　問此心未能神觸神應何如曰良知精明神觸神應百姓與聖人同何待求能　問學問須要超脫曰汝之所謂超脫只是心不掛事却遇事便不耐心我說超脫異于是目不累色便是目之超脫耳不累聲便是耳之超脫心不累私便是心之超脫非是離却事物以為超脫也　問學問在人

情物理上做能於人情無拂便是工夫否曰只求不拂良知於人情自然通得若只求不拂人情便是狥人忘己　問感人不動何如曰纔説感人便不是了聖學只是正己而物自正文王名卦不曰感而曰咸取其無心也若著一毫感人意思便是有心便是憧憧往來　問順境逆境曰眼前所遇何爲順逆順逆俱從心生農夫耕田遇雨便喜若行路遇雨便不悦矣心有意必何處非逆　問鄉愿闇然媚世孟子從何處



勘破曰從他譏狂狷之言見之狂者行不掩言正與他忠信廉潔相反狷者不屑不潔正與他同流合汚相反鄉愿看得其道最大忠信廉潔以立己同流合汚以容衆故君子小人無處不合故自以爲是但狂狷學問雖未透本根不壞故可與裁鄉愿却攙入世俗心腸雖忠信廉潔只是要人稱好將本根已揠拔壞了故曰不可與入堯舜之道　問家有父兄宗黨見義當爲而衆情未協若同衆則狥俗違衆則傷情如何

曰此只在良知上求良知自能委曲可同則同之不可同則違之此亦不在事上良知自能盡人之性　先生講易至悔吝者憂虞之象也乃慨然示衆曰學者功夫不得伶俐直截只爲一虞字作祟耳問曰良知是非從違何嘗不明但不能一時決斷姑自虞度此或無害於理否曰只此一虞便是致吝之端良知明時本是吉之先見一虞便自吉而向凶矣誠可惧也　夫子循循然善誘人言循循者循其見之所及未嘗



過爲一言以起人之眩惑也言善誘者知夫子之言皆非真也誘我入也非特夫子之言非真也雖六經千聖之言皆非真也何也得者真而言非真也筌蹄可以得魚兎魚兎真而筌蹄非真也然得因失而後名原其自性本然則得亦無得是得亦非真而無所得之爲真也　誠意之功毋自欺而已矣毋自欺之功復得良知本然之體而已矣如惡惡臭如好好色者此指出良知不欺之體以示人也致知之功在好惡上

故曰致知在格物離却好惡更無致知之功矣故大學誠意章指出好惡二字正心章忿懥好樂恐懼憂患亦只一好惡修身章親愛賤惡畏敬哀矜敖惰亦只一好惡治國章好人之所好惡人之所惡亦只一好惡平天下章所惡于上下前後左右亦只一好惡好惡一正而物無不格身心國家天下之理一歸于正矣 至善者吾心之本體也即所謂良知也天下國家身心意知物只一物也格致誠正修齊治平者只一功也 教與學只是一事我誠心爲善人自起同善之心則教亦行乎其中矣要人爲善誠心委曲以導之則學亦在其中矣今人只要求責於人不知未能寡人之過而反益己之過 今之講學與學校之士言曰吾有舉業未暇及也與縉紳之士言曰吾有簿書未暇及也與鄉居之士言曰吾有家務未暇及也然則何時而後可以講學耶必去舉業去簿書去家務而後可以講學須是出家爲釋子道流然釋子道流亦



未嘗無事天下安得無事之人與之論學乎必無事之人而後可與論學然則所學者竟何事耶

王畿

王畿字汝中山陰人稱龍谿先生弘治戊午生正德嘉靖間王文成公倡明理學以致良知爲宗郡之士駭而不信至相與盟曰敢或黨新說共黜之龍谿若不聞也者首往受業焉龍谿固以高才弱冠領鄉薦士望之爲去就及是以所聞出爲諸士言士始悟舊習之支離願從者日衆嘉靖癸未試禮部不第歎曰學貴自得吾向偉解悟耳立取京兆所給路券焚而歸卒業於師門師爲治靜室居之踰年大悟盡契師旨故其言曰我是師門一唯參又曰致良知三字及門者誰不聞惟我信得及丙戌復當會試文成命龍谿往不答文成曰吾非欲以一第榮子顧吾之學疑信者猶半而吾及門之士朴厚者未盡通解潁慧者未盡敦毅能闡明之者無踰子

宗門

今當覲試仕士咸集子其往焉龍谿曰諾乃覓大舟聚諸同志以行其在途自良知外口無別談自六經四書傳習録外手無別檢間有及時藝者曰業已忘之矣抵都門歐陽南野宗伯魏水洲諫議王瑶湖憲伯洎郡縣入覲諸同志爭迎龍谿與相辨証大爲推服入場屋所爲文直寫已見不數數顧時式頼有識者謂此非可以文士伎倆較也拔置高第而同門緒山錢公亦在選時閣部大臣多不喜學龍谿語緒山曰此



非吾輩仕時也不就　廷試而還文成見而喜之後師門來學者衆文成不能徧指授則屬龍谿與緒山分教之而龍谿所與起爲多文成論學每提四句爲教法無善無惡心之體有善有惡意之動知善知惡是良知爲善去惡是格物學者循此用功各有所得緒山謂此是師門定本一毫不可更易龍谿謂夫子立教隨時謂之權法未可執定體用顯微只是一機心意知物只是一事若悟得心是無善無惡之心意即是

無善無惡之意知即是無善無惡之知物即是無善無惡之物蓋無心之心則藏密無意之意則應圓無知之知則體寂無物之物則用神天命之性粹然至善神感神應其機自不容已無善可名惡固本無善亦不可得而有也是謂無善無惡若有善有惡則意動於物非自然之流行著於有矣自性流行者動而無動著於有者動而動也意是心之所發若是有善有惡之意則知與物一齊皆有心亦不可謂之無矣緒山



曰若是壞師門教法非善學也龍谿曰學須自證自悟不從人脚跟轉若執着師門權法以爲定本未免滞於言詮亦非善學也時文成將有兩廣之行緒山謂曰吾二人所見不同何以同人盍相與就正文成晚坐天泉橋上因各以所見請質文成曰正要二子有此一問吾教法原有此兩種四無之說爲上根人立教四有之說爲中根以下人立教上根之人悟得無善無惡心體便從無處立根基意與知物皆從無生

一了百當即本體便是工夫易簡直截更無剩欠頓悟之學也中根以下之人未嘗悟得本體未免在有善有惡上立根基心與知物皆從有生須用爲善去惡工夫隨處對治使之漸漸入悟從有以歸於無復還本體及其成功一也世間上根人不易得只得就中根以下人立教通此一路汝中所見是接上根人教法德洪所見是接中根以下人教法汝中所見我久欲發恐人信不及徒增躐等之病故含蓄到今此是傳



心秘藏顏子明道所不敢言者今既以說破亦是天機該發泄時豈容復秘然此中不可執着若執四無之見不通得衆人之意只好接上根人中根以下人無從接授若執四有之見認定意是有善有惡的只好接中根以下人上根人亦無從接授但吾人凡心未了雖已得悟不妨隨時用漸修工夫不如此不足以超凡入聖所謂上乘兼修中下也汝中此意正好保任不宜輕以示人槩而言之反成漏泄德洪却須進此

一格始爲玄通德洪資性沉毅汝中資性明朗故其所得亦各因其所近若能互相取益使吾教法上下皆通始爲善學耳自此海內相傳天泉証悟之論道脈始歸於一云文成發舟龍谿與緒山追送嚴灘復扣問玄旨文成舉佛家實相幻相之說詔之龍谿從旁語曰心非有非無相非實非幻纔着有無實幻便落斷常辟之弄丸不着一處不離一處是謂玄同文成亟俞之文成至洪都鄒司成東郭暨水洲南野率同門



三百餘人來謁請益文成語之曰軍旅匆匆從何處說起吾有向上一機久未敢發以待諸君自悟近被王汝中拈出亦是天機該發泄時吾雖出山汝中與四方同志相守洞中究竟此件事諸君只裹糧往浙相與質之當有証也明年文成平思田歸卒於南安龍谿方偕緒山赴廷試因文成歸渡江復返迎至嚴灘聞訃與緒山議服制緒山以爲父母在麻衣布經弗敢加馬龍谿請服斬衰以從於是共奔至廣信成喪

扶襯歸越經紀喪事築場廬墓心喪三年時文
成嗣子孤弱且内外忌毀交搆悍宗豪僕窺視
爲奸危疑萬狀龍谿極力擁護謀托孤於黄尚
書綰結婚定盟又之乃定人稱龍谿懷嬰杵之
義報父師之恩爲不淺然而謗訕叢積大都由
此起矣建天真書院於會城肖文成像其中且
以舘四方之來學者歲舉春秋仲丁之祭無論
及門私淑胥以期集祭畢分席講堂呈所見於
龍谿取正焉歲壬辰龍谿始赴　廷對相國張



永嘉公孚敬聞龍谿名欲引置一甲不應開吉
士選又欲引之又不應又開科道選必欲引之
終不應永嘉以此益重之卒授南職方主事尋
以病歸病痊時相夏貴溪公言議選宮僚其壻
吳儀制春龍谿門人也首以龍谿薦貴溪曰吾
亦聞之但恐爲文選所阻一徃投刺乃可龍谿
謝曰補宮僚而求之非所願也貴溪曰人投汝
懷乃敢却耶若負道學名其視我輩爲何如人
遂大不懌會三殿災　詔求直言六科疏薦王

畿學有淵源宜列清班備顧問輔養聖德因票
旨詆爲僞學而貶薦者吏科都給事戚賢官龍
谿時爲南武選郎中再疏乞休銓司報與告歸
踰年以大察去故龍谿名雖高仕乃竟不達然
終不以是動其心而益孳孳以講學淑人爲務
歐陽公德居禮部唐公順之撫淮揚時俱欲特
疏引用龍谿聞而止之龍谿嘗謂天下無不可
與之人所至接引無倦色自兩都及吳楚閩粤
皆有講舍江浙爲尤盛會常數百人龍谿年八



十猶不廢出游有止之者輒對曰不肖豈真好
勞但念時常處家與親朋相燕昵與妻奴佃僕
相比狎以習心對習事因循隱約固有密制其
命而不自覺者絶離家出遊精神意思便覺不
同與士夫交承非此學不究與朋儕酬答非此
學不談晨夕聚處專幹辦此一事非惟閑思妄
念無從而生雖世情俗態亦無從而入薰欲究
極自己性命自然不得不與同志相切劘若同
志中因此有所興起欲與共了性命則是衆友

中自能取益非吾有法可以授之也又曰不肖百念已灰而耿耿苦心不容自已者有二師門晚年宗說非敢謂已有所得幸有所聞心之精微口不能宣常年出遊雖以求益於四方亦思得一二法器相與證明領受衍此一脉天壤悠悠誰當負荷六經四書之文厄於秦火鑿於訓詁淆於後儒之臆測附會道晦學荒蓋千百年於茲矣我先師首倡良知之旨一洗支離之習以會歸於一千聖學脉賴以復續不肖晨夕叅



侍謬承受記時舉六經疑義扣請印證面相指授欣然若有契於心儀刑雖遠聲欬尚存稽諸遺編所可徵者十纔一二衰年日力有限若復秘而不傳後將復悔師門之罪人也思得偕志友數輩相與辯析折衷間舉所聞大旨奧義編摩纂輯勒為成典藏之名山以俟後聖於無窮豈惟道脉足徵亦將以圖報師門於萬一也知我者謂我心憂不知我者謂我何求庚午遭回祿作自訟長語曰修行無力被鬼神覷破以致

於此更復何言不肖妄意聖修之學聞教以來四五十年出處閒忙未嘗不以聚友講學為事自今思之果能徹骨徹髓表裡昭明如咸池之浴日無復世情陰靄間雜障翳否乎大庭廣衆之中輯柔似矣果能嚴于屋漏無愧於神明否乎又曰聖學根於所性雖不從禍福起因而亦未嘗外於禍福禍福者善惡之徵善惡者禍福之招自然之感應也聖賢之處禍福與常人同而認禍福與常人異常人以富壽為福以貧夭



為禍以生為福以死為禍聖賢惟反諸一念以為吉凶念苟善雖顏之貧夭仁人之殺身亦謂之福念苟惡雖蹠之富壽小人之全生亦謂之禍非可以常情例論也良知無善無惡謂之至善良知知善知惡謂之真知無善惡則無禍福知善惡則知禍福無禍福是謂與天為徒所以通神明之德也知禍福是謂與人為徒所以類萬物之情也天人之際其機甚微了此便是徹上徹下之道乃若致知則存乎心悟致知焉盡

此件事先生前、提醒

矣噫安得玄機之士相與論禍福也哉龍谿嘗自贊其像曰行已若汙若潔聞道若存若亡洞照千古而不踰咫尺俯視萬物而不異尋常潛而若見發而若藏幾希乎一息千里而忘其牝牡驪黃癸未卒年八十六　先生語云此學全在悟悟門不開無以徵學然悟不可以言思期必而得悟有頓漸修亦有頓漸著一漸字固是放寬著一頓字亦是期必放寬便近於忘期必又近於助要之皆任識神作用有作有止有任



有滅未離生死窠臼　人生只有這些子不論隱顯聚散順逆隨身幹辦只有此件事古云蓬萊無多路只在拄杖前非寓言也　此件事是吾人隨身資糧不可一時不究察不得其機不入其竅雖終日檢點矜持只成義襲之學且如司馬君實平生無妄語心事可質神明名重四夷豈非世間豪傑之士但一念入微未得穩貼每疚於心時常念個中字未免為中所纏縛其擬玄作潛虛亦是繫心一法以其未得機竅

也人心本虛本有未發之中若悟得時中不待念虛不待潛反身而求無不具足是謂集義所生孔孟家法也此件事須心肯意肯自証自悟直下承當若待呼始上船已隔幾重公案　人生只有這件事凡生時不曾帶得來死時不曾帶得去的皆不須一毫著念認為已物方是超物外　吾人此生原只有這件事但世人凡緣染重外境累深未免將自己精神向外馳求漏泄反把這件事作第二義看間有覺破其弊欲



與收攝自為主張者又未免從意見好名色上扭捏轉移不肯專專向一念上求生死下落是與終日馳求者雖稍不同其為不得真性流行則一而已　此件事無氣魄可奏泊無才能可倚靠亦無道理可商量只從一念入微神感神應時時見有過可改時時見有善可遷便是入聖真血脈路所謂講之以身心非徒口耳傳述已也　有求為聖人之志然後可與共學學者學為聖人也考諸古訓質諸先覺乃學之不容

已者然苟無求爲聖人之志則所質者何物所考者何事終亦歸於泛濫無成而已吾人爲聖人之志不真只看起因何如起因時從功利來帶將去到底脫不得功利起因時從見解承接過來到底脫不得見解若起因時念念只是學聖人敵體承當徹首徹尾更無二者之雜方是真志然聖人往矣人人有個聖人一念良知不容毀滅便是聖人真面目致此良知潔潔淨淨不爲功利所滑擾不爲見解所湊泊便是學聖



人真功夫考三王俟後聖而不謬不惑信諸此而已六經註我而不以我註六經證諸此而已舍此皆是私智詖行小成之學君子不貴也故曰千古聖人只有這些子人生一世只有這件事世之所謂豪傑蹈繩守墨不敢越尺寸檢點形迹持循格套趨避毀譽不使少有破綻自信以爲完行矣不知正墮在鄉黨自好窠臼裏殊不自覺也若是出世間大豪傑會須自信本心以直而動變化云爲自有天則無形迹可拘無

格套可泥無毀譽可顧不屑屑於繩墨而自無所踰縱有破綻乃其踐履未純原非心病所謂君子之過如日月之食人皆見之胸中光明特達無些子滯礙始是入聖真血脈路　教人須識當下本體更無要於此者雖然這些子如空中鳥跡如水中月影若有若無若沉若浮擬議即乖趨向轉背神機妙應當體本空從何處去識他於此得箇悟入方是無形象中真面目不着纖毫力中大着力處也　如鷄抱卵先正嘗



有是言然必卵中原有一點真陽種子方抱得成若是無陽之卵抱之雖勤終成假卵學者須識得真種子方不枉費工夫全體精神只是保護得非能以其精神助益之也　此件事已知認真不肯放手不肯歇手但入微一路尚須有商量吾人在世所保者名節所重者道誼若爲名節所管攝道誼所拘持便非天游便非獨往獨來大豪傑吾人惟不能自信未得箇悟入處所以未免傍人門戶終日不放手不歇手亦只

是世法修行懸崖撒手終是承當未得在良知本無知如鳶之飛魚之躍莫知其然而然即此便是必有事即此便是入聖之機精彩無可逞處氣魄無可用處知識無可湊泊處略涉精彩氣魄知識商量便非無聲無臭宗旨此是學術毫釐之辨吾人終日操持懸崖放不得手只是少此一悟或以爲要妙或以爲荒唐在知道者默而存之可也　才有執着終成管帶且道孩提精神曾有着到也無鳶之飛魚之躍曾有



管帶也無驪龍護珠終有珠在以手持物終日握固會有放時不執捉而自固乃忘於手者也惟無可忘而忘故不待存而存此可以自悟矣

吾人所以與道相遠只此機巧伎倆作祟且道赤子喜便喜啼便啼行便行坐便坐轉處未嘗留情曾有機巧否曾有伎倆否　悟得自己只有一點靈光是從生帶來的雖男女至親一些子靠不著況身外種種浮浪長物尚可藉以長久耶古人云非全放下終難湊泊眼前且道

知之一字
衆妙之門

放不下的是何物吾人只在世間討箇完行名色將一種好意見揀些好題目做包裹周旋討此便宜挨過歲月亦是結果了一生若要做箇千古真豪傑會須掀翻羅籠掃空窠臼徹內徹外徹骨徹髓潔潔淨淨無些覆藏無此陪奉方有個字泰收功之期　千古聖學只從一念靈明識取只此便是入聖真脈路當下保此一念靈明便是學以此觸發感通便是教隨事不昧此一念靈明謂之格物不欺此一念靈明謂之



誠意一念廓然無有一毫固必之私謂之正心直造先天羲皇更無別路此是易簡直截根源知此謂之知道見此謂之見易千聖之秘藏也

先師首揭良知之教以覺天下學者靡然宗之此道似大明於世凡在同門得於見聞之所及者雖良知宗說不敢有違未免各以其性之所近擬議攙和紛成異見有謂良知非覺照須本於歸寂而始得如鏡之照物明體寂然而妍媸自辨滯於照則明反眩矣有謂良知無見成

此段是良知真面目鄉谿渠想亦見此

由於修証而始全如金之在鑛非火符鍛鍊則金不可得而成也有謂良知是從已發立教非未發無知之本旨有謂良知本來無欲直心以動無不是道不待復加銷欲之功有謂學有主宰有流行主宰所以立性流行所以立命而以良知分體用有謂學貴循序求之有本末得之無內外而以致知別始終此皆論學同異之見差若毫釐而其謬乃至千里不容以不辨者也寂者心之本體寂以照爲用守其空知而遺照



是乖其中也見入井之孺子而惻隱見嘑蹴之食而羞惡仁義之心本來完足感觸神應不學而能也若謂良知由修而後全撓其體也良知原是未發之中無知而無不知若良知之前復求未發卽爲沉空之見矣古今立教原爲有欲設銷欲正所以復還無欲之體非有所加也主宰卽流行之體流行卽主宰之用體用一原不可得而分分則離矣所求卽得之之因所得卽求之之証始終一貫不可得而別別則支矣

良知是造化之精靈吾人當以造化爲學造者自無而顯於有化者自有而歸於無不造則化之源息不化則造之機滯吾之精靈生天生地生萬物而天地萬物復歸於無無時不造無時不化未嘗有一息之停自元會運世以至於食息微眇莫不皆然如此則造化在吾手而吾致知之功自不容已矣　良知是天然靈竅變動周流不爲典要覿面相呈語默難該聲色不到雖日事事上明物物上顯爭奈取捨些子不得



然此不是玄思極想推測得來須辦箇必爲聖人之志從一點靈竅實落致將去隨事隨物不要蔽昧久久純熟自有覿面相呈時在不求其悟而自悟也　良知不學不慮終日學只是復他不學之體終日慮只是復他不慮之體無工夫中眞工夫非有所加也工夫只求日減不求日增減得盡便是聖人後世學術正是添的勾當所以終日勤勞更益其病果能一念惺然冷然自然窮其用處了不可得此便是究竟語

良知之與知識差若毫釐究實千里不可以不早辨也若良知之前別求未發郎是二乘沉空之學良知之外別求已發郎是世儒依識之學或攝感以歸寂或緣寂以起感受症雖若不同其爲未得良知之宗則一而已　良知在人百姓之日用同於聖人之成能原不容以人爲加損而後全乞人與行道之人怵惕羞惡之形乃其天機之神應原無俟於收攝保聚而後有此聖學之脉也雖堯舜之生知安行其焦勞怨慕



未嘗不加困勉之功愚夫愚婦其感觸神應亦是生知安行之本體善學者求所以自得焉可也　萬物皆備於我非意之也吾之目遇色自能辨青黃是萬物之色備於目也吾之耳遇聲自能辨清濁是萬物之聲備於耳也吾心之良知遇父自能知孝遇兄自能知弟遇君上自能知敬遇孺子入井自能知怵惕遇堂下之牛自能知觳觫推之爲五常擴之爲百行萬物之變不可勝窮無不有以應之是萬物之變備於吾

大病

病

之良知也夫目之能備五色耳之能備五聲良知之能備萬物之變以其虛也致虛則自無物欲之閒吾之良知自與萬物相爲流通而無所凝滯故曰反身而誠樂莫大焉強恕而行求仁莫近焉是其學雖有仁恕之分其求復吾之虛體則一而已此千聖學脉也後之儒者不能自信其心反疑良知涉虛不足以備萬物先取古人孝弟愛敬五常百行之迹指爲典要揣摩依彷執之以爲應物之則而不復知有變動周流



之義是疑目之不能辨五色而先塗之以丹雘耳之不能辨五聲而先聒之以宮羽豈惟失却視聽之用而且汨其聰明之體其不至於聾且瞶者幾希矣　爲學貴於專一人之根器不同聖賢立教輕重淺深豈能一律齊得然其要使之歸於一路而已纔有別路可走郎是支離之學　學問乃見在實踐不論閒忙無非用力之地若外見在別有問學所問所學又何事耶道不可須臾離故學亦不可須臾離無大小無

常變無隱顯語默與居瞬息動靜無不是學故君子無終食之間違仁違是違箇甚麽造次必於是顛沛必於是是必有所指學者要思得之見在一念無將迎無住着天機常活便是了當千百年事業更無剩欠故曰一念萬年　見在行持已知不落格套但云見在良知必待修證而後可與堯舜相對不信得當下具足到底未瑩欲懲學者不用工夫之病并其本體而疑之矯枉之過也這些子千古學術主腦毫釐之辨



關涉不小　裒然聚於一堂神肅氣沖揖讓酬獻笑語周旋秩然皆中於度無過可舉只此是學使平時感應皆如今日勿以凡心習氣乘之便可以證聖功不但寡過而已若於此復欲有言非贅則狂　顏子一生好學只有不遷怒不貳過六箇字此是孔門第一等學術遷與止對貳與一對顏子之心常止故能不遷常一故能不貳所謂未發之中也若如後儒所解原憲以下諸人皆能之何以謂之絕學　今心為念念

時習真種子

要緊

者見在心也吾人終日應酬不離見在千緒萬端皆此一念為之主宰念歸於一精神自不至流散如馬之有轡銜操縱緩急自中其節也如水之有源其出無窮也聖狂之分無他只在一念克與妄之間而已一念明定便是緝熙之學一念者無念也即念而離念也故君子之學以無念為宗然此非見解所能臆測氣魄所能承當須時時從一念入微歸根反証不作些子漏泄動靜二相了然不生有事時主宰常寂自不



至逐物無事時主宰常惺自不至著空時時習靜察識端倪冷然自照自然暢達自然充周譬之懸鏡空中萬象畢照而無一物能為障礙纔欲覓靜謂之守靜塵非真靜也此中人以上境界非一蹴所能至舍此亦無別路譬之學射引滿中的射之法也到得熟後境界自別若變其彀率則非善教矣　嗜慾深痼割情極難若非極下苦功令本心時時作得主宰未有不以從欲為自然者孔子年七十方能從心所欲不踰

矩吾人豈可容易放過然此却非禁絶所能制須信本心自有天則方爲主宰須信種種嗜慾皆是本心變化之迹時時敵應不過其則方爲煅煉若不信得這些子只在二見上湊泊支持下苦工時便是有安排討見成時便成無忌憚未免墮落兩邊其爲未得應手則一而已　中間淺深難易生熟分限何啻什百然其求端用力只有此一路辟之學字從寫倣書以至於羲獻精神轉折萬萬不同然其布紙下筆同此一



畫但有巧拙生熟之分耳大抵敦行與悟入功夫須有辨自古豪傑而未至於聖人只少此一著耳若以虛見爲悟入何啻千里　人之有生死輪廻念與識爲之祟也念有往來念者二心之用或主善或主惡往來不常便是輪廻種子識有分別識者發智之神倏而起倏而滅起滅不停便是生死根因此是古今之通理亦便是見在之實事儒者以爲異端之學諱而不言亦見其惑也已夫念根於心至人無心則念息自

無輪廻識變爲知至人無知則識空自無生死爲凡夫言謂之有可也爲至人言謂之無可也道有便有道無便無有無相生以應於無窮非知道者何足以語此　天生吾人不徒浪生不徒浪死必須有箇安立處此是一生大主意主意既定精神命脈盡皆歸管從此一路作用發揮自愛自修自成自道無懈可遺無累可釋所謂貧賤患難無入而不自得也此得不從外來直須自信本心從無些子倚靠處確然立定脚



根始爲有用力處　生之有死如晝之有夜知晝則知夜非有二也於此參得透方爲盡性方爲立命方是入聖血脉路若不從一念微處徹底判決未免求助於外以爲賁飾雖使勳業格天譽望蓋世揀盡世間好題目轉眼盡成空華與本來性命未有分毫交涉處也　夫古今之言志者大畧有三曰富貴功名道德約古今人品高下要無出於此者不可不辨也古之所謂道德者若孔顔思孟是也所謂功名者若僑向

蟊蠹是也所謂富貴者若儀秦衍澤之徒是也
三者所志不同而其所趨亦遠矣道德者至誠
經綸而無所倚達乎天矣功名則務為建立以
其實心取必於期會而爵祿無以入其中富貴
則察知利害之形役天下之諸侯有徒步而陟
相位者意氣赫然震掉一世皆非苟然者也世
降學絕聖賢不世出道德之風蓋亦邈矣下此
而功名而富貴果能實心建立而忘爵祿乎果
能明於利害而赫然震掉乎所趨既卑故所見



益陋依傍假借大抵名高而實下今之所謂道
德者古之功名也今之所謂功名者古之富貴
也今之所謂富貴而已者庸鄙攘竊自比於乞
墦穿窬之類有儀秦所不屑為者而甘為之所
趨蓋以下矣若此者其來有由功利之毒淪浹
於人之心髓本原潛伏循習流注以密制其命
雖豪傑有所不免非一朝一夕之故也於此時
而倡為道德之說何異奏雅樂於鄭衛之墟亦
見其難也已所幸靈知之在人心亘千百年而

未嘗亡故利欲騰沸之中而炯然不容昧者未
嘗不存乎其間辟諸寶鼎之淪於重淵赤日之
蔽於層雲而精華光耀初未嘗有所損污也孟
氏有曰所欲有甚於生所惡有甚於死死生亦
重矣而所欲所惡有甚焉者寧舍彼而取此信
乎靈知之果未嘗亡也死生且然况身外之功
名富貴而輕於生死者乎然而世以燕安失之
者亦多矣善學者明於內外之故察於輕重之
機識取夫炯然不容昧者而固守之以進於道



德之歸譬之探重淵而列鼎象披層雲而覩日
光而功利之神奸魍魅自無所遯其形此端本
澄源之功君子之辨志辨諸此而已矣　問狂
狷鄉愿之辨先生曰狂者之意只是要做聖人
其行有不掩雖是受病處然其心事光明超脫
不作些子蓋藏迴護亦便是得力處若能克念
時時嚴密得來即為中行矣狷者雖能謹守未
辨得必做聖人之志以其知恥不苟可使激發
開展以入於道故聖人思之若夫鄉愿不狂不

狷狹閒亦是要學聖人只管學成彀套居之行
之象了聖人忠信廉潔同流合汙不與世間立
異象了聖人混俗包荒聖人則善者好之不善
者惡之尚有可非可刺鄉愿之善既足以媚君
子於合同處又足以媚小人比之聖人更覺完
全無破綻夫聖人所以爲聖精神命脉全體内
用不求知於人故常常自見已過不自滿假日
進於無疆鄉愿惟以媚世爲心全體精神盡從
外面照管故自以爲是而不可與入堯舜之道



學問邪正路頭分決在此自聖學不明世鮮中
行不狂不狷之習淪浹人之心髓吾人學聖人
者不從精神命脉尋討根究只管學取皮毛支
節趨避形迹免於非刺以求媚於世方且傲然
自以爲是陷於鄉愿之似而不知其亦可哀也
已

問集義義襲之辨先生曰心之良知是謂
聖同此謂之同德異此謂之異端虛而適變寂
而通感千聖之秘藏也後世之學循典要涉思
爲終身陷於義襲而不自知語及虛寂反鬨然
指以爲異聖學何由而明乎答氣章後即以王
霸繼之不爲無意以德行仁便是集義假仁便
是義襲七篇之中多發此意由仁義行集義也
行仁義義襲也哭死而哀者集義也爲生者義
襲也狂狷可與進於中行集義也鄉愿之自以
爲是義襲也過化存神而皞皞集義也驩虞義
襲也自信本心自信而是天下非之而不顧自
信而非得天下有所不爲集義也不能自信以
外面毀譽爲是非義襲也所爭只在毫釐

問



天根月窟之義先生曰天地之間一陰一陽而
已矣陽主動陰主靜坤逢震爲天根所謂復也
乾遇巽爲月窟所謂姤也根主發生鼓萬物之
出機窟主閉藏鼓萬物之入機陽往陰來之義
也古之人仰觀俯察類萬物之情而近取諸身
造化非外也一念初萌洪濛始判粹然至善謂
之復者陽之動也當念攝持翕聚保合不動於
妄謂之垢垢者陰之靜也一動一靜之間天地
人之至妙者也夫一陰一陽之謂道繼之者善

即謂之復成之者性即謂之姤復與姤人人所
共具百姓特日用而不知耳顏子擇乎中庸有
不善未嘗不知未嘗復行無祗於悔所謂復也
能擇而守拳拳服膺而弗失所謂姤也復者陽
乘陰也姤者陰遇陽也知復而不知姤則孤陽
易蕩而藏不密知姤而不知復則獨陰易滯而
應不神知復知姤乾坤互用動靜不失其時聖
學之脉也堯夫所謂先即師門所謂良知萬有
生於無知爲無知之知歸寂之體即天根也萬



物備於我物爲無物之物應感之用即月窟也
意者動靜之端寂感之機致知格物者誠意之
功也此孔門家學也　問老佛虛無之旨與吾
儒之學同異先生曰先師有言老氏說到虛聖
人豈能於虛上加得一毫實佛氏說到無聖人
豈能於無上加得一毫有吾人今日未用屑屑
在二氏身分上辨別同異先須理會吾儒本宗
明白聖人微言見於大易學者多從陰陽造化
上抹過未之深究夫乾其靜也專其動也直是

以大生焉夫坤其靜也翕其動也闢是以廣生
焉便是吾儒說虛的精髓無思也無爲也寂然
不動感而遂通天下之故便是吾儒說無的精
髓自今言之乾屬心坤屬身心是神身是氣身
心兩事即火即藥元神元氣謂之藥物元氣往
來謂之火候神專一則自能直遂性宗也氣翕
聚則自能發散命宗也真息者動靜之幾性命
合一之宗也一切藥物老嫩浮沉火候文武進
退皆於真息中求之大生云者神之馭氣也廣



生云者氣之攝神也天地四時日月有所不能
違焉不求養生而所養在其中是之謂至德盡
萬卷丹經有能出此者乎無思無爲非是不思
不爲念慮酬酢變化云爲如鑑之照物我無容
心焉是故終日思而未嘗有所思也終日爲而
未嘗有所爲也無思無爲故其心常寂常寂故
常感無動無靜無前無後而常自然不求脫離
而自無生死可出是之謂大易盡三藏釋典有
能外此者乎先師提出良知兩字範圍三教之

宗即性即命即寂即感至虛而實至無而有千聖至此騁不得一些精彩活佛活老子至此弄不得一些伎倆同此即是同德異此即是異端如開拳見掌是一是二曉然自無所遁也不務究明本宗而徒泥執名象纏繞葛藤祇益紛紛射覆耳 詩曰 看看白首不學待何時於己苟無得此生空浪過百年開道眼千里赴心期人命在呼吸回[illegible]已較遲 登天目 蚤起登山去芒鞋結束[illegible]但令雙足健不怕萬峰高 贈錢



楞嚴宗旨

八山閉關四首 魔佛相爭不在多起心作佛即成魔若於見處能忘見三界縱橫柰爾何 謾把玄關着意尋五情苦樂古猶今百年一即非延促須信真金不博金 因成社會結蓮臺不着虛空不惹埃水作岩花都見在偒渠溪上放舟來 此非不足彼非多即水成波佛即魔却笑山僧亦饒舌強從丈室問如何 李長者曰龍谿王先生集共二十卷無一卷不是談學之書卷凡數十篇無一篇不是論學之言夫學問之道一言可蔽卷若積至二十篇或累至數十能無贅乎然讀之忘倦卷卷若不相襲覽者惟恐易盡何也蓋先生學問融貫溫故知新若滄洲瀛海根於心發於言自時出而不可窮自然不厭而文且理也而其誰能贅之歟故予嘗謂先生此書前無往古今無將來後有學者可以無復著書矣又曰先生聖代儒宗人天法眼白玉無瑕黃金百鍊要以朋來爲樂今不以不知而慍也真得乎不遷不貳之宗正欲人知而



信今不以未信而懈也允符乎不厭不倦之理蓋修身行道將九十歲而隨地雨法者已六十紀矣遂令良知密藏照然揭日月而行中天頓令洙泗淵源沛乎決江河而達四海悠也久也何可當哉所恠學道者病在愛身而不愛道是以不知前人付托之重而徒爲自私自利之計病在尊名而不尊己是以不念兒孫陷溺之苦而務爲遠嫌遠謗之圖豈夫以此設心是賊道也非傳道也是失己也非成己也先生其恐之

乎嗟我先生惟以世人之聾瞶爲念是故苟可以坐進此道不敢辭嘲也惟以子孫之陷溺爲憂是故同舟而遇風則胡越必相救不自知其喪身而失命也此先生付托之重所不能已也先生以言教天下而學者每咕嗶其語言以爲先生之妙若斯也而不知其糟粕也先生不貴也先生以行示天下而學者每驚疑其所行以爲先生之不妙若斯也而不知其精微是先生之所重也我思古人實未有如先生者也先生



夭壽不二生死若一雖亡固存者也其必以我爲知言也夫

# 聖學宗傳卷之十五

東越 周汝登編測 王繼晃
陶望齡訂正 王繼炳 叅閱

## ○○鄒守益

鄒守益字謙之號東郭江西安福人王文成公弟子少文成十九歲九歲從父南大理官邸羅整菴欽順見而奇之棘寺寮寀相慶署中有顏子云正德丁卯中鄉試辛未會試第一 廷試及第第三人授翰林編脩踰年引疾歸一日讀



大學中庸訝曰子思受學曾子者大學先格致中庸首揭慎獨何也積疑不釋巳卯就質文成於虔臺文成曰獨即所謂良知也慎獨者所以致其良知也戒謹恐懼所以慎其獨也大學中庸之旨一也東郭豁然悟遂肅贄師事焉逾月再如虔臺未幾宸濠反東郭聞變率昆季群從趨吉安從義起兵文成喜曰君臣師友義在此舉矣嘉靖壬午 世宗登極錄舊臣逾年東郭始出如越謁文成叅訂月餘既別文成悵望不

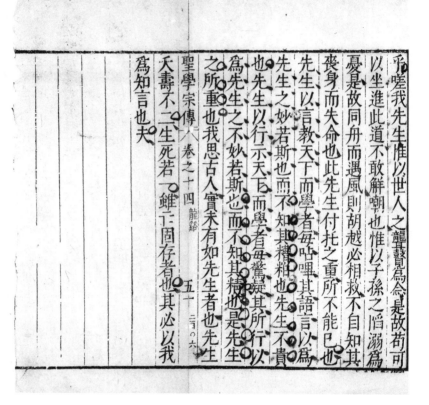

已門人問曰先生何念謙之之深也文成曰曾
子云以能問不能以多問寡若無若虚犯而不
校謙之近之矣入京復職與　經筵會大禮議
起東郭偕同官上疏不報甲申復疏　上怒下
詔獄謫廣德州判官取道於越省文成而後履
任東郭未歷吏事而涖官臨民務以誠心相感
發奸摘伏人稱神明而猶常自訟曰如保赤子
未能也撤淫祠建復初書院延同門王心齋艮
暨諸賢講學興禮風動隣郡寧徽池太聞志學



風至今冠江左東郭啟之也丁亥陞南主客郎
中踰年文成卒於師東郭服心喪在部日與湛
甘泉呂涇野聚講辛卯請告趨會稽哭文成存
撫其孤聚同門講學於天眞書院戊戌起南京
吏部考功郎中己亥奉　旨簡宮僚　召入爲
司經洗馬兼　經筵講官應　詔上薛文清瑄
從祀議時與徐文貞階羅文恭洪先唐荊川順
之相資切士類興起甚衆居頃之陞太常少卿
兼侍讀學士掌南院盖當事者忌而遠之也尋

改南監祭酒東郭遵成憲申章矩立號冊俾出
入相友淑慝相規勸歌詩習禮六館士相慶得
師居無何　九廟災大臣該自陳東郭疏中寓
交儆意讒者因中傷之竟解官歸壬戌東郭年
七十有二九月寢疾召家人訓飭之諸子扶坐
正衣冠而卒謚文莊　先生語云人心之靈萬
古如一日試舉目之分黑白鼻之别香臭口之
辨甘苦今之人其有異於三代乎以三代準唐
虞唐虞其有異於今乎是是非非若黑白甘苦



謂心不能知是非誣其心者也夫孩提而知愛
長而知敬入井而知惻隱嘑蹴而知羞惡豈必
待詔告而後能哉心之靈明是是非非若黑白
甘苦燦然不爽自慊自欺由已而由人乎哉
夫良知之教乃從天命之性指其精明靈覺而
言書謂之明命易謂之明德而惻隱羞惡辭讓
是非無往而非良知之運用故戒愼恐懼以致
中和則可以位天地育萬物而擴充四端則可
以保四海如運諸掌今乃疑吾心之良知爲未

足則多學而識其將愈於一以貫之乎良知之
明也譬諸鏡然廓然清明萬象畢照初無不足
之患所患者未能明耳好問好察以用中也誦
詩讀書以尚友也前言往行以蓄德也皆磨鏡
以求明之功也及其明也只是原初明也非合
天下古今之明而增益之也世之沒溺於聞見
勤苦於記誦正坐以良知爲不足而求諸外以
增益之故比擬愈密揣摩愈巧而本體障蔽愈
甚終亦不能照而已矣博文格物即戒懼擴充

一箇工夫非有二也果以爲有二者則子思開
卷之首得無舍其門而驟語其堂乎　良知一
也自其無昏昧謂之覺自其無放逸謂之戒懼
自其無加損謂之平等其名言雖異其工夫則
一今若以覺與平等爲簡易而以戒懼爲涉於
起意非特誤認戒懼抑誤認覺與平等矣自堯
舜以來曰兢兢曰業業曰克勤克儉曰不邇不
殖曰亦臨亦保曰忘食忘憂曰不遷不貳皆是
學也　天命之性純粹至善昭昭靈靈瞞昧不

得而無形無聲不可覩聞學者於此無從體認
往往以強索懸悟自增障蔽此學不受世態點
汚不賴傳聞克拓不須億中測度不可意氣承
擔不在枝節點檢亦不藉著述繼往開來凡有
倚著便涉聲臭於洗心與神明伍處尚隔幾層
　吾輩通患只是未有大志故程門之教言學
以道爲志言人以聖爲志而纔說第二等者便
以爲自棄彼其所謂第二等者豈遂沒溺於卑
汚乎或博通今古爲文章或忠信原慤不爲不

義而學不聞道則與聖人作用無毫髮相似
始學工夫與聖人原無二項然亦自有生熟難
易向在南都人疑聖人之功異於始學者僕答
之曰王逸少所寫上大人與初填珠模者一點
一直不能一毫加損問者爲之大笑然遂謂填
珠模者與逸少便是一律亦似未瑩　世俗通
病只認得箇有才能有勳業有著述的聖人不
認得箇無技能無勳業無著述的聖人江門之
詩曰却憐夜半留雙腱早爲人間了六經六經

之了繼往開來而反憐之何也程門謂唐虞事
業自堯舜視之不過一點浮雲過太虛假使舜
不遇四岳之薦終於耕稼陶漁以老焉其將不
得爲天地萬物一體乎太宰以多能爲聖而子
貢言又以兼之夫子猶恐其起學者之病旣學
做聖人又須學做多能故喫緊以療之曰君子
多乎哉不多也今之學士大夫果能信其不多
而無疑乎果能視唐虞事業如浮雲乎果能以
夜半了六經爲憐乎上天之載無聲無臭不識



不知順帝之則有所意必有所係累不論忿懥
好樂皆非天德不論畏敬賤惡皆非王道故曰
天德王道其要只在慎獨　聖學之裂也久矣
而誰與一之大學中庸天下童而習之也謂扞
去外物而後可入道則有物有則者裂矣謂卽
物以窮理則萬物備於我者裂矣謂先知而後
行則知至至之知終終之者裂矣謂靜存而動
察則逝者如斯不舍晝夜者裂矣　聖門之學
以求仁爲功而及門之士猶求之於外幷有人

而從之則求諸形迹矣子文之忠陳文子之清
則求諸事爲矣傳施而能濟衆則求諸成功文
章矣獨如愚之顏見稱爲好學而夷考其功專
求之於內克己復禮毅然請事退省其私亦足
以發故曰有不善未嘗不知知之未嘗復行曰
不遷怒不貳過此其學之彰明顯著者也先師
良知之教正欲學者用力於心術之微　默而
識之是不厭不倦宗旨中庸一書正是發明默
字脉絡默之一字聖人只在天何言哉數句見



之子思戒慎不覩恐懼不聞正是默識工夫不
覩不聞非無覩無聞也卽視之而不見聽之而
不聞莫見莫顯卽體物而不遺故曰微之顯微
字從唐虞相傳道心惟微來末章上天之載無
聲無臭正發此默識極則詩曰維天之命於穆
不已於穆是天之默處曰穆穆文王穆穆是文
王默處學而不厭者以此爲學誨人不倦者以
此爲誨非別有所學有所誨也　夫時有動靜
學無動靜者也疲精外騖汲汲焉以求可求成

是用智者也命之曰動而動凝神内照而人倫庶物脱畧而不理是自私者也命之曰靜而靜戒慎恐懼無繁簡無内外無須臾之離是去智與私而太公順應者也命之曰動而無動靜而無靜　吾儕工夫正坐見性未透故分動分靜分有分無不是聖門正脉仰觀於天確然常運矣俯察於川隤然常流矣内省於良知昭然常虚常靈矣日入虞淵未嘗不照水瀦深潭未嘗不流心遇空寂未嘗不知故愼獨之學通乎晝



夜獨知不愼迷謬天則更何以言學乎　子思子費隱之道正發明博文約禮脉絡文也者禮之見於外者也散於事而萬殊故曰博禮也者文之存於中者也根於心而一本故曰約五常百行酬酢變化宜於口而成章措於身而成行書於冊而成訓三千三百罔不周徧是文也命之曰費孰主宰是孰綱維是即之而無所措之而無定執之而無得超然聲臭莫可窮詰是禮也命之曰隱費是常發隱是常未發吾儕果能

知費而隱隱而費寂感無二時體用無二界曰用云爲視聽言動一於天則而不可須臾離也斯可以語欲罷不能矣帝規帝矩無方無體而不可以言象求也斯可以語欲從末由矣先師之訓曰有而未嘗有是眞有也無而未嘗無是眞無也見而未嘗見是眞見也學者見有矣未嘗見眞有見無矣未嘗見眞無故見見矣未嘗見眞見將鑿竅穿坏道術必爲天下裂　古者自小子至於成人初無二教故曰蒙以養正聖



功也自天子至於庶人初無二學故曰壹是皆以脩身爲本後世岐小學大學爲二而謂帝王經綸之業與帛布章句異嗚呼聖人之教天下也將望其爲經綸乎將望其爲章句乎古今學術之同異孰是可以稽矣古者灑掃應對造次顛沛參前倚衡無往非格物之功故求諸吾身而自足後世鑽研於書策摹擬於事爲考索於鳥獸草木以一物不知爲恥故求諸萬物而愈不足求諸吾身而是者執規矩以出方圓也求

諸萬物而愈不足者揣方圓以測規矩也絜矩以平天下天下之大道也而其目曰所惡於下毋以事上千變萬化只在自家好惡上理會嗚呼脩己以敬可以安百姓戒慎恐懼可以位育擴充四端可以保四海夫非守約傳施之要乎

天下之平亦大矣而不出於絜矩矩也者天然自有之中而千方萬圓率由以出者也聖門之學以不踰矩爲極功然十五志學三十而立四十而不惑皆所以求不踰矩也故曰下學而



上達達之爲義烱然精明行著習察者也行而不著習而不察摹方效圓而昧于規矩蓋知烱然之學者鮮矣莫我知之嘆傷夫終身由之而不知其道者也

同志集於清原東郭子曰凡我同志相與無忘於師訓如好好色如惡惡臭是能致其良知或曰如惡惡臭如好好色誠意之功也致知格物將無闕歟曰好惡之明覺謂之知好惡之所在謂之物誠意致知格物即是一時即是一事曰正心脩身其將二事乎曰有所忿懥好樂親愛賤惡而辟者是誠意之功未盡也故格致誠正脩即是一時即是一事曰齊家治國平天下其將二事乎曰親愛賤惡必有所接之人是人也非父兄妻孥則鄰里鄉黨也非鄰里鄉黨則四海九州之交也故脩己以安百姓即是一時即是一事曰夫非有位者之事乎曰大學之教自天子以至於庶人壹是皆以脩身爲本未嘗分有位無位也絜矩之道所以平天下也而其目曰上下前後左右天子庶人



共之

問道器之別曰聖門提出形分曉形而上者謂之道形而下者謂之器盈天地皆形色也就其不可覩不可聞超然聲臭處指爲道就其可覩可聞體物不遺處指爲器非二物也今人却以無形爲道有形爲器便是裂了宗旨喜怒哀樂即形色也就其未發渾然不可覩聞指爲中就其發而中節粲然可覩聞指爲和今人却以無喜怒哀樂爲中有喜怒哀樂爲和何得合一人若無喜怒哀樂則無情除非是槁木死

厭　避暑貝武功發明牛山之木童云此是孟子
示人改過之方繼詰問誰爲斧斤牛羊諸生有
以聲色貨利對者先生曰此公劉大王與王之
具而可咎耶有以妻子貨財對者先生曰操井
曰承宗祀此功吾孝養之資者而可咎耶諸兒
以牛羊斧斤其咎在巳先生欣然曰我不爲斧
斤誰爲斧斤我不爲牛羊誰爲牛羊知其由巳
而後自成自道自暴自棄更無躲避處　古今
人不相逮繫于學術不繫于氣禀忠信與聖人



同以言乎氣禀也好學與聖人異以言乎學術
也聖人之學術非於忠信有所加也庸德之行
庸言之謹至于慥慥相顧能不失其天命之性
而已矣　學者所患在志向弗專不在才力弗
足目不兩視而明耳不兩聽而聰耳目非無聰
明也二用之則其才必眩入悅仁義出而有紛
華之誘焉是兩聽兩視之類也語曰賁育之狐
疑不如童子之必至賁育之視童子懸矣而狐
疑反不逮焉其渠由志耶由才耶　從良知精

明流行則文武之好勇公劉大王之好貨色皆
是天理若雜之以私欲則桓文之救魯救衛攘
夷安夏皆是人欲先師所謂須從根本求生死
莫向支流論濁清喫緊爲人正在於此　原泉
混混不舍晝夜以放乎四海性之本體也有所
壅蔽則决而排之禹之所以治水也决排之功
夫豈不勞然惟去其壅而導之未嘗以人力加
損故曰行其所無事若忿慾之壅不加懲窒而
曰本體原自流行是不决不排而望放於海也



苟認定懲窒爲治性之功而不察流行之體原
不可以人力加損則亦非行所無事之旨矣蠡
測曰文成倡道於晦翁之後有揭掀旋轉之功
人之耳目積習難移故傳習録中語帶方便向
上一機偶拈示於天泉橋上而未盡托出時節
使之然也文成之教大行江右而江右諸賢識
得此意於良知之微雖自妙契至開示人處則
多就昭昭靈靈知是知非一竅以爲提撕使人
有所依據而漸逼其微若自所踐履又皆瞻然

不淺爲世儀表蓋其善發師門之蘊也如此爲
訓而後之人猶有掠虛影者謂良知淪於空寂
少却躬行執一隅者謂良知已屬後天未是本
體卒亦如之何哉

次 陽德

歐陽德字崇一號南野江西泰和人王文成公
弟子弱冠舉於鄉時有遠志以聖人必可爲聞
文成論學即慕悅之走虔臺上書師事焉研窮
剖析至忘寢食不赴春試者再嘉靖二年舉進



士知六安州適歲侵捐俸倡賑隨所在設粥活
數萬人擢刑部員外郎改翰林編修尋擢南京
國子司業日進諸生誨以治心脩身之學遷南
尚寶太常少卿鴻臚卿丁外艱與鄒文莊守益
聶貞襄豹羅文恭洪先諸公聚講於青原梅陂
之上及門之士益進以薦起晉南太常卿　召
入掌國子祭酒事尋擢禮部左侍郎改吏部兼
翰林學士掌詹事府教庶吉士謂庶吉士號爲
儲相不宜直工文詞而已也時聚一堂析理論

議究極聖門明體適用之實際丁內艱服闋
召拜禮部尚書踰月遂　召入直與聞大政時
眷倚方隆士大夫咸仰望旦夕且陟台衡而疾
遽不起年五十有九謚文莊初文成得南野大
見期許凡語來學者必曰先與崇一論之南野
始學近空寂而從政疑於思索乃以書質文成
文成答以自私用智喪失良知之語南野遂悟
良知眞體明覺自然隨感而應燦乎條理自周
於天地民物不見有動靜寂感內外之殊是以



謂之良知亦謂之天理由是沛然不疑躬行益
篤不遺日履而上達淵微其教人一以良知爲
宗語云良知二字就人命根上指出本體工夫
直是切實著明謂之不學而能不慮而知則本
體自然一毫人力不與焉者學者循其自然之
本體而無所加損然後爲能致其良知大學言
如好好色如惡惡臭自慊而已曷嘗致纖毫之
力故曰大人者不失其赤子之心赤子原無艱
難蹊徑此誠意之旨也　孟子良知徵諸孩提

言赤子之心也吾人爲赤子時意慮不作欲習
未染愛敬中出是非內昭然不由學問匪涉思爲
上天之載無聲無臭至矣傅學學此力行行此
問此辨此思此得此聖功也而或意必內萌功
利熾然離眞起僞日迷以遠憑其意必不淨之
體輔以聞見思索之知展轉混惑各安其習語
上達者淪虛語實踐者逐物雖復邁往篤切要
爲假借近似歸於失其赤子之心者也蓋今人
眞見良知者或寡矣　是非之心自一念之是



非以至於庶務之是非古今萬變之是非無不
能知然非必周知庶務通達萬變而後謂之良
知若通達萬變而後謂之良知則赤子焉得而
有之也猶之明能察色非必盡察天下之色而
後謂之明聰能聽聲非必盡聽天下之聲而後
謂之聰此聰明自赤子時已有離婁師曠不失
其赤子之聰明者也是非之心自赤子時已有
大人者不失其赤子之是非者也所疑大人與
赤子之心果若是同乎試觀離婁師曠之聰明

與其爲赤子時同與不同則可知矣知離婁師
曠不能有加於其赤子之時之聰明能勿失焉
耳矣則知大人不能有加於其赤子之時之心
能勿失焉耳矣勿失之功先儒所論種種色色
皆是惟其不知以赤子之心爲主故支離決裂
泛濫無實苟知以赤子之心爲主則皆所以不
失其赤子之心者也　或謂近時學者往往言
良知本體流行無所用力遂至有認氣習爲本
性者須有以救之不若說致知功夫不生弊端



鄙意則謂今之認氣習爲本性者正由不知良
知之本體不知良知之本體則致知之功未有
靠實可據者故欲救其弊須是直指良知本體
之自然流行而無所用力者使人知所以循之
然後爲能實用其力實致其知不然却恐其以
良知爲所至之域以致知爲所入之途未免岐
而二之不得入門內也　孺子入井之惻隱嘑
蹴之食之羞惡達於面目之泚觳觫之牛之戚
戚發明良知不學而能不慮而知最爲親切後

世之學正坐信此不及乃自生枝節自作艱難
以成其意見不思吾身動靜語默行止久速視
聽食息知識思慮莫非良知之所爲而一毫之
人力無所與焉所謂天命之謂性率性之謂道
也人惟不能循其良知而作好作惡用智自私
是以動靜語默之間皆失其則故曰莫不飲食
鮮能知味也故君子之學循其良知而不自私
用智以鑿其天命焉耳矣　良知心之本體也
孟子知愛知敬知是知非亦是端倪舍此固無



以爲良知而卽此亦未足以盡良知　良知不
由聞見而有而見聞莫非良知之用猶聰明不
由視聽而有而視聽莫非聰明之用心齋傳習
師訓必不至專以天德爲知而惡聞見專以天
德爲知而惡聞見是以聰明爲聰明而惡視聽
矣謂天資高者可無聞見而其次則不可無聞
見是耳聰目明者可無視聽而其次則不可無
視聽矣夫孩提知愛敬乞人知耻嘑蹴皆不由
學慮而自知豈皆天資高者耶伏羲至聖然仰

觀俯察遠求近取豈無聞見而能類萬物之情
乎　若認意念上知識爲良知正未見其所謂
不學不慮不係於人者然非情無以見性非知
識意念亦無以見良知周子謂誠無爲神發知
知神之爲知方知得致知知誠之無爲方知得
誠意如此卽知未發之中矣格物二字先師以
爲致知之實蓋性無體以知爲體知無實事物
乃其實地離事物則無知可致亦無所用其致
之之功猶之曰形色乃天性之實無形色則無



性可盡惟踐形然後可以盡性云爾大抵會得
時道器隱顯有無本末一致會未得則滯有淪
虛皆足爲病　夫喜怒哀樂本無未發之時卽
思慮不生安閒恬靜虛融澹泊亦有名可名名
之曰樂故未發非時也言乎知之體也喜怒哀
樂之發知之用也卽喜怒哀樂之發而有未發
者在故曰喜怒哀樂之未發謂之中傳習録中
謂未發在巳發之中巳發在未發之中不可以
動靜分者也格物無間動靜靜亦物也孟子言

必有事焉是動靜皆有事此之謂也或謂定體炯然在中寂然不動而萬化攸基是涵養所得此却是專主靜養體得未發氣象炯然在中恐未可遽謂之中到得動靜無心內外兩忘不見有炯然之體則眞炯然矣允執厥中矣　夫良知者常寂常感常應常廓然未能寂然則其感必不通未能廓然太公則其應必不順故致知之功致其常寂之感非離感以求寂也致其太公之應非無所應以爲廓然也蓋卽喜怒哀樂



而求其未發之中念念必有事焉而莫非行其所無事時時見在刻刻完滿非有未發已前未臨事底一段境界一種工夫免得臨事揣摩入於義襲者也　良知一而已矣知不能斯知學知不知斯知問知不得斯知思知不明斯知辨學問思辨皆知之用也　良知者性之昭昭靈覺者也天下無性外之事無性外之學凡百慮殊途無有出於良知之外者學問思辨皆所以致良知然而知學問思辨者卽良知也良知者學問思辨之本體學問思辨者良知之功用學問思辨之功雖至於人一已百人十已千無非循其本體之功用亦無非用功於本體非有二也然人各有見則亦有不可不察者孔子言敬以直內而程子云若以敬直內則便不直矣夫敬以直內與以敬直內相去豈遠哉而其相反乃如此故用功於本體與用力以求本體亦微有毫釐之異所以必曰致良知者貴有辨也夫物來順應無所用智者事事順其良知以應之



而不用其私智良知之所是則爲之良知之所非則去之良知之所不能則學之良知之所疑則問辨之是謂廓然大公之學不待裨補增加之也裨補增加則未免於用智安排非良知本體功用之全矣　世情遮迷猶易警發意識覩貼卒難破除諸友精麤淺深稍有不同然不免落此二病爲其不徹悟良知則一而已良知不得徹悟縱有格致功夫終是影響　近日朋輩中往往以意念知識爲良知意念知識所謂幾

善惡者也良知所謂誠無爲者也無善無惡而知善知惡故良知雖不離於意念知識而不可可以意念知識爲良知　吾人良知非但不沾惡習雖善亦未有著處　綿綿密密平平坦坦不着纖毫氣力是眞實着力者矣夫一念不起則正念常存萬緣皆空則萬事皆實此正廓然太公物來順應之學良知之本體也　君子之於天下可行則行可止則止視吾良知之所不容已者耳故遍國譽之而不喜舉世非之而不



顧蓋痛癢固自有在而吾之所以自搔自摩安得人人而喻之　今世學不明於天下人人以爲閒談異論苟有志於此者雖其所見所言未必盡同但能於心上用功終當一致譬之泛江河淮濟者苟沿流不止終歸於海蓋海本無外水無異歸也　或問應酬過多氣自厭煩既覺不免降心順俗愈覺不靜是蓋有意求靜故厭應酬之多厭之而不能去故降心以應而靜意未嘗忘也故愈覺不靜周子云無欲故靜今有

意求靜欲也厭煩又欲也勉强順俗又欲也心惡得而靜哉　近時士大夫雖名爲有志於學者未免藏頭改面不肯直下承當其稱名借號以爲但當潛脩默進不必立此名色不知裡許盡是媚世趨避私意果何所脩而亦何所進也故僕嘗謂爲小人而有忌憚則不能爲眞小人爲君子而有忌憚則不能爲眞君子　自見已過痛自刻責是致良知切實工夫如睡者欲醒眼自不容不睁扶病者欲行足自不容不撑拄



既自不容不如此則勉强亦即是自然若只以不費力爲自然却恐流入恣情縱肆去也戰戰兢兢臨深履薄何嘗不用力然皆良知自覺自脩作用何嘗於本體上添得些子又何嘗不自然今人不知良知則自然亦正是安排耳　戒慎恐懼亦即是不憂不懼　格致誠正即是養孟子言養氣亦只在慊於心上用功慊於心即是致良知後世所謂養却只守得箇虛靜習得箇從容與聖賢作用處天地懸隔　夫存心猶

之乎養生讀書猶之乎飲食也養生飲食果可二乎果有先後內外乎飲食以養生或失其道毋寧反以喪生乎此不可不察也　或以懲忿窒慾爲聖門第二義之語爲非某竊以爲存乎其人耳學誠得第一義則懲忿窒慾皆第一義也苟落第二義則雖無思無爲猶不免爲第二義耳　先師云致知存乎心悟某以爲了此即轉眄可了不了即是拖泥帶水縱饒勤勤懇懇懲忿窒慾遷善改過亦終未有了期　萬事出



於知故曰皆備於我知也者神也神無方無體其在人爲視聽爲言動爲喜怒哀樂其在天地萬物則發育峻極者即人之視聽言動喜怒哀樂者也鳶之飛魚之躍以至山川之流峙草木之生生化化者即人之視聽言動喜怒哀樂者也故人之喜怒哀樂視聽言動與天地萬物周流貫徹作則俱作息則俱息而無彼此之間神無方體故也故格吾視聽言動喜怒哀樂之物者則範圍天地之化而不過曲成萬物而不遺

神無方體故也或謂物非止視聽言動喜怒哀樂夫非禮勿視聽言動而天下歸仁喜怒哀樂中和致而天地位萬物育視聽喜怒之外更有何物蓋古之言視聽喜怒者有見於神通天地萬物而爲言後之言視聽喜怒者有見於形對天地萬物而爲言通則一對則二不可不察也

尋常談說道理非不了了至於當機對境猶未免一轉兩折不得覿體真實豈非見解一路作障礙也哉　自古聖賢反復闡明無非此事



然自實體實功觀之雖聖賢之言猶爲影響正欲使人因影求形緣響知聲耳若復就影響而追逐尋伺則其去形聲愈遠矣　近日知學者頗多但未見有志向精專若所謂如好好色如惡惡臭然者種種世緣割舍不斷假饒玄覽超見終成虛想大學言知止止者心之本體亦即是工夫苟非一切止息何由得定靜安固便將見前酬應百慮認作天機活潑何啻千里　學者無精一志向未免以意氣爲發憤以談說爲

問辨以億度爲思慮以把捉爲躬行與眞志作用尙隔一層　學無巧法惟是此心眞實卽無復可言苟此心不實則亦無復可言　不從軀殼起念雖富貴功名何者非道從軀殼起念雖道德仁義何者非私　大學言身心意知物一是都是一錯都錯所言格致誠正修一了都了一不了都不了　日與諸友求歸根復命之實細細尋求只是聲色貨利斬截不斷所以放舍生產作業不下自生纏繞自作障礙種種談仁



說義只成戲論始知前輩所謂在身忘身在家忘家者方是格物致知然非有眞志眞功不容以虛見虛說奏合此語也　人心赤子之初本自澄靜無欲後來染習種種多欲夫種種欲之種種克之是自纏自縛逐旋自解必無盡脫之理要得脫盡不如無縛　象山先生分別學者之病有二種一是情欲一是意見吾儕以情欲未了之心而又文之以意見則二病兼受之矣然意見作障亦只是情欲未了　古之責善者

隱惡而揚善故與人同歸於善今之責善者自是已而非人故與人皆陷於惡　處人不當憂人性之無常但當憂我不能處無常之性不能處無常之性則吾性亦無常能處無常之性則其人亦有常矣　此心此知萬古所同殊途百慮莫非一致學者誠不失其良心則雖種種異說紛紛緒言譬之吳楚閩粵方言各出而所同者義苟失其良心則雖字字句句無二無別於古聖猶之孩童玩戲粧飾老態語笑步趨色色近



似而去之則遠矣慈湖論學往往指出本體使人於此實落用功積累深厚乃能有得與近世或忽其易或疑其徑者正自不同　今人徒以不立文字直指人心爲佛學之獨見超悟而不知吾儒之學正直指人心者也夫惟致知在於格物明德在於親民不若佛氏之空虛滲漓遺棄人倫焉耳　儒佛異同之辨不必急急於此而彼之言說近吾儒者亦不必故加排斥以求異要在念念不欺良知自强不息到得精義入

神則千古是非只在目前毫釐彷彿如見黑白矣不然流入意見想像終無自得也治心病如治身病紛紛衆言莫非方藥惟對病求方苦口服藥則邇言俚語無不爲益况其近道者乎方非對治藥不猛進則聖人經訓徒長意識况其不出於聖人者乎所謂時時內照惺惺不昧果能如此喜如此怒如此哀樂如此目於色耳於聲口鼻四肢於臭味安逸莫不如此則五賊不能爲盜七蔀不能爲蠹莫非吾良知之用矣



吾輩今日之學直當如世上未有言語文字自己未有許多知識見聞從潔淨心地上專精畢力由本達枝自有根心生色不言而喻之盛則凡言語文字莫非實理知識聞見莫非實得不然恐未免沾泥帶水也　近得與龍谿同宿數時頗覺舊習之非大抵此心未到澄瑩精純便起種種作用言說認爲眞機活潑不知裡許盡是安排布置種種作用皆爲粉飾種種言說皆爲戲論今須直下了徹始有進步處也龍谿直是學問透徹直是善煉煆人相與切磋直是心心相契更無許多逢迎遷就門面摺數說吾輩所不及　與季彭山書云尊意慮今之爲學者淪於空寂甚盛惠也夫良知常寂常感無爲而無不爲淪空執有要皆失眞慮之誠是也第未知執事盖常淪於決蕩虛蕩識其病而亟反之故爲是誠耶抑亦逆料其必至於是而預誡之也今之學士僕未見其盡除情欲之累而入於空寂者也若其誕蕩不覊則是志未篤切縱恣



自是恐未可以此爲淪虛之似至於執有而不化者則居然可見矣執事其何以救之

## 薛侃

薛侃字尚謙號中離廣東人陽明弟子舉正德丁丑進士官行人司正年十六聞講中庸遂志聖賢之學已而受業陽明踐履益篤嘉靖改元上方敬衛室虛懷盡下中離挈第一義投匭上封事有范蜀公朱紫陽之遠慮然而驟奏卒爲貴幸傾搆　詔下廷訊備極慘毒中離從容

應對之死不聞　上察無他釋編氓以歸南過
會稽見陽明陽明曰當是時吾子如何中離曰
侃惟一良知而已烱然無物也陽明首肯之由
是退處中離山中二十年一意講學學遂養純
語門人曰欲致良知者其研幾矣乎於是門人
日記所聞萃為錄命曰研幾　語云朝聞道夕
死可矣如何是聞道由知德者鮮矣如何是知
德曾點漆雕開已見大意如何是見大意於此
省悟一分是入頭學問省悟十分是到頭學問



却去閑理會何益　文王於羑獄鬼怪罔敢知
知者何事孩提不學而知知從何來此可以見
聖學矣　人有數金遺失求之戚戚日且忘食
夜且忘寐人亦為之嗟惜乃至無價明珠通天
至寶遺之而弗顧何也　殺身成仁舍生取義
是忘軀求道之意後人不省指為仗節死義之
事則疏矣治亂興亡是豈人人所遭者哉惟其
重生則有欲舍生則無欲重生是養口體者也
成仁取義是養大體者也　道本家常茶飯無

甚奇異好奇趨異反失之故賢智過求愚不肖
不知求此道所以不明不行也聖人揭箇人莫
不飲食鮮能知味正是平平淡淡日用常事然
能常知則心常在常明久而純即與天地合德
日月合明四時合序鬼神合吉凶皆自目前精
去非別有神通可歆慕者世人好恠忽近就遠
舍易求難故君子之道鮮矣　孟子只說是心
足以王克之足以保四海不失赤子之心此之
謂失其本心此乃天地易簡之理古今傳受之



要加一些是世儒減一些是異學　易曰神無
方而易無體書曰無偏無黨王道蕩蕩詩曰上
天之載無聲無臭禮曰大德不官大道不器大
信不約大時不齊語曰天何言哉四時行焉百
物生焉曰巍巍乎有天下而不與焉曰蕩蕩乎
民無能名焉此至德之精道之妙也二氏播弄
千般雖虛而無虛玄之又玄不過是也　後儒
謂釋空老無為異非也二氏之蔽在遺倫不在
虛無著空淪無二氏且以為非以是罪之故弗

服也聖人亦曰虛明曰以虛受人亦曰無極曰
無聲無臭雖至玄渺不外彝倫日用卽聖學也
安可以虛無二字歸之二氏以是歸之二氏則
必落形器守方隅泥文義此聖學之所以不明
也　要知此理人人可爲資質無有不可者但
不肯耳精力無不足者只有漏耳本體無有不
見在者只自蔽耳於此覷破信及眞可一立便
起一得永得　高明博厚悠遠吾心之體本如
是也有欲則昏下則淺狹則局促耳試於心平



氣和以忿生欲發之時觀之自可見心平氣和
萬境皆春忿生欲發一物難容此能覆載與不
能之驗也　問致中和如何位得天地育得萬
物曰識得天地萬物便見位育曰天地萬物亦
有不識乎曰人之所見已隔形氣天地自天地
萬物自萬物故每每有此疑天地萬物本吾一
體有形屬地無形屬天統言之曰天地分之曰
萬物今除了山川土石何者爲地除了日月星
辰風雲雷雨寒暑何者爲天除了吾心之靈惡

是

知天地惡有萬物故天由心明地由心察物由
心造五倫本乎一身庶徵應乎五事故曰萬物
皆備於我反身而誠樂莫大焉曰能盡其性則
能盡人之性能盡人之性則能盡物之性　直
甫問虛無乃老釋之非先生謂吾儒亦然終未
安曰虛者太虛也太虛原無一物是虛無也天
下萬物萬事豈有能外太虛者乎生生化化皆
從此出爲人子能虛以事親則孝爲人臣能虛
以事君則忠若實之以慕少艾私妻子懷寵計



利則不能矣曰老釋之虛虛而虛吾儒之虛虛
而實亦有辨曰如子之言是亦虛矣何謂不然
且虛而虛虛而實之言亦未明須知離乎人倫
物理而虛無者二氏之謬也不離人倫日用而
虛無者吾儒之學也　問古聖稟出後來成僊
成佛者多成聖者寡何也曰此在教與學異也
五三之世執中建極教簡而學專故人人君子
後世中極之義不明孔子申一貫之旨一以上
非顏不聞一以下遂分兩截尚謂且學貫未可

學一其支離不經亦甚矣學者見在繁難皆委
心不能雖周程倡可學之要再傳復晦既不得
其門而入而辭章功利之習又從而薰爍之柰
何有成若佛以見性儇以超昇學之者直欲作
佛必求超昇件件放下其道雖偏其教簡徑其
學精專以此成就者衆今知其然盡洗世陋直
以易簡爲學以聖人爲歸然而不成未之有也
問聖愚一致始終本末同條共貫處何如曰
孔子無言之教至精者也百姓日用飲食至麁



者也然無言此虛明也日用飲食此虛明也故
曰人莫不飲食鮮能知味也食能知味行能知
步瞬能知存息能知養爲子知孝爲臣知忠至
於知化知天一也　儒學不明其障有五有文
字之障有事業之障有聲華之障有格式之障
有道義之障五障有一自蔽其體若至寶埋地
誰知拾之間爲異學竊柄誰復顧之曰五者皆
理所有曷謂障曰惟其滯有故障　古今物障
者易解理障者難解　良知自存自照渾無方

體無涯限若着箇良知亦是障　或問聖可學
與曰可或問聖不可學與曰不可然則何自戾
乎曰學其可學斯可學已學其不可學斯不可
學已胡謂可曰求盡吾心而已矣胡謂不可曰
求全其才而已矣夫求盡吾心者懲吾忿窒吾
慾遷吾善改吾過窮吾之神知吾之化自有而
自爲之夫誰謂不能求諸易者也求全其才者
天有所短地有所長智有所不及神有所不通
九官弗兼其能堯舜其猶有病求諸難者也舍



難就易可謂善學也已　大游問治世以何爲
緊要曰只有這件緊要世人事事緊要只爲這
件不緊要曰法度亦莫可廢曰徒善徒法有明
訓矣然善無定善以不失本然爲善法無定法
以遂善成物爲法　王道即是天德即是眼前
學問廓然大公物來順應一言盡矣自其廓然
名曰天德自其順應名曰王道非有甚高難行
之事書曰無有作好遵王之道無有作惡遵王
之路作是作意爲之非廓然順應者也無作無

偏見無意必將迎之私用舍舉措自得其宜此
在性情用功豈人不能也不爲耳後世將王道
比作天上事看講來做去務求高出反致著善
著法與此相背如何做得三代時事　問理欲
不明曰賊是人做的人是天生的未達曰自不
欺心有甚欲不明自不違天有甚理不明　無
染則本體自淨無著則應用自通故經綸大經
立大本知化育只在夫焉有所倚一倚便不能
　子思戒慎恐懼工夫聖人只道箇敬顏子非



禮勿視聽言動於乾卦只道箇閑禮經正目而
視之無他見傾耳而聽之無他聞在成湯曰顧
諟而已顧諟只是一照只是良知常在其功一
也而照尤易曉一照體用爲一無內外無動靜
無久近始學下手此照也通乎晝夜知性知天
此照也問顧諟何如緝熙曰顧諟亦即緝熙但
顧諟照則明照上著力緝熙自明自照無二無
息已得其本然者也故曰反觀內照曰大人以
繼明照於四方　所向有物即爲物縛所存有

著即爲善累　不言而信信是何物不動而敬
敬是何處吾心之本體即是誠即是忠信即是
一此體常存便是主一便是思誠學不明世儒
只在可見可聞有思有爲上尋學舍之便昏憒
無用力處　問讀書之法曰程子謂求經義皆
栽培之意栽培必先有根以根爲主既栽既培
自有生生之意是讀書時優游諷詠得書之益
不讀時體帖充養尤得書之益也今人讀書以
書爲主心爲奴隸敝精務博反爲心害釋卷則



茫然爲共亡羊皆非栽培之意也　學未知頭
腦不是認賊作子便是指玉爲石　後儒紛紛
理氣之辨爲理無不正而氣有不正不知以其
條理謂之理以其運用謂之氣非可離而二也
　文章性與天道乃形而上下之意非有彼此
非有先後淺深也但未悟者見其文章而已悟
了莫非性也莫非天也更無差別　以心安心
即不安有心可安亦不安　客有問知識不足
故其心未明者先生曰去其知識則明矣　子

覓篤信聖人不如濫離開之求自信冊有說夫
子之道不如顏子於言無不悅　問學須博求
乃能有見曰見箇甚麼曰見道曰見道如見天
或隔一紗或隔一紙或隔一壁或隔一垣明暗
不同其蔽一也欲見須是闢開垣壁徹了紗紙
便自見何須博求博求正爲未闢未徹耳舍此
而言博求是記醜而博者也非聖賢之學　問
喜怒哀樂未發氣象曰未發謂中中節謂和一
齊見在分析不得若以時地分得開便是體用



二源形影爲二物蓋和非順適人意之謂不戾
本體之謂也　過出無心聖賢不免後人看得
太重反生文過遂非之惡曾子易簀古今稱美
然易時是則用時非非過乎殛鯀爲是則任鯀
爲非非過乎　或問學者先義利之辨曰古之
所謂義與利者不可見也不可聞也子之所謂
義與利者可見耳可聞耳夫自可見可聞而辨
之則其所是者似是也非天下之真是也其所
非者似非也非天下之真非也是故捧檄而喜

喜可見也孝不可見也故雖張奉之賢不能不
失之毛義其迹鄙也一物釋西伯物可見也忠
不可見也故雖商受之暴不能不轉移於閎夭
其機微也是故見其可見聞其可聞則義可襲
也過可文也聲音笑貌可以爲於外也見所不
見聞所不聞則莫見乎隱矣莫顯乎微矣誠之
不可掩矣然則不可見不可聞者何也心體也
可見可聞者何也事迹也心體是則事迹皆是
矣心體非則事迹皆非矣故知堯然後以知堯



知舜然後知舜趨知孔非以周流知孔非以簞
瓢也以步學堯非堯矣以趨學舜非舜矣以周
流學孔非孔以簞瓢學顏非顏矣曰夫然則自
見自聞耳奚以見聞於人乎曰欲見於人欲聞
於人此義利之所以弗明也夫義則常在利則
常行尊周非義乎以其爲己則覇矣好貨非利
乎以其同民則王矣故古之君子戒慎不覩恐
懼不聞未嘗求見求聞也而卒無弗見無弗聞
今之君子修邊幅避形迹守信果墜適莫將以

求見而卒無可見將以求聞而卒無可聞善乎先正之言曰無所爲而爲者義也有所爲而爲者利也此依心體與覩事迹之異也又曰有意於爲公皆私也公私義利之辨明則聖學其庶幾乎

或問陽明先生於佛曰其學類禪信有諸曰否禪之得罪聖人也有三省事則髡焉去欲則割愛焉厭世則遺倫焉三者禪有之而陽明亦有之乎曰弗有曰聖學之異於禪者亦有三焉以言乎靜無弗具也以言乎動無弗體也以言乎用之天下無弗能也是故一本立焉五倫備焉此陽明有之而禪亦有之乎曰弗有然則曷疑其爲禪也乎曰以廢書以背朱以涉虛也曰噫子誤矣不然以告者過也先生奚廢書乎昔者郭善甫見先生於南臺善甫嗜書者也先生戒之曰子姑靜坐善甫坐月餘無所事復告之曰子姑讀書善甫憝而過我曰吾滋惑矣始也教慶以廢書而靜坐終也教慶廢坐而讀書吾將奚適矣侃告之曰是可思而入矣書果

[一]



學乎孔子之謂子貢曰汝以予爲多學而識之者歟非也予一以貫之學果廢書乎孔子贊易曰君子多識前言往行以畜其德是可思而入矣故言之弗一教之因材而爲也先生奚廢書乎然則背朱則何居曰先生其遵之甚者爾豈曰背之云乎孟子曰王之好樂甚則齊其庶幾乎夫今之樂非古之樂也而孟子以爲庶幾何也彼其於樂孰無好好之而已聽之而已稱美之而已好之弗甚者也若體其和惟其意而得乎樂之本則必始之乎聲容之外者矣先生於朱子亦若是焉爾惡在其爲背也乎且朱子遵程者也其爲本義多戾易傳孔子孟子述古者也其稱詩書多自爲說先生之於朱亦若是焉爾惡在其爲背也乎然則涉虛何謂也曰子以虛爲非乎以偏於虛而後爲非乎夫以虛爲非則在天爲太虛在人爲虛明又曰有主則虛曰君子以虛受人曰聖人虛之至也今子以虛爲禪而必以弗虛爲學則糟粕足以醉人之魂而

[二]

[一] 此頁後缺一個筒子頁，補頁見本書第三七二頁。

聖學宗傳卷之十六

東越　周汝登[illegible]　王繼晃[illegible]
陶望齡訂正　王繼炳[illegible]

## 王艮

王艮字汝止號心齋泰州安豐場人成化癸卯生少陽明十一歲家貧父使治商又業醫皆弗竟二十五歲客山東過闕里謁孔子廟瞻注久之慨然奮曰是聖人者可學而至耶同侶咸憚貽所言歸取孝經論語大學日誦之[illegible]見之行



父役於官天寒晨起以冷水盥面心齋見之痛自責以為已罪自是出代父役入則晨昏定省禮益虔心齋志必為聖人隨時默自體究證悟有得而人未之識也嘗一夕夢天墜壓身萬人奔號求救先生奮臂托天起見日月列宿失序手為整布如故萬人懽舞拜謝醒則汗溢如雨頓覺心體洞然萬物一體宇宙在我因題於壁曰正德六年間居仁三月半[illegible]此行住語默皆在覺中製古衣冠條經搢笏[illegible]至與人講授榜其門曰此道貫伏羲神農黃帝堯舜禹湯文武周公孔子不以老幼貴賤賢[illegible]有志願學者傳之居嘗以經證悟以悟證經[illegible]明自得不泥傳註有黃塾師者吉州人聞心齋語詫曰此類吾省撫臺王陽明公之論學心齋亦訝曰有是哉不可不往見之如其同也是天以王公與天下後世也如其異也是天以某與王公也請於父即日登舟舟中夢與陽明拜亭下覺曰此神交也抵豫章刺稱海濱生贄二詩為贄[illegible]中甬入



陽明降階迎之心齋曰昨來夢拜[illegible]亭陽明曰真人無夢心齋曰孔子何由夢見周公陽明曰此是他真處我十年前亦知子來[illegible]踞上坐時心齋服古冠服手執木簡坐定問何冠曰有虞氏冠何服曰老萊子服曰學老萊子乎曰然曰將止學其服抑學其上堂詐跌掩面啼哭也心齋色動坐漸側反覆論致知格物心齋大嘆服曰簡易直截某所不[illegible]下拜執弟子禮辭出就館舍繹思所聞間[illegible]合明日復入見

曰某昨輕易拜矣請與再論復上坐陽明喜曰
有疑便疑可信便信不為苟從甚善又反覆論
難曲盡端委竟大服再下拜執弟子禮如初心
齋初名銀是日陽明易銀為艮陽明退謂門人
曰吾擒宸濠無少動今卻為斯人動此真學聖
人者也居七日告歸陽明曰何亟也心齋曰事
親從兄無非實學何必遠游乎陽明曰孟軻寄
寡母居鄒游學於曾七年而學成我力量不逮
子學問路頭我則先知之心齋對曰然父命不



敢後也遂歸無何擬再往父以險阻難之心齋
謂誠可動天無憚險阻時天旱族長老曰試禱
雨得應信天可動也心齋秉虔籲天雨下如注
遂得父命而行過金陵至太學前六館士覩心
齋冠服異常環聚問六經大旨心齋曰吾治總
經惟事此心耳大司成汪某延入與語見而疑
其異乃問曰古言無所乖戾云何曰公何不問
我無所偏倚有無所偏倚[illegible]所乖戾汪公敬
而憚之再抵豫章而返久之[illegible]明丁外艱家居

四方來學者日衆心齋至[illegible]調度館穀以居
之而鼓舞開導其間然猶以[illegible]能遍及天下一
日入告曰千載絕學天啟吾師倡之可使天下
有不及聞此學乎既辭歸製一蒲輪沿途聚講
直抵京師為書千餘言擬伏闕以上同門阻之
乃止時陽明論學與晦菴頗牴牾世方非詆而
心齋復講論勤懇冠服車輪悉古制度人情益
異歐陽德諸人在都下者力促之歸還至會稽
陽明思裁之及門三日不與見一日陽明送客



出門外心齋長跪街下曰某知過矣陽明不顧
心齋隨入至庭事復厲聲曰仲尼不為已甚陽
明於是揖之起時同志在側莫不嘆改過之勇
自是日依侍陽明甚歛圭角就夷坦養粹氣和
音咳指顧俱足令人意消丁亥陽明起赴兩廣
之命心齋集同門講於會稽書院明年戊子陽
明卒於師心齋迎哭於桐廬經紀其事而還至
家開門受徒遠近皆至嘉靖[illegible]亥心齋遘微疾
吉水羅文恭洪先造心齋[illegible]子仁春幸同郡

諸生事集以心齋不能出試　前論證明年心
齋卒年五十八心齋自童[illegible]文義亡所著述
乃其深造自得則所謂六經皆註脚矣心齋曾
兩畫策救海濱饑所活人幾萬計人謂以一華
門儒生功侔宰相心齋之學豈窒於用者總漕
都御史劉節鹽法御史吳悌皆特　疏薦聞內
閣趙文肅貞吉會　疏請求用眞儒意實在心
齋俱格不報趙文肅曰先生之學以悟性為宗
以格物為要以孝弟為實以太虛為宅以古今



是宗門
的旨

為旦暮以明學啟後為重任以九二見龍為正
位以孔氏為家法可謂契聖歸眞生知之亞者
也。
朋友初見先生常指之曰即爾此時就是
未達曰爾此時何等戒懼私欲從何處入常常
如此便是允執厥中　俞文德入山習靜書招
之曰只心有所向便是欲有所見便是妄既無
所向又無所見便是無極而太極良知一點分
分明明亭亭當當不用安排思索聖神之所以
經綸變化而位育參贊者皆本諸此也此至簡

至易之道然必明師良友指點不然則恐所為
雖是將不免於行不著習不察深坐山中得無
喜靜厭動之辟乎　有別先生者以遠師教為
言先生曰塗之人皆明師也得深省　有學者
問放心難於求先生呼之即起而應先生曰爾
心見在更何求心乎　或問中先生曰此童僕
之往來者中也曰然則百姓之日用即中乎曰
孔子云百姓日用而不知使非中安得謂之道
特無先覺者覺之故不知耳若知者見之謂之



智仁者見之謂之仁有所見便是妄妄則不得
謂之中矣　徐子直來學先生一夕步月下指
星文與語子直應對間若恐失所持循先生厲
聲曰天地不交否又一夕出游至小渠邊先生
躍過顧謂子直曰汝亦放輕快些子直持益謹
若遺一物既子直悟嘆曰從前辜負此翁為某
費却許多精神　王汝貞持功太嚴先生覺之
曰是學為子累矣因指傍斵木匠示之曰彼却
不曾用功然亦何嘗廢事　歐陽南野嘗講致

良知先生戲之曰某近講良知致南野延先生
連榻數宵究竟斯旨以日用見在指點之自是
相契　黃洛村常講不欺先生曰兄欺多矣洛
村愕然請示先生曰方對食時客及門辭不在
非欺乎洛村謝過先生笑曰通變而宜此豈爲
欺乎　董燧來學一日瞑目趺坐先生臨其傍
不覺撫其背曰青天白日何自作鬼魅燧醒起
豁然　一友與論簡易之道友曰仁者先難而
後獲斯其旨何也曰此是對樊遲語若對顏淵



便謂一日克己復禮天下歸仁初何等簡易
或問何不仕曰吾無往而不與二三子是某之
仕也或謂隱曰吾無往而不與二三子某何敢
隱也　天下之學惟有聖人之學好學不費些
子氣力有無邊快樂若費些子氣力便不是聖
人之學便不樂　羅念菴述近時悔恨處且求
教益先生不答但論立大本處以爲能立此身
便能位天地育萬物病痛自將消融　良知在
人天然自足不須人爲立意做作知此者謂之

知道聞此者謂之聞道脩此者謂之脩道安此
者謂之聖也此道在天地間徧滿流行無物不
有無時不然原無古今之異故曰鳶飛戾天魚
躍於淵言其上下察也孟子曰無爲其所不爲
無欲其所不欲如斯而已矣所謂聖門肯綮者
此而已　良知天性往古來今人人具足人倫
日用之間舉而措之耳所謂大行不加窮居不
損分定故也但無人爲意見參搭其間則天德
王道至矣哉　所謂眞實二字只切實功夫但



其間微有毫釐之辨不可不察蓋良知原自無
不眞實而眞實者未必合良知之妙也　良知
之體與鳶魚同一活潑潑地當思則思思通則
已如周公思兼三王夜以繼日幸而得之坐以
待旦何嘗纏繞要之自然天則不著人力安排
卽事是心更無心矣卽知是事更無事矣
人受天地之中以生而動之卽中隨感而應而
應之卽神率眞而行又何惑之有　戒慎恐懼
莫離却不睹不聞不然便入於有所戒愼有所

所謂本體即孔子之[illegible]也　宗門

恐懼矣故曰人性上不可添一物　聖人之道無異於百姓日用凡有異者皆謂之異端　天理者天然自有之理也纔欲安排如何便是人欲　纔着意便是私心　凡涉人爲皆是作僞故僞字從人從爲　今人只爲自幼便將功利誘壞心術所以夾帶病根終身無出頭處日用間毫釐不察便入於功利而不自知盖功利陷溺人心久矣須見得自家一箇眞樂直與天地萬物爲一體然後能宰萬物而主經綸所謂樂則天天則神學者不見眞樂則安能超脫而聞聖人之道　學者有求爲聖人之志始可與言學先師嘗云學者立得定便是堯舜文王孔子根基　門人問志伊學顔曰我而今只說志孔子之志學孔子之學　聖人經世只是家常事致中和天地位焉萬物育焉不論有位無位孔子曰吾無行而不與二三子者是丘也只是學不厭教不倦便是致中和位天地育萬物便做了堯舜事業此至簡至易之道視天下如



見[illegible]朱子

家常事隨時隨處無歇手地故孔子爲獨盛也先師嘗有精金之喻予以爲孔子是靈丹可以點瓦石成金無盡藏者　舜於瞽瞍命也舜盡性而瞽瞍底豫是故君子不謂命也陶淵明言天命苟如此且盡杯中物便不濟　孔子之不遇於春秋之君亦命也而周流天下明道以淑斯人不謂命也若天民則聽命矣故曰大人造命　論正己物正曰此是吾人歸宿處以此見己一身不是小一正百正一了百了此之謂通天下之故聖人以此脩己以安百姓而天下平得此道者孔子而已　高明之至無物不覆反求諸身欛柄在手自淑此數語便是宇宙在我萬化生身　吾身猶矩天下國家猶方天下國家不方還是吾身不方　自成自道自暴自棄行有不得者皆反諸己反己是格物底工夫格物之物即物有本末之物　大學是經世完書喫緊處只在止於至善格物却正是止至善　中庸中字大學止字本文自有明解不消

訓釋喜怒哀樂之未發謂之中中也者天下之
大本也是分明解出中字來於止知其所止止
仁止敬止慈止孝止信是分明解出止字來
問天理良知同乎曰同有異乎曰無異也人以
爲異者以所見各自以爲異耳如一人有名焉
有字焉有知其名而不知其字者則執其名爲
是而以稱字者爲非也有知其字而不知其名
者則執其字爲是而以稱名者爲非也既知人
矣又知名矣又知字矣夫然後渙然無疑矣



學者初得頭腦不可便討聞見支撐六經四書
所以印證者也若工夫得力然後看書所謂溫
故而知新也　經所以載道傳所以釋經經既
明傳不復用矣道既明經何足用哉經傳之間
印證吾心而已矣　有心於輕功名富貴者其
流弊至於無父無君有心於重功名富貴者其
流弊至於弑父與君　孔子之學惟孟子知之
韓退之謂孔子傳之孟軻軻傳之一句道著　聖
人濟屯曰利建侯只是樹立朋友之義　應廬

君臣只是相與講學　六陽從地起故經世之
業莫先於講學以興起人才　有不諒先生者
謂先生自立門戶先生聞而嘆曰某於先師受
罔極恩學術所係敢不究心以報　大成歌寄
贈羅念菴洪先過訪十年之前君病時扶危相
見爲相知十年之後我亦病君期枉顧亦如之
始終感應如一日與人爲善誰同之堯舜之爲
乃如此芻蕘詢及復奚疑我將大成學印證隨
言隨悟隨時躋只此心中便是聖說此與人便



是師至易至簡至快樂至尊至貴至淸奇隨人
隨小隨我學隨時隨處隨人師掌握乾坤大主
宰包羅天地眞良知自古英雄誰能此開闢以
來惟仲尼仲尼之後微孟子孟子之後又誰知
　樂學歌人心本自樂自將私欲縛私欲一萌
時良知還自覺一覺便消除人心依舊樂樂是
樂此學學是學此樂不樂不是學不學不是樂
樂便然後學學便然後樂樂是學學是樂於乎
天下之樂何如此學天下之學何如此樂

學者能無爲兮無爲能無知兮無弗知知此道兮誰弗爲爲此道兮誰復知　知得良知却是誰良知原有不須知而今只有良知在沒有良知之外知

黃弘綱

黃弘綱字[redacted]號洛村江西雩縣人　武廟末年陽明王公以節鉞鎮虔軍務之暇與諸生講學不倦洛村時已舉於鄉偕計歸往謁而聽之凡三日忽悟心理合一之旨始信聖人可學而



至遂以所聞告其友何善山管[illegible]泉相率趨虔臺至則陽明提兵桶岡又相率趨南康共執贄師事焉其論學有曰自師提揭良知莫不知有良知之說亦莫不以意念之善者爲良知以意念之善爲良知終非天然自有之良知爲有意之知覺爲有意之覺胎骨未淨卒成凡體　治病之藥利在去病苟無病臭腐神奇同爲元氣本領既是知覺意念莫非良知更無二本　喜怒哀樂之未發且不論其有時與否但子思子云喜怒哀樂之未發謂之中中也者天下之大本也曾謂天下之大本可以時言乎未發非時則體道之功似不專於歸寂而已也故子思子曰致中和盖合寂感以爲功者也　或疑慈湖意恐未盡慈湖精於用力者莫慈湖若也所謂不起意者其用力處也絕四紀中云云慈湖之學只道一光明境界而已稍涉用力則爲著用力精且密矣明道先生云必有事焉而勿正勿忘勿助長未嘗致纖毫之力此其存之之道



善用其力者固若是慈湖千言萬語只從至靈至明廣大聖知之性不假外求不由外得自本自根自神自明中提掇出來使人於此有省不患其無用力處不患不能善用其力矣徒見其喋喋於此也遂謂其未嘗用力焉恐未盡慈湖意也　存乎之明何嘗離照流行之照何嘗離明是卽天然良知無體用先後內外深淺精麁上下一以貫之者也　人心只此獨知出乎身而加乎民者只此視聽喜怒諸物舍此更別無

着力處矣謂天下之物觸於前者有正有不正
又謂知意心身無能離天下國家之物而獨立
是以物爲身之所接而非所謂備於我者雖視
聽喜怒未嘗不在其中而本末賓主則大有間
後世格物之學所以異於聖人者正惟差認此
一物字故格物致知之功不容不差亦不容不
補主敬靜養以攝歸身心而內外動靜不得不
爲二矣　綱往歲讀先師書有惑而未達處即
反求自心審察精進便見自己或所從來或是



礙著舊聞或是自己工夫猶未免在事迹上揣
量文義上比擬與後儒作用處相似是以有惑
細玩先師之言真是直從本心發出非徒聞見
知識輪轉真所謂百世以俟聖人而不惑者乃
知篤信聖人者必反求諸己反求諸己然後能
篤信聖人故道必深造自得乃能決古訓之是
非以解蔽辨惑不然則相與滋惑也已　與謝
子登雞鳴之山商確古學曰太古無爲中古無
私太古至道中古至德吾將與子由至德而觀

至道由無私而游無爲乎謝子曰否古道邈邈
矣孰從而觀之孰從而游之曰子不見耳目口
鼻視聽言臭乎夫今之人耳目口鼻之於視聽
言臭也猶古之人耳目口鼻之於視聽言臭也
吾何疑焉則吾心之於是非誠僞無古今之殊
也吾又何疑焉日往而月來寒往而暑來今之
日月寒暑猶古之日月寒暑也則又何爽焉吾
心至德吾心至道吾心無私吾心無爲而奚觀
乎而奚游乎苟有志於希古者反而求之吾心



將無往而非古也已　先師之教致良知盡之
矣當時聞者莫不凜然痛省於支離之外而得
其易簡之要至於今日固當磨礲括羽之得於
自信矣然猶或擬議依違於端緒底裡微着小
大之義者焉夫所謂良知者端緒底裡微着小
大之義一而已矣析之則離合之則贅渾然天
成而燦然條理無容擬議依違於其間使於端
緒底裡微着小大之義而妄擬議依違於其間
非所謂毫釐而千里乎蓋先師之學雖頓悟於

居夷之日而歷艱備險動心忍性積之歲月驗諸事履乃始脫然有悟於良知雖至易至簡而心則獨苦矣何學者聞之之易而信之之難耶

某爲四川副使兵備建昌或曰茲行何遠而勞已而調山東或曰近且逸矣曰不然責望於人者謂之遠求盡於己者謂之近較計於遠近者謂之勞相忘於遠近之外者謂之逸苟有以盡吾心遠近勞逸吾何擇焉吾惟盡吾之心而已矣夫君子之道求盡吾心之外無餘道也心



有不盡焉是謂二三其心二三其心則富貴貧賤夷狄患難之來皆足以動其中其去道遠矣世之人徒知君子無入而不自得顧以爲獨能人之所不可及不知君子之學求盡吾心之外無餘學也盡吾心之學以事君非有擇於忠也盡吾心之學以事親非有擇於孝也是故建昌不爲遠且勞山東不爲近且逸皆盡心之地也何擇焉

贈友歸連城次歸去辭

歸連城兮行藏在我胡不歸誰謂聞道有蚤莫而年華之可悲想淵明其先得期衛武之可追謝仲淹之後樂諒伯玉之前非嗟叔季之學術但彷彿其裳衣遡聖傳之的確自道心之惟微惟我夫子解此奔馳顧予小子幸君同門長以殊方肝膈乃存耶溪半餉禹穴一尊近侯稀乎點狂終希慕乎子顏求在我以自得必知止而後安悟良知之一竅破世路之多關邇日月之貞明繼天地之大觀夢已絕於三顧丹自成而九還匏蘘羨而厭飫甘泉石之盤桓歸去來兮偕童冠而春



游幸斯文之在茲元具足而何求嘉雙睫之未盲嘆旁搜之可憂鄉人問予以何故非前日之西疇越南之東冀北之舟徒勞苦以窮年終老死於一丘木有根而必榮水有源而必流謝多岐之逐逐得吾心之休休歸去哉萬物皆備於我矣奚以形迹爲去留歸乎茫茫非所之蒼生苟有福三代信可期山我樵而海我釣婦我饁而兒我耔玩乾乾之羲易咏關關之周詩信良知之可樂我即天地復何疑

何秦

何秦字廷仁以字行字性之號善山江西雩縣人陽明弟子也陽明十四歲爲諸生時同邑黃洛村以所聞陽明之旨盡告之善山曰我昔與子恨不及白沙之門意斯道不復有聞於後也由今所聞又奚他求是不可不聞於管義泉義泉曰然則然矣恐不利舉業家貧親老柰何洛村曰當質之師道也藝在其中矣道猶根株藝特枝葉耳於是同趨虔臺至則陽明提兵桶岡



又相率趨南康執贄爲是時善山有繼母之喪斬然以衰服見陽明曰是可謂不學以言而學以躬也善山既聞一體之學得良知之旨在朋中更篤於切磋四方同志來謁陽明者咸咨請於善山善山不喜佔俾雖在膠庠斬斬欲脫去然每試輒居上等嘉靖壬午與義泉同領鄉薦巳而陽明在南浦則左右於南浦在越則左右於越陽明既沒辛丑始謁選爲令得新會喜曰茲非白沙先生之鄉耶數十年夢寐今始及門

至則掃祠宇召諸生爲期而會設條而教久之環祠門而聽者踵相接也乙巳陞南工主事辛亥卒其論學語曰聖人所謂無意無情者非眞無也不起私意自無留意留情耳若果無意詭從而誠若果無情詭從而精是堯舜不必惟精孔子不必徙義改過矣吾故曰學務無情斷滅天性學務有情緣情起釁不識本心二者皆病

有意固謂之意見而必欲求爲無意是亦不可謂非意見也是故君子論學必大高但須



識本領耳苟識本領雖曰用意自無留情苟不識本領雖曰欲無意只是影響　或謂求之於心全無所得日用云爲茫無定守夫良知在人爲易曉誠不在於過求也如知無所得無所守守即良知也就於知無所得者安心以爲無得知無定守者安心以守之斯豈非入門下手之實功乎况心性既無形聲何從而得既無定體何從而守但知無所得即有所悟矣豈眞無所得耶知無定守即有定主矣豈眞無定守耶

後世儒者不能以至聖人其毫釐之差只不信
此使果眞知即刻一了百當自是了得終身見
在此心合下圓成合下具足更有何意可起何
理可思苟有所思慮蓋不過殊途同歸一致百
慮而已　湖襄天下之衝也貨利聲妓雜居劉
子夢禽恥同其俗擇地靜幽結廬以自脩焉或
曰劉子其知所脩也乎遠其色無蔽其明放其
聲無擾其聰棄其智無亂其思守其默無疚其
中劉子其知靜也乎善山子曰□脩也殆非劉



子所謂靜者歟使必盡絕外誘□後謂之能靜
則劉子目將絕天下之色然後謂能養明耳將
絕天下之聲然後謂能養聰口將絕天下之言
然後謂能養中心將絕天下之感然後謂能養
睿若是劉子已有目矣焉能使不辨色已有耳
矣焉能使不辨聲已有口與心矣焉能使之專
默而無感也哉孟子曰形色天性也總劉子閉
之幽室求欲無視蓋已視無視矣求欲無聞蓋
已聞無聞矣求欲無言無感蓋已言無言感無

感矣於是而求靜也可得乎曰然則將任其情
之所之而後謂之靜歟曰非也君子亦惟致其
良知而已矣知至則視無不明聽無不聰言無
不中動無不敬是知應物之心非動也有欲固
謂之動耳絕感之心非靜也無欲固謂之靜耳
苟有欲焉雖閉關習靜心齋坐忘而其心未嘗
不動也苟無欲焉雖紛華雜擾酧酢萬變而其
心未嘗不靜也動而無欲故動而無動而其動
也自定靜而無欲故靜而無靜□其靜也常精



動定靜定庶矣乎　所諭箇中疑議差毫髮就
裡光明障幾重肯信良知無適莫何須專後費
磨礲即此知直造先天未本來面目豈特無容
擬議雖光明亦何所有誠知本體無容用其力
則凡從前着意尋求要皆敲門瓦礫耳門開則
瓦礫誠無所施雖然太虛中何物不有門戶瓦
礫色色具列而不能染於太虛思而無思擬議
而無擬議道固本如是耳是故戒慎恐懼格物
致知雖為衆人設法在聖人惟精殆亦不廢不

然孔子嘗謂吾有知乎哉無知也而又憂聞義不能徙不善不能改豈孔子之爲我欺往往上達不離下學中得之然則磨礲改過正見聖人潔淨精微

天下之事原無善惡學者不可揀擇去取只要自審主意若主意是箇眞心隨所處皆是矣若主意是箇私心縱揀好事爲之卻皆非矣譬如戲謔也是不好事但本根是箇與人爲善之心雖說幾句笑話動人機括自揣也是眞心但本根是箇好名之心則雖孝親敬長溫凊定省自揣還是欺心



此學是日用尋常事自知自足無事旁求習之則悅順之則裕眞天下之至樂也今之同志負高明之志者嘉虛玄之說厲敲確之行者樂繩墨之趨意各有所用而不能忘所見此君子之道所以爲鮮

致中和天地位萬物育者如或時動於客氣梏於物欲覺得胸中勞耗錯亂天地即已翻覆親而父子兄弟近而童僕遠而天下之人皆見得不好至於山川草木鷄犬椅卓若無相干也自不好天下雖大我自不得其平矣少卽平其心易其氣良知精察無有私意便覺與天地相似矣不惟父子兄弟童僕自無不好而天下之人亦無不好以至鷄犬椅卓山川草木亦無有不好眞見萬物皆有春意至於中間有不得其所者自惻然相關必思處之而後安故盡天下之性只是自盡其性

天地萬物與吾原同一體知吾與天地萬物旣同一體則知人情物理要皆良知之用也故除卻人情物理則良知無從可



致矣是知人情物理雖曰常感多之感而順應者皆爲應迹實則感而無感良知無欲雖曰常寂要之原無聲臭者恒神應無方實則寂而無寂此致知所以在於格物而格物乃所以實致其良知也明道以窮理盡性至命一下便了於此可見

象山云老夫無所能只是識病可見聖賢不貴無病而貴知病不貴無過而貴改過今之學者乃不慮知病卽改卻只慮有病豈知今之學者要皆半路脩行者也習染旣深焉能

無病况有病何傷過而能改雖曰有病皆是本來不染而工夫要亦為精一實學耳　所議老師行事一節恒愧不能虛心體究惟務解釋卻有許多附會執泥之說大抵學不可以有拘事豈能免於無過古之君子過則改之更則仰之過吝何傷如大舜聖人過猶不免使果無之則虞廷吁咈禹與臯陶又奚用於諫乎其下如成湯聖敬日躋猶稱改過不吝今僕於師只欲以無過稱之是不以古之聖人望吾師只欲以今



之君子尊之是豈真知乎師也哉要之毀譽得喪不能自忘其情乃爾雖然君子固不能離於形迹而亦不可專以迹泥也若盡以形迹律之則舜與成湯誠不能以無議矣愚意今日論學只當辨良知本領果與慎獨工夫同與不同不當論其行事標末律之古人出處異與不異使其本領既同而行事或過自可速改而進誠明之域使其本領已失而操履無過雖賢如諸葛韓范明道尚惜其不著不察而有未聞道之嘆

此皆今日膏肓危宜精辨但愧不能以此切礪卻汲汲為師解釋無過僕豈不誠遂過之小人矣乎　謂近來勉强體究凡動私意一覺便欲放下如此夫豈不是切實工夫但說得似易恐放下甚難若私意已嘗掛根雖欲放下卻不能矣須有好仁無以尚之之心然後私意始不掛根如此一覺放下便就是潔淨精微之學而子更求真切方法予謂此外更無方矣

徐樾



徐樾字子直號波石江西貴溪人為諸生時即知事性命之學其為舉子業不拘時態意之所至發所自得而已早師陽明與聞良知宗旨後卒業心齋之門陶鑄益深登嘉靖壬辰進士歷官部曹臬藩嘉靖壬子簡任雲南左布政使值南滇那夷簒立奉　命聲討波石奮不顧身直入沅江仗義撫勦不意那賊詐降縱兵象衝突遂遇害死之　詔贈官錄蔭其子其論學語曰人之性天命是已視聽言動初無一毫計度而

自無不知不能者是之曰天聰明於茲不能自得自昧其日用流行之幾則其為學亦出於念慮憶度展轉相尋之私而已豈天命之謂乎則其議論講說之間規矩戒嚴之際工焉而心日勞勤焉而動日拙忍欲以飾名而誇好善持念以藏機而謂改過是正顔子之所謂已而必克之者而學者據此以為學何其汗漫也哉且以天命之體夫豈難知人之視聽言動天然感應不容思議是則乾易坤簡此而去天將何委哉



特人不能即此無聲無臭之真無造而自得何也昧其本然自有之性牽纏於後儒支離之習孟子曰我固有之也非由外鑠我也今皆以鑠我者為學固有者為不足何其背哉學道者自學而已萬物皆備於我而仁義禮智之性果有外乎哉此而自知而自能天下之能事畢矣天命一也自道體之大而無外曰天自道體之運而無息曰命憲天者不違帝則知命者自率性真一盡其道者也不能自盡其道則是人也具形體而已矣是以有天人之分也天也命也豈別為一體吾可得追慕而企及之耶不過自求自得而已矣既自求自得而天也命也又果何所指耶神之無方可擬不曰天乎誠之無間可息不曰命乎是曰天命之謂性　知者心之靈也自知之主宰言心自知之無息言誠自知之定理言性自知之不二言敬自知之莫測言神自知之渾然言天自知之寂然言隱自知之偏覆言費自知之不昧言學是故綱紀宇宙者



知也知知者學也故曰致知焉　夫道也者性也性也者心也心也者身也身也者人也人也者萬物也萬物也者道也夫道一而已矣人之得一也而靈是靈也則性也以生理名則天也以普傳名則心也以主宰名則人也以色象名則萬物也以變見之迹名會之曰道宗之曰一世之知萬物皆我也而不知曰我者二也世之知性心謂道也而不知靈外無我我外無性心也惟得其一而宇宙之道備矣故夫子曰吾道

一以貫之陸氏曰心爲宇宙其知旨者也往古來今上天下地統名曰道是道在人統名曰心故曰人者天地之心既曰天地之心以言乎天地之間則倫矣而何我何萬物乎哉二之則有外有外則非一不一則私矣非道也不得一則非人矣不知一則非道矣不志一則非學矣夫君子志立則自得自得者自覺而已覺幽見真故名爲得得實何有斯可與適道矣適道者志即道也道即適也知一焉已矣孟子曰不慮而知夫曰不慮而知若固物然匪一也而能若是



乎神哉陽明先生曰致良知者此知即一此知本神知之不昧是曰致矣噫先生之言至矣哉

道也者性也非率性則道其所道者也先儒輩出皆知宗性學矣而知性者或寡矣則其用工不能自得其天命之真亦性其所性者也若夫豪傑則立志直希孔孟何暇竊似弄影於依稀假借之地以聞見推測爲知念慮追責爲學規矩模倣爲習是皆外襲者非性也孟軻氏沒

而知學者鮮矣聖賢教來學率性而已人之動靜食息仁義禮智靈明之德感通皆以時出而名立焉無有不感通無有不停當自晝而暮自少而老者也此天命之性如此是智之事智譬則巧而不能使人者須自得也自得之學於良知之自朝而暮能聞能見能孝能弟無間晝夜不須計度自然明覺是與天同流者非天命而何一入聲臭即是意念是已私也人爲也轉展苦而益勞是作拙也人之日用起居食息誰非



天者謂其不自悟故曰蠢動能字之者動靜食息已是真知真識又從而知識之是二知識也能自信天命之真而自安其日用之常是則渾然與天地合德矣是謂喜怒哀樂未發之中而允執之矣顏子之學盡是矣周子所謂一爲要程明道所謂廓然太公物來順應不須防檢不須思索孟子曰性善者皆是也如此則一知止而後有定

夫六合也者心之郛廓四海也者心之邊際萬物也者心之形色往古來今惟有

此心浩浩淵淵不可得而測而窮也而曰誠神幾曰性道教知此曰知止失此曰自暴此者惟幾惟微巧在自覺而已此知之體冲虛無朕曰中感應中節曰和舉此而詔之於人曰傳人了而自契曰悟不差毫釐曰巧甚矣夫巧之不能喩於人也蓋其指識曰心名欲爲情似是而非背道而馳吾固不知其爲吾也已矣萬物何與也哉是以在禹皐陶則見而知之是見而不知者亦衆矣在湯文武則聞而知之是聞而不知



者亦衆矣夫道也者性也謂人而無性可乎聖人者人之聰明也謂人不皆聰明可乎人不自滅其性而不自作其聰明其誰不聖人乎是本無難知者也知則率性而已豈不至易良能而已豈不至簡聖人不得而見之有志者蓋寡矣

聖學惟無欺天性聰明學者率其性而行之是不自欺也率性者率此明德而已女慈子孝耳聰目明天然良知不待思慮以養之是明其明德一入思擬一落意必則卽非本然矣是曰自欺也先師陽明先生只提致良知爲古今參同蓋以此也先生深於自得者也自信此知卽性也曰知者自靈明言曰性者自不息言妙用無端條理密察曰理靈明者此覺也莽焉俱無神聖莫測曰明曰誠體以知名有知無體理本用顯仁義由名故曰爲能聰明睿知與溥博淵泉而時出之寬裕溫柔齊莊中正時出而名之者也語其體固聰明睿智是已此卽一覺知者也視聽痛癢無不覺者此覺之外更有覺乎愚



不肖者日用此體也奚謂不知不自知其用處是性故曰蠢動是以動處是覺覺處亦昏昧也賢智者不知日用是天則也而有照覺是乃能澄然無事實過用其心而作於僞矣君子之道所以鮮能也由黜聰明而仰鑽瞻忽蓋知人道必求依乎中庸所以得卽永得故曰得一善而勿失之矣　疑吾道特足以經政撫時而不知其定性立命之奧將謂二氏有密教也而不知人者天地之心得其心則天地與我同流混

闔之化相與終始亦何以惑死生乎易曰原始返終故知死生之說其說也謂形有始終耳而性即命也何始終乎故君子盡性則至命矣不知求作聖之學何以望此道之明而自立人極也哉　夫人之所以爲貴者此性之靈而已矣惟靈也故能聰能明能幾能神能謙能益能剛能柔卷舒變化溥博高明出入乎富貴貧賤之境參酌乎往來消息之時安然於飲食居處怡然於孝悌忠信伊尹以天民之先覺而覺天下者覺此靈明之性而已必自覺矣而始可以語



得也是故惟君子也無入而不自得自得者率性而行者也焉往而非道哉不有伊周又誰覺天下未覺之先又誰其不執夢想以爲眞哉釋夢去想則無所事矣惟覺則眞妄則未覺也未覺又以何者爲眞乎雖然眞性不以妄而或泯也誰其無恍然之一覺哉百姓共玩而不察惟其不察故無自悟之門矣孟子指怵惕之心於乍見入井之頃即伊尹覺天下之心也　孔正

之學堯舜之治舉求諸心焉而已心外無事矣求事也者或逐事而二心求心也者以言乎天地之間則備矣是心也即萬化也自聖人以至愚夫一者也知天下國家皆我也是曰知心知天地萬物皆心也是曰知學　盡心則萬物備我我者萬物之體萬物者我之散殊一物不得其所則將誰委乎曰我不能則自欺其知曰物難盡則自離其體是皆自私自是者之見不責躬而責人不求諸心而求諸事非盡心之謂也



告子固有義外之非矣伊川曰在物爲理何以異於義外哉子莫固有執中之陋矣伊川曰堂之中爲中國之中爲中何以異於執一哉信理在外也何以曰感而遂通天下之故信中可擬而明也何以曰故神無方而易無體　學所以明道也道者率性而已耳目之無不視聞者聰明則然也父子之無不愛親者慈孝則然也是固若大路然而民生日用不能不由之者也然道即聰明慈孝也顏子之仰鑽瞻忽何謂而

歎其難道信高矣美矣孟子曰徐行後長何謂
而指其近　問志道懇切如何又有迫切不中
理之病曰迫切不中理者欲速也意識爲累故
有此病知學者此知精明自惺惺地有蔽即覺
而惻隱羞惡不能自已者也未知者但意識耳
勤懇之念作疑計功雜出於思如何會循循
問盡心便知性知性便知天此理莫不失於大
快否曰心也性也天也果有二乎學者無師承
怎便會悟徹此心既未徹種種障蔽奚止於太



快之疑　問宋朝惡忌伯淳以其不理會事只
是理會學如何曰知外無學事外無知既曰理
會學則日用皆著察之功無非事者安得有事
學之分　問以堯舜事業爲一點浮雲只是所
性不存之意曰浮雲語適然也做到時雍風動
處聖人皆順應而我無與此正是允執厥中
問氣清則通清極則神恐神不可以言氣也何
如曰運動者曰氣虛靈者曰神皆擬而名之者
也不神則無物矣誰其運動學而未至無欲則

思雜雜則不淸雜則不神非二也　問朱子謂
朝廷若要恢復中原須要罷了三十年科舉此
說如何曰謂須得眞才可圖恢復必須學術中
來今日卓越之資皆溺習於科舉而不知汲噫
弊而害也久矣誠正之學不講如人才何　問
孝弟之至通於神明不是兩般事此理何如曰
愛親敬長者性也即神明之感而通者也焉有
兩般事自行於人者有至與不至故必曰至則
通於神明　問知涵養而不務講求將認欲作



理則如之何曰如認欲作理則涵養箇甚講求
正精察乎理欲而存乎此心者也這學問中自
不能缺一的如何是專如何是不務莫認講求
作談天說地也　問五行之生也各一其性似
指氣質之性而言何如曰五行陰陽一太極也
一而未嘗不殊殊而未嘗不一也猶人也耳目
口鼻未嘗可同見聞覺知未嘗有二心也質者
性之器氣者性之運詎得而二之而離之者哉
若曰天地之性又曰有氣質之性則誤矣　問

南軒荅胡直夫書亦豈無欲乎而莫非天命之流行不可以人欲言恐欠真切曰有欲此念也無欲亦此念也覺與不覺耳蓋百姓日用莫非天命之流行但無妄卽誠也知此則入道有門矣　問伊川謂動見天地之心如何曰復其見天地之心又着剩語如學果自得莫非是心何動何靜何見何不見不自得皆空言也何從而見　問銓司選官避嫌者皆是私心若係其親子弟如何不避嫌得曰人心虛靈別嫌明微乃



時措謙用若此等商量自著不得此皆有欲之心從搭套中商量而求其可豈義之與比若此等心避不避皆私也　問理性命章萬一各正如何謂之各正曰各賦此理而生蠢動與人靈性各具是天命無二也品物之殊曰萬均得所賦曰各正　問至誠如神曰如神者如吾靈明之本性也故曰民愚而神

聖學宗傳卷之十六終

# 聖學宗傳卷之十七

東越　周汝登編測　王繼晃
陶望齡訂正　王繼炳　參閱

## 羅洪先

羅洪先字達夫號念菴江西吉水人嘉靖乙丑生父循仕至憲副念菴年十四未屬文其女兄夫周汝方爲語舉業法始習舉業後汝方師陽明于虔時時爲語學問正傳及龔元亨篤力處念菴於是慨然有志聖賢之業居常斂目端坐



同舍生或嘲誚之不爲動比傳習録出念菴奔假手抄玩讀忘寢往往脫頴見篇章間同舍生益驚避之舉於鄉以父疾遂輟會試師事里中李谷平谷平端嚴有守學以閑邪爲訓者及計偕聞同郡黃洛村何善山二舉人曾受陽明學者附其舟嚴事之時念菴兢兢然動止不踰矩而二子言動如常衷疑之一日論學善山慨曰近世號名講學者究其裏微類先入心耳念菴憮然內省自是學求近裏日究陽明致知旨年

二十五舉南宮　廷試第一人時外舅曾某官
太僕卿報初下趣告念菴曰喜吾胥幹此大事
念菴聆之蹙頞赤徐對曰丈夫事業更有許
大在此等三年遞一人奚足爲大事也是日猶
紬米偕何黃二君聯榻蕭寺中商學焉授翰林
院脩撰踰年請告歸謁谷平於浙邸訂舊學後
日侍憲副公於家公訓飭不殊童穉言動少錯
辭色必厲客至令余行酒拂席授几忻忻從
[illegible]入京補原職時歐陽南野徐存齋共事館



中念菴每過從論學歸輒綴紀既久之遂載帙
矣嗣充　經筵官未幾丁外艱歸居喪蔬食水
飲三年卿哀不入室每寓近里玉虛觀四方士
友因而依歸者衆或諷之居憂講學非宜念菴
報書謂志在求益非敢主會開講也服闋彌年
丁毋憂執禮彌殷一日玩內典得返聞旨覺此
身在太虛視聽若寄世外友人覩其顏貌驚服
念菴曰是將入禪那矣乃置前功篤志聖學正
脉必遵濂谿無欲旨居常與同郡鄒東郭及諸

同志切劘無虛日推補宮僚改左春坊贊善赴
　召道南都兩入城晤同志與王龍谿諸公質
辨累日至維揚趨泰州安豐塲訪王心齋心齋
時病不出念菴就榻旁與語述近悔恨處求益
心齋不荅但論立大本以爲能立此身便能位
天地育萬物諸病當自消心齋作大成學歌以
贈念菴感切歌曰父母生我身師友成我仁我
身如不仁形神皆非眞聞歌乃易簀受言永書
紳誰知百年內二義無踈親踰歲抵京入春坊



進講與其友唐荊川趙浚谷交好浸客曰相期
許以天下自任中外稱曰三翰林時儲位未定
浸聞有他異念菴乃與二公各上疏以預定東
宮朝儀爲言忤　旨謫爲民念菴出京與荊川
各買小艇躡發角巾布袍蕭然世外每暇共編
圖史學書寓遲遲意既歸二年庶弟請析居念
菴盡推先世田宅與之自別建一宅僅蔽風雨
自歸田來削跡城市辭受取予咸裁以義世局
時格秋毫靡狥嘗曰此吾當然非期免毀譽也

郡中東鄙南野雙江諸公咸家居爲會講學衆
常至數百十人念菴每與抑抑求麗澤未嘗以
言詞先人一時薦紳縫掖瞻其容止快覩景行
有不假言詞之末者久之游衡岳登山過觀音
巖有僧楚石出迎私曰吾嘗受異僧外丹誓非
人無傳今以授公拒不受丙午過毘陵訪荊川
夜語契心相對踴躍曰庶幾千載一遇乎然荊
川自以博大不如也冬闢石蓮洞自是多洞居
同錢緒山王龍谿赴青原之會士友至者益衆



己酉一日坐洞中有悟恍惚大汗灑然自得邑
令以講聚無所爲葺玄潭之雪浪閣集士友大
會庚戌聞虜逼都城念菴目不交睫者月餘甲
寅會王龍谿于海天遂同舟西歸會于玄潭乙
卯春偕龍谿游楚寓黃陂深山中龍谿先返念
菴獨留樓一樓日夜趺坐半榻中三月餘自覺
有省九月返舍踰年水漂沒其居假寓田家洎
然不以干意同志因醵金相助念菴用搆正學
堂於洞南戊午荊川邀會齊雲巖共訂出山念

菴曰天下事得兄任之奚必我出荊川意乃寢
是冬以病謝客屏居龍谿復來訪信宿語別次
年癸亥錢緒山以陽明年譜請校裁既竣序之
時年六十矣四方及門士相繼叩請日繁念菴
教先默識重躬行凡初至者誨令靜坐反觀俟
稍有疑然後隨機引入甲子春夏集有斐亭者
先後不絕念菴日三至終日忘言而精神流溢
眞意融盎飲其和者自不覺其入之深也明年
八月忽病長老入室問疾覩無長物曰甚哉窶



也荅曰窮固自好中秋日門人扶翼危坐正巾
斂手而逝年六十一謚文恭其論學語曰周子
所謂主靜者乃無極以來眞脉路其自注云無
欲故靜是一切染不得一切動不得無然畔援
無然歆羨莊生所言混沌者近之故能爲立極
種子非就識情中認得箇幽閒暇逸者便可代
替爲此物也指其立極處與天地合德則發育
不窮與日月合明則照臨不遺與四時合序則
錯行不忒與鬼神合吉凶則感應不爽脩此而

忘安排故謂之吉悖此而費勞攘故謂之凶若
識認幽閒暇逸以爲主靜便與野狐禪相似便
是有欲即使孤介清潔自守一隅其與未知學
者何異是可不深省而致思也哉　陽明先生
苦心犯難提出良知爲傳授口訣蓋合內外前
後一齊包括稍有幇補稍有遺漏即失當時本
旨矣往年見談學者皆曰知善知惡即是良知
依此行之即是致知予嘗從此用力竟無所入
蓋久而後悔之夫良知者言乎不學不慮自然



之明覺蓋即至善之謂也吾心之善吾知之吾
心之惡吾知之不可謂非知也善惡交雜豈有
爲主於中者乎中無所主而謂知本常明恐未
可也知有未明依此行之而謂無乖戾於既發
之後能順應於事物之來恐未可也故知善知
惡之知隨出隨泯特一時之發見焉耳一時之
發見未可盡指爲本體則自然之明覺固當反
求其根源矣　力行是孔門第一義今之言不
覩不聞者亦是用力行至精密處非有二義也

凡事狀之萌有作有止而吾心之知無斷無續
即事狀而應之不涉放肆可謂有依據矣安知
非安排理道與打貼世情彌縫人意乎即使無
是數者應事既已作何歸宿此不爲虛過日月
哉又况處事原爲此心心有時而不存則事亦
有時而不謹所謹者在人之可見聞因見聞而
後有着力此之謂爲人非君子反求諸己之學
也故戒愼於不覩不聞者乃全吾忠實之自然
而不覩不聞即吾心之常知處自其常知不可



以形求者謂之不覩自其常知不可以言顯者
謂之不聞固非窈冥之狀此處不令他意攙和
即是必有事焉又何茫蕩之有此等辨別言不
能悉要在自尋自索自悟自解始是覿體相見
也　心之本體至善也然無善之可執所謂善
者自明白自周徧是知是非知非如此而已不
學而能不慮而知順之而已惟於此上倚着爲
之便是欲便非本體　良知不可思議不可執
著本虛明靜定以虛明靜定求即非良知本變

化無方以變化無方求即非良知　近始知性命緊切只幾微處未是絲毫不掛若是逼眞漢眼前更有何碍手何物敢來作祟此處更無貼襯更無等待一切撇脫得下說寒是雨說熱是日更不須取證何方　落思想者不思即無落存守者不存即無欲得此理炯然隨用具足不由思得不由存來　言此學常存亦得言此學無存亦得常存者非執着無存者非放縱不存而存此非可以倖至也却從尋求中得由人識



取　荅人云細觀語意尚有過於思索照管把捉處白沙有云學患不用心用心滋牽纏非謂是耶謂念之起伏如生龍活蛇捕縛不定此不得機括者耳此必知解技能心安貼不下若識得心體自不應有此謂靜中隱然有物此即是心體不昧此處常作主宰是一生不了念一切放下是千休千處得是眞作得主宰定　荅人云日至月至不息之說甚善但古人所謂至者非今之所謂不間斷者也今之不間斷者欲常

記憶此事常不遺忘而已若古人者如好好色如惡惡臭如四時錯行如日月代明是以知識推測想像模倣爲間斷盖與今所云者有大異矣　詩有之不識不知順帝之則此已明言示人第人不自覺察爲陳言所蔽汨沒以終身耳

道之在人固是鶻突不得知解也用不得固是放肆不得執着也用不得高深不能使之加卑近不能使之貶所以然者正謂此道原是中原是庸與家常茶飯相似人人日用而不自知



却是當面錯過也　止其所之所非言可及人之身至近而不可見不曾動不容執者惟背爲然取象於背使人反求必如是而後可幾矣是故内無所欲外無所舍不向道理生知解不逐作用增安排獨往獨來隨其所在不出其位非定性之君子烏足以語此　荅人云能於自性自命喫緊用力自朝至暮如絲過細斬釘截鐵此纔是有求爲聖人之志不知向此工夫只在話頭上拈弄至於自性自命尚不能知却又說

精說一說感說應如此者豈特騎驢覓驢已哉
往昔所論亦甞有見於當下痛癢然猶寛鬆未
是狠手猶被道理作障容易遮𢹂弟雖不才却
有隻眼自照不肯將就冐認若是猛徤漢直窮
到底尋根究源斷不容時刻粘帶纔粘帶即非
此物既非此物何爲性命此等處非是各人自
悟縱終日爭辨未有出頭時也佛與吾儒之辨
須是自身已有下落方可開口然此亦是閑話
辨若明白亦於吾身何干吾身若既了時總不



開口誰不取證兄豈不將此等作大事件以爲
講論不明將至誤世弟則以爲伊川講明後又
出幾箇聖人濂溪未曾講明又何曾誤了春陵
夫子無生之說門面不同何須深論今縱談禪
坱未見有人削髮棄妻薄視死生抛却名位此
數事乃吾儒詆毀佛氏大節目處既不相犯自
可無憂兄吾爲此懼一言似可稍解矣然此亦
淡分析吾輩一箇性命千瘡百孔醫治不暇何
得有許多爲人說長道短耶弟願兄將精一還

堯舜感應還孔子良知還陽明無生還佛直將
當下胸中粘帶設計斷除眼前紛紜設計平妥
原來性命設計恢復葢於我者取之而非狥其
言也害於我者違之而非徒以言也如是尚何
說之不同而懼之不早已乎　來書云恕已則
爲善不勇須先以敬敬則心存心存而行恕方
爲有根此是夫子告仲弓正脉路復有何疑但
下手亦須明白節奏試言敬之與恕果二時乎
則忠以行恕又若悖矣果一時乎則敬屬持已



恕屬待人敬似不可斷而恕若有行與不行之
時如何方得常爲持守合一不至斷續耶且敬
時意思何似所言心存指何爲存此等處乞一
一分踈挑剔明白葢實下手非道理可支撑駕
過也有根二字極有着落但得以上數者明白
即歸根處應不漫浪　荅人云手書不睹不聞
只是此中戒愼恐懼亦求合此中此一言乃書
中肯綮也不知認不睹不聞爲此中果斂雜念
反觀而得之耶亦於應酧紛擾中體驗而得之

耶亦於見聞中觸悟或推道理且然耶此處分
得明白即能自知向往路徑所謂戒懼爲求合
此中果持守此心令入規矩耶亦須掃除雜念
耶亦只是不起別念直任自然耶此處分得明
白即能自知結果　向者從事於學不免支離
於口耳出入於意見工夫作輟竟不合一汨沒
歲年今春得與諸友切磋反覆磨鍊必有省悟
千古聖賢工夫無二端只病痛不起即是本心
本心自完不勞照管覓心失心求物理失物理



守良知失良知知靜非靜知動非動一切掃下
直任本心則色色種種平鋪見在但不起即無
病原無作又何輟乎故曰道不遠人又曰道心
天道流行豈容人力撐持幫補有尋求便屬知
識已非所謂帝則矣　知幾其神幾者動之微
也幾者道心而謂有惡幾可乎故曰動而未形
有無之間猶曰動而無動之云也而後人以念
頭初動當之遠矣　知默默一室中亦是了天
下萬物了天下萬物亦與默默室中無加損

余與南山龍谿連臥禪榻上因論告子義襲之
旨龍谿曰學問識得眞性方是集義不然皆落
義襲矣余因詰上兄觀弟識性否龍谿曰全未
因與南山嘆曰如此則吾輩已非集義終日作
何勾當可不省哉因各惕然自懼寺僧海天延
入方丈設齋供畢同入禪堂觀諸僧煉魔皆數
日夜始一休因感悟自己悠悠處歸臥禪榻夜
半請問善與人同之旨龍谿曰善與人同是聖
凡皆是平等如今纔說作聖便覺與人異若看



得聖人與愚夫愚婦稍有不同即非大聖之學
矣且曰天性原自平滿今汝縱是十分回頭用
力俱輳泊作平滿作平滿便是不平滿矣此皆
機心不息所以至此余嘿然領受龍谿諭余曰
汝學不脫知見虛知見有何益看來總未逼眞
若眞來輪刀上陣措手不軼直意直心人人皆
得見之那得有許多遮瞞計較來若一向如此
央不能有成遇有事來央行不去從前錯過好
日月須從此發憤勿至墮落可也南山龍谿令

余言渠病各有呈似互相省發因倦就寢至中
夜南山熟睡龍谿覺余問曰如何是真爲性命
龍谿曰捹得性命是爲性命余曰如何龍谿曰
如今爲性命不真總是捹世界不下如今說着
爲善不是真善却是要好心腸皆是隨人口腦
總是打毀譽得失一關不破若是真打破的人
被惡名埋沒一世更無出頭亦無分毫掛帶此
便是真爲性命能真爲性命時時刻刻只在這
裡著到何暇陪奉他人如此方是造化欛柄在



我橫斜曲直好醜高低無往不可如今只是依
阿世界非是自由自在因嘆曰今世所謂得失
不知指何爲得失所謂毀譽不知毀譽箇甚便
說打破已是可嘆矣余因此有省曰此一句吾
領得原來日用工夫皆是假作龍谿喜曰如此
不是不知痛癢矣　余以近歲所學質龍谿且
述逃世之樂龍谿曰吾儒之學本以經世此心
與物相爲流通人有弗善而不能委曲成就即
於己心有礙故心心與萬物析離不得見稍有

偏便落無情因指洞石笑曰若與物無干只如
此石奇則奇矣何補於有無哉予詰曰酷暑得
之何謂無補龍谿笑曰終是受用不久矣辯析
二日始覺其說本之孔門之仁自孟子沒未有
能究其用者因之有省時有問未發之中者爭
論不一久之龍谿曰未發之中未易言須知未
發却是何物謂之未發言不容發也發於目爲
視矣所以能視者不隨視而發發於耳爲聽矣
所以能聽者不隨聽而發此乃萬古流行不息



之根未可以靜時論也報始嘿然夜與龍谿共
榻言别因請指予之短龍谿曰念菴每欲破除
私欲但又似在破除上尋一道理拈一物放一
物終非了手須更勉之　射之於的也必先見
而後中至於中則見有不足言者學者之於道
也亦如是學至離見然後身與道一　閒中勘
破得古來聖賢在人世中拳拳盡道初爲何故
是爲自心有所不安須如此乎是爲他人屬望
不容放恣須如此乎此處若見得分曉即過於

讀萬卷書　事上磨煉譬之服藥此是正方如
盡絕應酬又是隨病立方譬之飲食可以養生
若身有疾便素食只是養生若傷食便減食亦
是養生　六經古矣人之傳述六經者未必其
皆古也爲之柰何復古之六經而已古之六經
何也不於其傳述而於聖人之心之精微是也
聖人遠矣心之精微不可得而求矣復之柰何
復吾心之精微不異於聖人之心之精微斯可
矣吾之心非獨吾一人之心然也宋儒如是孔



子如是自文武至堯舜羲皇以上如是即謂之
天地之先亦可也不亦久乎夫以一物始於天
地之先其傳至於今日其當寶愛顧惜宜如何
耶其於棄失而不求者則又何也　世之病於
空言久矣果講學起之乎抑亦別有所奪也今
不講學空言之弊遂已乎世之作舉業者百十
爲群非不知其學之未必皆成也爲師者亦非
不知其教之未必皆信也爲父兄者亦非不知
其子弟未盡可望也然未聞有舍之而弗學而

舉業之精感是之出何也誠於好故不敢以僞
心待之也誠於好故終必有成也夫講學亦猶
是耳亦安得遽以空言盡疑之哉又安知其不
皆空言也即使空言矣不猶愈於忌言學者乎
夫不忌言學則必忌言不學者矣又安知其久
而不化哉孔子曰有朋自遠方來不亦樂乎孔
子之樂非夫人可得而窺也回參之外數子者
未必皆有長於孔子也然而樂其來何也三人
行必有我師焉此聖人之虛中也有其善喪厥



善善而有之且喪矣況非善乎　邇來覺得對
友便有許多感觸儘好商量而吾人當初起念
發心亦由有此講說然後萌動以是竊計安知
人之心不猶我哉所患在我未能入真却恐爲
人口實阻人嚮往罪戾大矣故凡會友亦所以
堅吾之初心去吾之私意而起吾之惰氣也世
未有爲其事而去友者即工商農圃類皆有所
取益蓋與人爲善亦是吾人生理本合如此若
一向不欲拈起即是自身有所間互遂成避忌

亦可以驗操習之專否若事靜嘿實脩隱微內訟即在稠衆又何可忘不獨閉戸始爲慎獨但覺一涉功能或牽知解又當省却酧應盡斥言論隨事調停未可以爲定則也　近來與同郡諸君相聚首始覺會友之樂吾人包裹護持各有所在會友則有無長短相形誠不在言語間而可以得悟　嘗謂友朋之義不明久矣其相與言者率多誑耳非有誠心切磋者也夫舉天下之朋友而謂之未有誠心相與何也以其自



處未有誠爲聖人之心而一切所爲徒營人之耳目則其相與皆耳目之營而未有誠心此無足恠也　示弟子云來書謂悔毘陵錯過不能竭盡請益不知所請者果指藝文否耶抑指己身過失耶若指藝文則海內隨地求之隨問隨足無俟於悔若指己身過失則此心本明自能覺察未有待人指點始分別者分別必待人則克去亦將待人耶來書發揮後輩講學之病此已自能分別路徑矣若此則過在己身更無可

改矣乎如有過可改又何暇作此責人語不自責而責人已是邪魔作祟尚不自知又欲向人乞求符水鮮不爲邪魔斷送來書既悔錯過於毘陵矣得無復錯過於斯言乎　吾輩在世間尚欠出身擔當此學不免於口耳支吾接應過去若眞擔當此學一切俗情雜欲俱自退聽眼前温飽與所識窮乏者得我不惟不暇顧亦有不忍者矣非是一番寒徹骨未可語此　凡虛見與實際不同自平生議論觀之宇宙皆吾度



內小小得失奚足介意至於對景雖一言一動亦有不能强者此虛實之辨也　聖人之學不明於天下與今之學者不至於聖人其患無他大抵皆悠悠爲之也夫悠悠者徐徐云爾

趙貞吉

趙貞吉字[illegible]號大洲四川內江人大洲母余氏夢二童比丘一衣緇一衣白牽其袂求棲托緇者先執余袂不得脫乃生大洲後二年夢白衣童復來生其弟蒙吉二人在提抱即不相離

三四歲時相引至坡谷僻淨處趺坐對說父母從旁竊聽之語不辨或奮怒或怡熙瞬目抵掌作大人狀稍聞人謦欬即斂容泯默矣耳問之苦詰之切竟不一荅也如是率以爲常試藏大者小者即啼哭沸面尋索如不欲生藏其小者大者亦爾幼即能爲奇險對句書過目輒能舉其辭三之一再讀即背誦矣其父以爲至樂至寶處貧賤忘其貧賤也未富貴如已富貴也嘉靖戊子大洲舉於鄉辛卯蒙吉亦中鄉舉兄弟



相與探百家言或習三昧定茅屋之內金石相宣而蓬藋滿門不覺也逮乙未大洲舉進士入翰林而蒙吉遂不仕戊戌大洲上求眞儒疏不報庚戌虜薄都城有　詔百官廷議以　肅皇帝神靈群臣震懾莫敢卬首大洲時爲國子司業出而抵掌談畫條上便宜情詞憤激　上心壯之即使持節宣慰諸省勤王兵所至涕泣諭以忠義將士莫不感厲思奮虜聞稍移營北遁京師解嚴而柄國者嗛大洲沮和貢之議從中

反搆謫之其後　上數念大洲再起再罷以至隆慶初始徵爲大宗伯入　內閣秉政大洲既以塊獨孤忠受知　主上憤人臣阿比成風政體隳壞懷私匿情俗敝財殫慨然欲以身振而新之諸所擘畫皆天下大計務在闢公平之路塞朋黨之門海內翕然想望風采而同事者忌其英儒復陽慕而陰擠之遂不得久於其位凡一載致仕歸卒於家謚文肅大洲講學里中後生多從之游士紳或嘲之曰毋爲所誤往從之



游者只去隨班作揖打躬歌幾章詩耳何學可講大洲聞之曰信然吾實無所講只此作揖打躬歌詩便了其論學語曰中之名何稱哉其性命之總名也歟乃圓滿充足之號無虧無盈無首無尾無分別同異之義其體則太始之元太乙之眞其材則二儀之精五行之秀以言其渾成則爲元命以言其圓明則爲元性不立一知而不見其不足包括萬德而不見其有餘者其惟中乎天高明而中與之高明地博厚而中與

之傳厚萬古悠久無疆而中與之無疆執之者如寶珠在握而珠外有餘光其極也千珠歷落而彩射無邊如古鏡當臺而鏡外有餘照其極也萬鏡交輝而光影無盡命自我立性自我具宇宙在手萬化生身參贊位育輔相裁成躋此者莫盛於堯舜之聖矣下逮三代聖賢無不於此成道而吾夫子援起千載之後直以堯舜爲宗其始志學以至耳順從心之年無非此執中之指至其孫伋始著爲書曰中庸欲以深明斯



道而世儒不達徒以意度解詁曰中者不偏不倚無過不及之名而不指言中爲何物今夫置器於地平正端審然後曰此器不偏不倚度物之數長短適中然後曰此物無過不及今舍其器物未問其作何名狀而但稱曰不偏不倚無過不及則茫茫虛號何所指歸耶若以爲物物有天然之則事事有當可之處吾能精一以討求之執之於心以爲常法則其說又有不然者夫天然之則在此物者不能以該於彼物當可

之處在此事者不能以通於他事若執一則無異於刻舟之愚若狥莭則有同於雕形之苦及是爲大聖人盡性至命篤恭無爲之道奚其可哉若以用精一之功以從事於人心道心之間必使道心爲主而人心聽命則動靜云爲之際自無過不及之差此又以中爲學問之效而三聖相授之時不指其體而僅言其效舍道心精一而舉其行事無過不及之處以爲執守之地若非古文尚書之出則論語之記亦疎矣諸子



因吾說而求之優游厭飫以求自得毋拘舊說毋蹈淺陋他日自肯於羮墻衡帶之間也相與勗之　君子亦心乎學而已矣眞學眞志眞脩眞脩至虛至虛至謙至虛無見見卽是我至謙無我我不可見終日乾乾學此而已矣見起忘脩我起害志脩非眞脩志非眞志故曰眞學夫眞學也者不牀不落不著不倚也不倚也者學於見聞知識而不倚學於人情事變而不倚以至學於天地而不倚無地無時無事非學而不

倚不倚也者無我之謂也見無我則倚於無我
不倚也者無見之謂也無見也者見即是我無
我也者我不可見只此眞見眞我之謂眞志眞
脩謂之至虛至謙謂之誠意如是改過謂之改
如是懲忿謂之懲如是徙義謂之徙如是窒慾
謂之窒如是自改自懲自徙自窒謂之如惡惡
臭如好好色謂之自慊謂之自誠夫誠之者性
也非見也　講吾有知乎哉一章曰夫聖人者
性聰明睿智之體安容執敬別察之用其天浩



浩其淵淵淵其仁肫肫易矣簡矣廣矣大矣明
物察倫知來藏往無不備矣此畧舉聖人大知
之量如此耳今乃忽揭一高堅之談曰吾有知
乎哉此語如青天忽霹靂使人心膽俱喪詎
思無措矣即有智者能於言下領解於聖人之
心如空合空如鏡涵鏡如泡入水如響趨寂渣
滓渾化冥契無碍覿面承之曰公豈欺我哉此
之謂也解柰何伊人之難遇也于是聖人自下
注脚矣乃曰我無知也予于聖語又妄下注

脚曰此無知云者不可錯會謂聖人爲眞無知
耶則木石無知亦可以爲聖人乎聖人到此地
位而性盡不見有知謂之無知實深入智覺之
海者也夫常人理路未盡則有未撤之蔽性天
未盡則存未化之物故知而有知流於情識紛
擾之域矣此固執有之爲害也今夫天四時行
焉百物生焉天何嘗有乎惟天不有故能生生
不窮聖人亦猶夫天也偶一夫之來問持空而
無所之心故能顯聖人周徧之智竭聖人無窮



之藏而聖亦何嘗有哉惟聖人不有故能亹亹
而無盡今夫匠氏聚百石之銅以爲巨鍾累月
渠渠然務成其魁然之形者爲其中有砉然之
聲也問曰魁然之形成矣砉然之聲安在乎則
告曰在擊之耳然則聖人之大知亦若此耳噫
吾儕去聖日遠安得以鄙夫持其空無能之一
叩以游於夫子聖智覺海中而默存其忘言之
教乎班生有言孔子沒而微言絕以予觀此章
句殆仲尼之微言也與　謝子人爲諫官慕學

二語甚大意

甚至曰吾從事於學則不疑於言矣旣引疾歸
曰吾不能不疑於言尚其專事於學矣雖然朋
友益遠微言難析吾其困乎大洲於是爲定志
明學之論曰大至尊者道也至樂者學也學以
聞道志以成學也然而學不信心久矣惟其不
信自心是以志無由立蓋此心不失卽名爲志
此志不失卽臻道域也今先不信心而志從何
生志隳而學宜其展轉外求而自蔽益深矣某
以爲必先討去其蔽而後可與共學是以古之



朋友旦夕聚處先王教化亦必群處校列而後
成有由然也大學者之蔽有窺測前聖模度後
賢摘服佳言飭行善事身心互持徒相窒礙而
此念旣熟自誘曰志者其蔽在不信自心而依
倣妄念邀廵襲取也亦有取自胸臆懸立標準
卽以標準爲師而別起意念常受法焉隱微牽
絆未有止息抱此情識自誘曰志者其蔽在不
信自心而依憑妄念虛恍意見也亦有醉心陳
編馳騖文事研究糾賾增長聞見剽竊空談支

離若逃身心漂泊至老無聞而言語之微矜持
影響及淹浸旣久家具頗成矣遂自誘曰志者
其蔽在不信自心而任肆妄念紛紜玩物也又
有頗知向學而厭靜喜動厭動喜靜者在靜無
主則雜念輪轉而苦眩不寧在動逐物則境役
心變而煩惱復作或滯靜而沉昏是宅或狥動
而神守離軀或照管馳求以爲近取檢點科列
以爲自治惟此枝條最爲煩多而終歸於靡學
矣其蔽在不信自心而妄生支離也又有志非



眞切託意矜名依傍仁義之途而自以爲是日
作心勞之僞而不覺其非比於補塞脫漏惟知
脩飭觀聽故多欲之根日深而知慧之種將盡
矣然而性無滅息本知獨良或因考古而發憤
或聽人言而忸怩或因順境而眞見忽開緬思
有爲或因欲極而天心復見卽求解脫或惜歲
月之不可留或嘆古人之不易及或光風霽月
之下而暢然自出或迅雨烈風之前而惕然追
悔皆其本心忽明之端不可昧也但舊念旣熟

而新知尚生熟者有欲可依而舉目見前生者無本可據而掉臂遺失是以卒歸於不學無志而已矣其蔽在不信自心而無立基無地也夫五蔽者言其畧矣五者交錯互相生養而蔽無窮矣今欲直得本心而確然自信惟當廓摧諸蔽洞然無疑則本心自明不假脩習本性自足不俟旁求天地萬物惟一無二在在具足浩浩克周矣雖然無有師友淵源之論砥礪切磨之功奮起塵俗超然物表者誰與領此某濡迹宦途



而學稍歸一則以京師豪傑所聚而誨我無涯矣謝子離索之憂其誠然乎哉雖然謝子本知與天地萬物同其良也與百姓日用同其能也與千古萬古已去未來之聖哲同其妙悟也疑此者謝子之真疑也信此者謝子之真信也真疑之體即信體也真信之用即疑用也求去其疑非信也求臻其信愈疑也是謂不假脩習之心不俟旁求之性也謝子能信于言乎鳥鳴花落皆是師資行道之人示我妙用而謂爲離索之困哉

古之君子或仕與處皆以究竟其學而已也學者覺也古有先覺而後仕者伊尹是也伊尹曰予天民之先覺者有先仕而後覺者孔子是也孔子蓋少仕於魯至四十而始不惑五十而知天命也嗚乎斯理也涵萬彙而無體攝宇宙而無功動作見聞意識思惟悉於其中現見爲諸有之宗而不可以有求爲諸無之祖而不可以無取是生生之原我之性也悟此爲覺也迷此爲惑也夫已覺而仕則具在我而仕境相摩其覺益精已仕而不求其覺則權在仕



而身徇情移其惑益蔽悲哉惑仕者乎咕嗶瑣末可以敷言小術雷同以之考功君臣之義不明同胞兄弟之念不洪生人憔悴大道荒蒙非有哲人誰與領此

夫學未至於聖人之地而假名言以脩心其勢不容於不異也昔關洛之儒異唐漢矣唐漢之儒異鄒魯矣三千七十之流各持其異入孔門而欲爭之皆喪其名言而如愚以歸故曰雖欲從之末由也已然後異者

合而道術一矣此曷故耶以得聖人爲之依歸
也是故聖人者群言之家而道之岸也夫衆車
𨹔麗馳於康莊而前郤之異者策使之也衆舟
沿泝於廣津而洄突之異者檝使之也衆言淆
亂於名言而喧聒於是非之異者見使之也至
若行者抵家則弃車釋之矣何有於策渡者抵
岸則弃舟釋之矣何有於檝學者而至於聖人
之門則弃其名言喪矣何有於見　子貢賢者
賢者志在尊道故揚厲聖人大過夫子之道本



如慈母如平地顧子貢矯焉揭諸日月又使人
索諸數仞之際亦甚異矣今考於夫子之自狀
如發憤如好古不厭不倦不踰矩耳不如子貢
之所稱翊也曾子曰夫子之道忠恕止矣曾子
耳深悟又不至如子貢之所稱翊也夫不欺其
心爲忠能度人之心爲恕夫不欺自心與能度
他心者豈今之人盡不能者哉循是義也堂堂
平平以入夫子之門是千載而夕昕也　學術
之歷古今譬之有國者三代以前如玉帛俱會

晦菴亦
當首肯

之曰通天下之物濟天下之用而不必以地限
也孟荀以後如加關譏焉稍察阻矣至宋南北
之儒殆遏羅曲防獨守畛域而不令相往來矣
陳公甫嘗嘆宋儒之大嚴惟其嚴也是成其陋
者也夫物不通方則用窮學不通方則見陋且
諸子如董揚以下蘇陸以上姑不論晦翁法程
張矣而不信程張尊楊謝矣而力闢楊謝凡諸
靈覺明悟通解妙達之論盡以委於禪目爲異
端而懼其一言之汚也顧自日看案上六經論



孟及程氏文字於一切事物理會以爲極致至
太極無極陰陽仁義動靜神化之訓必破碎支
離之爲善稍涉易簡疏暢則動色不忍言恐墮
異端矣夫如此學道烏得不陋謂靈覺明妙禪
者所有而儒者所無非靈覺明妙則滯窒昏愚
豈謂儒者必滯窒昏愚而後爲正學耶子思曰
惟天下聰明睿智足以有臨大傳曰古之聰明
睿智神武而不殺是豈塵埃濁物昏沉鑽故紙
而巳耶　來諭云道通天地萬物無古今人我

誠然誠然但云欲捲而藏之以巳立處未克不能了天地萬物也斯言似有未瑩徹處耳愚意謂當云巳力未克故時有滯執處時有碍塞處於此但假漸習薰脩久之不息徐徐當徹去矣卽徹處謂之先天而天弗違卽未徹謂之後天而奉天時也作如是功者日用間種種色色刹刹塵塵皆在此大圓鏡智中卷舒自在不見有出入往來之相陵奪換轉之境矣故曰不離日用常行內直造先天未畫前也豈可以爲粘帶



難於解脫耶中庸曰天命之謂性言其不假人爲無善無不善也喜怒哀樂之未發謂之中也發而中節謂之和也指其率性而不假人爲之處也周子曰和也者中也中節也天下之達道也指其巳發卽未發之體也老子觀竅與觀妙同出同玄之旨與此同也佛氏不思善不思惡見本來面目之義與此同也豈可以中庸之言謂墮於情緣難免生死耶公所引情順萬事而無情者卽圓覺經隨順覺性之謂也於此了了

則世法與出世法一齊徹去無餘矣豈可非之謂於有無中取辨耶公云責任之重有不容巳欲爲巳任又立處未克則不免於攬厭之病矣何則天地萬物古今與我一體也而欲取爲巳任則二之矣是攬之累也謂迎之也我與天地萬物古今一用也而患巳立未克則二之矣是厭之累也謂將之也均之未爲隨順覺性也能隨順覺性則卽體卽用卽用卽體體用一如矣學至於體用一如則達乎大覺圓頓之門矣古



人不貴踐履只貴眼明若能於此具眼歷落分明雖於日用之中官私之事情有滯執處念有碍塞處一歸於習氣之累漸資薰脩方便而徹之耳如是則青城峨嵋之中卽衡山廬阜之境也衮冠師表之地卽御風雲游之處也逸莫逸於與衆同知也勞莫勞於遺衆獨棲也古詞云如今休去便休去非謂休官休世休事也謂休其不了之心也又云若覓了時無了時不了之心在官去官任事謝事俱不了也惟知者當下

了即當下休矣當下休即當下徹矣　答友云
華翰書旨皆戒僕之留意禪宗者夫僕之為禪
自弱冠以來矣敢欺人哉公試觀僕之行事立
身於名教有悖謬者乎則禪之不足以害人明
矣僕蓋以身證之非世儒徒以口說諍論比也
即如我華旦國之北有一部韃靼種落日欲蹂
吾性中有十八陰界戕亂我靈明賊伐我元命
踐我疆土擄殺我人民也公束髮以來即思以
長弓大矢滅此北界虜俗而後食始下咽今雖



老猶未得其便然初志則未衰也公常以此意
攘袂談說於海內之人矣背去則鮮不以公為
狂也而僕則向風賞音知公壯志有兼濟天下
之氣故願一見公如渴如饑今僕亦欲以明智
定力破此一身伐性陰賊雖不能徹底一澄照
厤聖聰明如古至人而莊孟以下欲庶幾也向
來嘗以此意微露於公前而公遂疑之僕何不
幸而不遇公之賞音哉夫古之君子得志則兼
愛天下不得志則康濟一身耳且一身亦不小

也是天地之心也陰陽之會也鬼神之交也五
行之秀氣也未有不被此根塵識念所壞者今
自顧其身與凡夫等而欲造神聖之業豈不難
哉公幸勿因忌其名遂不求其實也且宋儒拘
拘而舉業之士又不足以語於盡性之門彼若
肆其胸臆出不遜則予將柰之何故嘗自托於
不省以免其嘵嘵性於公之前則不敢復遜世
夫公之戒僕意甚厚謂僕之才似可備世任使
者若向空寂之途則灰其有為之志竊墮散棄



不可鞭策而損於名教故可惜也頃京師有友
人亦以此意相責僕欲發揮此道其說甚長頃
刻未易傾倒今當與公約倘聖主異時任用公
以廓清斯世僕雖老猶能為公執殳隨所用之
功成便當角巾東道視去榮利若脫屣耳有一
不如茲言公然後食之階下無懟焉此書若
逢羅達夫可出之以致共堂不必示他人以啟
爭端　記昔與子論性於白日之前矣曰性喻
諸日智喻諸光非光無日於日無光故本性不

迷不迷為智若正智不見本性尚迷處茲迷境而談率性是以真體汨沒於見聞也故知光日一體之喻者可以悟大性矣又記與子論欲於明月之前矣曰欲譬諸雲明是我體當雲在月際人見其暗而明月之體未虧故千古常明者性體一時漸暗者欲塵人能知明是我心欲當自淨原非染暗明亦強名則可以喻寡欲之方矣子於此時亦躍然嘗動無復疑也予曰未也因人言而乃悟者非乃自得也猶之日射搖水光



動於壁寒入火室焉皆自外生借彼精神為我精神所借既去我仍索然其惟深造乎深造則自得也自得則所謂如日之喻性本無欲如月之喻欲自不留循此入道刻期至矣　夫步象蹤者不由兔徑愜大業者必宏遠圖昔古公欲大周之業必遷於岐山之下居焉陶朱欲富其積必處於定陶天下舟車財貨輻輳之處然則士之欲追古聖哲而求得其所為道其處財蓄德當何如耶乃若兒不出於百里目不接一勝友

抱兔園寒陋十數冊故書操舉子活套疊疊不休之筲以雄長於目不識一丁腹無一滴墨汁之輩之中偃然自大曰吾以斯文自任前無古人後無來者有識在側奚啻笑河伯之汨於秋水又廼嘆潢潦之盈於屋霤人以為愧矣嗟嗟人亦有言年近三十憂老將至世事易纏紀光陰易懵懂忽忽淹留壯老逼人打入凡俗隊中亦不難矣可不省哉可不畏哉盖士學道而無師承祇以文字相誑誘者畢竟墮此爾



（求放心齋銘）乾為吾健坤為吾順風行水流日麗澤潤動處為雷止處為山無聲無臭充滿兩間此名為心別名為仁無內無外無損無增自孝自弟自聰自明喜怒哀樂未有一物感而遂通天下之故無情有情合為一體未著軀殼只有此耳聖人以此洗而退藏惟有圓圈可以形容藏中何有圈中何名至精至一為天地心原此真心不分愚智魚躍鳶飛各職其職掌掌我生營營自戕自斷自喪自迷自狂自桀自墻自固其

防自放於憂悲愴逸鄙吝貪婪之場而不悟其
非眞常也嗚呼此獨何心往而不復夜半一聲
天心呈露夢後周公廟中西伯玄酒太羹泊然
無迹辟彼淵泉今見涓涓辟彼大莖今見萌根
無象之象無形之形根滋莖大水到渠成一時
翕聚萬古常靈嗚乎易悟者心難淨者習呼爲
習呼吸爲習吸習心作主須臾不離辟彼家室
見奪於賊退處奴隸僕僕受役反正之苦禹平
水土涵養之力稷藝稼穡於是一念不起境不



觸也一見不倚微不忽也不離繩縛自解脫也
不絕思慮自澄寂也以我視天地萬物未有我
也以天地萬物視我未有天地萬物也翼乎如
鴻毛之遇順風浩乎若巨魚之縱大壑也然而
不能無過也夫不能無過者習雖淨自能改過
者性自定也然後求其眞求放而不放眞悟眞
脩前後徹朗愚非爲下智非爲上固也從事參
乎免夫先立其大白首者書太山巖巖示我廣
居學問無他了此而已實際其地庶爲知恥銘

於東西敢告同志 克己箴 天地萬物本吾一
體也而吾何以知天地萬物之然哉天地非仁
將恐折萬物非仁將恐歇吾心非仁吾身將恐
蹶吾何以知吾身之然哉吾視非仁盲從目生
吾聽非仁聾從耳騰吾言非仁口過曹曹吾動
非仁身過殷殷嗚乎微翳眯睛則八方易位一
念顛倒而入已成敵執迷爲眞賊以代子四竅
塵投一妙覺死樂出於虛橐則成菌旣死之心
不可復振蝸竄蚓穴去仁幾何鳶飛魚躍於仁



何若古之有道去彼取此三才歸根一曰克己
吾何以知有道之然哉以其無己也故能成其
己嗚乎吾有大己俯萬物而觀天地者也大己
不浹小己揭揭小己旣克大己滲滲古之善克
者視於無形聽於無聲動無軌轍言非述稱四
用反一一眞流行無體無方禮壹而亡必有意
必固我作類妙用齊滯具爲瘻病此爲不仁而
株橛小己是故無己爲克眞己爲大至大爲仁
體無對待不見大小焉知內外性此曰聖復此

曰賢小子至愚擇焉執焉昔者吾友從事於此
敢告非狂爲仁由己

聖學宗傳卷之十七終



聖學宗傳卷之十八

東越　周汝登編測　王繼晃
　　　陶望齡訂正　王繼爍　參閱

王棟

王棟字隆吉號一菴泰州人早師王心齋受格物之傳體認有得嘉靖戊午由歲貢授南城司訓連群講學無虛日鄰邑若南豐新城廣昌士多從之游已而主會正學書院及白鹿洞所至翕然向風癸亥以艱歸服闋補泰安訓陞南豐



諭南豐人士大慶天緣同志之會彌盛其論學之言曰陽明先生提掇良知二字爲學者用功口訣眞聖學要旨也今人只以知是知非爲良知此猶未悟良知自是人心寂然不動不慮而知之靈體其知是知非則其生化於感通者耳

良知無時而昧即明德無時而昏大學所謂在明明德只是要人明識此體學者之於良知亦只要識認此體端的便了先師云明翁初講致良知後來只説良知傳之者自不察耳　程

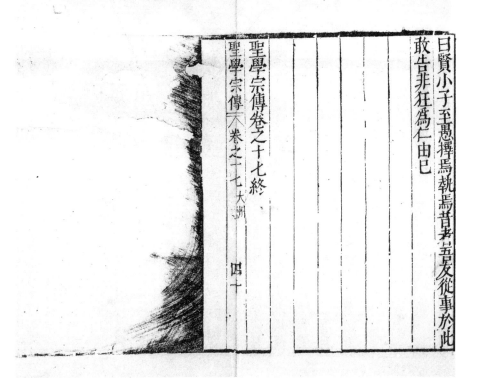

子曰明得盡渣滓便渾化此格言也然不必質美者能之良知本體人人具足不論資質高下亦不論知識淺深信得及悟得入則亦明得盡矣有不能者百倍其功終有明盡時節到得明盡便亦都無渣滓所謂明則誠也學者但當盡力此明不必更求其次只緣當時說個其次惟莊敬以持養之遂使無限英雄盡擇取其所謂次者而終身用力孰敢有自任質美而從事於明盡渾化之功者乎故中庸論困知勉行只說



人一己百人十己千而已工夫初無二項以是知質美者合下便明得不能合下便明則須師友講求潛心體悟歲月磨礱便亦可以明得盡矣所謂明盡只是認得良知的確無遮蔽處耳

聖人神化之精不出於人事應酬之實故孔子論知幾其神不出於上交不諂下交不瀆之兩言吾先師論明哲保身亦不出於愛敬之一道若他人論幾論哲必著許大玄微奧妙之辭愈深遠而愈不實矣　或問本體曰體用原不可分良知善應處便是本體孔門論學多就用處言之故皆中正平實後儒病求之者逐事支離不得其要從而指示本體立論始微而高虛玄遠之蔽所自起矣　由仁義行自是良知天性生機流出不假聞見安排行仁義者遵依仁義道理而行不由心生者也一是生息於中一是襲取於外二者王霸聖凡之別非安勉生熟之分也語意與是集義所生非義襲而取之一類　聖人所不知不能即愚夫愚婦與知能行



之事　心不在焉須知不在何處人言心要在腔子裡心苟只在腔子裡面則凡腔子之外可盡無心耶夫心之本體靜虛無物則爲不放失無在而無不在也若或一有所着馳於彼則不存於此有所在則有所不在矣此之謂不在

誠意謂之毋自欺謂不自欺其良知也如惡惡臭如好好色形狀出良知之不欺者而指之以示人耳此便是自己慊足底眞功夫而非有所待於外也以其寂然不動之處單單有個不慮

而知之靈體自做主張自裁生化故舉而名之曰獨少間攙以見聞才識之能情感利害之便則是有所商量倚靠不得謂之獨矣世云獨知此中固是離知不得然謂此個獨處自然有知則可謂獨我自知而人不及知則獨字虛而知字實恐非聖賢立言之精意也知誠意之爲慎獨則知用力於動念之後者爲無及矣故獨在中庸謂之不覩不聞慎在中庸謂之戒謹恐懼

古人好善惡惡皆在已身上做工夫今人好



善惡惡皆在人身上作障礙　程子每見人靜坐便道善學善字當玩如云魯男子善學柳下惠一般學本不必靜坐在始學粗心浮氣用以定氣凝神可也周子立靜之説只指無欲而言非靜坐也今人謬以靜坐養心失之遠矣　問欲致良知必須精察此心有無色貨名利之私夾雜方是源頭潔淨一菴曰此是以良知爲未足而以察私補之也良知自潔淨無私不必加察但要認得良知真爾不認良知而務察其私其究能使色貨名利之私一切禁遏而不得肆安望廓清之有日哉　問閑思雜慮何以却之一菴曰聖人之學不必論此心之生機頃刻不息孔子所謂出入無時莫知其鄉是其神明不測自合如此若一槩盡欲無之必求至於杳然無念非惟勢有不能即能之正所謂槁木死灰自絶其生生不息之機而可乎但不必思閑慮雜徒自勞擾耳　有因過而悔甚者衆以篤志稱之一菴曰未也夫其所以悔者專爲性道而



責志乎抑未免爲毁譽而求全也先師云一覺便消除人心依舊樂此方是真悔真覺流行不滯之直機　一友覺有過言愧悔不樂一菴曰莫煩惱前頭失處只喜樂今日覺處此方是現在真工夫煩惱前頭失處尚在毁譽上支持未復本體喜樂現在覺處則所過者化而真體已呈露矣二者之相去不亦遠乎　自古士農工商業雖不同然人人皆可共學孔門弟子三千而身通六藝者纔七十二其餘則皆無知鄙夫

耳至秦焚學漢興惟記誦古人遺經者起爲經師更相授受於是指此學獨爲經生文士之業而千古聖人原與人人共明共成之學遂泯沒而不傳矣天生我先師崛起海濱慨然獨悟直超孔孟直指人心然後愚夫俗子不識一字之人皆知自性自靈自完自足不假聞見不煩口耳而二千年不傳之消息一朝復明先師之功可謂天高而地厚矣　泰州草偃場有朱恕字光信曰樵采易麥糈擇精者供母而裹其糲粃



爲糗以樵一日過王心齋閣而行吟曰離山十里薪在家裡離山一里薪在山裡心齋聞而呼門弟子曰小子聽之邇言可省也道病不求耳求則得之不求即近非我有矣恕因前而負墻竊聽心齋語浸有味於中自是每徃必詣門側聽聽畢乃樵疲則跪擔趺坐仰天浩歌聲若金石天寒其單衣帶索行吟自如也　與化有韓貞字以中自號樂吾居遂屋三間陶甓爲生常假貸於人爲甓甫壞甓坯貸不能償并其遂屋

失之日居破窰中聞樵者朱恕風從之學繼又學於王襞襞心齋先生之仲子也漸習識字輒自咏曰三間茅屋歸新主一片煙霞是故人簞瓢屢空衣若懸鶉晏如也後於學有得毅然以倡道化俗爲任無問工賈傭隸咸隨機誨誘之顧化而善良者以千數每秋穫畢群弟子班荊趺坐而論學或拏舟如別村聚踰數日又如一村聚徧所知交相與論講而還翱翔清江賡歌互咏覩聞者率欣賞樂從之一日聚講泰州心



齋祠座中或舉某處高第居顯官而一旦小不如意遂自熱中貞從傍拊膺嘆曰安能識此子意耶會中閒有談及別務者輒大噪曰光陰有幾乃爲此閒泥語耶或稱引經書相辨論則又大恚曰舍却當下不理會乃搬弄此陳言此豈學寃講肆耶舉坐咸爲悚然　繁昌有夏廷美下里田夫也或教之讀書乃日取學庸論孟次第咏誦時以己意詮解日閱諸註釋更不了了第將白文反身尋繹覺有會處讀中庸曰思知

人不可以不知天仁者人也人原是天人不知天便不是人如何能事親稱孝子論語所謂異端云者謂其端異也吾人須是研究自己爲學初念其發端果是爲何乃爲正學今人讀孔孟書若祗爲榮肥計便是大異端如何又闢異端又曰吾人須是自心作得主宰凡事只依本心而行便是學道者不能自信本心動襲紙上陳言衒傍别人口吻此皆孟子所云妾婦道也又曰天理人欲不知誰氏作此分别儂反身細求



理欲似難分别分别止在迷悟間悟則人欲即天理迷則天理亦人欲也一日白下同志會有友詢良知指意一友曰良知非究竟宗旨更有向上一着無聲無臭是也廷美儼然起立抗聲曰良知曾有聲臭耶　蠡測曰王一菴爲心齋先生門人見地抑何超卓直稱其爲心齋門人也顧以名位不顯世無聞者余游宦心齋故里始得見其遺言而讀之因爲表著於編後朱韓夏三子者皆見於楚侗耿公所稱述無非心齋教中人也附見一菴傳下以見不識一字樵凡夫之皆得與是事凡爲學者聞見非所先其可鑑矣

○羅汝芳

羅汝芳字惟德别號近谿江西南城人正德乙亥生甫三歲偶念母而啼父抱之即止隨思曰心一耳何苦樂條變也展轉追尋未明其故五歲從母授孝經小學諸書家人故亂其誦怒不止告母曰何怒之難轉也人言五臟能横其信



然十五從新城張洵水學洵水每謂人須力追古先於是一意以道學自任一日誦薛氏語録云萬起萬滅之私亂吾心久矣今當一切决去以全吾澄然湛然之體遂焚香叩首矢心力行數月而澄湛之體未復壬辰閉關臨田寺几上置孟水及鏡對之坐令心與水鏡無二久之遂成重病父憂之授以傳習録一編手而讀之其病頓愈丙申年二十二入郡學庚子入省赴大會見顔山農因自述遘危病而生死得失能不

何師

胡果能
深人已
為此一篇
悟矣

動心山農俱不取曰是制欲非體仁也近溪曰
克去己私復還天理非制欲安能體仁哉山農
曰子不觀孟子之論四端乎知皆擴而充之如
火之始燃泉之始達如此體仁何等直截故子
患當下日用而不知勿妄疑天性生生之或息
也近溪時如大夢得醒乃知古今道有真脈學
有真傳遂於稠人中稽首師事焉癸卯舉於鄉
甲辰舉會試曰吾學未信不可以仕不就　廷
試歸而尋師問友周流四方者十年建從姑山



房以待四方講學之士楚人胡宗正舊以文學
受業至是聞其易有傳也迎致之反執弟子禮
宗正喜使息心而深思之謂曰若知伏羲當日
平空白地着一畫耶近谿略爲解說宗正默不
應徐曰障緣愈添本真益昧如是三月然後見
許嘗苦格物莫曉乃錯綜前聞互相參訂說殆
千百不同每有所見則以請正其父父不爲釋
然三年之後一夕忽悟心甚痛快直趨父卧榻
前陳之其父亦躍然起舞曰得之矣得之矣因

果從闲
闲得来

自遐想往年從師論道餅樣雖畫完全饑餓了
無干涉徒爾勞苦身心幾至喪亡莫救竊幸宿
世何緣得脫此等苦趣癸丑北上過臨清忽遘
重病一日倚榻而坐恍若一翁來言曰君身病
稍康矣心病則復何如近谿默不應翁曰君自
有生以來遇觸而氣每不動當勸而目輒不瞑
擾攘而氣自不分夢寐而境悉不忘此皆君心
痼疾乃仍昔也可不亟圖瘳耶近谿愕然曰是
則予之心得曷言病翁曰人之身心體出天常



隨物感通原無定執君以宿生操持強力太甚
一念耿光遂成結習日中固無紛擾夢裡亦自
昭然君今謾喜無病不悟天體漸失豈惟心病
而身亦不能久延矣近谿驚起叩謝伏地汗下
如雨從是執念漸消血脉循軌隨入京赴　廷
試初仕爲令入爲部郎出知寧國府治寧國不
事刑朴惟以化育人才爲功課宛陵六邑一時
有三代風歲大計以守入覲見華亭相國徐存
齋存齋喜曰我初不欲煩子以郡事今觀之似

更有實用也近谿起謝且請曰先生加意於某不過爲世道計如推此意以及同志天下斯文不尤大幸耶存齋默然良久曰古今事亦有不由己者卽如狄梁公反周之志固堅而所托則張柬之柬之時已向老倘沒在武后之先志且柰何近溪毅然曰先生此言知柬之而不知梁公存齋曰我何以不知梁公近谿曰梁公以人事君則所舉柬之亦必以人事君者也武后先沒其成事固在柬之卽不然柬之雖去而柬之



所舉亦自有在梁公夫復何憂哉存齋首肯近谿復曰先生以宗社爲心宗社以人心爲本今來朝兩司郡縣多極一時之選所患學脉不端則心事難一先生趂此合并一番令其向往不差則終身德業豈不光明而俊偉也哉存齋躍然喜翌日大會靈濟宮他日復見語之曰先生當勸主上以務學爲急柰何僅循內閣故事以塞其職耶存齋大然之出而歎曰諸君講學只三五巷談不足風世得君相同心學道靈宇受

其福矣返郡未幾丁父艱奔歸士民悲號不忍釋去有步隨至盱江者近谿家居四方來學者日衆聞山農獲罪繫留都乃稱貸二百金往救竟得釋尋丁內艱癸酉起復入京見江陵相國問山中功課對曰讀論語大學視昔差有味耳江陵默然謁補得東昌治東昌如寧國未幾遷雲南副使爲開水利塹城濠省徭役政暇召同志講學信從益衆轉藩參晉捧入京禮成請告出城同志留集廣慧寺論學江陵惡之嫉言官



疏劾致仕歸復與諸門人聯轍各郡走安成下劍江趨兩浙金陵往來閩廣益張皇此學布衣梁汝元非罪囚楚爲鬻田往援之有諷之者曰梁其害道宜置於法曰彼以講學罹文罔子嘉其志遑論其他乎戊子八月偶示微疾與門弟子講學不倦一日夙具冠服禮天地祖考畢端坐中堂弟子環侍請教言曰徒言也不是道滿前洋溢俱是發育峻極左史萬賓蘭問疾命具紙筆手書曰此道炳然宇宙不隔分塵故人已

相遇形神相入不待言說古今自直達也後來見之不到往往執諸言詮善求者一切放下放下胸目中更有何物可有耶願無惑焉自是絕筆明日爲九月朔盥櫛出堂端坐命諸孫次第進酒各各微飲隨拱手別諸生曰我行矣諸生懇留盤桓一日詰之初二日命諸孫扶出中堂整衣冠端坐而逝年七十有四門人私謚曰明德近谿學以孔孟爲宗以赤子良心不學不慮爲的以孝弟慈爲實以天地萬物同體撤形骸



忘物我明明德於天下爲大自少至壯而老無一息不在學自家居以及四方妻奴童僕俗閭村市以及通都大邑縉紳大夫千百徒衆之相接聚無一人不勉以學自令長歷郎署領郡符佐藩臬所至無一地不以學爲政也嘗曰吾自朝至暮敬畏天命如執玉如捧盈工夫豈不緊密但視世儒之把捉修飾者不同耳又語諸孫曰予初學道時每清晝長夜只揮淚自苦此等境界予固難與人言人亦莫之能知也嘗語知

友曰不肖之爲人也嗜好不他着精神不他費惟是此學以軀命根悉滌塵埃晶光天日三十年來穿衣喫飯終日雖住人寰注意安身須刻不離聖域是以披瀝矢心號呼世夢中或觸怒生憎萬死終不悔避吉水鄒氏曰先生有目與人同不見人過則與人異口與人同樂道人善則與人異心與人同以衆人心爲心身與人同以衆人身爲身有官也而以百姓之肥瘠爲榮勿恤於家矣有學也而以衆人之立達爲學勿



執於見矣其尚友也時釋時玄不厭參究一軌於大道其論著也聖訓帝典極其闡揚一根於真性上焉者得先生眉睫間下焉者亦欣欣化育中以養以造先生非吾黨之元氣耶夫元氣周流布護天壤間不可得而見惟觀造化生者生化者化飛者飛潛者潛動植者動植始知元氣之功大吾黨自成者成自道者道得言者忘言得意者忘意得象者忘象不事雕鑿渾然天成始知先生之功大矣　問今時談學皆有宗

旨而先生獨無曰此時我問子答是知能之良
否曰是知能之良也曰此個問答要慮學否曰
不要慮不要學也曰如此以爲宗旨儘是的確
爲有矣　問友人曰日來講說覺彀手乎友人
曰有彀手有不彀手先生愀然曰何爲其然也
如飲此茶君送我我酬君已而各飲如何便不
彀手　問其儘去致知力行如何學問不見長
進曰子是知個甚的行個甚的曰是要此理親
切曰如何是此理曰某輩平日說理只事物所



當然便是曰汝初要求此理親切今却舍了此
時而言平日便不親切舍了此時問答而言事
物當然又不親切曰此時問答如何是理之親
切處曰汝把問答與理看作兩件却求理於問
答之外故不親切不曉我在言說之時汝耳凝
然聽着汝心烱然想着則汝之耳汝之心何等
條理明白言未透徹則默然不答言纔透徹便
隨衆欣然而是則汝之心汝之口又何等條理
明白如此明辨如此不怠便是致知力行親切

處矣　問晚來所教尚求而未得曰子於所求
未得而心即知之未嘗或昧是汝心之本然明
否曰是心之本明也心知未得而口即言之未
嘗或差是汝口之本然能否曰是口之本能也
曰心本明而知未嘗或昧口本能而言未嘗或
差則此身此道果不離於須臾也曰今蒙所教
果然如睡喚醒若有所得矣曰子之心不特昨
日之未得知之而今日之既得亦復知之子之
口不特昨日之未得言之而今日之既得亦復



能言之則此身此道又果不止不離於須臾可
引之終身也心之未得已得而一一知之不昧
即所謂明明德也口之未得已得而一一言之
不差即所謂率性之謂道也以心之所明者以
性之所率者彼此相與切磋講究即所謂在親
民而修道之謂教也學者如是學即所謂爲之
不厭而時習而悅也教者如是教即所謂誨人
不倦而朋來而樂也然則孟子所謂人性皆善
者固於是益信其不誣而所謂浩然以塞乎天

塊之間者亦可以立待以觀乎至誠無息之妙矣。問會語中有謂不慮不學而同聖人今我輩此體已失恐須學慮曰子若只學且慮則聖終不可望矣曰某輩誠不能不疑曰子聞吾言乃生疑耶曰然曰此果吾子欲使之疑耶曰非欲之但不能不疑也曰是即爲不學而能矣其友欣然曰誠然復呼之曰吾子心中此時覺炯炯否曰甚是炯炯曰即欲不炯炯得乎曰不能已曰是非不慮而知也耶子何謂與聖人不同



體 一友相見問以近時工夫曰於心猶覺有疑曰何疑也曰許多書旨尚未明白曰子許多書未明卻纔如何喫了茶喫了飯今又如何在此立談了許久時耶傍一生笑曰渠身上書一向儘在明白但想念的書尚未明白耳其生恍然有悟 或談性命非下學可與後數月復來懽然對曰其向謂聖賢非人可及豈知性命諸天本吾固有嘗自視日用間言動事爲其停當處雖古賢哲難以殊論先生曰子停當二字尚恐未盡停當也或者矍然曰言動事爲可不要停當耶曰可知言動事爲方纔可說停當則子之停當有時而要有時而不要矣不觀茲栢林之禽鳥乎其飛鳴之相關何如也又不觀海濤之青苗乎其生機之萌茁何如也子若拘拘以停當求之則此鳥此苗何時而爲停當何時而爲不停當耶水流而不息物生而不窮造化之妙原是貫徹渾融吾子蚤作而夜寐笑嬉而偃息無往莫非此體豈待言動視爲方思量得個



停當又豈直待言動視爲停當方始說道與古先賢哲不殊若如是用功如是作見則未臨言動視爲固是錯過而既臨言動事爲亦總是錯過矣 問吾儕昨請教或言觀心或言行己或言傳學或言守靜先生皆未見許然則誰可言道曰此捧茶童子卻是道也衆皆默然有頃一友率爾言曰此小僮也能戒慎恐懼耶曰茶房到此有幾層廳事衆曰三層先生嘆曰好造化過許多門限階級不曾打破一個鍾子其友方

略省悟曰小僮於此果也是戒懼否他日用不知先生曰他若不是知如何會捧茶捧茶又會戒懼其友語塞徐爲解曰童子日用捧茶此不慮而知覺得是知能捧茶此則以慮而知人以覺悟之竅而妙合不慮之良方是睿以通微神明不測　問戒謹恐懼不免爲吾心寧靜之累曰戒謹恐懼姑置今且言子心寧靜作何狀也其生謾應以太虛無物夜氣清明曰此皆套語與今時心體不切適群胥供茶循序而進因目



以告之曰諦觀群胥此際供事心寧靜否生曰群胥進退恭肅謂其心不寧靜似不可也曰如是寧靜正與戒懼相合而又何相妨耶今世業舉子者多只以讀書作文理家應務爲日用常行至論講學做聖賢却當別項頭路且須異樣工夫談每以閉戶靜坐爲寧靜以矜持把捉爲戒懼欲得乎此恐失乎彼者殆將十人而九矣曾不思道本中庸平常共由且須臾不離時刻常在諸生試觀一堂何曾外却一人一人何曾

離却一刻而不是此心之運用此道之現前也耶生曰戒謹恐懼是用功不應如是現成曰諸生可言適纔童冠吏胥歌詩進茶全不戒謹其戒謹又全不用功耶蓋說做工夫是指道體之精詳處說做道體是指工夫之貫徹處道體既人人具足則豈有全無工夫之人道體既時時不離則豈有全無工夫之時故孟子云行矣而不著習矣而不察所以終身在於道體工夫之中儘是寧靜而不自知其爲寧靜儘是戒懼而



不自知其爲戒懼天下古今蓋莫不皆然也汝諸人身心具有此個光明至寶通晝徹夜照地燭天隨汝居家出外而不舍替汝穿衣喫飯而不差似寧靜而又戒懼似戒懼而又寧靜常常在於道學門中亦久久在於聖賢路上却個個不肯體認承當以致混混沌沌枉過一生從今便好竪起脊梁肩起檐子將聖賢學問只當家常茶飯實實受用　一友云連日見身心無大失錯頗覺快暢時一二童子捧茶方至先生指

而歎之曰君自視與捧茶童子何如曰信得更無兩樣頃之復問曰君此時何所用功曰此時覺心中光光精精無所濾滯曰君前云與捧茶童子一般說得儘是今曰心中覺光光精精無有濾滯童子現在請君問他心中有此光景否若無此光景則分明兩樣矣曰不識先生心中工夫却是如何曰我的心也無個中也無個外所用工夫也不在心中也不在心外只是童子獻茶來時隨衆受之啜畢來接時又隨衆與之



君若以心相求則此無非是心以工夫相求則此無非是工夫若以聖賢格言相求則此亦可說動靜不失其時而其道光明也　聖賢惓惓垂教有許多經傳不為其他只為吾儕此身故曰道不遠人且不在其他而在於此一時故曰道也者不可須臾離夫此身此時立談相對既渾然皆道則聖賢許多經傳皆可會通字字句句無一不於此身此時相對立談而明白顯現矣由此觀之天下之人只為無聖賢喚醒便各各昏睡所以謂百姓日用而不知及至知之則許多道妙許大快樂却即是相對立談之身即在相對立談之頃現成完備而無欠無餘如昏睡得喚雖耳目醒然爽快然其身亦只是前時昏睡之身而非有他也　問其常欲照管持守有時間斷柰何曰子今只去照管持守把學問做一件物事相看便方所而不員妙我今勸汝且把此等物事放下待到要去如何學問如何照管持守我的學問時輕輕快快轉箇念頭以



自審問說道學問此時雖不見前而要求學問的心腸則即現前也照管持守工夫雖未得力而要去照管持守一段精神却甚得力也當此之際又輕輕快快轉箇念頭以自慶喜說我何不把現前思想的心腸來做個學問把此段緊切的精神來當個工夫則但要時便無不得隨處去更無不有所謂身在是學即在是豈止免得間斷且綿綿密密直至聖神地位無難矣

因講坤文言敬以直內條曰世間有志學問者

說着敬義便去講求道理着力持守指曰用工說着不習而利便要等待時候不即承當指曰是為習熟自然却不知自然之妙豈是習熟之所能到而工夫不識性體性體若昧自然總是無頭學問　問允執厥中不識此中如何允執曰諸君將謂此理有一定可用力持守為允執耶是則子莫之所謂執而豈虞廷之所謂中哉易謂寂然不動感而遂通夫既寂然將何所執夫既遂通又何暇執故雖聰明不能為思雖才



辨莫可為言以其神妙無方爾比人言人可用曰中用言物可喫曰中喫亦以恰好相當遂以中形容之耳　問工夫再難輳泊心胸茫無畔岸苦將奈何曰汝若果然有大氣力又有大見識就此安心樂意而居天下之廣居明目張膽而行天下之達道工夫難得輳泊便以不屑輳泊為工夫胸次茫無畔岸便以不依畔岸為胸次解纜放船順風張棹則巨浸汪洋縱橫任我豈不一大快事也耶因問此即是致廣大否曰

致廣大而未盡精微也問如何方盡精微曰胸中着得個廣大即粗而不精日中見有個廣大即顯而不微若得性命透徹工夫純熟則終日終年常是簡簡淡淡温温醇醇是則無窮無盡而極其廣大亦無方無體而極其精微也已

一生自言此時聞教覺志氣勃勃不能自已曰此道生機在於吾身雖不及近世訓詁之學有幾許義理可以尋思亦不及近世把捉之學有幾許工夫可以操執然而些子良知之知些子



良能之能却如有源之泉涓涓而不斷有種之芽茲茲而不息可以自須臾而引之終身從今日而通之萬世彀足受用固無甚剩餘亦無甚欠缺也　問平日在慎獨上用功頗為專篤然雜念紛擾終難止息如何乃可曰如何是獨曰獨者吾心獨知之地也如何為慎獨曰吾心中念慮紛雜時明時昏時定時亂須詳察而嚴治之則慎也曰即子之言則慎雜非慎獨也蓋獨以自知者心之體一而弗二者也雜其所知者

時習之妙義

心之照二而弗一者也君子悟得心體在我至
隱至微莫見莫顯精神歸一無須更散離故謂
之慎獨曰所謂慎者蓋必治其昏而後獨可得
而明也治其亂而後獨可得而定也若非慎其
雜又安能慎其獨也耶曰明之可昏定之可亂
皆二而非一也非一則皆雜念而非所謂獨知
也獨知也者吾心之良知明固知明昏亦知昏
昏明二而其知則一也定固知定亂亦知亂定
亂二而其知則一也古今聖賢拳拳切切只爲



這些子費却精神珎之重之存之養之爲天地
立心爲生民立命總在此一處致慎耳曰然則
雜念俱置不問耶曰隸胥之在官府兵卒之在
營伍雜念之類也憲使升堂而隸胥自肅大將
登壇而兵卒自嚴則慎獨之與雜念之類也今
不思自作憲使主將而惟隸胥兵卒之求不亦
悖且難也哉　問君子終日乾乾可是常知覺
否曰不止常知覺可是常力行否曰不止常力
行曰知行並進非乾乾而何曰未有乾乾而不

知行却有知行而非乾乾者曰此處如何分別
曰子之用功能終日知覺而不忘記終日力行
而不歇手乎曰何待終日即一時已難保矣曰
如此又可謂乾乾已乎曰此是工夫不熟熟則
恐無此病矣曰非也中庸教人原先擇善擇得
精然後執得固子之病原在擇處欠精今柰賴
他執處不固蓋吾人自孩提以至老死生生化
化渾然是個乾體只因此體微渺非如耳目聞
見的有迹有形思慮想像的可持可據所以今



古學人不容不舍此而趨彼如寶貴要入此門
則先須辦個必爲聖人之志志意堅定方好去
尋真師友遇着真師友方纔有真口訣真師口
訣却與如今書本講說的半句不容塞住路徑
困心衡慮忘日忘年自然有憬然悟黙然醒雖
是得得艱苦却是任得安樂也　問群龍無首
乃見天則天則如何可見曰據汝問果欲見天
則耶曰然曰若天則可以見而求可以問而得
則言語耳目各各用事群龍皆有首矣蓋易象

原出自文王詩頌文王曰不識不知順帝之則又曰無然畔援無然歆羨誕先登於岸其所謂畔援歆羨者豈皆如世之富貴外物哉即如今日欲求見天則之心是也故道岸之登不難而歆畔之忘實難帝則之順不難而知識之泯實難曰若然則吾將言語知識俱不用之可乎曰即此不用之心與求見之心又何所分別也耶

一日講畢父老子弟咸環聽不舍乃進講生問以所自受用者何如生對以常持此心不敢



放下先生曰只恐所持者未必是心生竦然曰不是心是何物耶先生曰謂之是心亦可謂之不是心亦可蓋天下無心外之事何獨所持而不是心但既有所持則必有一物矣諸君試看諸老幼在此講談一段精神果待持否天高日朗鳥明花發亦共此段精神果待持否千千萬萬變變化化倏然而聚倏然而散倏然而喜倏然而悲彼既不可得而知我亦不可得而測非惟無待於持而亦無容其持也子於此心渾淪圓活處曾未見得而遽云持守而不放下則其所執者或只意念之端倪或只見聞之想像持守益堅而去心益遠故謂之不是心亦可也生曰心與意何相爭如此之遠也先生浩然發嘆曰以意念爲心自孔孟以來大抵皆然矣又何怪諸君之錯認也耶但此乃學問一大頭腦此處不清而謾謂有志學聖是猶煮沙而求作粥縱教水乾柴盡而粥終不可入口也諸縉紳曰意念與心既是不同須爲指破方不至錯用功



曰若使某可得用言指破則諸生亦可得以用力執持矣　天地生人原是一團靈物萬感萬應而莫究根原渾渾淪淪而初無名色只一心字亦是強立後人不省緣此起個念頭就會生個識見因識露個光景便謂吾心實有如是本體實有如是朗照實有如是澄湛實有如是自在寬舒不知此段光景原從妄起必隨妄滅及來應事接物還是用着天生靈妙渾淪的心儘在爲他作主幹事他却嫌其不見光景形色回

頭只去想念前段心體甚至欲把捉終身以爲
純亦不已望顯發靈通以爲宇泰天光用力愈
勞違心愈遠　知有至大的能亦有至大的令
則忘其大而却求其小矣知有至久的能亦有
至久的令則又棄其久而求其暫矣中國四夷
朝市里巷無人不有此知無人不有此能何等
其大晨興夕寢孩提老耋無時不用此知無時
不用此能何等其久此個知能平鋪徧在性之
原是天命率之便作聖功知不假思能不假習



故有知之實無知之名有能之用無能之跡後
世有志之士捉摸這個不着遂從新去開拓以
求個知從新去力作以求個能其功夫比之不
學不慮之初更有許多意趣更有許大執持遂
的確信其爲入聖塗徑以更相授受傳至于今
敷陳訓詁蔓延解說豈止汗牛充棟亦且浹髓
淪肌矣　孔門宗旨只是教人求仁而吾人工
夫只是先須識仁此時此會合堂上下百千其
心而共一欣欣愛好之情百千其目而共一明

明顒而向之視百千其耳而共一靈靈傾向之聽
百千其口而共一肅肅無譁之止百千其手足
而共一濟濟不動之立站故聖人指點仁體每
曰仁者人也又曰君子之道本諸身徵諸庶民
正說此堂我是個人大衆亦是個人我是這般
意思大衆亦是這般意思若識得此一段意思
便識得當時所謂天下歸仁者是說天下之人
都渾在一團虛明活潑之中也此一團虛明活
潑之仁從孩提少長便良知良能即愚夫愚婦



皆與知與能此個體段承當得來便自無我無
人無遠無近而渾融合一若不肯轉心向這裡
承當却謂聖賢之學必有個異乎人處所以或
見我不如人或見人不如我或見古不如今今
不如古或見凡不如聖聖不如凡較短論長是
內非外或失則太過或失則不及蓋他定說聖
人爲學決有別一種道理而不應如此易易也
　自爲孩提時直至今日親長之愛敬耳目之
聰明饑寒之衣食隨感而應良知良能明白圓

妙真是人人具足個個完全但能就中先覺先悟於此直下承當受用正如鑛石過火融化透徹即教做聖人然究其所覺悟的只是吾人現在不慮不學之良知良能而已吾人只少了聖人此一覺悟則便如一片精金藏在鑛中而不成受用雖終身去愛親敬長食飯穿衣與聖賢原無兩樣而不得名爲知道故聖人教天下不是別有增益只是以先知覺後知以先覺覺後覺如用火鍛鑛鑛即是金故曰我欲仁斯仁至



矣未之思也夫何遠之有孔孟口口聲聲只好如此懇切其教其學只好如此方便　一友自述平日用功只在念頭上纏繞好靜惡動貪明懼昏種種追求使覺時得時失時出時入間斷處常多苦不能禁近方悟心中靜之與動明之與暗皆是想度意見而成感遇或殊則光景變遷自謂既失乃或倏然形見自謂已得乃又忽然泯滅總無憑准於是一切翻轉更不去此等去處計較尋覓却得本心渾淪只不行分別便

自無間斷譬如坐在此大廳中則凡門戶磚瓦皆是此廳即行動轉旋莫非我廳矣真是坦然蕩蕩悠然順適也或詰之曰汝謂此心渾淪常時無間其於本體誠然但不知學問工夫却在那處旁一友從而質曰兄試說他此心渾淪常無間斷果是果不是曰如此渾淪豈有不是如此渾淪是了又豈非學問詰者曰然則善都不消爲而惡亦不必去耶旁友不能答先生曰只患他的渾淪不到底爾蓋渾淪順適處即名爲



善而違礙處便名不善渾淪到底非爲善去惡之學而何　友人自叙中常烱烱以爲工夫得力先生曰聖賢之學本之赤子之心以爲根源又徵諸庶人之心以爲日用若心中烱烱却赤子原未帶來而與大衆亦不一般也渾非天性出自人爲天人之分便是神鬼之關也其友遽然　問今若全放下則與常人何異曰無以異也曰既無以異何以謂之聖學曰聖人者常人而肯安心者也常人者聖人而不肯安心者也

故聖人即是常人以其自明故即常人而名爲聖人矣常人本是聖人因其自昧故本聖人而卒爲常人矣　坐中歌人心若道無通塞明暗如何有去來或謂明暗果有去來先生問曰目視耳聽即汝天性耶曰即天性也曰汝目果常明耶抑有時而不明耶曰無時而不明曰汝之目常無不明而汝心之明却有去來是天性離形色而形色非天性矣衆皆恍然有省已復告之曰目之明亦有去來時也今世俗至晩則呼



曰眼盡黑矣其實則目前日光之黑與眼無與而見日之黑正眼之不黑處也故孔子曰知之爲知之即日光而見其光也不知爲不知即日黑而見其黑也光與黑任其去來而心目之明何嘗增減分毫也耶　問掃浮雲而見天日宗旨何如曰後世儒者多以此治心非孔孟宗旨也如孔孟曰苟志於仁矣無惡也曰我欲仁斯仁至矣又曰凡有四端於我者知皆擴而充之若火之始然泉之始達看他受用渾是青天白

日何等簡易何等方便曰今日工夫須如磨鏡將塵垢决去方得光明顯現曰觀孟子謂知皆擴充即一知字果要光明顯現但吾心覺悟之光明與鏡面之光明不同鏡面光明與塵垢是兩個吾心先迷後覺却是一個當其覺時即迷心爲覺則當其迷時亦即覺心爲迷除覺之外更無所謂迷而除迷之外亦更無所謂覺故浮雲天日塵垢鏡光俱不足爲喻必欲取喻氷之與水猶爲相近若吾人閒居放肆一切利欲愁



苦即是心迷譬則水之遇寒凝結而氷至共師友講論胸次開朗譬則氷之遇煖消融而成水也故氷雖凝而水體無殊覺雖迷而心體俱在　問喜怒哀樂未發是何等時候亦何等氣象耶曰此是先儒看道太深把聖賢憶想過奇便説有何氣象可觀也蓋此個性道體段原常是渾渾淪淪而中亦常是順順暢暢而和我今與汝終日語默動靜出入起居雖是人意周旋却莫非天機活潑即於今日直至老死更無二樣

所謂人性皆善而愚夫愚婦可與知與能者也
中間只恐怕喜怒哀樂或至拂性違和若時時
畏天奉命不過其節即喜怒哀樂總是一團和
氣天地無不感通民物無不歸順相安相養而
太和在我宇宙間矣此只是人情纔到極平易
處而不覺功化却到極神聖處也　問知之本
體雖是明白常苦隨知隨蔽此亦只是知得不
真便會蔽若志氣的確要去爲善之時則物欲
自然蔽不得了曰汝心光明本體豈是待汝的



確志氣去爲出來耶又豈容汝的確志氣去爲
得來耶此心之知既不容人去爲得則亦不容
人去蔽得吾儕原有此個至寶爲又爲不得蔽
又蔽不得神妙圓明極其受用乃自孔孟去後
埋沒千有餘年不得見面隨着諸家之說以迷
導迷於不容爲處妄肆其爲於不容蔽處妄疑
其蔽顛倒於夢幻之中以終生卒歲將求乎善
而日遠乎善將去乎蔽而日增乎蔽徒受許多
苦楚而不能脫離豈知只在一言而頓皆超拔

也耶　問孩提良知原是不學不慮而大學致
知格物却又不免於慮且學也曰學亦只是學
其不學慮亦只是慮其不慮以不學爲學乃是
大學以不慮爲慮乃是慮而能得也　問由仁
義行非行仁義是贊大舜能事若吾人必須從
行仁義處起手乃可語由仁義行何如曰此是
兩種學問如商旅路途一往南行一往北走難
說出門時且先向南然後回轉向北也曰吾人
爲學須是由勉而安今云行仁義分明是勉然



之功云由仁義行分明是安然之功恐人非生
知難遽語此曰後世學術不明只是此處混帳
蓋行仁義與由仁義行是南北分岐處由勉而
安是程途遠近處行仁義有行仁義的安勉由
仁義行亦有由仁義行的安勉也今日出門一
步即從不慮不學處着脚趨向竭盡生平方得
渾化若更從外面比做修爲猶象執迹出門一
步已與不慮不學之體不啻冰之與炭做得開
熟一分則去真心只遠一分做得成了家償則

去真心即如天淵之不相及矣將以學聖而反至背聖將以盡心而反至背心孤負一生志願虛費終生氣力總只為出門一步差却豈可不警省而早辯之也耶　問良知從何所發曰良知無從而發有所發則非良知也然則何歸曰在天為天在地為地在人為人無歸無所不歸也有動靜否曰亦無動靜曰若無動靜則起居食息都無分別矣乎曰人渾然是個良知其事之應用又可得而分別耶曰良知完具於人又



有見與昧何也曰見是覺處知常而覺暫覺之現於知猶泡之現於水也泡莫非水而現則有時中庸見乎隱是言覺顯乎微是言知　問知得良知却是誰今欲知良知從何下手曰朱子云明德者虛靈不昧虛靈雖是一言却有二義今若說良知是個靈的便若苦地去求他精明殊不知要他精則愈不精要他明則愈不明豈惟不得精明且反致坐下昏塹沉沉更支持不過了若肯反轉頭來將一切都且放下到得坦

然蕩蕩更無戚戚之懷也無憧憧之擾此却是能從虛上用功了世豈有其體既虛而其用不靈者哉但此要力量大見識高難以驟語　問晦菴謂由良知而充之無所不知由良能而充之無所不能方是大人不失赤子之心何如曰若有不知豈得謂良知有不能豈得謂良能故自赤子即已無所不知無所不能也偶歌萬紫千紅總是春因憮然曰知紅紫之皆春則知赤子之皆知能矣蓋天之春見於花草之間而人



之性見於視聽之際今試抱赤子而弄之人從左呼則目即盻左人從右呼則目即盻右蓋無時無處而不聽盻其聽其盻蓋無時無處而不展轉則豈非無時無處而無所不知能也哉
問先生只以孝弟慈為明親至善之實何耶曰大學者大人之學大人者不失其赤子之心者也今觀赤子之心却只是個孝弟而保赤子則便是個慈也孟子七篇看來那一句話曾離了孝弟那一場事曾離了孝弟陳王道則以孝弟

而爲王道明聖學則以孝弟而爲聖學管晏事
功則以孝弟而鄙之楊墨仁義以孝弟而闢之
土公氣勢以孝弟而勝之只弗去二字所以能
純全孝弟之妙　後世不察謂孝之與弟止舉
淺近爲言噫天下之理豈有妙於不慮而得者
乎天下之行豈有神於不勉而中者乎孝弟之
不慮而知即所謂不思而得也孝弟之不學而
能即所謂不勉而中也故舍却孝弟之不慮而
知則堯舜之不思而得必不可至舍却孝弟之



不學而能則堯舜之不勉而中必不可及即如
赴海者流須發於源泉而桔槹沼瀦縱多而無
用也結菓者芽須萌於真種而染彩鏤劃徒勞
而鮮功也其曰堯舜之道孝弟而已矣乃是直
指人道之塗徑明揭造聖之指南爲天下後世
一切有志之士而安魂定魄一切拂經之人而
起死回生也諸生能日周旋於事親從兄之間
以涵泳乎良知良能之妙俾此身此道不離於
須臾之頃焉則人皆堯舜之歸而世皆雍熙之

善字訣

化矣　人家立宗法意思是欲知得千身萬身
只是一身聖賢立宗旨意思是欲後世學者知
得千心萬心只是一心既是一心則說天即是
人可也說人即是天亦可也說聖即是凡可也
說凡即是聖亦可也說天下即一宗可也說一
宗即天下亦可也說萬古即一息可也說一息
即萬古亦可也四書五經中無限說中說和說
精說明說仁說義千萬個道理也只是表出這
一個體段前聖後聖無限立極立誠主敬主靜



致虛致一千萬個工夫也只是涵養這一個本
來往古來今無限經綸宰制輔相裁成底績運
化千萬個作用功業也只是了結這一個志願
若人於這一個不得歸着則縱言道理終成邪
說縱做工夫終是詖行縱經營事業亦終成覇
功　人不善學則雖孝弟而終歸於鄉士之次
人能善學則即孝弟而終至於聖神之大　善
讀書者既知詳悉於章旨更當統會於自身否
則如說食者雖詳明其種藝根苗而滋味不曾

儒以戒爲首佛法[illegible]心能

入口說衣者雖悉曉其織衽絲縷而和煖未曾着膚縱讀書萬卷於子竟何益耶其生曰今能存此心即可通諸書矣曰如何是汝心又如何存生曰只常時要盡孝弟便是存心曰今時汝之父母兄弟俱未在此如何去盡孝盡弟心是活潑潑地在家便孝弟在此便對答順而循之便謂之存矣其生踴躍曰吾頓覺開朗　諸友有素共講學而未肯擔當者曰譬之酒家其何嘗不賣酒但耻掛招牌耳問曰何耻也曰酒少



曰此個酒海浸入滅頂汝自不知爾既而改容悼歎曰此宇宙間學問一大宗旨也且說民之秉彝好是懿德誰不作酒誰不招客又誰不云我只沽酒與人何以招牌爲哉細細究之此乃何等心腸却是陷在鄉愿窠臼中孔孟防之所以曰闇然媚於世者德之賊也　戒之爲言最爲入道之首而進德之先其所持守雖至道明德立亦不可緩如曰惡人齋戒可祀上帝是則學之始必戒也如曰齋戒以神明其德則學之

終亦必戒也況其功效捷於影響如中庸論君子戒慎恐懼皆功也而戒則先言之論君子中和位育皆效也而節則先言之未有其初不戒而發時能節亦未有戒之既慎而節之不中者也堯之兢兢舜之業業文之翼翼無非此戒而欽明允塞純亦不已則即戒之到極處也　或病先生之學大而無統傳而未純久後難以結果先生曰大出於天機原自統傳本平地命亦自純我無造端而亦何結果之有哉

聖學宗傳後序

聖人亦人也學則聖聖則人不學則非人孔子故嘗憂之而今世冠紳之士誦法孔子顧乃諱言學或差言學諱不可也差乃寔甚申韓原於道德李斯出於荀卿金陵本於經術其毒天下可勝道歟乃至訓詁意識自爾靈竅終日學而無當於宗夫學之有宗如人之有祖祖之血脉在吾身聖之精神在吾心爲人而自忘其祖自忘其身心不亦大可哀耶海門先生憂之而宗傳所由述也或者曰先生宗文成以直遡洙泗者也孔欲無言而



先生顧以言明宗耶曰言以明其無言者也人之夢也或喚之醒其迷路也或指之歸喚醒者指歸者語則誠贅不喚不指而聽其夢且迷豈孔氏家法耶羲之前無一陶姚之前無中尼山之前無太極機所欲洩不得已而立名宗傳之述亦不得已也曰古今明宗多矣何獨取是刪耶曰儒之立言如醫之立方症愈變方愈多傳亦愈襍得國手而揀擇之握其至要以葆元氣不尤便於生人哉宗傳之書乃簡易方也愚未學而仕自病病民每讀是書則習氣伎倆不覺消減

晉學者而一讀即解以証於宗
故吾立臻聖域如病盡方廢
以不傳傳可也是先生之意也
尚曆丙午十月望日新安門人余
懋孳頓首謹書

聖學宗傳序
夫道一而已矣昔者聖人仰觀俯
察形容模擬此一不可得於是系
以一畫畫之陽者曰乾乾曰大哉
乾元萬物資始乃統天此宗統所
自來也夫子曰文不在茲子輿氏
曰見而知之曰茲與之雖不明言

[二]

子言殊推之無一語合者豈惟不與孟子合信
如韓子之言當曰性相遠也習相近也而後可
其背於孔子抑又甚矣後世乃以退之比孟子
謂與相表裏豈未究其原乎或者曰退之晚有
所得在歸自潮州以後從困衡而喻是未可知
矣或問朱子曰昌黎從太顛不審有崇信之意
否曰真箇是有崇信底意他是貶從那潮州去
無聊後被他說轉了不知太顛與他說箇什麼
得恁地傾心信向周子題太顛壁曰退之自謂
如夫子原道深排佛老非不識太顛何似者數

聖學宗傳　卷之五　二十三　三五九

書珍重更留衣
楊雄篇　佚音鐵　湯音蕩　湛讀曰沉　酈食其曰歷異基　說音稅
王通篇　餐通作餔　餔曰餐希曰𥹋
韓愈篇　膜音模胡　膜拜長跪拜也　唄音敗梵詠

[三]

[一]　據哈佛大學哈佛燕京圖書館藏萬曆三十三年刻本補。
[二]　本書第一頁缺此頁。
[三]　本書第九二頁後缺此筒子頁。

弗靈矣骨董足以膠人之桎而弗清矣藩籬格
式足以掣人之肘而弗神矣曰若然則儒釋奚
辨曰僊釋之虛遺世離倫虛而虛者也聖賢之
虛不外彝倫日用虛而實者也故沖膜無朕而
曰萬象森然是故靜無弗具也視之不見聽之
弗聞而曰體物不遺是故動無弗體也神無方
而易無體而曰通乎晝夜而知斯良知也致之
之極時靡弗存是故無方無體虛之至也至虛
而後不器不器而後無弗能

聖學宗傳　卷之十五　中離　四十二

聖學宗傳卷之十五終

[一]

[一] 本書第三〇八頁後缺此筒子頁。

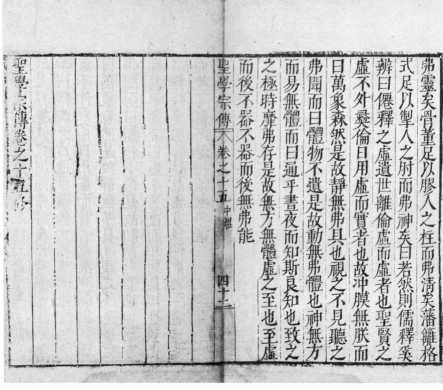